BIBLIOTHÈQUE
DE PHILOSOPHIE CONTEMPORAINE

LA PHILOSOPHIE

DE

CHARLES RENOUVIER

INTRODUCTION A L'ÉTUDE DU NÉO-CRITICISME

PAR

GABRIEL SÉAILLES
Professeur à la Faculté des Lettres de l'Université de Paris

PARIS
FÉLIX ALCAN, ÉDITEUR
ANCIENNE LIBRAIRIE GERMER BAILLIÈRE ET Cie
108, BOULEVARD SAINT-GERMAIN, 108

1905

LA PHILOSOPHIE DE RENOUVIER

AUTRES OUVRAGES DE M. GABRIEL SÉAILLES

Essai sur le génie dans l'art. 3e édition, 1902. 1 vol. in-8 de la *Bibliothèque de Philosophie contemporaine* (Félix Alcan, éditeur) . 5 fr.

Léonard de Vinci. *L'artiste et le savant.* Essai de biographie psychologique (Perrin et Cie, éditeurs).

Ernest Renan. Essai de biographie psychologique, 2e édition (Perrin et Cie, éditeurs).

Histoire de la philosophie. Les problèmes et les écoles, par Paul Janet et Gabriel Séailles, 6e édition (Delagrave, éditeur).

Les affirmations de la conscience moderne. 1 vol. in-16, 2e édition (Armand Colin et Cie, éditeurs).

Education ou révolution. 1 vol. in-16 (Armand Colin et Cie, éditeurs).

Antoine Watteau (Laurens, éditeur).

Eugène Carrière (Pelletan, éditeur).

FÉLIX ALCAN, ÉDITEUR

OUVRAGES DE CHARLES RENOUVIER

Bibliothèque de philosophie contemporaine

Les dilemmes de la métaphysique pure. 1 vol. in-8. . . . . . 5 fr.

Histoire et solution des problèmes métaphysiques. 1 vol. in-8. 7 fr. 50

Le personnalisme. Suivi d'une *étude sur la perception extérieure et sur la force.* 1 vol. in-8. . . . . 10 fr.

Uchronie. *L'utopie dans l'histoire.* 1 vol. in-8. . . . . . . 7 fr. 50

LA PHILOSOPHIE

DE

CHARLES RENOUVIER

INTRODUCTION A L'ÉTUDE DU NÉO-CRITICISME

PAR

GABRIEL SÉAILLES

Professeur à la Faculté des Lettres de l'Université de Paris.

PARIS

FÉLIX ALCAN, ÉDITEUR

ANCIENNE LIBRAIRIE GERMER BAILLIÈRE ET Cie

108, BOULEVARD SAINT-GERMAIN, 108

1905

AVANT-PROPOS

Charles Renouvier tiendra une place importante dans l'histoire de la philosophie française au XIXe siècle, il y figurera avec honneur auprès de son grand compatriote, Auguste Comte. Une forte éducation, qui ne l'avait point laissé étranger aux sciences mathématiques et positives, une application soutenue, un effort prolongé sans défaillance pendant une vie de plus de quatre-vingts ans, lui ont permis d'aborder tous les problèmes philosophiques de son point de vue original du fini, du discontinu, du *plusieurs*, et de construire un système, dont il est impossible de méconnaître la grandeur. Aux dernières heures de sa vie, dans ses *Entretiens* suprêmes, où s'exprime si noblement cet amour de la vérité qui a été la passion de sa vie, Renouvier, embrassant d'un regard son existence passée, concluait : « ceci est à mon honneur, et je le dis avec quelque fierté, j'ai beaucoup travaillé. » Il a travaillé sans relâche. Se confiant dans sa méthode critique, soucieux de montrer la fécondité de ses principes, convaincu aussi que l'erreur devient le mal, il ne s'est pas lassé d'exprimer ce qu'il croyait la vérité. Logique, psychologie, philosophie de la nature, histoire de la philosophie, philosophie de l'histoire, morale, politique il a tout abordé, et l'on peut dire, sans rien exagérer, tout approfondi.

Ses ouvrages composent une bibliothèque. Mais il est à craindre que l'énormité même de son œuvre ne décourage ceux qui seraient tentés de l'étudier. On a beaucoup exagéré les défauts de son style, mais il faut bien avouer que sa manière embarrassée, ses digressions, son dédain des transitions nettes, tout d'abord déconcertent. Le lecteur risque au début de méconnaître l'unité de la pensée qui se marque plus par le retour des mêmes thèses, par les redites, que par l'enchaînement systématique. Ayant eu, à plusieurs reprises, l'occasion d'étudier le néo-criticisme dans mes cours de la Sorbonne, j'ai pensé que le travail considérable, auquel j'avais dû me livrer, ne serait pas perdu, s'il facilitait à d'autres l'étude de l'œuvre du philosophe. Ce livre se présente donc très modestement comme une introduction à l'étude du néo-criticisme. Il ne voudrait être qu'un exposé aussi clair que possible d'une doctrine difficile à entendre. J'ai multiplié volontairement les citations, recueilli les formules où la pensée s'exprime avec force et avec netteté. La critique même est subordonnée à l'intelligence de la pensée et ne tend qu'à la mettre en lumière. Je me suis attaché surtout à l'exposition de la première philosophie de Renouvier, convaincu qu'elle restera son titre devant la postérité. Je n'ai insisté sur la religion, à laquelle il est arrivé tardivement, que pour montrer en quoi elle affaiblissait et contredisait les thèses originales du néo-criticisme.

Novembre, 1904.

LES OUVRAGES DE RENOUVIER[1]

1842. **Manuel de Philosophie moderne.**
1844. **Manuel de Philosophie ancienne.**
1839-1844. Articles dans l'*Encyclopédie nouvelle* de Jean Reynaud : **fatalisme, panthéisme, philosophie**, etc.
1851. **Gouvernement direct et organisation communale et centrale de la République**, en collaboration avec Ch. Fauvety. Librairie républicaine de la Liberté de penser.
1854. **Essais de critique générale. Premier Essai : traité de logique générale et de logique formelle**, Ladrange.
1859. **Deuxième Essai : Traité de psychologie rationnelle d'après les principes du criticisme**, Ladrange.
1864. **Troisième Essai : les principes de la nature**, Ladrange.
1864. **Quatrième Essai : Introduction à la philosophie analytique de l'histoire**, Ladrange.
1867. L'*Année philosophique* : **la philosophie au XIXe siècle**, Germer-Baillère.
1868. L'*Année philosophique* : **L'infini, la substance et la liberté**, Germer-Baillère.
1869. **La science de la morale**, 2 vol., Ladrange.
1872. **La Critique Philosophique**, publiée sous la direction de Ch. Renouvier, 1re série, paraissant chaque semaine ; treize années, vingt-six volumes in-8o.
1875. 2e édition du **Traité de logique générale et de logique formelle**, revue et considérablement augmentée, 3 vol. in-12, Sandoz et Fischbacher.
1875. 2e édition du **Traité de psychologie rationnelle**, revue et considérablement augmentée, 3 vol. in-12, Sandoz et Fischbacher.
1876. **Uchronie** (l'utopie dans l'histoire), esquisse historique du développement de la civilisation européenne, tel qu'il n'a pas été, tel qu'il aurait pu être, 1 vol. in-8o, 2e édit., 1901, Félix Alcan.
1878. **Critique religieuse** supplément trimestriel de la *Critique philosophique* sept années, 7 vol. in-8o.
1879. **Petit traité de morale pour les écoles laïques**, 1 vol. in-12.
1885. **Critique Philosophique**, seconde série, paraissant mensuellement, cinq années, 10 vol. in-8o.

1. J'emprunte les éléments de cette nomenclature à l'excellente notice que M. J. Thomas a placée en tête de son édition du *Manuel Républicain*.

1886. **Esquisse d'une classification systématique des systèmes philosophiques,** publiée d'abord en supplément de la *Critique religieuse* 1882, 2 vol. in-8° Sandoz et Fischbacher.

1892. 2e édition du **Troisième Essai : les Principes de la Nature,** 2 vol. in-12, Félix Alcan.

1893. **Victor Hugo le poète,** 1 vol. in-12, A. Colin.

1896. 2e édition de l'**Introduction à la philosophie analytique de l'histoire.** 1 vol. gr. in-8° (huit chapitres nouveaux), Ernest Leroux,

1896. **Cinquième Essai : Philosophie analytique de l'histoire ; les idées, les religions, les systèmes.** T. I et II gr. in-8°, Ernest Leroux.

1897. **Cinquième Essai. Philosophie Analytique de l'Histoire.** T. III et IV gr. in-8°, Ernest Leroux.

1898. **La Nouvelle Monadologie** par Ch. Renouvier et L. Prat, 1 vol. in-8°, A. Colin.

1900. **Victor Hugo ; le philosophe,** 1 vol. in-12, A. Colin.

1901. **Les dilemmes de la métaphysique pure,** 1 vol. in-8°, Félix Alcan.

1901. **Histoire et solution des problèmes métaphysiques,** 1 vol, in-8°, Félix Alcan.

1903. **Le Personnalisme ; suivi d'une étude sur la perception externe et sur la force,** 1 vol. in-8°, Félix Alcan.

OUVRAGES A CONSULTER

Beurier. **Renouvier et le cristicisme français** (*Revue Philosophique* 1877).

Alfred Fouillée. **Critique des systèmes de morale contemporaine la morale criticiste,** F. Alcan.

Alfred Fouillée. **Le néo-Kantisme en France** (*Revue Philosophique* 1881).

Shadworth Hodgson. **M. Renouvier's Philosophy** (*Mind.* january and april 1881).

Ascher. **Renouvier und der franzősische Neu-Kriticismus,** Bern, Sturzenegger, 1900.

L. Dauriac. **Les moments de la Philosophie de Ch. Renouvier** (*Bulletin de la Société de philosophie,* F. 1904.

L. Dauriac. **Le testament philosophique de Renouvier** (*Revue philosophique,* avril 1904).

A. Darlu. **La morale de Renouvier** (*Revue de Métaphysique et de Morale* janvier 1904).

H. Miéville. **La philosophie de M. Renouvier et le problème de la connaissance religieuse,** Lausanne, 1902.

Henry Michel. **L'Idée de l'État,** p. 595, 622, Hachette.

E. Janssens. **Le Néo-Criticisme de Charles Renouvier,** Paris, F. Alcan 1904.

J. Thomas. **Notice sur Charles Renouvier et le Manuel républicain,** en tête de son édition du **Manuel républicain,** A. Colin, 1904.

LA PHILOSOPHIE
DE
CHARLES RENOUVIER

CHAPITRE PREMIER

LA PREMIÈRE PHILOSOPHIE DE RENOUVIER
LES ANTÉCÉDENTS DU NÉO-CRITICISME

La philosophie de Renouvier est une philosophie de la liberté. Une philosophie est un système, un ensemble de théories solidaires, dont l'une appelle l'autre, et qui toutes, dominées par des principes communs, conspirent. Prendre l'idée de la liberté comme centre de perspective, considérer l'esprit et le monde de ce point de vue, poser hardiment toutes les conditions qu'implique l'indétermination de la volonté humaine, pour cela limiter en les interprétant les lois de la pensée et les lois de la nature, voilà, en termes très généraux, ce qui caractérise une « philosophie de la liberté ». Le progrès des sciences positives, l'application de leur méthode à la psychologie et aux sciences morales, en universalisant le déterminisme, a contraint le philosophe, pour sauver la liberté humaine, d'universaliser la contingence.

Il y a dans l'idée de la contingence quelque chose qui trouble l'intelligence et semble répugner à ses lois : comment comprendre ce qui par hypothèse ayant été aurait pu ne point être, ce qui, par définition même rompt, avec la continuité des choses, l'ordre et la connexion des idées. La vraie difficulté d'une philosophie de la liberté, c'est de se faire accepter de l'intelligence.

Renouvier n'hésite pas à rompre avec la tradition philosophique qui lie le déterminisme à la pensée, il prétend se mettre franchement au point de vue de la liberté, pousser jusqu'au bout la logique de la contingence. Il sacrifie résolument tout ce qui, selon lui, fait entrer la nécessité dans le monde, l'infini, l'absolu, la substance, jusqu'au principe de raison suffisante. On oppose la liberté à l'intelligence, il se fait fort d'établir leur solidarité. Il se refuse à admettre que la raison spéculative soit panthéistique, unitaire ; il accuse l'entêtement des philosophes à identifier le nécessaire et l'intelligible : loin d'être une exigence de l'esprit, la nécessité est l'inintelligible, car elle implique par la régression à l'infini la violation de la première loi de l'esprit, du principe de contradiction. La liberté est à la racine même de l'intelligence. Penser, c'est affirmer, c'est juger ; le jugement est un acte libre ; toute connaissance est croyance, toute croyance enveloppe une décision volontaire. C'est sur cette négation radicale du nécessaire, de l'infini, de la chose en soi, suivie dans toutes ses conséquences, c'est sur cette affirmation que la liberté est présente à toutes les démarches de la pensée et les garantit, sur cette intime pénétration de la raison spéculative et de la raison pratique que repose le *néo-criticisme*.

I

M. Renouvier n'est pas entré en possession de sa méthode, comme Descartes, par une sorte de surprise du génie ; à la façon de Kant, qu'il met au premier rang de ses maîtres, il y est parvenu lentement, en s'y reprenant à plusieurs fois, en se corrigeant lui-même, à la suite de longs efforts, de réflexions patientes. Son expérience n'est pas étrangère à sa théorie de la croyance : il sait ce qu'exige de courage et de bonne foi la recherche de la vérité, et que sa possession récompense l'amour et la volonté. La vie de M. Renouvier est une belle vie de philosophe, active, silencieuse, lentement écoulée dans une solitude qui ne fut pas un isolement, désintéressée sans indifférence, toute consacrée à la pensée, remplie d'événements intérieurs, dont les principaux ont été, après s'être débarrassé des influences étrangères, des préjugés, de se découvrir lui-même, de connaître sa vraie pensée, de la préciser ; cela fait, d'en multiplier les formules et les expressions. Il a conté lui-même les grandes péripéties de sa vie intellectuelle, il a noté les moments de son progrès vers les convictions définitives qu'il s'est formées, non pour se mettre en scène, mais dans une intention dogmatique, pour appuyer sa thèse de son propre exemple, pour montrer qu'une philosophie est une œuvre personnelle, où la liberté a sa part et dont le penseur est responsable.

Il nous avertit que « ses études d'écolier en philosophie ne comptent pas pour lui » ; il les a faites dans la classe de M. Poret, helléniste distingué, versé dans l'histoire de la philosophie antique, la même année que Félix Ravaisson. Il avait dix-sept ans, il était à cette date « infecté par les prédications saint-simoniennes et lisait le *Globe* pendant les classes[1] » ; attendant la grande rénovation qui allait régénérer le monde, l'entrée dans l'âge d'or par la réforme combinée de la politique et de la science, il avait autre chose à faire qu'à suivre un modeste cours de philosophie. « Cette folie, dit-il, ne tint pas chez moi jusqu'à la vingtième année, mais elle me laissa en héritage un cruel désenchantement, et en même temps un goût maladif pour les synthèses absolues et un dédain puéril pour les procédés analytiques et les connaissances modestes. »

1. Sur cette histoire des idées de M. Renouvier, voyez : *Esquisse d'une classification systématique des doctrines philosophiques*, t. II, p. 355 sq. Renouvier est né en 1815, à Montpellier, comme Auguste Comte. Dans sa réédition du *Manuel républicain*, M. J. Thomas a raconté comment ce livre avait scandalisé la Chambre réactionnaire de 1849, et amené la chute de H. Carnot, ministre de l'Instruction publique. L'interpellateur, Bonjean, avait apporté à la tribune des citations tronquées et Jules Renouvier avait en vain pris la défense de son frère.

Candidat puis élève à l'Ecole Polytechnique, il consacra quatre années à l'étude exclusive des mathématiques, qui n'a pas laissé d'exercer sur son esprit et sur ses idées une influence décisive. A sa sortie de l'École, en 1836, il renonça au service public auquel il pouvait être appelé, et, guéri de ses premières illusions, mais non du haut souci de savoir ce qu'il convient à l'homme de penser et de faire, il se voua dès lors à l'étude de la philosophie. Il débuta par la lecture des *Principes*, puis des autres ouvrages de Descartes, et cette application nouvelle pour lui de la méthode des mathématiques aux idées l'enchanta. « Avec une espèce de fougue philosophique », il lut rapidement l'*Éthique* de Spinoza, les principaux traités métaphysiques de Leibniz et de Malebranche, et, pressé par le temps, en quelques mois, il rédigea un mémoire sur le cartésianisme qu'il soumit au jugement de l'Académie des sciences morales et politiques. Bordas-Demoulin et Francisque Bouillier se partagèrent le prix ; sur le rapport de Damiron, une mention honorable fut accordée au travail de Renouvier « qu'on crut écrit par un étranger. » Kant plus tard lui montra les faiblesses et les lacunes du cartésianisme et la nécessité de fonder la philosophie sur d'autres bases que le rationalisme de l'évidence.

Entré dans la philosophie par cette rapide étude du cartésianisme, Renouvier n'en devait plus sortir. Tout en étudiant les systèmes du passé, il se mit à réfléchir sur les grands problèmes qui de tous temps ont tourmenté et opposé les penseurs. Dans le *Manuel de Philosophie moderne* (1842), où il résumait le résultat de ses recherches sur le cartésianisme, dans le *Manuel de Philosophie ancienne* (1844), publié deux ans après, dans l'article qu'il donna vers la même époque à l'*Encyclopédie* de Pierre Leroux et Jean Raynaud (article *Philosophie*)on trouve l'exposé de ce qu'on pourrait appeler sa première philosophie. Il faut moins y voir un système arrêté qu'un moment du progrès d'une pensée inquiète qui se cherche.

Assez confuse, assez mal définie, faite d'éléments hétérogènes, sans grande originalité, cette première philosophie de Renouvier ne nous intéresse que par ce qu'elle nous apprend de son esprit et par ce qu'elle présage de son système définitif. Les solutions qu'il apporte sont différentes de celles qu'il acceptera plus tard, opposées même, mais il est en face des difficultés qui ne cesseront d'occuper sa pensée, et il les aborde avec une sorte de parti pris violent qui restera comme un trait caractéristique de sa méthode, alors même qu'il aura renversé ses conclusions.

Déjà il se rattache à Kant, il reconnaît comme l'œuvre du philosophe de concilier l'expérience et les concepts à prioriques, en formulant un système de catégories de l'entendement qui, d'ailleurs, faites pour ordonner les phénomènes, ne sauraient nous permettre de sortir de leurs relations, d'atteindre l'Être en soi, Dieu, le monde, l'âme, par une intuition rationnelle. Dès qu'il prétend franchir l'ordre phénoménal, définir la chose en soi, penser l'absolu, l'esprit se heurte aux antinomies redoutables qui lui opposent l'énigme d'une double solution contradictoire et nécessaire.

L'histoire de la philosophie fait, selon Renouvier, la preuve de la dialectique transcendantale, en réalisant ses conclusions : que les divers systèmes se contredisent, que l'un nie ce que l'autre affirme, qu'il n'y ait pas un principe constitutif qui ait rallié tous les penseurs, c'est une banalité de le constater ; mais la contradiction n'est pas seulement entre les systèmes qui s'opposent, elle est un élément intégrant de toute doctrine qui tente une synthèse universelle de l'Être, si habilement tissé que puisse être le voile des sophismes qui la dissimulent : chez les théologiens du moyen âge, vous avez la création et l'immutabilité divine, le changement de ce qui ne change pas ; la prescience et la liberté humaine, la contingence du nécessaire ; chez Leibniz, une composition formée d'éléments sans fin, un tout donné de parties dont le nombre n'est ni ne peut être donné; chez Spinoza la contradiction est le système même, elle reparaît sous toutes les formes, la substance et le monde, l'étendue indivisible et ses modes multiples, l'entendement et l'imagination, à peine déguisée « par le précieux emploi du continuel *quatenus* ». Avouant tout à la fois que la philosophie ne saurait être la science de l'absolu et qu'elle ne peut se fixer, s'arrêter qu'à lui, Renouvier est amené à proclamer dès lors la nécessité de la croyance, le rôle du sentiment, de la volonté, de l'éducation, du milieu, bref de tout ce qui concourt à faire l'esprit du philosophe, y compris son action individuelle, son effort, sa réflexion, dans la solution des hauts problèmes qui dépassent l'ordre observable des phénomènes. Si la contradiction est la condition de l'intelligence des choses, au lieu de la dissimuler, de la déguiser, il faut l'avouer franchement : « le tort des systèmes est de se croire ennemis et de se combattre quand ils ne sont que contradictoires et que la contradiction siège dans la raison même[1]. » Le postulat suprême que suppose toute théorie positive de l'Être, tout dogmatisme, c'est l'acceptation résolue de la thèse et de l'antithèse des diverses antinomies que l'esprit rencontre au bout de toute spéculation transcendante. « La contradiction est de l'essence de la pensée, et si nous ne pouvions contredire et nier, nous ne penserions pas... On ne peut donc fonder exclusivement ni le savoir ni la réalité sur l'Être, mais il faut invoquer aussi le néant pour l'explication du monde et repousser bien loin la vieille logique dont le principe est qu'une même chose ne peut pas être et n'être pas en même temps[2]. » L'antinomie n'est plus ce qui cache, mais ce qui révèle l'Être, « la vérité s'atteint par la reconnaissance des principes contraires dans l'affirmation simultanée de propositions contradictoires ». Opposition

1. *Manuel de philosophie moderne*, p. 8.
2. *Manuel de philosophie moderne*, p. 381, 389.

et synthèse du fini et de l'infini pour la composition de la quantité, interprétation réaliste du calcul infinitésimal; opposition et synthèse du déterminisme et de la liberté morale; doctrine de Dieu créateur, mais éternellement créateur, immuable dans ses changements, un dans son infinie multiplicité, tout à la fois lui-même et agent substantiel en chaque monade qui ne laisse pas d'être elle-même et d'être libre; accord du panthéisme objectif et de l'idéalisme subjectif dans l'absolu, du moi et du non moi dans l'infini, telles sont les principales déterminations de l'Être que la croyance, libérée du principe de contradiction, dégage des antinomies par la franche acceptation de leurs termes antithétiques[1].

Les problèmes qui préoccupaient à cette date Renouvier sont ceux qui restent au premier rang dans sa philosophie définitive : établissement et limite des catégories; sens et valeur du principe de contradiction; rencontre nécessaire des antinomies et nécessité de prendre parti sur ces thèses et antithèses auxquelles on ne saurait échapper; rôle nécessaire de la croyance, donc du sentiment et de la volonté, dans toute doctrine spéculative qui dépasse les solutions phénoménales. Mais la croyance lui servait alors à postuler précisément ce qu'il répudiera plus tard avec une sorte de violence : l'affirmation simultanée de la thèse et de l'antithèse, du fini et de l'infini, de l'unité absolue et de la multiplicité, de tous les termes contraires dont la synthèse lui semblait la formule même de la suprême intelligibilité. Cette négation franche, brutale du principe de contradiction, ce dédain des efforts de tous les philosophes pour accorder les éléments opposés de leur système dans l'unité d'une pensée cohérente, cette acceptation décidée d'une absurdité première, comme fondement de l'intelligible, cette espèce de coup d'Etat qui délivre des

1. Pour marquer nettement sa pensée, Renouvier donnait pour épigraphe à son *Manuel de philosophie ancienne :* « Tous leurs principes sont vrais, des pyrrhoniens, des stoïques, des athées; mais leurs conclusions sont fausses, parce que les principes opposés sont vrais aussi. »

problèmes gênants, paraît un trait original de la manière de Renouvier : il y restera fidèle.

II

Cependant Renouvier gardait une secrète inquiétude, il ne trouvait pas dans le sacrifice résolu du principe d'identité « le repos qui suit les fortes décisions morales ». Les problèmes de l'infini et du libre arbitre, qui résument les difficultés des antinomies kantiennes, se posaient encore à son esprit, en dépit de sa croyance à la synthèse des contradictions dans l'être.

Sur l'infini, la lumière lui vint de ses réflexions personnelles. Depuis sa sortie de l'École Polytechnique, il n'avait jamais cessé de méditer sur le sens et la valeur de la méthode infinitésimale en géométrie. Tous les mathématiciens avouent l'impossibilité de l'infini numérique actuel, mais quand ils parlent des incommensurables, des limites, des quantités indéfiniment décroissantes, il leur arrive de substituer insensiblement la quantité continue à la quantité discrète et de s'exprimer comme s'ils admettaient la réalité du nombre infini qu'ils tiennent d'ailleurs pour impossible. Il faut savoir ce que l'on pense. Si l'on accepte l'infini actuel, « irrationnel et contradictoire », de quel droit se refuser « à tant de sortes d'aberrations mystiques dont la métaphysique et les religions abondent, et contre lesquelles après tout on n'a jamais à faire valoir que le grief d'irrationalité, de contradiction[1]. » L'absurdité de l'infini numérique reconnue, Renouvier résolut d'être logique, d'accepter toutes les conséquences de ce jugement définitif et réfléchi, quelqu'opposées qu'elles pussent être à ses préventions, « en excluant rigoureusement de la théorie de la connaissance et de l'Être toutes les affirmations de nature à impliquer

1. *Essai de classification*, II, 373.

l'existence actuelle d'un infini de quantité. » Cette ferme décision « de n'admettre, en fait de données actuelles, dans l'ordre de la quantité, que celles qui sont soumises à la loi déterminante du nombre », renversait toutes les audacieuses constructions de sa philosophie antérieure en ruinant leur fondement, la synthèse des contradictoires. Mais en revanche de ce seul principe logiquement poursuivi, il voyait sortir une suite de conséquences inattendues, dont la plus neuve, la plus hardie était la nécessité de nier la régression à l'infini, l'éternité de la nature et de Dieu, pour affirmer, contre tous les théologiens, contre tous les philosophes de l'absolu, un *premier commencement des phénomènes.*

Quand on refuse à Dieu l'éternité, quand on ne recule pas devant le premier commencement des phénomènes, quand, selon l'expression si claire de Hume, on admet « qu'il n'est pas nécessaire que tout ce qui a un commencement ait aussi une cause d'existence », le problème du libre arbitre semble trouver sa solution dans l'aveu même de la contingence radicale de l'Être. Les actes libres ne violent pas toutes les analogies, ils sont « des commencements premiers relatifs et partiels, des commencements de séries. » Renouvier nous avoue cependant que « sur ce second point, qu'il voit aujourd'hui si bien lié au premier, sa conversion fut plus lente, plus pénible, en même temps que le résultat d'une action étrangère, et non point du tout du mouvement original de sa pensée[1]. » Jules Lequier fut ici son initiateur : il lui donna l'idée nette de ce qu'est le libre arbitre, de ce qui l'oppose à l'indifférence, il lui révéla tout ce qu'implique son existence dans l'ordre de la logique et de la réalité, il l'amena à croire que loin de ruiner l'intelligence il la fonde parce que, son action se retrouvant en tout jugement, toute certitude en dernière analyse repose sur lui[2]. Du même

1. *Essai d'une classification*, II, 380.
2. Sur J. Lequier, voyez : *Un philosophe inconnu, Jules Lequier.*

coup la morale du devoir, de l'impératif catégorique, liée à l'idée de la liberté, lui apparut dans la rigueur de son principe, et il comprit mieux le rôle de la croyance, qu'il avait toujours reconnu, ce qui se mêle de moral à toute adhésion de l'esprit, la suprématie de la raison pratique « pour tout ce qu'il est possible à l'homme d'atteindre de vérités au delà des lois d'ordre vérifiable des phénomènes. » La morale venait ainsi confirmer la logique qu'il avait rétablie dans tous ses droits : « au fond, dit-il, sur la question du libre arbitre comme sur celle de l'infini de quantité, c'est à la contradiction que j'échappai, c'est à la logique que je me rendis[1]. »

Le système de Renouvier était désormais arrêté dans ses grandes lignes ; il savait ce qu'il pensait, ce qu'il voulait penser, il n'avait plus ni doute ni inquiétude, il s'était affranchi de toutes les influences étrangères qui l'aliénaient de lui-même, il s'était cherché et trouvé, Lequier n'ayant fait que hâter une évolution spontanée et féconder, en lui en montrant toute la portée, les principes que son disciple ne devait qu'à ses propres réflexions sur l'infini quantitatif. De ce jour, Renouvier se livra à un labeur énorme pour exposer sa philosophie dans ses principes spéculatifs, dans ses applications pratiques ; tour à tour, lui donnant la forme d'une exposition sévère, ou s'efforçant, autant qu'il est en lui, sinon de la vulgariser, de la mettre au moins à la portée d'un plus grand nombre d'esprits. De 1854 à 1864, en dix années, il a publié une œuvre considérable : *Les essais de critique générale*[2]. Cinq ans après, en 1869, il donnait la *Science*

Revue Philosophique, 1898, t. I, p. 120-150. Renouvier n'a jamais cessé de dire tout ce qu'il devait à Lequier. Il a publié ses manuscrits : *La recherche d'une première vérité ;* fragments posthumes 1865 ; il a inséré dans la 2e édition des *Essais de psychologie rationnelle*, les fragments les plus propres à montrer ce qu'il avait emprunté à celui qu'il appelle son maître.

1. *Ibid.*, p. 313.

2. Premier essai : *Analyse générale de la connaissance. Bornes de la connaissance*, 1854. — Second essai : *Traité de psychologie rationnelle*, 1859.

de la Morale, dont un adversaire a pu dire « qu'elle est une des plus importantes productions de la philosophie française contemporaine ». En 1876, il fait paraître un livre très curieux l'*Uchronie ou l'Utopie dans l'histoire*, « esquisse du développement de la civilisation européenne tel qu'il n'a pas été, tel qu'il aurait pu être »; c'est l'application hardie à l'évolution historique de la théorie de la contingence et de la liberté, qui permet de supposer dans la marche des faits des directions qui n'ont pas été prises par la faute des agents moraux qui ne les ont pas choisies. Sans parler de la réédition des trois premiers *Essais de Critique générale*, enrichis de discussions, de commentaires et d'une véritable critique de la philosophie anglaise, il donna encore en 1885 deux volumes énormes : *Esquisse d'une classification systématique des doctrines philosophiques*. Enfin de 1872 à 1889, pendant dix-sept années, avec l'aide presque exclusive de son infatigable ami et de son vaillant collaborateur, M. Pillon, il a soutenu le poids de la *Critique Philosophique*, de cette revue où il a cherché à faire la preuve de la valeur de ses principes, en les présentant sous des formes multiples, en déduisant toutes leurs conséquences, en montrant leur application féconde aux faits mêmes de la politique et de la vie contemporaines. « La *Critique philosophique*, disait-il lui-même en l'annonçant au public, est l'organe d'une grande doctrine, née de l'esprit du XVIIIe siècle et de la Révolution française, dont les principes ont été posés par Kant, et qui se présente aujourd'hui purgée des contradictions et des erreurs qui l'obscurcissaient à l'origine et qui avaient nui à ses progrès, renouvelée par une nouvelle analyse des lois de la pensée et des moyens de la connaissance, qui lui a donné ce qu'elle n'avait pas reçu de Kant, un caractère vraiment positif et une complète et harmonieuse unité systématique. »

— Troisième essai : les *Principes de la nature*. — Quatrième essai : *Introduction à la philosophie analytique de l'Histoire*, 1864.

III

Que le philosophe arrête ses convictions par un acte indéterminé, qu'il choisisse librement ce qu'il pense, que Renouvier lui-même ait passé par une décision toute contingente de l'affirmation simultanée des contradictoires, de la synthèse du fini et de l'infini dans l'absolu à la souveraineté de la loi du nombre qui limite le monde en tous sens, nous enferme dans le relatif et dans le phénomène, c'est ce dont il est permis de douter ; mais nul ne contestera sans doute que le philosophe, selon l'expression de Platon, « philosophe avec toute son âme », qu'il n'est point étranger à son système, qu'il le fait pour lui-même autant que pour les autres, et qu'il y projette ainsi comme une image symbolique de sa nature et de son esprit individuels. N'est-ce pas cette présence réelle d'un homme dans une philosophie qui fait l'intérêt permanent des grandes doctrines du passé ? Sans vouloir imposer à Renouvier un déterminisme intérieur auquel il se refuse, ne peut-on retrouver dans son évolution intellectuelle une dialectique qui le mène lentement à se découvrir, à se reconnaître dans les idées qui répondent à ses préférences intimes et lui donnent la vraie conscience de lui-même ? Le Saint-Simonisme de l'écolier marque déjà, dans l'impatience de la jeunesse à s'emparer de la science et de la vie, avec la haute ambition intellectuelle, un goût d'indépendance et d'opposition, une manière de se mettre à part des autres, l'orgueil d'une pensée ombrageuse et jalouse de sa liberté. La défiance de l'autorité, l'esprit de révolte même s'associent souvent avec une timidité réelle qu'explique peut-être l'originalité d'une pensée qui ne trouve pas son expression toute faite dans la langue de tous. La philosophie de Renouvier n'est pas un coup de génie, il la fait en dégageant peu à peu les principes auxquels il croit devoir donner une adhésion réfléchie.

Au début il subit l'influence du milieu. Il lui suffit d'être du petit nombre des oseurs, de se prouver qu'il n'a peur d'aucune vérité ; il est hégélien, panthéiste, il sacrifie la logique de l'école. Mais cette première philosophie, dont l'audace n'est peut-être encore que l'audace de la timidité, n'exprime que ce qu'il y a de négatif dans son esprit, son besoin d'indépendance ; elle l'oppose aux autres, elle ne le satisfait pas lui-même. Ce n'est pas qu'on ne l'y retrouve et qu'il ne s'y trahisse. Renouvier n'a pas l'imagination poétique, il ne voit pas l'invisible, il n'a pas le sens de la vie complexe, ce qu'avait à un si haut degré Leibniz, l'intuition de ce qui dans l'être déborde les concepts de l'entendement qui le symbolisent. Sa première philosophie reste une logique dans son illogisme, elle est faite non pas de la synthèse, mais de la juxtaposition de concepts contradictoires; par là même elle témoigne l'impuissance de l'auteur à trouver au delà des contraires leur conciliation dans une harmonie vivante, à aller des concepts à la réalité profonde, qu'ils ne déterminent qu'en la limitant.

Si Renouvier est obscur dans l'expression, nul n'a plus le goût de la clarté dans les idées. Il a l'esprit catégorique, il se plaît aux distinctions, aux analyses, aux divisions, à tout ce qui permet d'arrêter la nature et la pensée en un dessin aux contours nets. Les mathématiques lui ont donné l'habitude d'imaginer l'abstrait, de construire ses concepts, selon l'expression de Kant. C'est cet esprit de lucidité et de sécheresse, c'est ce besoin d'imaginer ses idées, pour cela d'en limiter l'objet de toutes parts, qui l'amène à formuler le grand principe de sa doctrine définitive, la souveraineté de la loi du nombre, à rejeter l'absolu, l'infini, l'éternel, la chose en soi, tout ce qui ne peut se traduire exactement en termes analogues à ceux qui constituent la claire représentation du relatif. La pratique des sciences exactes lui a donné cette franchise dans l'abstraction, cette hardiesse à borner les exigences de l'esprit, à choisir les données du problème philosophique en éliminant celles qui le gênent et à simplifier ainsi les questions pour les mieux résoudre. Le géomètre ne considère des corps que l'étendue abstraite; dans l'étendue même il isole la droite, la courbe, la surface, et de ces données claires, nettement définies, il déduit logiquement les propriétés, sans s'inquiéter du corps réel. Ainsi Renouvier part de la loi du nombre, l'isole des autres catégories, en déduit toutes les conséquences, les suit sans reculer devant le paradoxe du commencement absolu, puis oubliant qu'il s'agit de la réalité et qu'il en faudrait rétablir les termes, oubliant que le philosophe doit tenir compte de toutes les lois de la pensée, il sacrifie les principes de causalité et de raison suffisante ou du moins ne leur fait droit que dans la mesure où ils peuvent se concilier avec la loi du nombre et la logique du fini.

Cette philosophie du fini et de la liberté qui répond aux exigences de son esprit n'est pas moins en accord avec ce que nous pouvons pressentir de son caractère. Jaloux de son indépendance, volontiers solitaire, il n'éprouve pas à voir les choses et lui-même sous la forme de l'éternité, à s'édifier en Dieu, à sentir son être particulier s'évanouir et comme se dissoudre dans la vie divine, la paix sereine d'un Spinoza, il tient à son individualité, il ne veut se confondre avec personne, il ne se refuse pas à Dieu, mais il s'oppose à lui en tant du moins qu'il s'en distingue, et c'est librement qu'il se fait son auxiliaire et se soumet au devoir. Ainsi son esprit lucide, un peu sec, qui répugne aux intuitions mal définies, son imagination aux contours nets, comme son indépendance, son individualisme fier, facilement ombrageux, son sentiment du devoir, sa ferme conscience d'honnête homme, les exigences de son esprit comme les inclinations de sa nature morale s'accordent à déterminer la dialectique intérieure qui peu à peu dégage sa pensée et l'amène à cette doctrine du fini et de la liberté, à la défense de laquelle il a voué sa vie.

Qu'à ce déterminisme intérieur il faille ajouter ou non une libre décision, un acte contingent, il est impossible de ne pas admirer en Renouvier, sa ferveur philosophique, sa sincérité, sa recherche patiente de la vérité, la passion qu'il apporte à en varier les expressions quand il croit l'avoir trouvée, son désir de la communiquer, d'en assurer à tous les bienfaits. Quant à ses défauts, ils tiennent à ses qualités mêmes. On lui a toujours reproché la lourdeur, l'obscurité de son style, les mots malheureux, un abus de l'abstraction, les phrases mal construites. Proudhon, à qui il avait reproché d'abuser des procédés d'éloquence, lui répondait durement : « M. Renouvier serait fort surpris, si je lui disais à mon tour que ce qui fait qu'à mon avis il ne sera jamais lui, malgré toute sa science, un vrai philosophe, c'est qu'il ne sait pas écrire. » Agacé par cette critique qu'il sent juste, Renouvier retourne l'attaque, il allègue qu'on ne peut atteindre la clarté vulgaire qu'en abaissant sa pensée, qu'en renonçant « à fonder la philosophie comme science. » Il répond à Proudhon : « je crois parfaitement qu'on peut être à la fois un vrai philosophe et savoir écrire, quoiqu'il me semble certain, à consulter les faits, que tous ceux qui ont su écrire n'ont pas été de vrais philosophes et *vice versa.* » Sans parler de Jules Lequier, combien de philosophes, de Platon à Spinoza, contredisent cette assertion! Les défauts du style de Renouvier sont réels, mais l'essentiel est qu'ils ne tiennent pas à des vices de la pensée; or il y a dans son obscurité quelque chose qui se rattache à ses qualités mêmes, à son besoin d'exactitude, de précision, à sa crainte de ne pas donner à sa pensée une expression adéquate. Il ne sait pas trouver dans la langue commune les ressources qu'elle contient, il forme des néologismes, il écrit le français à la façon d'un étranger, qui traduit un peu péniblement ses idées, mais celui qui prend la peine de débrouiller ses phrases y retrouve toujours ce qu'il a voulu y mettre. Ecrivain, Renouvier reste le philosophe du fini, de la liberté, l'indépendant, le solitaire; il veut d'abord se satisfaire lui-même, il décharge dans ses livres, ses notes, ses lectures; il n'a pas d'art, il ne sait pas se faire autre que lui-même, se lire d'un œil étranger. L'émotion n'allège pas son style; la conscience l'alourdit. Il se propose moins de persuader que de convaincre; il écrit parce qu'il tient à ses idées, et aussi par devoir; il le fait avec scrupule, sans rien négliger, sans autre effort que celui de ne rien surfaire, de ne rien fausser, de dire juste ce qu'il pense. Quand il a du talent, il jaillit de cette source très pure. J'expliquerais de même les rudesses, les brutalités de sa polémique, ses injures « contre les philosophes salariés », ses duretés parfois pour les personnes. Ici encore il manque de grâce, d'intelligence, de sympathie, et en attaquant l'erreur sans ménagement il fait son devoir; il y a du mensonge dans la politesse. D'imagination peu sympathique, vivant surtout avec lui-même, il voit ses adversaires d'un peu loin, en gros, il ne sent pas les coups qu'il frappe sur les autres. Individualiste, il cherche moins ce qui l'unit aux autres que ce qui l'en sépare, il n'aime pas les concessions, il veut qu'on s'explique et qu'on se prononce. D'ailleurs si on se fait à sa langue, si on ne lui résiste pas, si on le suit, comme on ferait un mathématicien, en prenant son parti de ses abstractions, loin d'être obscure, sa philosophie, qu'on pourrait définir le sacrifice de la raison à l'entendement, est d'une clarté excessive. Il ne reste rien de mystérieux : les problèmes insolubles, cauchemars des philosophes, tombent avec les idées de l'éternel, de l'infini, de l'absolu, tout est proportionné à la pensée de l'homme, le monde limité de toutes parts, réduit à des phénomènes, Dieu lui-même qui n'est que notre conscience agrandie, proportionnée aux dimensions de l'univers fini qu'il mesure et qu'il crée.

IV

Ce n'est point assez de rattacher l'œuvre de Renouvier à son esprit pour en apprécier la valeur et l'originalité, il faut la mettre à sa place dans l'histoire de la philosophie française, la conférer à celle des hommes qui, à la même date, ont exercé une sorte de suprématie sur l'esprit de leurs contemporains. Plus âgé que Taine et que Renan, mais plus tardif dans son développement, arrivé vers quarante ans seulement à sa pensée définitive, Renouvier a publié ses ouvrages à peine lus, presque ignorés, au moment où ils donnaient leurs ouvrages les plus retentissants. L'éclectisme qui, dans la première moitié du siècle, avait tenu son rang et fait assez bonne figure entre la réaction théologique et autoritaire des de Maistre, de Bonald, Lamennais, et les continuateurs du XVIIIe siècle, positivistes ou socialistes, vers 1850 n'était plus qu'une doctrine d'école, tout officielle, dont l'écart avec la vraie pensée du siècle de plus en plus apparaissait. Son éloquent fondateur l'avait trop lié aux intérêts passagers, aux préjugés d'une époque, à la politique libérale, à la constitution de 1830 : le seul mouvement des événements extérieurs l'avait démodé. Le livre des *Philosophes français* de Taine ne faisait qu'exprimer, sous une forme satirique et mordante, l'opinion de tous les esprits curieux et vivants, que traduire leur dégoût de la philosophie littéraire, de la rhétorique élégante, des arguments oratoires qui réfutent une doctrine par ses conséquences. Dans un article d'une ironie charmante, Renan mettait sa critique dans les éloges mêmes dont il caressait V. Cousin, ce grand orateur, ce politique si avisé, cet écrivain d'un talent si varié, qui avait si bien fait ce qu'il voulait faire, « non pas créer une doctrine originale, mais donner une forme éloquente et en un sens populaire aux grandes vérités de l'ordre moral. » Renouvier apporte dans ses attaques contre l'éclectisme une brutalité qui va jusqu'à l'injustice; il n'atténue par aucun éloge sa critique contre « ces endormeurs philosophiques » qui se bornent « à couper les nerfs des doctrines et à les concilier en en extrayant des propositions banales », et en 1876 dans la *Critique philosophique* il n'hésite pas à reproduire un pamphlet, oublié depuis trente ans, contre les philosophes salariés, où les éclectiques et les jésuites sont confondus dans la même accusation de corrompre et d'empoisonner la jeunesse.

Le grand reproche qu'on adresse à l'éclectisme, ce n'est pas seulement d'avoir oublié l'analyse, la méthode sévère, le langage précis, c'est, rompant avec la grande tradition philosophique, de s'être isolé des sciences, de n'avoir rien fait pour elles, « de ne leur avoir donné aucune idée générale et directrice », de n'avoir rien su tirer de leurs progrès admirables. Par réaction on était tenté de se porter à l'extrême opposé, de demander à la science du relatif le secret de l'absolu, à ses méthodes éprouvées la solution du problème philosophique. Taine se flatte de concilier Condillac et Hégel, en demandant à l'analyse des faits les causes nécessaires qui y sont présentes et qui dégagées, connues, en permettent la déduction. Il n'y a qu'une science et qu'une méthode, parce qu'il n'y a que des faits et des lois : les sciences sont des analyses inférieures qui ramènent les faits à quelques types et lois particulières, la métaphysique est une analyse supérieure qui ramène ces lois et ces types à quelque formule universelle; elle est la science générale qui continue, qui s'efforce d'achever l'œuvre que les sciences particulières commencent. Un seul objet à connaître, une seule méthode pour le connaître : des faits par l'abstraction on va aux lois, des lois spéciales par une abstraction plus haute à des lois générales, de celles-ci à l'axiome éternel où elles se résument ramassant pour ainsi parler toute la vérité en une définition suprême. La tâche que Taine se donnera sera celle de relier les sciences morales aux sciences physiques et naturelles et de montrer que l'intelligence n'a qu'un procédé qui se retrouve dans toutes ses opérations, l'analyse, l'abstraction, qui dégage du particulier le général, et, bien dirigée, peu à peu l'élève vers l'universel, vers la loi des lois. Taine ne voit pas qu'il monte dans le vide et que, quand il croit toucher au principe de l'être, il entre dans le néant.

Renan condamne toute métaphysique, toute étude directe de l'esprit, toute critique des catégories, toute analyse des lois de la pensée. La philosophie n'est pas une science distincte, spéciale, elle n'a pas d'objet propre, elle n'ajoute rien à nos connaissances, elle est l'esprit qui les vivifie, l'interprétation que nous y ajoutons, elle est le commentaire du langage visible que parle le monde. La science nous donne les faits et leurs rapports, à dire vrai nous ne savons rien de plus, mais ce que nous savons nous voulons le comprendre, en l'interprétant du point de vue de l'esprit, par ses catégories. Historien, Renan ne voit dans la philosophie que l'histoire universelle, l'histoire de Dieu, l'intelligence de la politique divine, que l'esprit trouve en lui-même par cela seul qu'il ajoute la pensée à la connaissance, et que dans la suite des phénomènes liés et continus il démêle le progrès de l'idée, qui de l'atome à la conscience humaine de plus en plus clairement s'y manifeste et s'y révèle. Renan amalgame ainsi le positivisme d'A. Comte, les catégories de Kant et l'idéalisme de Hégel dans une vague synthèse où le sentiment religieux se mêle au culte de la science positive et dont le principe est, comme chez Taine, l'identité du fait et de l'idée.

Taine et Renan tous deux ont reçu une éducation surtout littéraire, sont de grands écrivains, connaissent les sciences d'un peu loin, et tous deux s'accordent à subordonner la philosophie aux sciences : Taine identifie leur objet et leur méthode, Renan supprime toute philosophie abstraite et lui substitue l'interprétation religieuse et sentimentale des sciences de la nature et de l'histoire. Chose singulière! Renouvier qui a été formé par les mathématiques, qui connaît les sciences autrement que par ouï-dire, pour en avoir pratiqué directement les méthodes, est le seul qui ne se laisse pas entraîner par la réaction, qui garde tout son sang-froid, et qui, au lieu d'identifier *a priori* la philosophie et les sciences, s'interroge sur leur objet et voit dans leur rapport un premier problème qui mérite d'être examiné et qui doit être résolu. Il fait leur place aux sciences positives, il justifie leurs méthodes, il explique leur succès, mais il refuse de les confondre toutes ensemble dans la *Science*, et de faire de la *Science* la métaphysique même. Il ose limiter le déterminisme, en lui faisant une place, et il revendique les droits de la vie morale. Une telle clairvoyance, à cette heure d'engouement, témoigne d'une rare indépendance et d'une singulière force d'esprit.

S'il y a un problème philosophique, en quoi consiste-t-il précisément? Tout penseur aujourd'hui rencontre ce doute préliminaire et doit prendre parti. La métaphysique dans le passé a été la science même ; le problème immense qu'elle s'efforçait de résoudre s'est divisé dans les problèmes multiples des sciences particulières; quel objet reste donc à la philosophie? La question s'impose d'autant plus à Renouvier qu'il rejette toute substance, toute réalité distincte de celle qui nous apparaît, que, d'accord sur ce point avec Auguste Comte, il n'admet que des phénomènes et des lois.

Pour faire à la philosophie sa part, il suffit de définir les caractères de la connaissance scientifique. Les sciences ne discutent ni les principes, ni les données premières dont elles partent, ni les procédés logiques dont elles font usage. « Elles ne peuvent avoir pour objet d'investigation cela même dont l'admission est une condition de possibilité de leurs investigations[1]. » Que le géomètre discute sur

1. *Critique philosophique*, 1885, t. I. p. 109. « Chaque science particulière est une construction élevée sur un choix convenable d'hypothèses. Et l'on

l'espace, la géométrie s'arrête; que le physicien s'inquiète de la valeur de l'induction, de ses garanties, de son fondement, sa science est compromise à ses débuts. Si les savants d'un même ordre s'entendent en leurs conclusions, c'est qu'ils partent de connaissances acceptées en commun, c'est qu'ils laissent en dehors de toute discussion leurs principes et leurs méthodes. La preuve de ces données premières est dans le fait même qu'elles réussissent, elles se justifient par le succès de la science qui en part.

Mais si les sciences ne discutent pas leurs données premières, ne tendent-elles pas par leur progrès même à constituer un système général des choses? N'universalisent-elles pas les principes qui leur ont permis d'établir entre certains groupes de phénomènes des relations définies et ne donnent-elles pas ainsi une vue d'ensemble de l'univers? La vérité est que « par leurs progrès les sciences tendent à se replonger dans l'incertaine philosophie qui jadis retarda leur croissance[1] ». On ne saurait trop se défier de cette prétendue philosophie qui ne se soutient que par l'oubli des conditions auxquelles une science existe, que par la confusion des méthodes et des problèmes. « Le public a l'habitude de confondre, sous le nom de *Science*, toutes les sciences possibles, si diverses en certitude et en procédés, puis, dans chaque science particulière, l'acquis certain avec l'acquis très probable, et celui-ci avec le moins probable et avec l'amas litigieux des faits et explications courantes, et encore bien des fois avec ce que s'ingère d'y joindre un auteur dévoré du zèle de quelque

peut, en ayant égard aux réalités pratiques, observer que rien au monde n'est mieux ni autrement fondé, et que cela suffit : alors chaque science est une construction élevée sur un choix convenable de représentations accompagnées de croyance. Dans les deux cas elle existe sans être soumise à d'autres conditions que d'avoir une méthode propre à maintenir, au cours de son développement logique ou expérimental, l'adhésion constante de ceux qui ont déjà accepté ses positions initiales et qui gardent entre eux la convention de ne les pas soumettre à l'examen. »

1. *Ibid.*

propagande [1]. On peut remarquer aujourd'hui un grand relâchement de l'esprit logique dans la manière dont l'idée de certitude est appliquée aux sciences de la nature [2]. » On franchit d'un bond des intervalles immenses. Les hypothèses ne sont plus subordonnées aux faits, mais les faits aux hypothèses qu'on généralise à l'excès. Si la théorie de Darwin est déjà plus qu'une interprétation des phénomènes observés, que dire de l'évolutionisme de Spencer qui a la prétention de ne devoir ses *premiers principes* qu'à l'induction scientifique : « c'est un procédé complètement arbitraire de déduire le monde et son évolution de certaines idées de la matière, de la force et de leurs lois, à moins que, comme Descartes, on ne prête une valeur absolue en soi à ces idées ». Dans toute induction se dissimule une hypothèse qui lui donne un caractère relatif et une portée limitée [3]. La Science n'est jamais que l'universalisation illégitime des inductions et des hypothèses des sciences particulières ; elle érige en principes absolus des données qui n'ont pas été mises en discussion et que ne justifie que leur application à un certain ordre de phénomènes. C'est au nom des sciences mêmes qu'il faut combattre ce qu'on appelle la *Science*. La Science est « une religion arbitraire et négative ». Ne soyons pas dupes des mots. La Science n'existe que dans la mesure où l'on oublie et néglige la méthode et les conditions de chaque science particulière. « Il ne faut pas dire : la Science, il faut dire : les sciences. La Science n'existe pas, elle ne peut exister, à moins de perdre le caractère qui appartient en commun à toutes les sciences et qui est simplement celui-ci : aucune d'elles ne fournit la démonstration de ses premiers principes. Toutes reposent sur des faits et des rapports acceptés, sur des

1. *Critique ph.* 1873, t. I, p. 233.
2. *Critique,* 1885, t. I, p. 10.
3. *Ibid.*

postulats qu'on ne discute pas[1]. » Quand ces postulats sont mis en question, ils gardent seulement une valeur théorique, à titre d'hypothèses qui ont l'avantage d'ordonner des multitudes de relations que l'expérience ne dément pas. En un mot, il y a dans l'idée de la *Science* quelque chose qui répugne à la définition d'une science, ou en d'autres termes il y a dans la notion même de la Science quelque chose de contradictoire. La Science renverserait la condition des sciences particulières, ce qui fait leur caractère de certitude et l'entente de ceux qui les cultivent en commun; car, à moins d'être entièrement arbitaire, elle serait une critique de ses propres principes, elle ne se bornerait plus à les accepter et à les justifier, en les appliquant à des faits définis et limités.

Le problème philosophique est un problème original, distinct; il est vain d'en demander la solution à une synthèse empirique des résultats généraux des sciences inductives. Les sciences ne discutent pas leurs principes; « la philosophie n'admet aucun principe qui ne soit pour elle un objet d'exploration, et par conséquent de doute possible, elle entend ne reposer que sur elle-même, et son but est de se donner des fondements internes, au-dessous desquels elle ne puisse pas en concevoir d'autres[2] ». Sa méthode est la critique même de ses principes qu'elle tient constamment contrôlables. « Elle est condamnée à tourner dans le cercle vicieux d'une doctrine obligée de justifier ses propres fondements, car à titre de connaissance logiquement première et universelle, il faut que nul principe et nulle donnée ne lui semblent situés en avant et en dehors de son domaine[3]. »

Si la philosophie a pour caractère spécifique de mettre en discussion ses propres principes, il semble que nous soyons ramenés à la définition consacrée : la philosophie

1. *Essai d'une classification systematique*, t. II, p. 24.
2. *Critique ph.*, 1885, t. I, p. 6.
3. *Ibid.*, 1873, t. I, p. 299.

est la *science* des principes. Mais n'est-ce pas revenir « à la vieille philosophie avec ses prétentions à l'universalité du savoir », au dogmatisme insolent et fragile qui se donne comme l'absolue vérité, en négligeant les perpétuels démentis que s'infligent les systèmes contraires. La même raison qui rend la Science impossible, fait d'une science des principes quelque chose de contradictoire, puisqu'une science se caractérise par ce fait même que les principes lui sont accordés, qu'elle ne les discute pas.

Ainsi non seulement la philosophie n'est pas la Science, mais on peut aller jusqu'à dire qu'elle n'est pas une science. Cet aveu toutefois ne va pas sans danger et a besoin d'être interprété. En tant qu'elle est critique des principes, la philosophie n'est pas une science, il faut le reconnaître. Mais ce n'est pas dire qu'il faille rapprocher la philosophie de l'art, comme on l'a fait quelquefois : « n'est-il pas à craindre que l'artiste en philosophie, le poète en spéculation transcendante, ne se complaise en un certain dilettantisme, et ne se fasse point une idée assez sévère de sa responsabilité devant la vérité[1] ». La philosophie relève de la raison théorique, elle est un effort pour organiser ses idées selon les lois de la logique, elle doit se constituer, comme une science, de propositions exactement formulées, régulièrement déduites. Le penseur doit mettre dans l'exposé de sa doctrine la rigueur scientifique, justifier ses hypothèses par leur valeur explicative, non par leur beauté esthétique ou leur séduction sentimentale. Mais, pour se formuler scientifiquement, la philosophie comme toute science, est contrainte de se référer à des principes supposés en dehors de toute discussion. En tant qu'elle est la critique de ses principes, elle est autre chose qu'une science proprement dite et elle suppose d'autres procédés. La philosophie est science théorique, en tant qu'elle s'efforce, comme toute science, de

1. *Esquisse d'une classification*, t. II, p. 142.

tirer de ses premiers postulats, selon les lois de la logique, toutes les conséquences qu'ils contiennent, de prouver par là même leur fécondité. Mais en tant qu'elle met en discussion ses propres principes, en tant qu'elle est une critique et une critique générale, la philosophie n'est plus, à proprement parler, une science, « elle est plutôt *plusieurs sciences* (ne craignons pas ce mot plus bizarre en apparence qu'au fond) entre lesquelles les penseurs sont appelés à choisir en suivant des impulsions où le cœur prend plus de part que l'esprit[1]. »

On imagine la philosophie comme une science morte, extérieure à l'esprit, comme un ensemble de vérités qu'impose à la raison une irrésistible et universelle évidence : là est la grande illusion du dogmatisme. En tant que critique des principes, que mise en question des vérités premières, qui ne reposent plus sur des vérités plus hautes, la philosophie n'est pas donnée au philosophe, il faut qu'il se la doive à lui-même, qu'il en prenne l'initiative et qu'il en accepte la responsabilité. Certes il ne s'agit pas là d'une décision indifférente, du décret d'un libre arbitre détaché de la pensée, il s'agit d'un acte de la raison personnelle, individuelle, dans lequel entrent en jeu toutes les puissances intérieures. La critique des principes ne relève pas de la seule intelligence, parce que les motifs intellectuels ne s'imposent pas par une sorte de contrainte logique; la philosophie de l'individu est une croyance dont décide en dernier ressort sa libre volonté. Bref, quand le philosophe a choisi ses principes, il doit autant qu'il est en lui, se rapprocher de la science, de son mode d'exposition, mais ce qui caractérise le problème philosophique, c'est qu'il se pose à la liberté autant qu'à l'intelligence.

Nous devons nous libérer de l'illusion d'une vérité impersonnelle qui se reconnaîtrait à l'impossibilité de lui

1. *Critique philosophique*, 1873, t. I, p. 301-2.

résister. Le tort de l'éclectisme n'a pas été de faire sa part à la morale, mais bien plutôt d'avoir confondu la science et la croyance et, par la faiblesse de ses prétendues démonstrations, compromis ce qu'il se flattait d'établir. Le néo-criticisme n'affecte pas une fausse science, « il subordonne tous les inconnus aux phénomènes, tous les phénomènes à la conscience et, dans la conscience même, la raison théorique à la raison pratique[1] ». Dès lors il n'y a pas lieu de rompre tout lien entre l'homme et le philosophe, « de faire de soi-même deux parts », d'ignorer de parti pris tout ce qui intéresse la vie morale des individus et des sociétés. Renan finit dans le dilettantisme, Taine nous renvoie au catéchisme. Renouvier n'admet pas que la philosophie soit cette science sans rapport avec la conduite, les devoirs, les espérances de l'humanité[2]; il ne se désintéresse pas de la vie, il discute les événements, il les juge, il s'efforce de résoudre les problèmes qui s'imposent à la conscience contemporaine par une application de ses principes qui en prouve la fécondité. A l'encontre d'Auguste Comte, de Taine, de Renan, il défend les idées de liberté, de justice, d'individualisme qui ont été celles de la Révolution française; après la guerre de 1870, convaincu que le catholicisme est la grande maladie de la France, il demande à tous ceux qui le pensent avec lui de se faire inscrire comme protestants; il s'occupe du traité de Francfort, de la séparation des Églises et de l'État, de l'École laïque, du droit de l'État républicain à enseigner une morale civique. Il aborde tous ces problèmes sans

1. *Science de la morale*, I, p. 92.

2. *Critique philosophique*, 1873, t. I, p. 233. « Dès qu'il s'agit de croyance, pourquoi voudrait-on refuser à la religion de l'espérance un droit qu'on accorde à la religion du désespoir ?... Il entre nécessairement du moral en toute affirmation qui dépasse, en matière de faits, les faits constatables, ou l'accord unanime, en matière de principes. Le criticisme est donc fondé à se permettre un usage ouvert et raisonné de ces motifs moraux, de ces inévitables sentiments, de ces passions, il ne faut pas craindre le mot, et de cette impulsion de volonté qu'on n'esquive pas, mais qu'on a coutume de se dissimuler, quand on couvre la foi qu'on s'est choisie du manteau d'une évidence usurpée. »

passion, il les résout sans timidité. Si on rattache Renouvier à la tradition du XVIIIe siècle, il a ceci d'intéressant qu'il réconcilie les éléments opposés de son esprit : comme Taine, il reprend dans sa philosophie théorique la méthode d'analyse, qu'il veut rigoureuse, il va jusqu'au phénoménisme radical de Hume, mais il ne sacrifie pas le sentiment à l'analyse, il lui fait sa part, il laisse dans le choix des principes directeurs de la connaissance un rôle aux motifs passionnels; par les postulats qui prolongent l'expérience il s'efforce de donner satisfaction aux besoins du cœur, au sentiment religieux, et en un sens il continue J.-J. Rousseau.

V

Pour définir l'attitude philosophique de Renouvier, il ne suffit pas de montrer ce qui le distingue des penseurs contemporains, il importe de marquer son rapport aux philosophes qu'il reconnaît lui-même pour ses maîtres, Kant et David Hume, car c'est à la synthèse inattendue de ces deux philosophes qu'il prétend travailler.

Le nom même qu'il donne à son système, *néo-criticisme*, montre ses intentions tout à la fois de reprendre et de réformer la doctrine de Kant : « j'avoue nettement que je continue Kant, et, comme une ambition est bonne et nécessaire chez quiconque ose proposer sa pensée au public, la mienne serait de poursuivre sérieusement en France l'œuvre de la critique manquée en Allemagne[1]. » Les aventures spéculatives de Fichte, de Schelling, de Hégel nous avertissent assez que la métaphysique restait présente au système qui se flattait d'en avoir à jamais guéri l'esprit humain.

Le premier mérite de Kant est l'idée même de la critique. Au lieu de construire une métaphysique après tant

1. *Essai de logique générale*. Préface.

d'autres, il s'interroge sur la connaissance, sur ses conditions, sur ses limites; « il inaugure une analyse nouvelle et plus profonde, dirigée premièrement sur la question de savoir pourquoi et comment ses devanciers se sont contredits, ce qui pèche dans leurs procédés communs ou respectifs, ce qui borne en toute hypothèse la connaissance humaine certaine »; il se demande pourquoi la science de l'absolu sans cesse renaît et jamais ne réussit. Le problème posé, il apporte à sa solution une pénétration admirable; « il est le premier génie catégoriste de l'ère moderne », il ne réduit pas l'apport de la pensée comme Hume au seul principe de contradiction, il dégage de l'expérience ses conditions, les jugements synthétiques *a priori*, qui ramènent à l'unité de la pensée la diversité de ses éléments[1]. En définissant le sens et la portée des catégories, en établissant qu'elles n'ont d'autre rôle que d'ordonner les phénomènes, que par aucun détour elles ne nous permettent d'en sortir, il proclame la relativité nécessaire de la connaissance, il libère l'esprit de la chimère de l'absolu, il prouve que substance (chose en soi) et science sont termes incompatibles. Mais avec une rare sagesse, en posant les limites de la science, il ne prétend pas y emprisonner l'esprit humain, il laisse le champ ouvert à la libre croyance. La relativité même de la connaissance nous interdit d'ériger le mécanisme en absolu, de faire de cette loi des phénomènes la loi de l'être. Dès lors notre ignorance théorique du monde des noumènes nous autorise à le concevoir en conformité avec les exigences de la raison pratique. Nous n'avons pas à sacrifier les croyances naturelles de l'humanité, nous en trouvons la garantie, non dans une vaine science, mais

1. *Essai de logique générale*, I, p. 222. « En philosophie, le dernier des purs philosophes, le premier des critiques, a mis en lumière la forme des lois irréductibles de la connaissance, la forme ternaire. De plus, il a parfaitement défini la nature et l'objet des catégories, lois et règles à prioriques de la représentation, formes constamment affectées par la matière de la connaissance, par les phénomènes. »

dans une foi raisonnable qui s'attache volontairement aux postulats religieux auxquels est comme suspendue toute notre vie morale.

Avant de définir ce qui le sépare de Kant, Renouvier écarte les objections banales qui portent sur la méthode même du criticisme[1]. On accuse Kant de septicisme et de contradiction. Sans doute il nie la validité des preuves rationnelles de l'existence de Dieu, de l'identité du moi, de l'immortalité de l'âme, mais la force de ces preuves ne réside que « dans la douce et paresseuse habitude de les déclarer inébranlables ». Kant ne ruine le vieux dogmatisme que pour fonder plus solidement la science positive, que pour établir contre l'empirisme sceptique de Hume ce qui est le véritable principe de la science moderne, l'application des mathématiques à la physique. Mais l'ancienne métaphysique détruite, Kant rétablit à titre de croyances légitimes, les vérités qui, dépassant l'expérience, ne peuvent prétendre à la certitude théorique. On l'accuse ici de se contredire, d'affirmer du point de vue pratique tout ce qu'il a nié du point de vue théorique. Cette accusation ne montre que l'inintelligence de ceux qui la portent. « La manière dont il établit et formule les postulats de la raison pratique est précisément et formellement conçue pour ne rien impliquer de ce que la raison théorétique interdit[2]... Il n'est question ni de définir les essences, ni de démontrer les existences, mais seulement d'affirmer par un acte moral de volonté et de croyance rationnelle, des relations sans lesquelles on ne peut satisfaire à l'idée de la destinée humaine écrite dans la conscience[3]... Le criticisme ne dit pas « qu'une chose est vraie sous le rapport pratique et qu'elle est fausse sous le rapport théorique, vraie en application, fausse en principe (Degérando) ». Le criticisme dit que

1. *Critique philosophique*, 1872, t. I, p. 65 sq.
2. *Psychologie rationnelle*, t. II, p. 226.
3. *Critique philosophique*, 1872, t. I, p. 69.

certaines vérités, indémontrables à la raison réduite à ses éléments intellectuels — raison théorique pure — obtiennent des motifs d'être crues, lorsque nous tenons compte des éléments moraux de la raison, — raison pratique, — à la condition pour nous de borner nos affirmations à des points et à des termes qui ne soulèvent aucune des difficultés insurmontables de la théorie[1]. »

Après avoir défendu Kant, Renouvier précise les points sur lesquels il se sépare de lui, pour rester conséquent à la méthode critique et la dégager « des traditions ontologiques » qui empêchent son fondateur de lui demeurer fidèle jusqu'au bout. Kant n'a pas reconnu la relation comme la loi des lois, comme la catégorie générale dont toutes les autres ne sont que des formes et des expressions, et cette erreur l'a conduit « à supposer quelque autre chose encore que des rapports, tant particuliers que généraux. » La distinction de trois facultés — sensibilité, entendement, raison — auxquelles répondent des formes différentes de la connaissance, est un héritage encore du rationalisme dogmatique. La sensibilité n'est pas une faculté séparée, par laquelle les objets nous sont donnés dans l'intuition ; elle suppose l'entendement comme celui-ci la suppose; les phénomènes pensés et sentis se mêlent inextricablement. L'espace et le temps ne sont pas des formes de l'intuition, dont l'application au donné précède la pensée et ses concepts, ils sont de véritables catégories, car ils impliquent la relation qui est la loi des lois de l'entendement. De même la raison, faculté ou du moins exigence de l'absolu, est une superfétation : le raisonnement, auquel Kant la rattache, n'est qu'une dépendance de la catégorie de qualité. L'espace et le temps interposés, comme des formes illusoires et nécessaires, entre l'objet et sa perception, l'absolu avoué comme une exigence légitime de l'esprit, la chose en soi

1. *Critique philosophique*, 1874, t. II, n° 29.

de la vieille métaphysique est comme installée au cœur même de la critique.

Toute analyse première est indémontrable : Kant s'est proposé l'impossible en voulant prouver que ses catégories sont les véritables, qu'il n'y en a ni plus ni moins qu'il n'en énumère. Sa classification par les formes du jugement est tout artificielle; sa déduction transcendantale, son effort pour relier les catégories à l'unité de la conscience, dont elles seraient les conditions et les conséquences, est tout à la fois vain et dangereux. En dérivant les formes de la connaissance de la spontanéité de l'entendement, de l'unité du *je pense* il préparait une métaphysique nouvelle, il légitimait la témérité spéculative d'un Fichte, faisant sortir du moi la matière comme la forme de la connaissance pour résoudre la grande difficulté de l'idéalisme transcendantal. Enfin, bien qu'il prétende établir *a priori* que sa table des catégories est complète, il n'y fait point figurer la finalité, ni la conscience. Or la loi de fin n'est pas moins essentielle à la constitution de l'esprit humain que la loi de cause, et il n'y a pas lieu de mettre cette loi en dehors de la raison théorique, en se référant à une division arbitraire des puissances de connaître. Pour ce qui est de la conscience, il n'est pas plus possible de séparer cette loi de la représentation que la représentation elle-même d'un sujet en qui elle apparaît.

En résumé Renouvier refuse la distinction de la sensibilité, de l'entendement et de la raison, il rattache l'espace et le temps aux catégories et il fait de la raison, en tant que faculté de généralisation, une dépendance de la catégorie de qualité; il ne veut pas qu'on dérive les catégories des formes du jugement, qu'on les justifie en y montrant les conditions de l'unité de la pensée, il veut qu'on les énumère sans plus, qu'on les propose sans prétendre les justifier ; il fait enfin rentrer dans la table des catégories la finalité et la conscience qui sont, au même titre que les autres, des lois constitutives de la représentation.

Mais la grande erreur de Kant est de maintenir la substance, la chose en soi, le noumène : par là il reste engagé dans « la tradition ontologique », il se laisse « aveugler par le rationalisme dogmatique qu'il combat et qui pourtant le maîtrise ». Et d'abord l'existence des noumènes est mal établie. Kant dit : « Si nous ne pouvons connaître les objets de l'expérience comme choses en soi, nous pouvons du moins les penser comme tels. Autrement on arriverait à cette absurde proposition qu'il y a des phénomènes ou des apparences, sans qu'il y ait *rien qui apparaisse* ». Rien qui apparaisse ! « Il y a bien quelque chose qui apparaît au dire même de celui qui nie la chose en soi : c'est le phénomène dont la propre nature, on ne le niera pas, est d'apparaître. La proposition que *rien d'autre n'apparaît* n'est donc pas absurde. Bien plus c'est la proposition du défenseur de la chose en soi qui sera absurde, si nous la formulons ainsi : la *chose en soi qui paraît dans les phénomènes est une chose qui ne paraît point* ».[1] Au fond l'argument fait appel à une loi de l'entendement, à une catégorie en vertu de laquelle les choses sont regardées comme substances ou qualités les unes des autres ; cette loi est indéniable, mais elle a été limitée par Kant aux phénomènes et elle ne peut par suite lui servir pour en sortir.

Possible pour la raison spéculative, le noumène, suivant Kant, peut être déterminé par la raison pratique en conformité avec ses exigences ; il nous ouvre un monde qui sans doute nous reste inconnu, mais qui par là même nous permet d'y réaliser avec la liberté l'ordre moral. Si nous sommes réduits à reléguer la liberté et l'ordre moral dans le noumène, répond Renouvier, nous les reléguons à dire vrai dans le néant, car ce qui nous est à jamais inconnaissable n'existe pas pour nous.[2] L'hypothèse du noumène

1. *Critique philosophique*, 1878, t. II, p. 375.

2. « Nous ne *connaissons* pas d'objets en soi dit Kant, mais nous en *pensons*. De cette pensée, de cette possibilité, des motifs pratiques peuvent nous enga-

sert à résoudre l'antinomie du déterminisme et de la liberté, mais cette solution est illusoire et ne peut donner un fondement à notre vie morale. La thèse de la nécessité absolue est vraie dans l'ordre phénoménal, la thèse de la liberté est vraie ou peut l'être sans contradiction dans l'ordre nouménal. Mais s'il en est ainsi, la loi morale qui suppose la liberté et qui en fait la preuve, ne peut être que la loi du monde nouménal; les actes, que nous appelons à tort vertueux, méritoires, sont des phénomènes, donc ils sont nécessités, donc étrangers à toute moralité. La liberté, dont nous avons besoin, est la liberté de l'homme qui nous est connu, de l'homme qui vit dans l'espace et dans le temps, et non la spontanéité d'un être qui échappe à toute connaissance. Loin de justifier la responsabilité, la liberté nouménale la supprime et avec elle la loi morale. La liberté nouménale, qui décide de notre caractère intelligible et détermine en lui nos actes successifs, n'est qu'une forme de la prédestination qui enlève tout sens et toute valeur à la vie présente.

Cette suppression des noumènes offre, selon Renouvier, les plus grands avantages [1]. Elle abolit enfin tout absolu,

ger à passer à l'affirmation de la réalité, si toutefois elles n'impliquent pas contradiction. Voilà qui est bien ; définissons maintenant les termes. Comment ne pouvons-nous *connaître* un objet en soi ? En ce que l'inconditionné ne peut absolument pas être conçu sans contradiction. Et comment sans contradiction pouvons-nous le penser ? En admettant que la contradiction provient de ce que nous appliquons nos modes de représentation, les règles de notre faculté de connaître à cet objet, pur inconnu, qui nous échappe. C'est toujours Kant qui parle. Ainsi la contradiction n'est levée, il le dit formellement, qu'autant que l'inconnu reste inconnu et que la raison ne tente de le déterminer en aucune manière. Le fondement de la morale est donc la réalité d'un inconnu auquel nous ne devons point appliquer nos modes de représentation, les règles de notre faculté de connaître ; en pensant cet inconnu, nous ne pensons rien, en affirmant sa réalité, nous n'affirmons la réalité de rien, ou, si nous pensons quelque chose, afin qu'un pur néant ne soit pas la *chose* de la raison pratique, et Kant n'y manque pas, alors la contradiction reparaît, et la critique de la raison pure reprend ses droits pour tout renverser jusqu'à la morale avec son prétendu fondement. » (*Psychologie rationnelle*, II, 219.)

1. « On pourrait croire qu'il revient au même de n'admettre point de substances (de noumènes, comme parle Kant), pour la spéculation et l'usage de l'esprit, ou d'en admettre, à la vérité, mais en les posant comme de purs inconnus absolument indéterminables par quelque voie que ce

elle nous libère de la substance, de la chose en soi, et en identifiant ce qui est et ce qui apparaît, elle fait tomber le prétendu mystère d'une réalité inconnaissable. Si le noumène est ce qui est et s'il est sans rapport avec ce que nous connaissons, le monde dans lequel nous vivons, dont nous faisons partie, n'est qu'une vaine apparence, une ombre sans consistance. Comme le panthéisme de Spinoza, l'idéalisme transcendantal aboutit à un véritable illusionnisme, les formes de l'espace et du temps ne laissant arriver le réel jusqu'à nous dans l'intuition sensible qu'après l'avoir transformé. Posons au contraire hardiment « que les représentations seules étant données, seules elles sont des choses, et que dès lors les choses en soi n'existent pas », les phénomènes sont les choses mêmes. Les représentations ne sont pas des signes qui cachent ce qu'ils révèlent, elles sont ce qu'elles sont et elles sont ce qui est. Il n'y a pas deux mondes étrangers l'un à l'autre, dont l'un nous est connu mais n'existe pas, dont l'autre existe mais nous reste inconnu ; notre tâche n'est pas l'effort paradoxal de déterminer selon les exigences de la conscience morale un monde nouménal qui échappe à toutes les déterminations de notre pensée ; il n'y a qu'un monde, le monde des phénomènes, le monde que nous nous représentons, le monde de l'espace et du

puisse être. On se tromperait beaucoup , car ces inconnus se trouvent au bout de toutes les avenues de la critique Kantienne et en déterminent les directions, tout comme les réalités les mieux reconnues pourraient le faire. La solution du problème des *antinomies de la raison pure* est affectée gravement, puisque Kant suppose (supposition arbitraire) que des contradictions qui existent et qui sont certaines pour l'entendement, entre des lois conçues dans leur application aux phénomènes, pourraient s'évanouir pour la raison, dans l'ordre des noumènes; or. une telle imagination infirme aussitôt l'entendement, et tous nos jugements naturels, et le principe de contradiction qui est leur fondement commun : il devient possible à Kant de tomber dans les mêmes égarements que les métaphysiciens dont il a d'ailleurs répudié la méthode, de rêver un monde intelligible, où l'existence et la pensée sont soustraites aux conditions de l'espace et du temps, et d'imaginer que la liberté humaine peut conserver quelque réalité, savoir dans les noumènes, après qu'il l'a complètement exclue de l'ordre des phénomènes, en affirmant avec l'énergie de Leibniz ou de Mahomet que tout est prédéterminé dans le monde. » (*Critique philosophique*, 5 juin 1873, t. I, p. 274. »

temps, et c'est ce monde donné, connu, que nous avons à interpréter du point de vue de l'ordre moral : « les postulats ne consistent pas à sortir de l'expérience mais à l'étendre selon les besoins de la raison pratique. » Ajoutez que la substance abolie, l'être ramené au phénomène et le phénomène à la représentation, nous sommes autorisés à chercher, dans la nature et les conditions de la représentation, des lumières sur la nature et sur les conditions de l'être, c'est-à-dire, comme un instinct pressant nous y porte, à projeter en tout ce qui est une vie analogue à celle dont nous prenons conscience en nous-mêmes.

En même temps qu'avec la vieille métaphysique de la substance, Renouvier prétend rompre avec le vieux dogmatisme de l'évidence qui lui est intimement lié. De là un dernier dissentiment avec Kant sur le problème de la certitude, sur la place qu'il convient de lui assigner dans la critique de la connaissance. Kant part de la certitude, il la met au principe de son système, qu'il édifie pour en rendre raison. La science est réelle, il y a des vérités universelles et nécessaires, qui s'imposent à tous les esprits; quelles en sont les conditions transcendantales ? Les catégories, que suppose l'existence de la science, les synthèses *a priori*, qui de la diversité des phénomènes font avec et par l'unité de l'objet l'unité de la conscience, sont des lois constitutives que la pensée ne peut mettre en doute sans se nier elle-même. A ce dogmatisme, comme à tous les autres, Renouvier oppose l'existence de la grande école sceptique, dont il est trop simple de se débarrasser par une fin de non-recevoir, les contradictions des philosophes qui n'ont jamais réussi à se mettre d'accord sur ces principes que chacun d'ailleurs continue de proclamer nécessaires. L'homme ne s'efface pas dans le philosophe ; la liberté a son rôle dans l'ordre théorique. « En fait, c'est une raison pratique qui dirige Kant dans sa critique de la raison pure, car c'est une personne qui conduit et coordonne l'œuvre. Kant admettant la liberté, sa conscience est libre, sa critique est donc libre aussi, ses catégories sont libres, ses antinomies sont libres : ses jugements ne sont pas plus nécessaires que les nôtres qui diffèrent souvent des siens[1] ». On ne déduit pas, on ne démontre pas les catégories ; les premiers principes par cela même qu'ils sont premiers, sont objet de croyance : la raison spéculative est une raison pratique. La certitude n'est pas au principe, elle est au terme du système, que recommande sa correspondance aux besoins de l'esprit et aux données de l'expérience. La vérité ne s'impose pas par une irrésistible évidence, elle se propose à la raison personnelle qui, après examen de ses titres, y donne une adhésion dont décident, autant que l'intelligence, la passion et la liberté.

La chose en soi niée, les noumènes abolis, rien n'existe que les phénomènes, au delà desquels il n'y a rien à chercher ; la déduction transcendantale supprimée, les catégories elles-mêmes ne sont que des phénomènes constants, universels, présents à tous les autres ; n'est-ce pas revenir à David Hume, tout réduire avec lui à des faits et à des rapports qui ne sont que des faits généraux ? Renouvier définit, en effet, sa philosophie par l'effort pour concilier le phénoménisme de Hume et l'à priorisme Kantien. « Le criticisme, tel que nous le comprenons, se rattache originairement à la philosophie de Hume autant qu'à celle de Kant. Il emprunte à Kant la doctrine de l'à priorisme essentiel de la fonction intellectuelle, d'où il tire sa notion générale de la loi ; et il emprunte à Hume la théorie phénoméniste, comme on la nomme, ou la démonstration qui réduit tous les éléments possibles de

1. *Psychologie rationnelle*, II, p. 221. » Lorsque Kant procède à ses analyses, à ses établissements de principes, à ses déductions, il semble croire à l'existence d'une science philosophique apodictique qui vaudrait par elle-même, indépendamment de la conviction individuelle de l'auteur et de l'adhésion douteuse des lecteurs... Le criticisme n'est donc pas, chez Kant, exempt de cet abus d'autorité et de cette fiction de savoir qu'on reproche au dogmatisme. » (*Critique philosophique*, 1878, II, p. 372.)

la connaissance aux phénomènes des divers ordres[1] ».

Hume a raison, quand il nie la substance, la causalité transitive, la force qui sort d'un être pour entrer et pour agir en un autre être ; il a tort, quand il méconnaît certaines synthèses de l'entendement comme données primitives, « au même titre que les phénomènes particuliers sensibles, dont seules elles peuvent former primitivement des groupes ou associations. Ce sont des phénomènes aussi, mais universels et nécessaires au regard de notre esprit et à prioriques pour lui. La méthode phénoméniste n'est point renversée par l'admission de ces fonctions intellectuelles au défaut desquelles une définition quelconque de l'entendement est impossible. Seulement les lois des phénomènes viennent s'ajouter aux phénomènes purs ou abstraits, incohérents, divisés et strictement actuels, pour en former des phénomènes réels et composés, c'est-à-dire liés d'espace, de temps, de quantité, de qualité, de causalité, etc., les uns avec les autres[2]. » Hume réduit la connaissance à des perceptions atomiques, liées du dehors par une succession inexpliquée, sans raison, à laquelle répond en nous une loi de l'imagination qui nous fait passer de l'une à l'autre : ramenée à l'habitude, qui n'est rien en dernière analyse que la répétition du fait lui-même, la loi est le pur accident. « On n'échappe au scepticisme qu'en n'y pensant pas. » La grande erreur est de ne pas apercevoir « que nulle impression, quelque élémentaire qu'on la suppose, n'est possible, ni intelligible, à moins d'entrer déjà dans quelque relation, et disons donc : de toucher à quelque catégorie, à quelque loi qui sert à sa définition, temps, espace, qualité, devenir[3]... » Le fait disparaît avec la catégorie, parce qu'il n'y a pas de relatif sans relation donnée. Une représentation ne se conçoit pas en dehors de la mémoire, de la locali-

1. *Critique philosophique*, 5 juin 1873.
2. *Ibid.*, 1873, I, p. 274.
3. *Ibid.*, 25 juillet 1872.

sation dans le temps, dans l'espace. Abstraction faite de toute loi, l'impression la plus simple n'a rien de saisissable, de définissable ; la loi est présente au phénomène, nécessaire à sa constitution. « Le phénomène et la loi sont deux termes indispensables d'une détermination simple ou complexe quelconque, deux termes inséparables, inintelligibles l'un sans l'autre, puisqu'il n'y a pas de phénomène sans relation définie, ni de relation définie sans loi qui l'exprime en la généralisant[1]. »

Par sa théorie de la connaissance, l'empirisme anglais se condamne ou à rétablir l'absolu sous sa forme la moins acceptable, ou à revenir par une voie détournée au réalisme, à la substance, en expliquant le dedans par le dehors, l'esprit par la chose. L'association ne répond pas aux lois constitutives de la pensée, elle se produit exclusivement par la rencontre des impressions reçues et par les habitudes contractées ; or la prétention de réduire toutes les lois intellectuelles à une seule *qui n'en est plus une* n'est rien moins que la prétention encore de sauter par-dessus son ombre, de connaître en dehors et comme au delà des conditions sous lesquelles seules la connaissance est possible. « Prendre l'habitude pour génératrice de la loi, c'est réduire la loi au fait premier, à l'incompréhensible accident pur ; c'est faire, pour dépasser les limites de la connaissance humaine et atteindre l'absolu, un effort du genre, quoique tout inverse, de celui des métaphysiciens, qui veulent remonter jusqu'à la nudité de la substance et de la cause[2]. » La difficulté de s'en tenir à ce point de vue ramène l'empirisme à une métaphysique de la chose et le conduit à chercher les lois de la représentation, puisqu'il en faut, dans les rapports d'une réalité qui lui est extérieure et qui la détermine. Le scepticisme de David Hume aboutit à l'évolutionnisme d'Herbert Spencer. En acceptant avec le phénoménisme l'universelle

1. *Critique philosophique*, 25 juillet 1872.
2. *Ibid.*, 1873, II, p. 71.

relativité, il suffit de restituer les éléments à prioriques de la connaissance pour rendre au monde toute la réalité qu'il nous importe de lui conférer. « Du point de vue supérieur, où le criticisme et les sciences nous placent aujourd'hui, nous pouvons restituer aux phénomènes, sous la forme de lois, les éléments de stabilité et de règle dont l'élimination de l'idée de substance, par l'effet d'un premier éblouissement, semblait les priver; et la légitimité de la croyance à des êtres extérieurs, doués de toute l'indépendance et de toute l'identité que le sens rationnel de ces deux mots comporte, n'a rien que de parfaitement conciliable avec une méthode qui exclut la détermination de la chose en soi et la spéculation sur les noumènes[1]. »

Nous voyons ce qui caractérise Renouvier, ce qui le distingue et de ses contemporains et des penseurs qu'il avoue pour ses maîtres. Il ne se laisse pas éblouir par le progrès des sciences positives, il ne subordonne pas l'esprit à la chose, il ne rêve pas de trouver le secret de l'absolu dans la connaissance du relatif, il n'identifie pas le fait et l'idée, l'expérience et la dialectique hégélienne; il maintient l'originalité du problème philosophique et de la méthode qui en permet la solution, il ne renonce pas au droit de chercher au monde un sens conforme aux exigences de la conscience morale. Mais d'accord avec A. Comte, comme avec D. Hume, il nie l'absolu, il rejette la métaphysique comme science, il affirme la relativité de la connaissance, à laquelle il ne laisse pour objet que des faits et des lois. Le monde réel est le monde même qui nous apparaît : tout effort pour s'en échapper est vain. Si Renouvier est phénoméniste, il entend n'être point empiriste. L'idée qu'il se fait de la loi le rapproche de Kant. La perception la plus simple enveloppe un élément catégorique et formel, la loi est *a priori*, logiquement extérieure aux faits qu'elle régit. Mais pour Kant la science

1. *Critique philosophique*, 1873, I, p. 276.

est nécessaire, elle suppose des principes nécessaires comme elle. Pour Renouvier, les principes de la raison pure spéculative sont du même ordre que les postulats de la raison pratique : les uns et les autres expriment les exigences de la pensée, qui pose en eux les conditions de son existence par un choix, où interviennent la passion et la liberté au même titre que l'intelligence. On ne subit pas l'intelligibilité, on va au-devant d'elle, on veut ce qui la rend possible, la primauté de l'ordre moral aussi bien que les conditions de l'ordre physique. Pour Kant les catégories s'imposent, dans le monde des phénomènes règne le déterminisme le plus rigoureux ; pour Renouvier, les catégories se proposent, la pensée n'exclut pas plus la contingence dans le représentatif que dans le représenté, et laisse place à une certaine indétermination dans le sujet comme dans l'objet.

CHAPITRE II

LA LOI DU NOMBRE ET SES CONSÉQUENCES

I

La méthode d'exposition d'un philosophe dépend de l'idée qu'il se fait de la philosophie. Pour Descartes le caractère essentiel de la science est la certitude, le critérium de la certitude est l'évidence à laquelle on ne résiste pas, puisque, par définition même, elle est ce qui exclut le doute. Le problème est donc de commencer par la première vérité et d'y rattacher toutes les autres vérités, de partir de principes évidents et de faire sortir l'explication de tout ce qui est de ces principes par un enchaînement de conséquences logiquement déduites. La mathématique est ainsi la science-type dont il faut généraliser la méthode par une heureuse combinaison de l'intuition et de la déduction qui donne à la science tout entière la forme démonstrative. Spinoza ira jusqu'au bout de la pensée cartésienne, en adoptant le mode d'exposition des géomètres. Bien que Kant combatte et rejette le dogmatisme cartésien, la nécessité reste, pour lui, la caractéristique de la certitude spéculative, et dans la *Critique de la raison pure* il s'efforce par l'analyse et la réflexion de définir et de justifier les principes qu'implique l'existence de la science. La philosophie, selon Renouvier, n'est pas une science comme les autres, elle n'est pas même à la lettre une science; critique et critique générale, elle met en question les principes eux-mêmes, elle n'admet rien qu'elle ne soumette à son arbitre, elle est l'acte d'une raison personnelle, une décision où l'individu s'engage tout entier, intelligence, sentiment, volonté, et dont il porte la responsabilité puisqu'il en a l'initiative. Renouvier, la philosophie ainsi définie, ne peut partir du nécessaire puisqu'il n'accorde pas même qu'on y puisse arriver. Il ne faut pas l'arrêter dès le début, lui demander comme point de départ une vérité évidente, premier anneau d'une chaîne de propositions nécessaires et nécessairement enchaînées. Admettre sans discussion une certitude idéale, que caractérisent l'évidence et la nécessité, se donner pour tâche d'y soumettre tous les esprits, c'est oublier volontairement les contradictions toujours renaissantes des philosophes, c'est rayer de l'histoire tous les systèmes sceptiques. Qu'est-ce que la certitude ? La vérité s'impose-t-elle à l'esprit par l'évidence ? Est-ce à l'impossibilité de lui résister qu'on la reconnaît ? ou plutôt ne faut-il pas l'accueillir, l'accepter, la vouloir ? C'est là un problème psychologique qu'on ne peut supposer d'abord résolu.

Mais comment procéder ? d'où partir ? sinon d'une vérité évidente, d'un principe que l'on ne puisse contester ? Cette vérité, ce principe qu'est-ce qui les garantira ? « La critique de la connaissance se meut dans un cercle inévitable. Quelque vérité, quelque rapport que j'entreprenne d'expliquer, de prouver, je suis contraint de proposer d'autres rapports que je n'explique pas. Comment expliquer en effet ce que supposerait une première explication quelconque ? Donc il faut tomber droit au milieu de la raison et s'y livrer. » (1er Essai, § 1.) Vous saisissez la méthode : il ne faut pas s'embarrasser d'abord de savoir ce qu'est science, ce qu'est certitude ; il faut se mettre à l'œuvre, se servir de son intelligence, faire un système ; on se demandera ensuite ce qu'est la science, la certitude, et on verra dans quelle mesure on a satisfait aux conditions qu'elles impliquent. « J'écris l'histoire de mes pensées pour que d'autres la vérifient par l'histoire conforme des leurs, en me lisant. » (*Ibid.*) Ne nous proposons pas d'abord un idéal qui préjugerait notre philosophie, ajournons les questions que l'on croit préliminaires, qui, à dire vrai, impliquent une doctrine; ne définissons pas d'abord la vérité, la certitude, l'évidence, « en pratiquant la science, nous apprendrons à la définir »; servons-nous de notre raison; édifions un système, efforçons-nous d'être compris et approuvés, nous jugerons notre œuvre quand elle sera faite. Si notre système tient debout, s'il est en accord avec l'expérience, s'il répond aux lois de la pensée spéculative en respectant les exigences de la raison pratique, il sera justifié par lui-même, il se fera accepter par ses avantages; tout au moins il se proposera à la raison personnelle qui pourra le discuter, et après réflexion le choisir ou le rejeter. Bref pas d'évidence irrésistible, un système qui se propose en s'exposant.

Ne voulant pas partir d'une première vérité qui aurait le privilège de s'imposer à tous les esprits, Renouvier part de ce qui n'implique encore aucun jugement, aucune théorie, du pur fait de conscience, que les sceptiques mêmes n'ont jamais songé à nier ni à mettre en doute, du fait de la représentation. Quoi que nous percevions, quoi que nous pensions, nous ne percevons, nous ne pensons jamais que ce qu'on appelle des choses, en laissant à ce mot un sens encore indéterminé; or « toutes les choses possibles, j'entends pour nous et pour notre connaissance, ont un caractère commun, celui d'être représentées, d'apparaître. S'il n'y avait point de représentation des choses, point d'apparence, en parlerais-je? » (1er *Essai*, § 2.) Ce dont il n'existe aucune sorte de représentation ne doit pas, ne peut pas m'occuper, ne m'occupe pas en effet et n'occupe personne. « J'appelle représentation (c'est ma première tautologie) *ce qui se rapporte aux choses, séparées ou composées d'une manière quelconque, et par le moyen de quoi nous les considérons*... Les choses, en tant que représentations, je les nomme des *faits* et des phénomènes. Ainsi j'arrive à définir la chose par la représentation, après avoir défini la représentation par la chose, et ce cercle est inévitable ; et ces deux mots, *représentation* et *chose*, d'abord distingués, viennent se confondre en un troisième : *phénomène*. » (§ 2.)

Une première analyse, à laquelle suffit la plus simple réflexion, précise ces notions. « Ce qui frappe d'abord dans la représentation, ce qui en est le caractère déterminatif, c'est qu'elle est à double face et ne peut se présenter à elle-même que bilatérale. Ces deux éléments que toute représentation suppose, je les signale et ne les définis pas en les nommant l'un *représentatif* et l'autre *représenté* ». (§ 3.) Ces deux termes sont corrélatifs, inséparables, il est impossible de les isoler : le représentatif est un représenté à lui-même, ce n'est là qu'exprimer le fait de la conscience ; le représenté n'est connu qu'en devenant représentatif. Le sujet s'objective, devient objet pour soi ; l'objet se subjective, s'identifie avec le sujet dont il est l'objet[1]. Jusqu'ici aucune difficulté : nous avons posé ce que nul ne conteste, des représentations, des phénomènes. Nos définitions ne font que traduire les faits, que les constater, elles ne contiennent pas un système, elles tendent au contraire à les repousser tous, ou du moins à les suspendre, à les ajourner.

Mais la représentation, dès qu'on ne se tient plus dans ces abstractions, dès qu'on rentre dans la réalité de la vie spirituelle, pose des conséquences auxquelles il semble impos-

1. Ces expressions sont empruntées à la première édition des *Essais de critique générale*. Dans la deuxième édition, Renouvier a renversé le sens courant des deux termes : *objectif*, *subjectif* et est revenu au sens qu'avaient ces mots dans la langue de la scolastique et du XVIIe siècle. « J'appelle *objet*, dit-il, ce qui, dans la représentation s'offre comme le terme immédiat du connaître : le représenté, en tant que donné simplement dans la représentation. J'appelle *sujet* le représenté, en tant que jugé pouvoir exister, être donné, indépendamment de la représentation propre et actuelle, où il paraît comme phénomène. » (§ 4.) La terminologie commune a l'inconvénient de favoriser l'*idéalisme subjectif absolu*, en ne laissant qu'un sujet, le sujet pensant qui fait de toutes choses *ses objets*. Bien que le philosophe ait le droit de définir les termes dont il fait usage, il ajoute inutilement à la difficulté d'entendre sa pensée, quand il fait violence à la langue commune et aux habitudes prises. Nous éviterons, dans notre exposition, l'emploi des termes *objectif, subjectif*, pour épargner la traduction qu'ils exigent.

sible de se soustraire : la représentation n'implique-t-elle pas un moi, des choses? ce moi et ces choses ne s'opposent-ils pas à elle, comme l'être au paraître? « Le philosophe s'appelle *moi* et ne parle d'abord que de *moi*; les représentations à son gré sont les représentations *du moi*, et soit qu'il demeure ensuite enfermé dans ce *moi*, soit qu'il en sorte, il croit pouvoir commencer par s'y établir. » (§ 4.) Renouvier se refuse à ces conclusions précipitées : « je pose des représentations, rien que des représentations. Je ne les pose pas dans le moi, car ce serait déjà poser autre chose. » On insiste : en posant des représentations, vous posez vos représentations, vous qui pensez et qui nous parlez, vous admettez donc les représentations en vous, vous connaissez donc, antérieurement à tout, le moi comme sujet et ses représentations. — Mais de ce moi qu'est-ce que je connais en dernière analyse ? rien de plus que des assemblages de représentations. « Ce qui fait que je les appelle miennes, c'est qu'elles sont liées entre elles (phénomènes de sensation, de conception, de mémoire, de raisonnement, etc.), et liées à certaines autres (phénomènes matériels et organiques) de manière à former un tout distinct et qui a ses lois propres. Ce tout est le moi ou plutôt tel moi, le mien, que je ne confonds avec aucun autre ; ce tout est un composé de phénomènes, dont il m'est permis de rechercher la nature, mais non de poser d'abord l'existence comme quelque chose de simple et de primitif. » (§ 4.)

Tout autant que le moi, le *non-moi*, le représenté absolument parlant n'est qu'une « idole de théâtre », une fiction philosophique. Le mot même de représenté témoigne l'impuissance où nous sommes de dépasser la représentation, et la conformité alléguée entre le représenté en soi et le représenté dans la représentation montre qu'en voulant poser autre chose que la représentation, c'est encore elle, elle seule que l'on pose. Pour faire tomber l'existence de la chose en soi, il suffit de se rendre compte que toute connaissance est représentation, et toute représentation relative : « ou nous parlons des choses (de quoi parlerions-nous ?) en tant qu'elles représentent et sont représentées, sous forme objective ou subjective d'ailleurs ; ou nous parlons des choses en tant qu'elles ont de tout autres rapports, ou qu'elles n'en ont aucun ; mais en tant qu'elles représentent et sont représentées, les choses se confondent avec les représentations ; et en tant qu'elles ont de tout autres rapports ou qu'elles n'en ont aucun, elles n'apparaissent pas et sont comme n'étant pas ; donc les choses sont des phénomènes quant à la connaissance, et les phénomènes sont les choses. » (§ 15.) En définissant la représentation nous ne faisions rien de plus que de constater le fait de conscience immédiat, le phénomène intérieur, nous cherchions seulement à nous placer en dehors de tout système, à affirmer ce que nul ne peut nier, ce que nul jamais n'a nié ; mais ces définitions qui ne veulent que repousser toute théorie, donnent ce qu'on ne leur demandait pas, la relativité de la connaissance, la négation de la chose en soi, comme s'il suffisait de se mettre en face des faits sans préjugé, sans parti pris, pour trouver dans la plus simple réflexion sur la nature de la pensée, le phénoménisme.

II

Ainsi il suffit de se rendre compte de ce qu'est la représentation, de la solidarité des deux éléments qu'elle implique, de la relativité qui par suite est sa loi, pour se débarrasser de l'existence de la substance. Mais « il s'agit du point fondamental de la méthode », et Renouvier craint que cette réfutation très générale ne laisse subsister des doutes dans les esprits. Avant d'arriver à la partie vraiment positive du système, à la détermination des catégories, c'est-à-dire des lois selon lesquelles s'ordonnent les représentations pour constituer le monde qui nous apparaît, il faut par une sorte de καθαρσις, de purification, se délivrer du fétichisme philosophique. Pour affranchir la pensée du préjugé de la substance, le mieux ne serait-il pas d'établir qu'affirmer la chose en soi, c'est nier le premier de ses principes, la condition même de son existence, le principe de contradiction. La pensée serait ainsi comme sommée de choisir entre elle-même et la chose en soi. Pour établir cette solidarité du principe de contradiction et du phénoménisme, Renouvier invoque ce qu'il appelle la *loi du nombre*. La loi du nombre se ramène à ces deux propositions : application nécessaire de la catégorie du nombre à tous les phénomènes donnés, que l'on considère leur extension, leur composition dans l'espace, ou la série qu'ils forment dans le temps ; — comme tout nombre est tel et non autre, déterminé, fini, nécessité de rejeter du monde tout infini quantitatif actuel. Qui veut rester fidèle aux lois de la pensée et ne pas accepter à la fois des idées qui s'excluent doit s'interdire la violation de la loi du nombre. Comme il y a un lien logique entre les dogmes de l'infini, de la substance et de la nécessité, détruire l'infini, ce sera ruiner avec la substance la nécessité, faire tomber du même coup les préjugés qui opposent aux exigences de la raison pratique les prétendus principes d'une raison spéculative que l'infini seul et l'absolu pourraient satisfaire [1].

Il importe avant tout de préciser les idées, de bien s'entendre sur l'infini que le principe de contradiction exclut de la réalité et de la pensée. Il n'est pas question de l'infini de qualité, qui est le parfait, l'achevé, tout le contraire, à dire vrai, de l'infini. « C'est une notion nette, s'il en fut jamais, réalisable ou non, il n'importe, que celle de la justice parfaite, par exemple, ou de l'intelligence parfaitement adéquate à son objet (objet déterminé), ou de l'amour à la plus haute puissance dans une âme. » Il ne

1. M. Renouvier est revenu à maintes reprises sur cette loi du nombre : *L'année philosophique*, 1868 : l'*Infini, la substance et la liberté*. — *Critique philosophique*, 1873, n°s 42, 45. Cf. la critique de la thèse de M. Evellin, 1881, n°s 17, 18.

s'agit pas davantage de nier la puissance indéfinie de l'esprit qui nombre, qui n'arrête à aucun moment sa progression et à un nombre donné, si grand soit-il, peut toujours ajouter une unité qui l'accroît sans l'achever. La réalité qui répond à la puissance intellectuelle des additions et des divisions sans fin dans l'ordre du temps, de l'espace, de toutes les quantités, c'est cette puissance elle-même et l'esprit dont elle est une forme. Mais « bien compris l'indéfini ne donne pas l'infini, il le supprime », car l'indéfini qui par hypothèse est indéterminé, toujours en voie de devenir, s'oppose à l'idée d'un infini donné, actuel, réalisé, somme prétendue faite d'objets accumulables sans fin ou de parties divisées sans nombre.

Ce que Renouvier demande, c'est qu'on lui accorde que l'infini ne se finit pas, que l'indéterminé ne se détermine pas : ce n'est rien de plus que l'aveu et le respect du principe de contradiction. Prenons un exemple : soit le nombre des étoiles. Admettons qu'il est indéfini, qu'il est tel que quelque nombre que nous assignions, il faudra l'accroître encore, poussés de termes en termes par la grandeur de l'univers qui dépasse notre imagination, épuise notre puissance d'expression. Mais franchirons-nous l'intervalle qui sépare l'indéfini de l'infini ? Dirons-nous que le nombre des étoiles est infini ? C'est là une affirmation absurde à laquelle il ne faut point consentir. Nombre et infini sont des termes contradictoires. « On rougit d'avoir à dire que tout nombre est nombre, donc déterminé et qu'un nombre sans nombre est un nombre qui n'est pas un nombre[1]. » Qu'on n'espère pas éviter la contradiction dans les termes en disant : *un nombre plus grand que tout nombre assignable ;* car de deux choses l'une ; où il s'agit seulement de ce que l'imagination ne peut atteindre, de ce qu'en fait aucun calcul n'a déterminé et peut-être ne déterminera ; ajoutez à l'unité un million, un milliard de

1. *Année philosophique*, 1868, p. 37.

zéros, dans ce cas pas de contradiction; ou il s'agit de l'inassignable abstrait, absolu, et dire qu'un nombre est inassignable ou plus grand que tout nombre assignable, c'est dire qu'il est plus grand que tout nombre, que par conséquent il n'est pas un nombre et nous voilà revenus au nombre qui n'est pas un nombre. La moindre réflexion suffit à montrer ce qu'il y a de monstrueux dans la notion du nombre infini. Le nombre infini qu'on imagine appartient-il à la série des nombres entiers : 1, 2, 3, 4? Si oui, il ne diffère du précédent, c'est-à-dire de celui qui vient immédiatement avant lui dans la série, que d'une unité, et, par suite, il est fini comme lui. Sinon qu'est-ce qu'un nombre qui n'appartient pas à la série des nombres possibles. Ce nombre ne peut être ni pair, ni impair; il doit avoir un carré, un cube, par suite n'être pas le plus grand passible ou être égal à des nombres plus grands que lui-même. La contradiction se présente sous mille formes que les géomètres ont signalées depuis Galilée jusqu'à Cauchy[1]; à vrai dire elle résulte de la notion seule du nombre, tout nombre donné pouvant être augmenté d'une unité par le procédé même qui a servi à former les nombres antérieurs.

Alléguer contre ces vérités que le principe de contradiction, en fait, est nié par la mesure du continu, par les grandeurs incommensurables, par les calculs de l'infini-

1. Renouvier propose comme la plus simple la démonstration suivante de la contradiction du nombre infini: « Je dis que si toute la suite des nombres entiers était actuellement donnée, il y aurait deux nombres égaux dont l'un serait plus grand que l'autre, ce qui est une contradiction formelle *in terminis*... Supposons cette suite donnée, nous pourrons former une autre suite toute et exclusivement composée des carrés de la première, car on peut toujours faire le carré d'un nombre. Ainsi par hypothèse, la seconde suite aura un nombre de termes égal au nombre des termes de la première. Or, la première contient tous les nombres tant carrés que non carrés; la seconde ne contient que des carrés; la première a donc un nombre de termes plus grand que la seconde, puisque contenant tous les nombres elle contient tous les carrés, et qu'elle contient en outre les nombres non carrés. Mais par hypothèse ou construction ces nombres de termes sont égaux; donc il y a des nombres égaux dont l'un est plus grand que l'autre. Mais cette conséquence est absurde; donc il est absurde de supposer la série naturelle des nombres actuellement donnée. C. Q. F. D. » (*Troisième Essai*, t. I, p. 55).

ment petit ou de l'infiniment grand, ce serait montrer seulement qu'on n'entend pas le sens de la méthode et des symboles des géomètres. La philosophie des mathématiques de Renouvier est dominée par l'idée d'éviter tout ce qui pourrait ramener l'affirmation déguisée de l'infini quantitatif actuel. Il rappelle sans cesse les mathématiciens à l'idée du nombre, à ce qu'elle suppose, il ne leur permet pas d'oublier le point de départ de leurs spéculations. La généralisation des procédés du calcul par l'algèbre et l'analyse ne doit pas faire illusion, il ne faut pas tomber dans une sorte de réalisme pythagoricien, supposer que les formules par elles-mêmes ont un sens, une valeur propre, qu'elles doivent nécessairement se retraduire en termes concrets dans le monde donné. Il s'agit seulement d'un langage créé par l'esprit, de plus en plus étendu, généralisé, dont il ne faut pas oublier l'origine conventionnelle, dont toujours il faut ramener l'interprétation à la claire notion du nombre. « Les difficultés qu'on trouve dans la théorie des valeurs positives et négatives proviennent d'une habitude enracinée de considérer les relations une fois symbolisées comme des choses en soi qui signifient absolument quelque chose. Les géomètres s'attachent à l'étude des symboles mathématiques dans cette pensée avouée ou déguisée que la science y est contenue *a priori*, en vertu de quelque signification profonde tout autrement étendue que celle qu'il plut au calculateur de leur attribuer[1]. » Pris en eux-mêmes les nombres négatifs n'ont aucun sens, ils ne sont intelligibles que comme symboles conventionnels de certaines relations qui se rencontrent dans l'ordre des grandeurs continues. C'est par une illusion analogue à celle qui réalise les valeurs négatives qu'on parle d'un calcul des incommensurables. Pour mesurer la circonférence on suppose qu'elle est la limite du polygone régulier inscrit variable dont

1. *Premier Essai,* I, p. 377.

on multiplie indéfiniment les côtés. Mais jamais, en vertu des définitions, le polygone n'aura tous ses points à égale distance du centre, comme l'exige la définition de la circonférence. La limite dont on parle est une limite qui n'existe pas : le polygone reste une figure aux côtés rectilignes, la circonférence ne devient pas un polygone. Réaliser la limite reviendrait à définir la courbe un polygone d'un nombre infini de côtés infiniment petits; ce serait, en supposant l'infini, retomber dans les absurdités qu'il implique. On n'obtient pas en vertu des signes la mesure de ce qui par hypothèse n'est pas mesurable : ce n'est pas la circonférence, c'est une figure à elle substituée, c'est un polygone qui est mesuré; mais si la mesure exacte est impossible, répugne à la nature du nombre, l'erreur est assignable, nulle en ce sens, puisque le géomètre a toujours pu envisager une différence moindre que celle qu'on objecte, si petite que soit celle-ci.

Il en est du calcul infinitésimal, comme des valeurs négatives, imaginaires, comme du passage à la limite, il dépend de l'esprit et des conventions qu'il fait avec lui-même; « génération du continu par un discret conçu *ad hoc* », il est un ensemble de signes, de symboles, il ne nous fait pas atteindre les derniers éléments des choses, il ne met pas l'infini dans le nombre. Leibniz ne s'y est pas trompé : « Les mathématiciens, dit-il, n'ont pas besoin du tout des discussions métaphysiques. Je reconnais que le temps, l'étendue, le mouvement et le continu en général, de la manière dont on les prend en mathématiques, ne sont que des choses idéales, c'est-à-dire qui expriment des possibilités, tout comme font les nombres. Je n'admets pas plus de grandeurs infiniment petites que d'infiniment grandes. Je tiens les unes et les autres pour des manières abrégées de parler dans l'intérêt des fictions de l'esprit qui servent au calcul... On s'embarrasse dans les séries des nombres qui vont à l'infini. On conçoit un dernier terme, un nombre infini ou infiniment petit, mais tout cela ce sont des fictions. Tout nombre est fini et assignable, toute ligne l'est de même, et les infinis ou infiniment petits n'y signifient que des grandeurs qu'on peut prendre aussi grandes ou aussi petites pour montrer qu'une erreur est moindre que celle qu'on a assignée, c'est-à-dire qu'il n'y a aucune erreur. (*Théodicée*, § 70.) » Dans le calcul infinitésimal, comme dans la méthode des limites appliquée à la géométrie élémentaire, l'erreur étant plus petite que tout nombre assignable, si petit qu'il soit, le raisonnement mathématique, quoique se fondant sur des symboles, est rigoureux ; l'approximation indéfinie équivaut à la certitude. Mais Renouvier maintient que les symboles sont des symboles, il ne veut pas qu'on prenne de simples conventions pour des essences absolues, qu'on réalise le langage mathématique, qu'on en vienne à admettre des quantités qui ne sont pas des nombres, des rapports incommensurables, c'est-à-dire des rapports de termes qui sont sans rapport, un infini numérique qui contredit l'idée même du nombre.

Renouvier obéit aux mêmes préoccupations quand il condamne la géométrie non euclidienne, selon laquelle notre espace à trois dimensions n'est qu'une espèce, un cas particulier d'un espace plus général qu'on peut concevoir à *n* dimensions. « L'algèbre suppose la géométrie et n'est pas chargée d'en faire une,... c'est par une sorte de foi mystique aux formules de l'analyse qu'on leur prête la vertu d'engendrer différentes géométries à choisir et *a priori* possibles ». Un seul et même principe domine toutes ces considérations, c'est que la mathématique est un langage conventionnel, dont il ne faut pas oublier l'origine, dont il ne faut pas transformer les symboles en formules magiques, auxquelles nécessairement doit répondre quelque chose de donné et qui développées, révéleraient le mystère de la réalité [1].

1. M. Renouvier est revenu à maintes reprises sur la philosophie des

Mais s'il y a contradiction à supposer un infini numérique donné comme tel, un nombre sans nombre, cette vérité mathématique est-elle une vérité de logique universelle dont les lois mêmes de la pensée imposent la reconnaissance dans tout ordre de spéculations? Faut-il considérer cette exigence de notre entendement comme dominant la réalité, qui ne peut être que finie, parce que nous ne pouvons concevoir et comprendre que le fini? Leibnitz si ferme, si précis, quand il parle de l'infini mathématique, n'admet pas moins un sujet matériel divisible à l'infini, tout au moins composé d'une infinité actuelle d'éléments, sous ce prétexte que l'agrégat infini n'est ni un tout, ni une grandeur, ni un nombre. « Il y a une infinité de créatures dans la moindre parcelle de la matière, à cause de la division actuelle du *continuum* à l'infini. Et l'infini, c'est-à-dire l'amas d'un nombre infini de substances, les monades à proprement parler, n'est pas un tout (*Théodicée* § 195)... J'accorde une multitude infinie, mais cette multitude ne fait pas un nombre ou unité de totalité (*unum totum*). Elle signifie seulement qu'il existe plus de termes qu'il n'en pourrait être désigné. C'est ainsi qu'une multitude est donnée, enveloppant tous les nombres (*complexus omnium numerorum*); mais cette multitude n'est ni nombre, ni unité de totalité. » Bref, Leibniz, pour garder l'infini, l'élève au-dessus de la quantité, il refuse d'appliquer la loi du nombre; il ne dit pas: les astres réunis forment un nombre sans nombre, il dit : ils sont à la lettre innombrables, ils ne forment pas un nombre. Renouvier n'accepte pas cette fin de non-recevoir. « Quoi ! tous les astres existants sont réunis, ils composent une somme et un tout, car être réuni, c'est cela même, et cette somme, ce tout ne correspondent à rien de numériquement déterminé en soi ! C'est donc une somme qui

mathématiques : *Premier Essai*, t. I, p. 256-290, p. 357-448. *Critique philosophique*, 1876, t. II, p. 65, 1877, t. I, p. 26, 100, 135. *Année philosophique*, 1891. *La philosophie de la règle et du compas.*

n'est pas sommable, un tout qui ne peut être totalisé[1] » Pour échapper à la contradiction, il faut aller plus loin, dire que les astres existants pris en eux-mêmes, indépendamment de notre capacité d'énumération, ne sont pas une somme donnée, un tout donné, ils ne sont pas même des éléments, des parties, car l'existence des parties implique l'existence du tout. Nous arrivons à ceci : *ils sont là* et ne forment pas un ensemble réel, ils sont comme individus et non comme tout, ils sont comme multiplicité et cependant comme multiplicité ils ne sont pas donnés, ils ne sont pas. Il est impossible de nier plus radicalement une condition fondamentale de l'exercice de la pensée : « la contradiction n'est plus dans les termes, elle est dans la nature des choses à laquelle nous sommes contraints, et par la sensibilité et par l'entendement et par le langage même, d'appliquer la catégorie du nombre et qui, prétendons-nous, répugne à cette même application qui seule nous la fait comprendre[2]. »

Pour échapper à ces difficultés pressantes, il reste de dire avec Hegel que le principe de contradiction ne s'applique qu'à nos concepts relatifs, que les idées *réelles*, synthèses de termes contradictoires, lui échappent, ou encore d'opposer l'entendement qui ne comprend que ce qu'il finit et définit à la raison qui ne trouve de repos que dans l'infini et l'absolu. Mais placer ainsi l'intelligible en dehors et au delà des lois de l'entendement, n'est-ce pas l'identifier à l'inintelligible ? Dès lors où s'arrêter, où poser la limite qui sépare l'arbitraire du vrai ? De quel droit rejeter les affirmations étranges des théologiens ? « L'ubiquité, la trinité, la consubstantialité, l'union des natures et tous les mystères et miracles possibles ont aussi leurs raisons... en dehors de la raison[3]. » Il n'y a qu'une méthode sûre, c'est de ne pas chercher l'intelligible en dehors de l'intelligence,

1. *Critique philosophique*, 1873, II, p. 246. 1873, n° 42.
2. *Ibid.*, 1868, p. 39.
3. *Ibid.*, 1868, p. 40.

c'est de maintenir que la raison est l'entendement même, l'ensemble des lois selon lesquelles nous ordonnons les phénomènes en établissant leurs rapports. Non seulement le nombre exclut l'infini, mais le monde, objet de notre pensée, ne nous étant intelligible que comme nombre, l'exclut au même titre, à moins que nous ne donnions pour objet à la pensée ce qui ne peut être pensé. Les axiomes logiques d'identité de contradiction, de milieu exclu ne sont pas seulement des lois de notre entendement, ils sont des lois de l'univers.

III

Le principe de contradiction ne s'impose pas par une nécessité comme extérieure à l'esprit, il est possible de s'y soustraire; l'exemple de presque tous les métaphysiciens en est une preuve suffisante. Mais si « à l'affirmation, commencement logique de la philosophie, la passion et la volonté prennent inévitablement part, il convient néanmoins de s'y déterminer et de s'y confier moralement[1]. » Le premier acte du philosophe est un acte d'adhésion volontaire à la loi la plus générale de la pensée. Accepté dans toute sa rigueur, le principe de contradiction se ramène à la ferme volonté « de refuser son assentiment et le titre de vérité à toute proposition qui renferme des éléments contradictoires entre eux », et d'exclure de l'objet de la connaissance tout ce qui rétablirait indirectement la contradiction dans la pensée, c'est-à-dire « tous les éléments incompatibles avec la loi commune de l'exercice de notre entendement dans l'ordre de l'expérience et de la pratique ». Ainsi entendu le principe de contradiction, loin d'être banal et stérile, est singulièrement neuf et fécond. Les conséquences de la loi du nombre, qui n'en est qu'un corollaire et une application, suffisent à le montrer.

1. *Critique philosophique*, 1873, II, p. 244.

Si la loi du nombre ne donne pas encore une philosophie positive, elle débarrasse des fausses philosophies ; en détournant l'esprit des voies sans issue, elle lui marque sa direction ; par ce qu'elle lui interdit, elle prépare ce qu'il fera. D'abord la loi du nombre confirme la relativité de la connaissance qui résulte de la seule nature de la représentation, elle fait tomber, avec l'infini quantitatif, l'idole de la chose en soi, de l'absolu, pour ne laisser que les phénomènes et leurs rapports ; en second lieu, faisant de la loi de la quantité discrète, la loi universelle du donné, elle finit le monde en tous sens, résout les antinomies kantiennes, détruit le principe de continuité, et fait évanouir ainsi, après le fantôme de la substance, le fantôme de la nécessité.

La première conséquence de la loi du nombre est la ruine de la substance, le renversement de cette grande idole des philosophies. Nous ne connaissons que nos représentations ; pour que la chose en soi ait un sens, une existence pour nous, il faut donc qu'elle soit donnée dans l'un des deux éléments que l'analyse nous a découverts dans la représentation ; en d'autres termes il faut qu'elle soit ou de la nature du représenté, ou de la nature du représentatif, or à l'un comme à l'autre de ces points de vue, la notion de la chose en soi n'arrive pas à se définir et elle implique la violation de la loi du nombre.

Examinons d'abord la chose en soi du point de vue du représenté. Le représenté répond à ce qu'on appelle un corps et ses qualités, il s'entend de la nature et de tout ce qu'on désigne comme senti, perçu ; il s'étend dans l'espace, il offre des successions dans le temps ; il est donné comme matière, comme mouvement. Or, espace, temps, matière, mouvement, aucun de ces termes ne saurait être considéré comme chose en soi, sans qu'il y ait violation de la loi du nombre. Ce qui caractérise l'espace pour la représentation, c'est sa divisibilité. Si l'espace est une chose en soi, il doit avoir des parties qui sont aussi des choses en soi ; mais l'espace étant toujours et partout homogène, s'il a des parties, ces parties elles-mêmes en ont, et les parties de ces parties. Ne dites pas qu'elles sont indivisibles, ce serait dire qu'elles ne sont plus espace, composer l'étendue de zéros d'étendue. L'espace un, indivisible de Spinoza est une fiction qui n'a plus rien de commun avec le lieu des corps. La division de l'espace est sans terme, aucun nombre assignable ne saurait répondre aux éléments qu'enveloppe la moindre étendue. La conception de l'espace comme d'une chose en soi nous conduit donc à l'idée d'un tout composé d'une infinité de parties, d'un nombre d'éléments sans nombre, à la violation du principe de contradiction. Le temps étant homogène, continu, toujours divisible, le raisonnement qui vaut pour l'espace vaut pour le temps. S'il est une chose en soi, il est composé de durées qui se composent d'autres durées et ainsi de suite sans fin : c'est la réalisation de l'infini quantitatif actuel. Ramenez l'espace et le temps à n'être que les conditions de l'expérience, les formes de la représentation, toutes les difficultés tombent : il ne s'agit plus d'objets donnés, de parties innombrables nombrées ; il n'y a nulle contradiction à ce que la pensée exerce sa puissance indéfinie de multiplier et de diviser sur ces formes intuitives sans jamais finir le nombre qui par définition ne saurait être fini.

Prise comme chose en soi, la matière étendue, figurée, divisible, ne peut pas plus exister que l'espace. Admettez-vous que la matière est divisible à l'infini, voilà la contradiction ; pour y échapper, supposez-vous des atomes, ces atomes sont dans l'étendue, ils sont étendus, à ce titre ils sont divisibles et de même leurs parties, vous retombez dans l'infini.

Le fait du mouvement confirme l'impossibilité de l'existence réelle du continu. Tant que nous ne sortons pas de la représentation, l'existence du mouvement n'entraîne aucune difficulté : nous rapportons une quantité définie d'espace parcouru à une quantité également définie de temps écoulé. Pour reprendre l'exemple classique, nous concevons aisément, du point de vue de la représentation, que, si Achille parcourt en une seconde tant de mètres, la tortue tant de centimètres, le plus agile ne puisse manquer d'atteindre le plus lent. Mais si nous faisons de l'espace et du temps des choses en soi, les objections de Zénon d'Élée, tirées de l'infinie divisibilité de l'espace, reparaissent et le mouvement devient impossible. « Dirons-nous : le temps se divise indéfiniment dans le même rapport que l'espace, en sorte qu'une étendue finie, même avec ses parties considérées à l'infini, peut être effectivement parcourue dans une durée finie dont les parties suivent la même loi [1] ? » Se contenter de cette réponse banale, c'est ne pas comprendre la véritable portée des arguments de Zénon. On ne résout pas une difficulté en la doublant : l'infini du temps ne se franchit pas plus que l'infini de l'espace. Ce qui rend le mouvement impossible, dans l'hypothèse du temps et de l'espace choses en soi, par suite infiniment divisibles, c'est que toute réalisation d'un mouvement donné implique que l'infini se finit, que l'inépuisable s'épuise. La même conclusion s'impose à nous : par cela seul qu'ils sont continus, divisibles à l'infini, l'espace et le temps ne peuvent être que des formes de l'intuition et non des choses en soi, des possibilités et non des données actuelles. La loi du nombre nous a délivrés de la métaphysique du matérialisme [2].

Si nous considérons l'existence de la chose en soi du

1. *Premier Essai*, t. I, p. 66.

2. « Ne craignez point, Monsieur, écrit Leibniz à l'abbé Foucher (Dutens, II, 238), ne craignez point la tortue que les pyrrhoniens faisaient aller aussi vite qu'Achille. Vous avez raison de dire que toutes les grandeurs peuvent être divisées à l'infini... Mais je ne vois pas quel mal il en arrive ou quel besoin il y a de les épuiser. Un espace divisible sans fin se passe dans un temps aussi divisible sans fin. Je ne conçois point d'indivisible physique sans miracle, et je crois que la nature peut réduire les corps à la petitesse que la géométrie peut considérer. » — Le mal qui en arrive, et pour lequel les yeux du métaphysicien sont couverts du bandeau d'un système, c'est que *s'il y a des divisions qu'on n'épuisera jamais*, parce qu'elles

point de vue du représentatif, il est peut-être plus difficile de comprendre comment l'idée de la substance est en contradiction avec la loi du nombre. L'analyse directe de la représentation, sa relativité nécessaire semblent ici la preuve la meilleure et la plus simple. « La substance n'est connue que par son attribut; dans *ce qui pense*, par exemple, le connu est l'adjectif *qui pense*, et le *ce* demeure ignoré... L'unique définition de ce singulier *ce*, comme pronom général de la substance, est d'être impropre à toute définition, ce qui ne suffit pas... L'attribut lui-même ne se manifeste que par ses modes, c'est-à-dire que nous connaissons bien nos *pensées*, mais non pas séparément *notre pensée*, encore moins la *pensée*. Bref tout représentatif, aussi bien que tout représenté, implique des relations. Si donc nous posons la chose en soi, la substance à part de toutes relations, la chose en soi, la substance n'ont rien de commun avec la représentation[1] », c'est-à-dire qu'elles ne sont pas ou sont pour nous comme n'étant pas.

Bien que moins directement, la loi du nombre confirme ici encore les résultats de l'analyse. Même définie par le représentatif, par la nature spirituelle, la chose en soi reste liée à la contradiction de l'infini quantitatif actuel. Il ne s'agit plus, comme pour le temps et l'espace, de l'accumulation d'un nombre sans nombre de parties obtenues par une multiplication ou une division sans limites; l'infini est maintenant « dans la réunion des formes ou idées qui, toutes présentes, ou du moins toutes enveloppées

sont sans fin, on ne les épuisera jamais en effet. Et par conséquent, on ne finira pas de *passer*. Et quel besoin de les épuiser! demande-t-on. Mais tout simplement le besoin de passer, si c'est de cela qu'il est question. Or, il est bien question de passer, puisqu'on ajoute que l'espace infiniment divisible *se passe* dans le temps infiniment divisible. Mais le temps et l'espace ont beau se suivre et s'accommoder l'un à l'autre en parfaite correspondance, dans leurs divisions respectives, ni l'un ni l'autre ne peuvent se passer quand par hypothèse ils sont intraversables, étant inépuisables. Voilà l'argument dans sa force; il revient à dire que l'infini ne se peut finir. » (*Critique philosophique*, 1876, II, p. 69.)

1. *Premier Essai*, t. I, p. 84, 85, 89.

pour se produire successivement, embrassent l'avenir interminable », il est « dans la totalité impossible, et toutefois effectuée, des modes soit matériels, soit spirituels qui composent l'éternité écoulée... Il est l'unité ontologique, où disparaissent au sein d'une essence, ou cause, ou totalité infinie inintelligible, non seulement les existences individuelles, mais souvent jusqu'aux qualités qui permettent de représenter les réalités de l'univers[1] ». Réalité absolue, élevée au-dessus de toutes les relations phénoménales, la pensée-substance renferme dans son unité suprême tout ce qu'un passé, tout ce qu'un avenir infini déroule dans le temps, elle concentre dans son éternité une multiplicité de termes sans limites, elle totalise ce qui ne peut être totalisé, elle réalise le nombre infini. C'est le panthéisme, doctrine qui repose sur la réduction de l'infini à l'unité. En dépit des dogmes de la personnalité divine et de la création, la théologie chrétienne a été panthéiste ou n'a évité de l'être que par des contradictions. « Elle a été panthéiste parce qu'elle a été substantialiste ; elle a été substantialiste, parce qu'elle a rapporté à Dieu toute action en ce que l'action a de *réel*, et envisagé en Dieu la préconnaissance et la préordination de tous les phénomènes possibles, ce qui est logiquement, et moralement aussi, la même chose que de regarder tous les phénomènes possibles comme le développement temporel de l'éternelle substance de la pensée de Dieu. » Ainsi, même définie par la pensée, la chose en soi est contradictoire, parce qu'elle est posée comme la totalité impossible, et toutefois effectuée, de tous les phénomènes, de toutes les idées, de toutes les réalités futures et possibles à l'infini. Comme elle nous a délivrés du matérialisme, la loi du nombre nous délivre du panthéisme.

Renouvier s'émeut pour célébrer la victoire contre le

1. *Année philosophique*, 1868 : L'infini, la substance et la liberté, p. 177-8.

fétichisme philosophique. La substance est tombée : « l'idole qu'on doit abattre offusque d'abord la vue ; son antiquité, sa divinité prétendues imposent aux plus hardis, et telle est la force du préjugé que chacun s'attend à voir la nature entière s'abîmer quand tombera le Dieu. Les coups même qu'on lui porte ont quelque chose de fantastique et rendent des sons étranges, mais l'œuvre de démolition n'est pas plus tôt accomplie qu'un étonnement tout nouveau se produit : l'idole est connue pour ce qu'elle est, on touche le bois qui est vermoulu, et lorsqu'enfin elle tombe en poussière, il se trouve que rien n'est changé autour d'elle ; chaque chose a conservé sa place et son nom, il ne s'est point fait de vide dans la réalité[1] ».

La loi du nombre ne nous délivre pas seulement de la chose en soi ; par cela même qu'elle nous oblige à nier tout infini quantitatif actuel, elle donne une solution aux prétendues antinomies de Kant, et cela, non pas en conciliant l'inconciliable, la thèse et l'antithèse, mais en nous imposant le choix franc de l'une des deux alternatives, le choix des thèses qui concluent à l'existence d'un monde fini. Mettre en lumière ces conséquences nouvelles de la loi du nombre, ce sera montrer que, comme elle nous a libérés de la superstition de la chose en soi, elle nous affranchit du dogme de la nécessité, solidaire d'ailleurs des dogmes de la substance et de l'infini[2].

On connaît la théorie des antinomies de Kant : la raison spéculative, quand elle veut de l'ensemble des objets donnés faire un tout inconditionnel et absolu, réaliser ainsi dans l'idée synthétique du monde l'unité de la diversité phénoménale, se trouve placée entre une thèse et une antithèse qui la sollicitent par des arguments d'égale

1. *Premier Essai*, t. I, p. 96.

2. Renouvier a marqué fortement cette solidarité dans le grand article de l'*Année philosophique*, 1868, intitulé : l'*Infini, la substance et la liberté*. « Presque toutes les doctrines philosophiques et théologiques ont roulé sur le triple dogme de la substance, de l'infini et de la nécessité ». V. surtout Conclusion, p. 177 sq.

puissance. Le problème aboutit à un conflit de la raison avec elle-même. Le monde a-t-il une limite dans l'espace, un commencement dans le temps, ou n'a-t-il ni limites ni commencement? La substance composée se résout-elle en éléments simples, ou est-elle divisible à l'infini? Toute cause est-elle effet, ou y a-t-il place dans le monde pour des causes libres? Sur tous ces points la raison est amenée à des conclusions contradictoires par des raisonnements également inattaquables. Les antinomies répondent en effet à un double besoin de la pensée, d'une part celui de s'arrêter, en s'élevant jusqu'à l'inconditionné, jusqu'à l'absolu; de l'autre celui d'établir des relations pour comprendre, par suite de ne s'arrêter jamais à un premier terme, de se représenter un espace au delà de tout espace donné, une cause au delà de la cause première supposée. Ainsi la régression finie, limitée s'impose dans les thèses, la régression infinie dans les antithèses. Les deux premières antinomies (antinomies mathématiques) sont, d'après Kant, insolubles; la thèse et l'antithèse en sont également fausses; le principe de leur fausseté est dans l'illusion qui nous fait considérer comme chose en soi ce qui est pur phénomène. Les antinomies dynamiques (existence de la causalité libre, régression sans fin dans la série des causes secondes) trouvent leur solution dans la distinction du phénomène et du noumène : la thèse et l'antithèse peuvent être vraies en même temps. Les phénomènes sont soumis à la loi de causalité, ils ne s'entendent que par elle; mais comme notre connaissance n'atteint pas le noumène, rien ne nous empêche de supposer que la même action qui, en tant qu'effet dans le monde sensible, doit être considérée comme nécessairement déterminée par ce qui la précède, puisse être, en tant qu'action d'une chose en soi, indépendante de tout déterminisme causal. La régression indéfinie dans l'ordre des causes secondes répond à l'ordre phénoménal, la liberté au monde intelligible, sur lequel l'entendement ne peut se prononcer puisqu'il l'ignore.

Armé de la loi du nombre, Renouvier se refuse à admettre l'égalité des thèses et des antithèses dans les antinomies : toutes les antithèses, par cela seul qu'elles posent l'absence de limites, le nombre sans nombre, violent le principe de contradiction et doivent être rejetées, tandis que les thèses sont imposées au contraire par l'usage logique de l'entendement. La loi du nombre résout ainsi toutes les antinomies, sans qu'il y ait lieu de s'embarrasser de l'hypothèse du noumène, qui ramène avec la substance tous les dangers de la vieille métaphysique et compromet la philosophie critique de Kant[1].

Prenez la première antinomie ; l'antithèse est fausse : le monde ne peut pas être infini dans l'espace. Les phénomènes coexistants qui en ce moment le constituent, sont donnés ; par cela même qu'ils sont distincts, qu'ils sont plusieurs, ils forment un tout, ils sont soumis à la loi du nombre ; multipliez tant qu'il vous plaira le nombre qui les exprime, déclarez-le inimaginable ; il faut qu'il se termine, il faut qu'il soit nombre sous peine de contradiction. Le monde ne peut pas plus être infini dans le temps que dans l'espace. Par hypothèse nous considérons des phénomènes passés, des phénomènes qui ont trouvé place dans un temps maintenant écoulé, distinctement définissables, virtuellement énumérables, « des actes successifs, des pensées successives, des états successifs d'une chose quelconque sujette au changement », il suffit que nous les supposions « *ayant été donnés* » pour qu'ils ne puissent être soustraits à la loi du nombre. Nous sommes donc tenus d'affirmer que les phénomènes comptés régressivement ont un terme dans le temps, que le temps écoulé lui-même, bien que continu, indéfiniment divisible, si on le considère comme forme de la sensibilité, « devient fini dès qu'on met les divisions qu'on lui suppose en

1. Voyez sur les Antinomies : *Premier Essai*, t. III, p. 1-35. *Critique philosophique*, 1876, t. II, p. 81 ; 1873, p. 294 sq.

rapport avec des faits acquis et distincts ». Ici encore, contre la théorie de Kant, nous sommes amenés à choisir la thèse de l'antinomie. La régression à l'infini dans le passé est contradictoire ; la loi du nombre nous contraint d'avouer, contre le préjugé des philosophes, que le monde du changement et de la pensée a commencé. Une fois encore sous ses coups le panthéisme s'écroule avec l'hypothèse d'une éternité écoulée, d'un temps sans limites assignables où se sont succédé des phénomènes accomplis et cependant sans nombre.

Le panthéisme entraîne dans sa chute le Dieu des théologiens, qu'une étroite parenté unit à la substance une, éternelle, infinie, d'où tout émane. Comment admettre la prescience absolue qui met dans l'esprit divin non seulement tout le passé reculé à l'infini, mais tout l'avenir prolongé lui-même à l'infini, qui réalise ainsi l'inintelligible, le contradictoire, la totalité de ce qui ne peut former un tout, la pensée du nombre sans nombre. Si Dieu existe, Dieu pense sous la loi du temps : que serait une conscience qui violerait les lois essentielles de toute conscience? Il ne faut pas reculer devant l'anthropomorphisme, il faut l'avouer hautement comme le premier dogme de la foi religieuse. Appliquée à la régression dans le passé, la loi du nombre nous contraint ainsi à avouer un premier commencement des phénomènes, à marquer à la pensée divine comme à l'existence du monde un point d'arrêt dans le passé. Ce premier commencement est inimaginable, il est même incompréhensible, il n'est pas du moins, selon Renouvier, inintelligible, contradictoire : la preuve qu'il en donne, c'est que ce qui le conduit à affirmer l'incompréhensible commencement premier, c'est la volonté expresse d'éviter la contradiction impliquée dans l'idée d'une régression des phénomènes à l'infini.

La seconde antinomie de Kant n'est pas plus réelle, n'est pas plus inéluctable que la première : ici encore la thèse est vraie, l'antithèse est fausse, condamnée par la loi du nombre. Il n'est pas de corps divisible à l'infini, toute substance composée l'est de parties simples. Voici un millimètre cube de grès, par hypothèse il est composé et ses éléments sont donnés avec lui. Ces éléments sont plusieurs et ils sont totalisés, c'est le fait même; dès qu'il y a *plusieurs* et *tout*, comment ne pas admettre qu'il y ait des *unités?* Prenez, si vous voulez, l'unité suivie d'un million de zéros pour représenter le nombre des derniers éléments de ce millimètre cube de grès, mais avouez que ce nombre est déterminé, qu'il est fini, qu'il est nombre.

La troisième antinomie, que la quatrième répète sous une forme plus obscure, oppose la nécessité et la liberté. Il est impossible d'admettre dans l'ordre des phénomènes un commencement absolu, un fait qui serait détaché des faits antérieurs. La loi de causalité exige que tous les changements successifs soient enchaînés les uns aux autres, car c'est par cet enchaînement même qu'elle constitue l'unité de l'expérience, que de la suite des faits elle compose l'objet d'une seule et même pensée. Supposez des phénomènes décousus, la pensée s'interrompt, se brise avec eux. Le déterminisme est la loi du monde que nous connaissons; si la liberté existe, elle ne peut être que la loi de l'être, du noumène, que nous dérobent à jamais les formes toutes subjectives de l'espace et du temps. Toujours au nom de la loi du nombre, Renouvier refuse d'admettre ce règne absolu de la nécessité dans l'ordre phénoménal : si tout phénomène a dans des antécédents donnés sa raison déterminante, il faut remonter de causes en causes, sans que jamais se puisse rencontrer un premier terme qui arrête la série. Nous revenons à la régression infinie dans le passé, nous retombons dans la contradiction du nombre qui n'est pas nombre. Quelles que soient nos répugnances, la loi du nombre, de ce point de vue encore, nous contraint d'admettre un commencement de l'existence, un premier commencement des phénomènes, de sacrifier avec l'éternité les dogmes de l'enchaînement nécessaire, de l'unité, de la solidarité de tous les phénomènes, pour reconnaître des commencements, des faits nouveaux, des ruptures dans la trame des choses.

Nous n'avons pas encore épuisé la fécondité de la loi du nombre : non seulement elle ruine avec l'infini la substance, non seulement elle résout les antinomies kantiennes en nous imposant le choix des thèses qui limitent le monde en tous sens, par là ruine les théologies, détruit le déterminisme, rend la liberté possible; mais elle est la négation de ce fameux principe de continuité, expression détournée encore du dogme de la nécessité, qui enchantait Liebniz; et par cette négation, elle prédétermine la philosophie de la nature. Au principe de continuité, fidèle à la loi du nombre Renouvier oppose hardiment, comme loi suprême du réel, le principe de la discontinuité. Sa philosophie est une philosophie arithmétique, une philosophie de la quantité discrète : il en applique les lois et à la constitution des corps dans l'espace et à la succession des phénomènes dans le temps (*loi atomique ou de discrétion des phénomènes*)[1].

Un corps n'est pas continu parce qu'il n'est pas divisible à l'infini, il est composé de parties distinctes en nombre déterminé. La condamnation de l'idée du continu entraîne celle de l'hypothèse du *plein* qui nous ramènerait au nombre infini puisque le corps devrait se diviser comme l'étendue qu'il occupe, c'est-à-dire sans fin. L'histoire de la philosophie montre que la théorie du plein a toujours pour conséquence logique le déterminisme, au contraire de la théorie du vide et des atomes, favorable à la liberté. Contentons-nous de rappeler dans l'antiquité Epicure et les stoïciens, dans les temps modernes Newton et Leibniz. « Pour les partisans du plein, le mouvement ne peut se

1. *Critique philosophique*, 1873, t. II, n° 45. — *Troisième Essai :* les Principes de la nature, p. 20-30 ; p. 70-80.

concevoir que sous la forme d'une circulation de matière en courbes plus ou moins prolongées, mais toujours fermées et dans lesquelles il n'y a pas *propagation* de mouvement à proprement parler. mais *continuation*, chaque partie ne venant occuper une place dans l'étendue abstraite qu'à la condition et dans la mesure même qu'une partie antérieure la quitte *en même temps*, elle-même étant suivie par une partie postérieure également conditionnée. » Avec le plein nulle impulsion, nulle initiative, la nécessité universelle ; « tout n'est que suite, enchaînement, conséquence, et le monde se préexiste à lui-même. Tout se presse et s'étouffe dans cette solidarité absolue, dans cette identité fondamentale. Le système de la discontinuité rend au monde l'espace, la respiration, les existences, la liberté[1]. » Ainsi la loi du nombre nous impose une théorie de la constitution des corps conforme aux lois de la quantité discrète ; elle nous conduit à considérer les éléments des corps comme séparés les uns des autres, le contact comme une apparence, les forces comme s'exerçant toutes entre des points distants.

Des atomes et des forces physiques, localisés dans l'espace, passons aux actions successives dans le temps. La loi du nombre a ici encore pour conséquence le principe de la discontinuité, car la continuité absolue dans le temps aurait les mêmes conséquences que la continuité dans l'espace et impliquerait la divisibilité à l'infini du phénomène mesuré par sa propre durée, divisible comme elle. On retomberait sous les arguments de Zénon d'Elée. Par cela même qu'elles sont successives, nous sommes obligés « de poser les actions dans le temps toutes distinctes, séparées, intermittentes, de nature essentiellement pulsatile et éjaculatoire[2] ». Il y a des intervalles, des phénomènes discrets, donc application de la loi du nombre, négation de tout infini quantitatif actuel. S'il en est ainsi,

1. *Critique philosophique*, 1873, n° 45.
2. *Critique philosophique*, 1873, n° 45.

les mouvements, en dépit de leur continuité apparente, sont « tous formés d'actes d'initiative et de commencement », quand on les envisage en eux-mêmes. Les liaisons mutuelles de leurs éléments sont des lois, des *fonctions* mathématiques, au-dessus desquelles il ne nous est pas donné de remonter. L'idée de cause se modifie, se transforme, elle se purifie des images grossières de contact, d'impulsion, de transitivité, de passage d'une force d'un objet dans l'autre, elle se rapproche de la notion de loi, elle est l'idée d'une relation définie entre deux phénomènes : « la vieille idole de la causalité et toutes les images qui lui font cortège se réduisent, pour notre connaissance réfléchie, à l'harmonie des phénomènes, et à la conscience, à l'expérience que nous avons de leur enchaînement déterminé et invariable dans certains cas, pour de certains antécédents donnés[1]. »

Le principe que tout ce qui est donné est soumis à la loi de la quantité finie est fécond en conséquences. Si la loi du nombre ne donne pas une philosophie positive, tout au moins elle la prépare, et par ce qu'elle exclut elle pose les conditions qui déjà en déterminent l'esprit. Avec l'infini, l'idole de la substance est tombée, plus de choses en soi, il reste le pur phénoménisme. Ce monde de phénomènes ne peut être que fini dans l'espace, fini dans le temps. La position d'un premier commencement des phénomènes nous délivre du panthéisme sous toutes ses formes, prépare la négation de la nécessité en mettant la contingence au principe même des choses, justifie l'anthropomorphisme, annonce une théologie nouvelle. Appliquée à la composition des phénomènes dans l'espace, à leur succession dans le temps, la loi de la quantité discrète conclut à une sorte d'atomisme à la fois spatial et temporel; revendication du principe de discontinuité, elle nie le continu, le plein, le nécessaire, elle pose des actions

1. *Critique philosophique*, 1873, n° 45.

intermittentes, des causes discrètes, par là elle prépare la croyance à la liberté et déjà ouvre le champ à la vie morale [1].

IV

La loi du nombre est au principe du système de Renouvier, elle le caractérise, elle l'oppose aux systèmes antérieurs, elle lui donne une sorte de hardiesse paradoxale, en contraignant à l'aveu d'un premier commencement des phénomènes. Toutes les métaphysiques ont divinisé l'unité, où tout vient se perdre et s'anéantir; le néo-criticisme, loin de voir dans la pluralité l'inintelligible, y reconnaît la condition de toute pensée et par suite de toute existence. L'un ne s'entend que par le plusieurs, ne se définit que par les rapports des termes multiples qu'il coordonne. Contre tous les panthéismes, le néo-criticisme se présente comme une philosophie de la pluralité. Cette loi a soulevé de nombreuses critiques : on a contesté non seulement qu'elle pût être considérée comme un corollaire du principe de contradiction, mais même qu'elle pût prétendre au titre de catégorie. Ces critiques, que Renouvier a connues, auxquelles il n'a pas cru devoir se rendre, nous aideront à mieux définir sa pensée.

Les adversaires de Renouvier s'efforcent d'abord d'établir que la loi du nombre n'est pas un corollaire des

1. « L'intermittence est aux choses du temps ce que les intervalles ou vides sont aux choses de l'espace... L'intermittence est une loi universelle de la nature, et la forme rationnelle de cette loi résulte de la réduction à l'absurde de la thèse du continu effectif ou infini actuel... La liberté morale, la dernière venue d'entre toutes les forces, nous apparaît comme le couronnement naturel de tant de spontanéités répétées et accumulées, au lieu de se présenter à nous comme une scission miraculeuse entre le plein ou continu de la nature et la frappante discontinuité des pensées et des résolutions humaines. Ainsi le monde est une pulsation immense composée d'un nombre inassignable, quoique à chaque instant déterminé, de pulsations élémentaires de divers ordres, dont l'harmonie consciente ou inconsciente, établie et développée en une multitude de degrés et de genres, s'accomplit par la naissance des êtres autonomes dans lesquels elle tend à devenir, de purement spontanée qu'elle était, volontaire et libre. » *Troisième Essai*, t. I, p. 74-5.

axiomes logiques. Le principe de contradiction ne porte que sur l'accord de la pensée avec elle-même, il ne me contraint pas par lui-même de poser tel concept à l'exclusion de tout autre, comme conforme au donné, il m'interdit seulement d'affirmer et de nier en même temps et sous le même rapport un attribut d'un sujet. Dès lors si le nombre et l'infini sont des termes contradictoires, je ne puis affirmer le nombre et l'infini simultanément d'une collection donnée; mais qu'est-ce qui m'interdit d'admettre dans la réalité des collections telles qu'une numération, si prolongée soit-elle, n'en pourrait épuiser les termes, des collections que j'appelle infinies, précisément parce que j'en exclus le nombre.

M. G. Milhaud, dans son *Essai sur les conditions et les limites de la certitude logique*[1], a exposé cet argument avec une grande vigueur. Que les idées de nombre et d'infini soient des idées contradictoires, nul ne le conteste. L'impossibilité d'arrêter la série des nombres résulte de la loi même, selon laquelle se forme cette série, dont les termes sont de telle nature qu'on ne peut les concevoir que comme se succédant l'un à l'autre. Il ne peut donc exister un nombre qui finirait ce qui ne peut être fini, un nombre plus grand que tout nombre assignable. Ceci posé, il est évident que nous ne trouverons jamais dans la réalité un nombre infini d'objets distincts, car ce serait y penser ce qui ne peut être pensé, un attribut chimérique, que l'analyse ramènerait à un accouplement de mots vides de sens. Reconnaissons donc qu'aucune somme de parties, qu'aucune collection d'éléments ne saurait être formée d'un nombre infini de parties ou d'éléments. Allons-nous conclure, au nom du seul principe de contradiction, que l'univers a commencé dans le temps, qu'il est limité dans l'espace, que la matière est composée d'éléments indivisibles! Mais la

1. Troisième partie, ch. III, p. 197. 233.

question est de savoir si, de ce que l'univers n'a pas un nombre infini, il s'ensuit immédiatement qu'il ait un nombre fini. Pour mettre le raisonnement en forme, dégageons la majeure qu'il implique : *ce qui n'a pas un nombre infini a un nombre fini*. Il semble bien que l'alternative s'impose, mais ne soyons pas dupes de l'opposition apparente des termes *fini*, *infini*; *nombre infini*, nous l'avons vu, n'offre aucun sens, ne répond à rien dans la pensée, puisque qui dit *nombre* dit *fini*, la majeure revient alors à cette tautologie : *ce qui a nombre a nombre*. Il reste à établir ce qui est en question, ce qu'on n'a pas prouvé : que le monde est un nombre. En d'autres termes, le principe de contradiction ne porte que sur notre concept de nombre, il ne porte pas sur le donné, dont c'est un problème de savoir s'il est ou non soumis à ce concept. Bref nous ne sommes pas enfermés dans l'alternative du nombre fini ou du nombre infini, puisqu'il y a un troisième terme possible : ce qui est en dehors du nombre, ce qui échappant, par hypothèse, au concept du nombre, ne peut poser une contradiction interne de ce concept.

A cet argument Renouvier répond que cette distinction du donné et du pensé est dans ce cas illusoire, qu'affirmer l'existence d'un infini concret, d'un concret sans nombre revient, qu'on le veuille ou non, à affirmer le nombre infini, donc à se contredire dans les termes[1]. L'infini abstrait ne signifie rien de plus qu'une série qui se poursuit sans arrêt, il doit s'appeler de son nom propre, l'indéfini ; mais, par cela même qu'il est donné, formé d'unités coexistantes, l'infini concret est « clos », achevé ; dès lors de deux choses l'une, ou, contre l'hypothèse, il répond à un nombre donné n, ou il suppose achevée la synthèse de ce qui échappe à toute synthèse, le total réalisé d'une somme qui ne peut être faite, la série des

1. *Critique philosophique*, 1877, t. I, p. 225. Cf. *Revue philosophique* Réponse à Lotze, 1880, I, p. 671.

nombres donnée toute à la fois, le nombre infini. Bref la quantité infinie actuelle — c'est l'hypothèse même — est donnée; puisqu'elle existe, elle a ses éléments, elle les totalise, or qui dit total, somme, dit nombre achevé, donc un infini réel enferme logiquement la contradiction du nombre infini. L'argument est ingénieux, est-il irréfutable ? Je mets douze billes dans un sac, je ne puis nier qu'elles forment une collection donnée, un ensemble numérique; supposez même que je connaisse le volume V du sac et le volume v des billes qui le remplissent, je puis calculer le total par la simple formule $\frac{V}{v}$. Mais dans les deux cas le tout m'est donné en même temps que les unités, nier le tout serait une pure contradiction. Prenons maintenant les astres. De ce qu'ils sont réels pouvons-nous déduire qu'ils forment un nombre ? De ce que nous en comptons quelques-uns, pouvons-nous conclure qu'ils forment une collection, une somme ? Le raisonnement ne serait valable que si nous avions prouvé qu'il y a un *tout*. — Mais les astres sont donnés. — Sans doute, la question est de savoir s'ils forment un tout. En un mot, quelques parties sont comptées, le tout n'est pas donné, et nous ne pouvons, en vertu du seul principe de contradiction, conclure de l'existence de quelques astres que, formant un tout, les astres sont un nombre fini. Le raisonnement s'applique à la succession des événements écoulés. Arrivons au problème de la composition des corps. On dit : les éléments de ce cristal sont en nombre fini, car ce cristal est la somme de ses éléments et cette somme est donnée. Dans ce cas, il est vrai, nous avons le tout, mais les parties nous échappent. Quand vous dites : ce cristal n'est pas divisible à l'infini, parce qu'il se compose de parties dont le total est donné, par le mot *parties* vous entendez éléments derniers indivisibles, bref, vous supposez implicitement qu'il y a des éléments derniers, vous vous accordez ce qu'il faudrait démontrer. M. Milhaud conclut : « qu'en dehors des cas où un ensemble est donné, ainsi que ses parties, le seul principe de contradiction ne nous empêche pas d'envisager et de définir des individus, sans concevoir leur ensemble, ou de considérer un tout décomposable en éléments sans concevoir un nombre déterminé d'éléments dont il soit la somme. »

Lotze, dans sa polémique avec Renouvier[1], s'efforce lui aussi de prouver que la négation de l'infini ne nous est pas imposée par le seul principe de contradiction. Dans sa *Métaphysique*, Lotze avait soutenu que le caractère formel de l'espace et du temps ne résulte pas, comme le veut Kant, des antinomies mathématiques, mais qu'il se démontre directement par l'impossibilité de comprendre l'existence de termes tous substituables, dont l'indifférence absolue ne laisse concevoir aucune relation qui les définisse et qui les détermine. A cette occasion il avait tenté de prouver que les antithèses, qui posent le temps et l'espace infinis, n'impliquent pas contradiction. On objecte qu'on ne saurait épuiser par une synthèse successive le nombre des parties de l'espace, mais cette impossibilité, loin de contredire l'infini de l'espace, en est la conséquence et la condition nécessaires. De même pour le temps. Si nous considérons un temps infini comme écoulé, nous entendons par là que, en reculant du présent dans le passé, nous ne saurions trouver de fin à cette régression, que par suite le temps écoulé ne peut être épuisé par une synthèse successive ; les deux idées se concilient donc parfaitement, et l'infinité du temps ne serait contradictoire que si, la synthèse étant possible, il nous arrivait de trouver un dernier terme dans cette marche en arrière : « l'infinité du temps n'est pas contradictoire en elle-même, mais avec notre désir de mesurer par une marche finie sa marche infinie. » Nous n'attendons pas d'ailleurs les tentatives de l'imagination reconstructive pour savoir que l'infini ne peut s'épuiser, nous en trouvons la certitude

1. *Revue philosophique*, 1880, I, p. 481, sq.

dans la loi même selon laquelle se compose la quantité dans certains cas donnés : c'est ainsi que la série des nombres ne peut s'achever, que la tangente trigonométrique croît sans cesse et devient infinie quand l'angle devient droit.

A ces considérations de Lotze, Renouvier avait opposé son argument du nombre infini[1]. Avec tous les mathématiciens, Lotze reconnaît que nombre et infini sont termes contradictoires, mais il remarque que ce qu'on affirme de l'infini, ce n'est nullement qu'il forme un nombre infini, mais au contraire qu'aucun nombre ne l'épuise, qu'il est sans nombre. Renouvier se refuse à cette distinction, il prétend prouver que l'infini réel revient au nombre infini, que par suite il met la contradiction au sein des choses. « La question n'est pas de nous apprendre que l'infini est inépuisable, elle serait de nous expliquer comment, sans contradiction, la même série de termes qui finit (qui finit à nous d'une façon en nous atteignant) se trouve ne plus finir quand nous comptons ces termes en procédant du dernier au précédent, au lieu de l'ordre inverse, et alors que ces termes sont cependant des divisions réelles de quelque chose en soi. » La réponse de Lotze est que nous n'avons pas pour tâche de construire le réel, mais de le constater, c'est affaire au monde de voir « comme il vient à bout de ce qui ne réussit pas à notre faculté représentative », et comment il s'y prend pour être infini. Lotze touche le point décisif, quand il écrit : « Répétant sans cesse que l'infini est impossible, parce qu'il ne peut être atteint au moyen d'une synthèse, *il n'accorde évidemment la réalité qu'à ce qui peut être compris, achevé, reconstruit par notre pensée*. Il trouve futiles toutes les remarques que j'ai faites pour essayer de déraciner l'habitude malheureusement trop répandue de prétendre savoir comment

1. *Critique philosophique*, 1880, nos 3, 4, 5.

le réel est fait et d'en imiter la genèse au lieu de le reconnaître tel qu'il est. Et n'est-il pas lui-même tout à fait asservi à cette habitude ? S'il ne l'était pas, comment trouverait-il une contradiction, qu'il ne précise d'ailleurs jamais, dans cette thèse : l'infini existe, quoi qu'il soit impossible que notre intuition le saisisse, et notre intuition ne le saisit pas, précisément parce qu'il est infini. »

Renouvier ne prétend pas construire le réel dans sa genèse, mais il soutient en effet que le réel se ramenant nécessairement pour nous à la représentation, les lois de celle-ci constituent pour le réel les lois primordiales auxquelles il ne peut se soustraire. Or toute représentation est relation : dès qu'on pose arbitrairement un ensemble, où sont confondus des termes impossibles à saisir par une synthèse sucessive, on s'établit en dehors de la pensée et par suite de l'être. Si nous accordons ces prémisses, si nous admettons que penser c'est nombrer, que par suite tout donné est nombre, il est bien vrai que l'infini actuel viole le principe de contradiction, car il suppose un nombre qui n'est pas nombre, le nombre infini. Mais toute la force de l'argument est dans l'affirmation que penser revient toujours à établir des rapports définis entre des termes discrets, dans cette proposition : *tout donné est nombre.* Pour que la négation de l'infini actuel pût être tenue pour une conséquence immédiate du principe de contradiction il faudrait donc que la proposition : *tout donné est nombre* fût elle-même un jugement analytique. Or cette proposition, de l'aveu même de Renouvier, répond à une synthèse *a priori*, elle exprime une catégorie. Si la loi du nombre est une catégorie, sous laquelle tout doive être subsumé, il est contradictoire d'admettre un donné infini, un donné qui tout à la fois soit nombre et ne le soit pas, mais il suffit qu'entre la négation de l'infini réel et le principe de contradiction s'intercale une catégorie, une synthèse *a priori*, pour qu'on ne puisse dire qu'elle est une conséquence immédiate du principe de contradiction.

« Il ne faut pas, répondra Renouvier, se représenter la réalité dans l'esprit en violation des lois de l'esprit, il y a une obligation logique d'enfermer les idées des choses auxquelles nous pensons dans les bornes de la possibilité de les penser : s'il y a un devoir intellectuel, il ne saurait être que là. » Nous obéissons à cette loi, quand nous soumettons les phénomènes à la loi du nombre, et l'argument contre l'infini ne perd rien de sa force pour ne se rattacher aux axiomes logiques que par l'intermédiaire de cette loi constitutive de la représentation. Mais la loi du nombre qui, à parler net, n'est pas un simple corollaire du principe de contradiction, peut-elle du moins prétendre au titre de catégorie ? On le conteste. Une catégorie est une fonction, une forme spontanée, mais vide, de l'entendement ; elle n'a d'autre fin que de ramener à l'unité la diversité donnée dans l'intuition sensible, que d'en permettre la synthèse ; par elle-même elle ne nous apprend rien, elle n'est pas une notion ; elle ne saurait être la matière d'une science, elle n'en peut donner que la forme. Le nombre au contraire est une notion définie, il est objet de connaissance, il fournit sa matière à une science, l'arithmétique. Identifier la quantité et le nombre, c'est substituer à une catégorie une idée innée [1]. Comme catégorie, la quantité n'est pas quelque chose de connu, de défini, elle est une forme qui attend la matière de l'intuition, qui ne prend un sens que par la synthèse qu'elle y opère. Quand nous traçons une figure dans l'espace, la loi selon laquelle se fait cette détermination de la forme indéfinie de l'intuition sensible est la catégorie de quantité : dans la figure nous trouvons la grandeur, le tout, les parties, l'égal, l'inégal, nous ne trouvons pas encore la quantité numérique. Si nous admettons que le nombre est antérieur à la quantité, ne devons-nous pas admettre

1. Hannequin : *Essai critique sur l'hypothèse des atomes*, p. 398, Paris, F. Alcan. Voir sur les rapports de la quantité et du nombre la forte discussion de l'auteur, p. 393 sq.

que la construction d'une figure dans l'espace se fait par une addition d'unités, par une synthèse d'éléments définis, ce qui revient à nier la grandeur continue sur l'idée de laquelle repose la géométrie. « Entre la quantité, concept pur ou catégorie de l'entendement, qui demeure le principe de la détermination des figures, et cette quantité qui n'est autre que le nombre, et dont l'arithmétique a su de notre temps développer en tant de directions diverses le concept fondamental, il y a la distance d'un concept sans contenu ou d'une catégorie, à un concept au sens ordinaire du mot, à une notion logique et significative, mais qui ne tient d'ailleurs que de la catégorie sa signification et sa définition. »

Si nous entendons bien la doctrine de Renouvier, nous verrons que cette objection ne porte pas contre elle. Les catégories, pour lui, ne sont pas des formes vides, des actes purs de la spontanéité intellectuelle qui déterminent du dedans une matière donnée du dehors; elles sont des lois universelles de la réalité phénoménale, des relations présentes à toutes les autres. Engagées ainsi dans l'expérience, ramenées à n'être que des faits généraux, constants, elles enveloppent toutes, nous le verrons, un élément intuitif qu'elles universalisent. La raison pour laquelle Kant exclut le nombre des catégories est précisément celle pour laquelle Renouvier le préfère à la quantité indéfinie. « En préférant le terme de nombre à celui de quantité, — et, si j'en avais connu un qui fût plus strictement limité à la pure acception du nombre arithmétique, discret, je l'aurais encore préféré, — j'ai voulu expressément réduire le concept catégorique sur ce sujet à ce que je lui reconnais de net, positif et primordial, et rejeter tout ce qui concerne les rapports du *quantum* déterminé et mesurable avec l'idée de l'indéfini, dans les questions qui naissent de l'étude et de l'analyse comparative des catégories[1] » (mesure quantitative de l'étendue).

1. Réponse à M. Dauriac. *Critique philosophique*, 15 juillet 1882.

La seule idée claire et distincte de la quantité est l'idée du nombre, de la quantité mesurable. Considérée dans son indétermination, comme comprenant les grandeurs continues, la quantité ne peut être une catégorie, parce que, loin d'être un moyen d'entendre les choses, de les expliquer. elle est bien plutôt un problème qui en a empêché l'intelligence, quand on a prétendu le résoudre par l'existence contradictoire d'un infini quantitatif actuel. Sous tous ces arguments nous retrouvons l'idée maîtresse de Renouvier, l'idée que la loi du nombre est donnée dans la représentation comme sa loi la plus générale, parce que penser consiste essentiellement à établir des rapports entre des termes discrets, c'est-à-dire sous des formes diverses à nombrer.

Les critiques formulées contre la thèse de Renouvier nous permettent de la définir avec plus de précision. Il faut reconnaître avec ses adversaires que du principe de contradiction on ne peut faire sortir analytiquement, comme une conséquence immédiate, la négation de la quantité infinie actuelle. Je ne puis affirmer tout à la fois d'une collection donnée le nombre et l'infini, mais il n'y a aucune contradiction dans les termes à nier le nombre d'une collection qu'on déclare infinie. La loi du nombre n'est un corollaire du principe de contradiction que si l'on accorde : 1° que penser est nombrer ; 2° que la représentation, ainsi définie, épuise le donné, lui est entièrement adéquate, que nous n'avons rien à chercher, que nous ne pouvons rien concevoir au delà, l'être identique à la représentation se réduisant à une composition de phénomènes discrets. Si tout est nombre, rien sans doute n'est infini, mais la conséquence suppose la prémisse, c'est-à-dire la philosophie de Renouvier.

Mais cette philosophie, insistera Renouvier, n'est que le fait irrécusable et primitif, dont il nous faut bien partir, le fait que la représentation est par essence relative. Supprimant toutes relations, l'infini équivaut à une suppression de la pensée. Reculez dans le passé, multipliez les siècles, prolongez les distances, allez d'astres en astres, tant que vous restez dans la mesure vous restez dans la pensée distincte; posez l'éternel, l'infini, vous ouvrez un gouffre où la pensée s'évanouit dans le vertige. Donc prétendre penser l'infini, c'est bien prétendre penser la contradiction, car c'est prétendre finir l'infini. Mais le commencement absolu, tout aussi bien que l'infini, ne supprime-t-il pas la pensée en supprimant la relation ? N'a-t-on pas pu dire qu'il implique lui aussi et plus encore une violation du principe de contradiction, puisque nous ne pouvons penser en dehors des lois de la pensée, et que la relation nous contraint d'établir un rapport entre le néant et l'être. Il resterait à dire que nous ne pouvons que nous établir au sein des phénomènes, que les thèses des antinomies ne sont pas moins exclues par les lois de la connaissance que leurs antithèses. Le fait que toute pensée réelle porte sur des termes discrets et sur leurs relations nous impose l'abstention sur les questions d'origine. On est tenté d'adresser à Renouvier le reproche qu'il adresse si souvent à Kant, celui de se placer encore au point de vue de ses adversaires et de transposer le dogmatisme métaphysique. La logique lui impose d'arrêter le mouvement de la pensée par un acte volontaire. Le premier commencement n'est pas pensable, mais il se justifie sinon parce qu'il affirme, du moins parce qu'il nie, par tout ce dont il nous délivre. En le posant, nous rejetons la vieille ontologie, avec ses mystères, et ses contradictions, la continuité, la nécessité, cette substance amorphe de tous les panthéismes, ce sujet sans attribut qui peut tout devenir et qui par là se prête à toutes les fantaisies du délire métaphysique et religieux.

CHAPITRE III

LES CATÉGORIES

La loi du nombre a renversé définitivement l'idole de la chose en soi; elle nous a délivrés du même coup de l'infini, de la substance et de la nécessité. Mais ses bienfaits ne laissent pas, semble-t-il, que d'être redoutables : tout étant nombrable, tout est discret, plus de continuité; il reste une sorte d'atomisme spatial et temporel, une poussière de phénomènes coexistant dans l'espace, successifs dans le temps. N'est-ce pas l'anéantissement du représentatif et du représenté, de la pensée et de son objet? Avec l'enchaînement des idées nous perdons le réel et l'intelligible. Comme dans le système de David Hume, les perceptions sont disjointes, décousues, tout au plus reliées par des rapports qu'établit une association accidentelle et que fixe une habitude subjective. Loin d'être un sceptique Renouvier, comme Kant, veut fonder les droits de la science, de la morale, de la religion même, et il se fait fort d'établir que ce monde discret, discontinu, arithmétique, si j'ose dire, est un monde tout à la fois réel et intelligible.

I

Ce monde est réel. Les inquiétudes que nous inspire la loi du nombre, ne marquent que la ténacité du préjugé substantialiste. Avec la chose en soi il semble que la réalité nous échappe, qu'il ne reste qu'une suite d'apparences éphémères, l'universelle Maïa de l'idéalisme hindou, l'écoulement du fleuve où nul ne se baigne deux fois; que la loi, si ce mot garde un sens, ne soit que l'accident heureux qui ramenant des impressions semblables en fixe l'ordre en habitudes machinales[1]. Renouvier retourne l'objection contre ses adversaires. C'est la théorie de la substance qui conduit « à l'illusionisme », car, suivant elle, ce qui est n'apparaît pas, ce qui apparaît n'est pas et la connaissance est enfermée dans ce royaume des ombres. « Si nous acceptions pour un moment l'emploi que les substiantialistes font du terme de phénoménisme pour désigner le système qui réduit le monde réel à une suite de phénomènes instables et transitoires, nous pourrions énoncer ce paradoxe : *le substantialisme c'est le phénoménisme*[2]. » Que m'importe la substance immuable? Elle n'existe pas pour moi, puisque je l'ignore, elle ne sert qu'à enlever toute réalité véritable au seul monde qui existe pour moi, parce qu'il est le seul que je puisse connaître. La substance, comme le Protée de la fable, est une insaisissable et décevante divinité, dont les perpétuelles métamorphoses dérobent la vraie nature : elle relève de la mythologie. Ajoutez qu'elle a pour conséquence logique le panthéisme, le déterminisme, que par là encore elle est la négation de toute multiplicité réelle, de toute existence particulière, individuelle, « en tant que compatible avec la permanence », l'anéantissement du monde de la représentation, un véritable « nihilisme ».

A. Comte s'est trompé dans sa théorie de la séparation radicale des trois états, théologique, métaphysique, positif; il s'est trompé plus gravement encore, quand il a réduit l'objet de la connaissance et de la croyance humaine à l'objet de la science proprement dite, supprimant tout l'essentiel de la philosophie et de la religion, « mais il n'a pas laissé de résumer exactement la méthode appliquée et de mieux en mieux éclaircie des savants modernes, et

1. *Critique philosophique*, 1884, t. II, p. 129.
2. *Troisième Essai*, t. II, p. 299.

l'idée de cette méthode telle qu'on doit se la faire après l'œuvre criticiste de Kant, lorsqu'il a défini la science par l'étude des phénomènes et par la recherche de leurs lois, à l'exclusion des essences et des causes[1]. » En acceptant cette formule, en se limitant de parti pris à l'investigation des faits et de leurs rapports, le néo-criticisme ne nous enferme pas dans l'universelle illusion, il est éminemment une doctrine de la réalité, car, au lieu d'opposer à ce que nous pouvons connaître l'inconnaissable réalité, il abandonne, comme la science positive, les qualités en soi, les essences, les causes, pour constituer la réalité des phénomènes eux-mêmes et de leurs rapports. L'être n'est pas au delà de ce que nous pensons, un je ne sais quoi d'insaisissable et d'absolu, il est ce qui apparaît; nous ne sommes pas dans l'illusion, nous sommes dans le vrai monde, dans le seul monde qui existe. Nous n'avons pas à faire de vains efforts pour sortir de notre pensée, pour sauter par dessus notre ombre, pour regarder derrière l'espace et le temps, il n'y a d'autre voile entre nous et la vérité que celui de notre ignorance et de nos préjugés; nous avons sous les yeux le monde intelligible, nous avons dans nos catégories les lois qui permettent de l'entendre, les choses sont ce que nous les voyons et les pensons.

Mais ce n'est pas pour le seul plaisir de se tromper soi-même que l'esprit humain oppose la substance au phénomène, c'est pour ne pas se perdre dans la diversité infinie de son objet, pour rattacher ce qui passe à ce qui dure, et c'est aussi pour rendre compte des existences réglées et durables que nous révèle l'expérience. La négation de la substance n'est pas une solution du problème, elle impose au phénoménisme la tâche de lui trouver un substitut, d'expliquer dans son hypothèse les attributs essentiels de toute réalité, la stabilité et la permanence. Sans sortir des faits, Renouvier croit trouver dans l'idée de la loi

1. *Critique philosophique*, 1884, t. II, p. 135.

qui les lie tout ce qui est nécessaire pour exprimer et pour définir, dans le flux des phénomènes, des existences distinctes et durables. « Nous pouvons restituer aux phénomènes, sous la forme de lois, les éléments de stabilité et de règle, dont l'élimination de l'idée de substance, par l'effet d'un premier éblouissement, semblait les priver[1]. » Il faut faire ce qu'a fait la science, laisser une fois pour toutes les discussions vaines sur la chose en soi, résoudre l'idée d'être dans l'idée de rapport. Ainsi à l'idée de substance le néo-criticisme prétend substituer les idées scientifiques de *loi*, de *fonction;* voyons comment il définit ces concepts, et par leur application réussit à constituer avec les seuls phénomènes des êtres réels tels que ceux qui nous apparaissent.

Tout est relatif, cette vérité résulte, nous l'avons vu, de la définition même de la représentation qui se constitue par l'opposition de deux éléments, le représenté, le représentatif, que nous ne saurions isoler. Mais le phénomène n'est pas seulement relatif en ce sens qu'il est le rapport de deux éléments dans la représentation, il l'est encore en ce sens qu'il ne nous est jamais connu qu'en relation avec d'autres phénomènes. Nous n'atteignons jamais le fait élémentaire qui se suffirait à lui-même, le simple, l'absolu, qui nous serait donné en dehors de toute composition, de toute synthèse. Il n'est point de partie qui en un sens ne reste encore un tout, par là un objet d'analyse possible. « Il ne faut pas objecter que tout rapport impliquant des termes, implique par là quelque chose qui n'est point relatif; tout au contraire les termes ne sont intelligibles que dans leurs rapports. Et il ne faut pas dire que le relatif suppose l'absolu et le démontre, car l'absolu lui-même n'est que le corrélatif du relatif. Ces deux termes sont la négation l'un de l'autre[2]. » Bref, rien ne nous est

1. *Critique philosophique*, 1873, t. I, p. 276.

2. *Premier Essai*, t. I, p. 110. « Qu'est-ce que l'être, cette idée générale entre toutes, sans les attributs et les modes de l'être, en un mot sans une

donné que par synthèse, rien ne nous est éclairci que par analyse. « *Tout est relatif*, ce grand mot du scepticisme, ce dernier mot de la philosophie de la raison pure dans l'antiquité, doit être le premier de la méthode moderne et par conséquent de la science dont il trace la voie hors du domaine des illusions[1]. »

Il semble que cette universelle relativité loin de nous approcher de l'être nous en éloigne; où nous fixer, où nous arrêter dans ce flot de phénomènes dont l'un mène à l'autre ? Par les relations mêmes qu'ils impliquent, les phénomènes multiples se composent, s'assemblent, forment des groupes définis, s'agrègent et se désagrègent. « La relativité des phénomènes est réglée et permanente en ses modes de composition et de changement de composition, et cela même est un phénomène que l'expérience constate autant qu'elle est consultée dans toutes les sphères possibles. » De l'idée de relation nous sommes conduits ainsi à l'idée d'ordre. « La permanence de l'ordre, inséparable de l'ordre lui-même, est un phénomène élevé au-dessus de tous les phénomènes, un *phénomène général* pour ainsi dire[2]. » En passant de l'idée de relation à l'idée d'ordre, qui n'est rien que la relation constante, déjà, sans avoir besoin de sortir des phénomènes, nous entrevoyons cet élément de permanence qui nous permettra de détacher des groupes de phénomènes liés les uns aux autres, de les considérer à part, de leur donner une sorte d'indépendance dans l'ensemble qui de toutes parts les enveloppe, de constituer ainsi des êtres véritables.

« Tout ordre qu'une relation constitue, s'il est constant ou supposé tel, prend le nom de *loi*. Une loi est un phé-

série de phénomènes ?... p. 108. Les phénomènes sont simples et composés, mais seulement les uns par rapport aux autres; tout est relatif pour la connaissance », p. 111.

1. *Premier Essai*, t. I, p. 111.

2. *Premier Essai*, t. I, p. 121-2.

nomène composé, produit ou reproduit d'une manière constante, et représenté comme un rapport commun des rapports de divers autres phénomènes.[1] » Un exemple éclaircira la définition. Je tiens une pierre, je l'abandonne, elle tombe; cette chute est un phénomène déjà complexe, un rapport entre la pierre et un mouvement défini; je répète l'expérience, je constate l'identité du rapport de succession dans les cas divers; la loi que je formule enfin n'est que le rapport commun que j'ai dégagé des rapports constatés dans les phénomènes particuliers, elle est un rapport de rapport. Je soumets à la même épreuve un morceau de fer, une plume, une plante, un animal vivant, j'obtiens les mêmes effets; la loi se généralise, devient la loi de la chute des corps, le rapport commun où se résument les rapports qu'exprimaient les lois plus particulières. En observant les fluides aériformes et construisant le baromètre, en faisant tomber des corps dans le vide, en mesurant la vitesse de la chute des graves, en rapprochant enfin de la chute des corps les révolutions des astres, je développerai la loi, c'est-à-dire que je la composerai de rapports de mieux en mieux définis et que je ferai rentrer dans un rapport commun les rapports d'un nombre de plus en plus grand de phénomènes (*Premier essai*, § 19).

La seule idée de loi nous permet déjà, en nous en tenant à l'ordre des phénomènes, de définir certains éléments de l'existence. On croit devoir demander à la substance l'*immanence*, la *permanence* des phénomènes; analysez ces notions, ramenez-les à ce qu'elles nous offrent d'intelligible, vous n'y trouverez rien de plus que le groupement régulier des faits et la constance de ce groupement. Pour expliquer la permanence des phénomènes, dans la mesure où l'expérience nous en impose l'aveu, que faut-il de plus que la constance même de la loi qui les coordonne, qui les fixe en un groupe distinct, tant que

1. *Premier Essai*, t. I, p. 123.

de nouvelles relations ne leur sont pas imposées ? Et de même pour ce qui est de l'immanence, c'est-à-dire du rapport du sujet à ses attributs, est-il nécessaire de poser d'une part les modes, de l'autre la substance, d'une part les qualités, de l'autre l'être qui les supporte et dont elles s'affirment ? Le sujet n'est que la synthèse régulière des phénomènes qui le composent, il ne s'oppose à ses qualités que parce qu'il est leur ensemble, leur unité ; mais par hypothèse si on supprimait toutes les qualités, il ne resterait qu'une abstraction réalisée, un rapport n'étant rien en dehors des termes qu'il unit. « Entre plusieurs phénomènes liés, on peut en distinguer un comme attribut de l'ensemble des autres, auquel ensemble on conserve le nom qu'il portait avant que la séparation se fît. On dira par exemple que la résistance est un attribut de la matière, l'étendue de même ; qu'est-ce pourtant que la matière, abstraction faite de ces attributs ? On appellera l'imagination, la raison, etc. des facultés (propriétés ou attributs) de l'esprit ; mais on ne connaît cet esprit dont on parle que comme une synthèse de ces mêmes facultés, ou des phénomènes enveloppés sous leur nom [1]. » Nous n'avons donc pas besoin de dépasser l'idée de loi pour justifier les rapports d'attribution régulière qu'implique la logique et la grammaire.

Mais l'existence n'est pas suffisamment définie par la synthèse permanente d'un ensemble de phénomènes ; l'existence n'est pas pure identité, elle est changement dans l'identité relative. Après avoir considéré les phénomènes comme groupés par des lois de coexistence, il faut les considérer comme régis par des lois de succession et de déterminabilité mutuelle. La loi nous fait envisager les relations en elles-mêmes, à l'état, pour ainsi dire, d'immobilité ; la *fonction*, dont Renouvier emprunte le concept aux mathématiques, est une loi plus complexe, une

1. *Premier Essai*, t. I, p. 134.

relation constante, générale, qui lie les unes aux autres les variations solidaires des phénomènes, quand les uns varient et se déterminent en raison de la variation et de la détermination des autres. La fonction ne pose plus un rapport fixe, elle enveloppe des rapports variables, mais liés selon une loi constante. La chaleur modifie l'état d'un corps solide, le dilate, l'amène à l'état d'incandescence, de fusion, peut le décomposer en ses éléments chimiques ; les variations du corps répondent aux variations de la chaleur suivant une progression régulière, il y a là une fonction physique. La conscience est une fonction très complexe qui enveloppe un très grand nombre de lois et même de fonctions subordonnées (intelligence, sensibilité, volonté). Prenez le raisonnement et la passion, vous avez deux termes variables, soumis à des lois de correspondance, plus la passion s'exagère par exemple, plus le raisonnement s'affaiblit ; l'association des idées au contraire se précipite et s'exalte ; mais ces fonctions multiples sont enveloppées dans une fonction supérieure, la conscience, sous laquelle s'ordonnent les fonctions secondaires de la vie spirituelle.

La substance, source de tant d'embarras pour les philosophes, nous apparaît ainsi comme une hypothèse superflue. L'idée d'être, à la prendre dans ce qu'elle a de réel, de positif, comme élément nécessaire de toute pensée cohérente, se résout dans les idées scientifiques de rapport, de loi, de fonction ; elle exprime l'unité, la synthèse, le groupement des phénomènes et la solidarité de leurs mutuelles relations. « *Être* sans *loi* et *loi* sans *être* sont des termes dénués de sens... Les phénomènes considérés avec leurs lois, dans leurs fonctions, présentent le double caractère de permanence et de développement ordonné que le sens commun reconnaît aux êtres[1]. » Le phénoménisme traduit en langage scientifique la pensée

1. *Premier Essai*, t. I, p. 140, 164. Cf. *Critique philosophique*, 1873, n° 18 ; 1884, n° 35 et n° 37.

du vulgaire qui ignore le substratum et la scolastique de ses partisans. Les êtres sont de certains ensembles de phénomènes liés par des fonctions déterminées dont la complexité et la distinction s'accroissent des corps matériels à l'homme. Dans les corps matériels la notion commune d'être se résout en fonctions mathématiques, mécaniques, physiques, chimiques, c'est-à-dire en groupes distincts de phénomènes qui ont leurs lois particulières, se rattachant les uns aux autres par des lois plus vastes « et tous ensemble dépendent de quelques lois générales que l'expérience révèle, et des lois mathématiques de l'étendue et du mouvement ». Dans les êtres vivants de nouvelles fonctions s'ajoutent aux précédentes et en partie les modifient : en même temps que l'ensemble se complique, son unité s'accroît, les phénomènes en action réciproque forment un tout distinct, les individualités se caractérisent et s'opposent. La vie représentative nous montre le plus haut degré de complexité et de distinction auquel atteint l'existence : aux fonctions de la vie organique qu'elle enveloppe elle surajoute et coordonne tout un ensemble de fonctions nouvelles et, plus une en même temps que plus complexe, elle arrive à constituer dans l'homme « au milieu de l'ordre total, un ordre aussi distinct et complet que le permet l'existence de lois plus générales », un véritable microcosme.

La philosophie critique reste donc également éloignée et du panthéisme qui absorbe toute multiplicité dans l'unité de la substance, qu'on ne réussit ni à nommer ni à définir, et du phénoménisme empirique de Hume qui ne laisse qu'une poussière de faits discrets, séparés, sans liaison concevable. L'idée de la loi, l'idée de la relation antérieure, en un sens, et supérieure aux phénomènes qu'elle lie, nous délivre de la chimère de la chose en soi, en nous laissant tout ce qu'il y a de positif dans l'idée de substance. « Sans doute l'apparence d'un instant ne remplit pas l'idée que nous avons de la réalité, mais conçoit-on rien de plus réel que ce qui apparaîtrait non pas seulement longtemps, mais constamment, toujours? » L'identité de la conscience et la permanence des personnes ne dépendent pas de je ne sais quelle substance spirituelle; elles n'exigent rien de plus que l'identité et la permanence relatives qui résultent de la diversité harmonique et des variations réglées d'un groupe de phénomènes régis par une loi.

Le monde fini, discret n'est pas seulement réel, mais il est en même temps intelligible, les deux termes étant d'ailleurs solidaires.

Ce qui caractérise la philosophie de Renouvier, c'est que son phénoménisme n'est pas un pur empirisme, c'est qu'en ne reconnaissant que des phénomènes, il admet l'ordre, l'ensemble des lois comme un phénomène général qui enveloppe les autres phénomènes et les domine. Les empiriques résolvent toute relation dans les termes qu'elle lie, c'est le principe de tous leurs embarras; la relation n'est pas postérieure aux phénomènes, pur accident, rencontre fortuite; elle existe comme eux, elle leur est même logiquement antérieure puisqu'elle pose les conditions selon lesquelles ils peuvent apparaître. S'il en est ainsi, puisque tout, en dernière analyse, est représentation, celle-ci doit avoir ses lois primordiales, ses relations constitutives, et puisqu'on ne peut rien concevoir en dehors de la représentation, les lois qui la rendent possible doivent être des lois irréductibles de l'être comme de l'esprit, prédéterminer en un sens, au moins dans leur forme, la pensée et le monde qui est son objet. L'expérience se constitue par une synthèse, dont les lois sont les lois primordiales de la représentation que la réflexion doit dégager par l'analyse de cette synthèse confuse où elles sont engagées. Le problème le plus difficile qui s'impose au philosophe est celui de définir ces données générales, irréductibles, ces lois premières qui conditionnent la représentation et par suite se retrouvent en tout ce que nous pensons. Avant l'expérience, comme sa condition même, il y a les *catégories*, les lois, les synthèses primitives que dissimule la connaissance confuse telle qu'elle nous est donnée.

II

« Les catégories sont les lois premières et irréductibles de la connaissance, les rapports fondamentaux qui en déterminent la forme et en règlent le mouvement. Comme données dans une représentation actuelle, elles tombent sous l'expérience, elles sont particulières,... l'expérience en tant que telle ne donne point le général. L'universalité propre aux catégories consiste en ce que, passant nécessairement sous les conditions de l'expérience, pour se manifester, elles se présentent pourtant comme supérieures à l'expérience, capables de l'envelopper, propres à la conduire et à lui imposer des régles. Nous nous attendons à trouver les catégories constamment vérifiées par le développement indéfini de l'expérience, et l'ensemble des rapports qu'elles sont propres à embrasser compose pour nous la série de *l'expérience possible*[1]. » Ainsi, selon Renouvier, il y a des *catégories*, des lois de la représentation qui ne dérivent pas du donné ; ces lois sont universelles, car elles sont présentes à toute expérience comme les relations constantes qui la dominent et qui la règlent; elles sont nécessaires, car, rendant l'expérience possible, elles ne sauraient être violées par elle. Dans toute relation établie par la pensée, il y a une matière, un donné, tel nombre, telle durée, telle qualité, et une forme générale, la quantité, la qualité, le temps.

Le problème qui s'impose à la philosophie critique, à la philosophie qui proclame que tout est relatif, mais que

1. *Premier Essai*, t. I, p. 184.

la relation n'est pas accidentelle, toute contingente et provisoire, c'est de définir les lois premières de la représentation. « Construire le système des rapports généraux des phénomènes, élever un édifice dont ces rapports déterminent les lignes principales, si bien que les faits connus ou à connaître y aient tous leur place marquée ou supposée, c'est le problème général de la science (critique). Les rapports et les lois sont les seuls objets de la connaissance ; ils ne sont donnés que dans la représentation ; la représentation elle-même, en tant qu'expérience, se règle par des lois que, en tant qu'expérience, elle vérifie et ne donne pas ; dans les lois générales de la représentation sont les premiers éléments que l'architecte de la science ait à mettre en œuvre, et le plan de l'édifice demandé résulterait de l'ensemble coordonné de ces rapports généraux que nous appelons des catégories. »

Comment Renouvier va-t-il procéder pour dresser cette table des catégories, qui est la pièce maîtresse d'une philosophie critique? Kant voulait un tableau vraiment systématique ; dédaigneux d'un empirisme qui ne permet jamais de se prononcer définitivement sur la valeur des résultats obtenus, il exigeait du philosophe une classification des lois premières de la pensée fondée sur un principe qui en permet la vérification et en établit le bien fondé. Renouvier reproche à Kant cet effort pour faire la preuve directe de son tableau des catégories et pour l'imposer par une sorte de nécessité logique. Selon lui, les catégories sont dans l'expérience comme dans une synthèse confuse, il n'y a pas à les rattacher à une nécessité intellectuelle, on ne peut que les dégager par l'analyse et par la réflexion. L'œuvre se fera en quelque sorte par tâtonnement, elle trouvera sa garantie dans la sincérité du philosophe, dans la confirmation de l'expérience, elle se jugera par ses résultats. Pour nous aider dans ce travail d'analyse, nous n'avons qu'un critérium de distinction des catégories : « On reconnaîtra que deux catégories sont irréductibles l'une à l'autre à ce signe que tout sujet de l'une, pour être affirmé du sujet de l'autre, exige un jugement synthétique intermédiaire. » Soit le nombre et l'étendue : l'analyse de l'étendue ne saurait donner sa mesure numérique ; cette opération requiert un jugement synthétique par lequel nous ajoutons le prédicat nombre au sujet étendu ; nous distinguerons donc la catégorie du nombre de la catégorie de l'étendue. Quelle sera enfin la preuve qu'on ne s'est pas trompé ? Quelle sera la garantie de vérité? Le succès même, l'aveu des autres hommes qui reconnaîtront leur propre pensée dans ce tableau de la pensée. « Au philosophe qui présente un système de catégories il ne faut pas demander des démonstrations à proprement parler. Son œuvre est-elle un tableau dé l'esprit humain ou le produit d'une fantaisie individuelle ? Que le juge intruise, délibère, prononce. Tout homme est juge, tout fait bien constaté est juge. *Les vérités de l'ordre le plus général ne se prouvent pas, elles se vérifient.* » Ainsi ce qui juge le système des catégories, c'est l'absence d'objection à lui faire, c'est son accord avec l'expérience dont la réflexion l'a dégagé. « Je n'attache à l'ordre des lois de la représentation qu'une valeur empirique et j'ignore comment je pourrais faire autrement. On aura donc à se demander si cet ordre est satisfaisant de lui-même et si le contenu de la représentation y est vraiment épuisé. A une telle question le fait seul peut répondre. » En un mot c'est à la conscience individuelle que Renouvier laisse le soin de décider par son adhésion ou son refus du succès ou de l'échec de sa tentative.

Par l'analyse réflexive, appliquée à la synthèse confuse de l'expérience, Renouvier en vient à dégager neuf catégories, neuf lois primordiales, irréductibles, neuf lois constitutives de la représentation et par suite du monde qui ne nous est donné qu'en elle. Chacune de ces catégories se pose par thèse, antithèse et synthèse.

Catégories	Thèse	Antithèse	Synthèse
—	—	—	—
Relation.	Distinction.	Identification	Détermination.
Nombre.	Unité.	Pluralité.	Totalité.
Position.	Point (limite).	Espace (intervalle).	Étendue.
Succession.	Instant (limite).	Temps (intervalle).	Durée.
Qualité.	Différence.	Genre.	Espèce.
Devenir.	Rapport.	Non-rapport.	Changement.
Causalité.	Acte.	Puissance.	Force.
Finalité.	Etat.	Tendance.	Passion.
Personnalité.	Soi.	Non-soi.	Conscience.

La loi la plus générale de la pensée, que toutes les lois possibles ne font que diversifier, la première des catégories, qui exprime ce que toutes les autres ont de commun, est la *Relation*. Elle se pose sous la forme ternaire : Distinction — Identification — Détermination. Tout ce que nous connaissons en fait, nous le constituons négativement et par exclusion d'une part, positivement et par composition de l'autre ; cet arbre que je vois est un groupe de rapports variés, dont je distrais les rapports environnants, le ciel, les champs, etc., ou il n'a rien de défini à nos yeux... Dans toutes les catégories possibles on réunit pour connaître, et en même temps on distingue. La catégorie de relation tire donc son effet de la détermination ou limitation qui est une synthèse de la distinction et de l'identification. »

A cette catégorie se rattache, avec la définition des jugements analytiques et synthétiques, la loi régulatrice des relations constantes qui n'est que la loi de l'accord de la pensée avec elle-même et qui comprend le principe d'identité ou de contradiction, et le principe de l'alternative (ou du milieu exclu).

La seconde catégorie est la *loi du nombre* : unité, pluralité, totalité. S'il faut en croire Renouvier, cette loi a une généralité presque égale à celle de la loi de relation, à laquelle elle est d'ailleurs étroitement unie. « Sans doute le nombre n'est qu'une espèce de rapport ; mais les rapports de toute espèce enveloppent des nombres, et la relation même, prise en général, a un élément numérique. » Que faut-il entendre par là? Un phénomène, nous l'avons vu, ne nous est jamais donné comme simple, comme absolu, il ne nous est jamais connu qu'enveloppé dans quelque rapport, mais qui dit rapport dit termes multiples, entre lesquels ce rapport s'établit. Tout phénomène à ce titre enveloppe donc une pluralité. « Or le *plusieurs* est toujours représenté corrélativement à l'*un*, et l'*un* corrélativement au *plusieurs*. Cette corrélation, abstraction faite de la nature des phénomènes considérés respectivement comme un ou comme plusieurs, donne le *nombre* en général, c'est-à-dire le *tout d'unités*. La synthèse de ces deux contraires *unité*, *pluralité* est donc la *totalité*. Le phénomène, toujours composé, se présente à volonté comme *un*, comme *plusieurs* et comme *tout*[1]. » Renouvier s'efforce ainsi d'établir que le nombre est lié à toute relation, donné dans toute connaissance, dans tout phénomène. Le nombre n'est pas, comme le dit Kant, le schéma de la quantité; il lui est antérieur, il est posé avant elle; c'est de lui qu'il faut déduire « les rapports généraux de *quantité*, de *grandeur* et de *mesure* qui en dépendent analytiquement. » On trouve la quantité dans le nombre, quand on en dégage le rapport de contenant à contenu qu'il enveloppe. « Le nombre déterminé est un *tout* eu égard aux parties composantes. Les unités du nombre sont les *parties* du tout. Le rapport du tout à la partie, du contenant au contenu. est ainsi donné dans la catégorie du nombre, et, quoique ce rapport se présente encore ailleurs et se mêle à divers autres, nulle part on ne le rencontre qu'il n'implique une relation numérique. Les parties sont toujours, moyennant une certaine abstraction, des unités; il y a *tant* de parties dans un tout. L'application du nombre aux objets des autres catégories, considérés comme des touts de parties, donne la *quantité*.

1. *Premier Essai*, t. I, p. 256.

La quantité est le *tant* et répond à la question *combien*... Lorsque l'on peut faire correspondre exactement la quantité numérique à la quantité concrète, on a la *mesure* de cette dernière[1]. » Que par l'analyse on dégage du nombre la quantité, il n'y a à cela rien de surprenant, puisque le nombre n'est que la quantité définie. Mais n'y a-t-il pas quelque chose d'arbitraire à mettre le nombre avant la quantité, à faire de cette notion qui exige l'élaboration de l'entendement discursif une catégorie, à l'ériger en donnée primordiale qui se retrouve impliquée dans toute relation, dans toute connaissance. Si toute relation implique nombre nous ne pouvons percevoir que nous ne calculions ; or on parle de peuplades qui ne dépassent pas le nombre trois. Invoquerons-nous pour nous tirer d'embarras l'existence d'un nombre indéterminé qui précède dans l'esprit le nombre défini ; mais ce nombre n'est plus un nombre, il nous ramène aux idées de tout et de partie, de contenant et de contenu, de plus grand et de plus petit, il revient à l'aveu que la quantité est antérieure au nombre. Renouvier répondrait à ces objections que par le nombre seul on sort de l'indéfini et que la pensée implique des relations définies entre des termes définis. A cette catégorie se rattache l'examen des principes de l'arithmétique qu'elle domine : « Ces relations numériques rentrent toutes dans la plus simple d'entre elles, l'*addition*, qui elle-même se réduit à la composition des unités ; et cela doit être, car rien de plus ne nous est donné dans la représentation du nombre[2]. » Une fois posée la synthèse qui donne le nombre, l'arithmétique est une science purement analytique.

Les lois de position et de succession répondent aux formes *a priori* de la sensibilité, que Kant distingue des catégories comme les conditions de l'intuition en les opposant aux conditions de la pensée ; selon Renouvier,

1. *Premier Essai*, t. I, p. 259-260.
2. *Premier Essai*, t. I, p. 263.

ces lois sont des cas particuliers de la relation; elles posent des rapports, elles sont donc des catégories au même titre que toutes les autres. Ces deux lois ont ceci de commun que toute situation (soit dans l'espace, soit dans le temps) se détermine par la synthèse de la limite et de l'intervalle, deux formes négatives l'une de l'autre, mais l'une et l'autre indispensables et toujours indissolubles. Vous ne concevez la limite que comme terme d'un intervalle, vous ne concevez l'intervalle qu'enfermé dans les limites qui le définissent. Dans l'étendue d'un corps comme dans la durée d'un événement vous retrouverez la synthèse de ces deux éléments contraires et inséparables. Ces deux catégories sont d'ailleurs radicalement distinctes : l'une concerne les rapports de position, imaginés ou perçus *extérieurement*, l'autre les rapports de succession, rappelés ou conçus *intérieurement*, et il est impossible de les réduire par analyse l'une à l'autre sans une pétition de principe plus ou moins dissimulée.

La limite élémentaire de position, celle dont tout intervalle est nié par hypothèse et par abstraction, est le *point*. Entre deux points nous nous représentons un intervalle, un *espace*. Comme, par définition, le point n'est que limite, comme il exclut tout intervalle, si petit soit-il, l'intervalle n'est pas composé d'un nombre défini de points, il en admet autant qu'il nous plaît d'en supposer : c'est la continuité de l'espace. Avec le point et l'intervalle nous pouvons construire la ligne, la surface, le volume : d'une façon générale, l'*étendue est la synthèse du point et de l'espace*.

La catégorie de position nous amène à l'examen des principes de la géométrie, c'est-à-dire de la science qui s'efforce d'introduire la mesure et le calcul dans les rapports de position, en les ramenant à des quantités définies. Quel est le caractère de ces principes? La ligne se compose de lignes; entre ses limites je puis fixer indéfiniment des points qui la divisent; à ce titre elle enveloppe les rapports de contenant et de contenu, de tout et de partie; elle est quantité, longueur, elle peut être mesurée. « Mais il faut, pour obtenir cette mesure établir une relation constante entre la ligne qui primitivement se définit par une loi de position et de figure, et cette même ligne envisagée maintenant sous un rapport de quantité. Cette relation est tout d'abord donnée dans la proposition synthétique qui identifie le *droit* et le plus *court*, entre deux points, dans une ligne unique[1]. » En d'autres termes la notion de ligne droite prise en elle-même n'implique rien de plus que des rapports de position; l'analyse ne peut faire sortir de la figure la quantité; il faut que par un jugement synthétique nous unissions à la représentation du *droit* celle de la *longueur la plus courte* entre deux points donnés. Tous les principes premiers et irréductibles de la géométrie, mesure de la direction par les angles, parallélisme, similitude, sont des jugements synthétiques, parce que tous reposent sur la synthèse primitive et indémontrable de la position et de la quantité. L'arithmétique est pure analyse, une fois le nombre donné, parce que son objet est enfermé dans une catégorie unique et qu'elle ne fait jamais que développer ce qui est donné dans la représentation du nombre; la géométrie, au contraire, unissant des rapports de figure à des rapports de quantité, procède de synthèses données entre les éléments de deux catégories. L'effort de la géométrie pour mesurer la position par le nombre, la quantité continue par la quantité discrète, et les difficultés qu'elle rencontre dans cette œuvre amènent Renouvier à étudier, en restant fidèle à la loi du nombre, les conventions par lesquelles le langage de l'analyse mathématique s'étend et s'assouplit, les valeurs négatives, les valeurs imaginaires, les fractions, le calcul des incommensurables, les principes généraux du calcul infinitésimal.

1. *Premier Essai*, t. I, p. 297.

Dans la loi de succession, la limite est l'*instant*, l'intervalle est le *temps*, leur synthèse est la *durée*. Dans l'intervalle défini par deux instants quelconques, d'autres instants se placent arbitrairement, sans quoi l'instant serait autre chose qu'une limite : c'est la continuité de la durée. En tant que la durée se compose de durées, qu'elle enveloppe les rapports de contenant et de contenu, elle est quantité. Mais la durée n'a qu'une dimension, qu'une direction, qu'une figure, et cette figure est comparable à la droite parmi les synthèses que forme l'étendue. Nous n'avons d'ailleurs pas d'étalons pour mesurer cette grandeur, il n'y a pas d'unité directe de la durée, c'est par son rapport à l'étendue, dans le mouvement, que nous réussissons à la définir comme quantité.

La catégorie de qualité répond à la question du *quel* (qualis), elle pose qu'*une chose est telle autre chose*, que A est B, que l'homme, par exemple, est animal. Dans toute représentation de qualité, il entre donc un élément de distinction et un élément d'identification ; A est identique à B sous un rapport, en diffère sous d'autres ; la qualité par là ne se distingue pas de la relation en général ; mais son originalité, comme loi de la pensée, consiste en ce qu'elle définit et précise les rapports des phénomènes entre eux, en ce qu'elle les classe selon leur degré de généralité et rend ainsi possible la déduction syllogistique qui relie les concepts les uns aux autres. En un mot, ce n'est pas une sorte d'accident empirique, c'est une loi première de la représentation qui préside à la formation des idées générales, les hiérarchise, les subordonne et fonde les conditions du raisonnement déductif. « La classe n'est pas *certains objets* seulement, mais certains objets *sous une vue de l'esprit*[1]. » La qualité, chose affirmée d'une autre chose, est un *genre*, l'objet qualifié est une *différence*, et leur synthèse marquée par la copule est une

1. *Premier Essai*, t. II, p. 141.

espèce. Soit la proposition : l'homme est animal, animal est le genre ; l'ensemble des attributs qui constituent l'homme, en tant que distingués de l'attribut animal, constitue sa différence par rapport aux autres groupes de phénomènes auxquels s'attribue l'animalité ; l'espèce est la synthèse des deux termes. Spécifier, c'est considérer tout à la fois le genre et la différence ; la synthèse de spécification est marquée par la copule, le genre est l'attribut, le sujet exprime la différence. Il n'y a pas lieu d'imaginer des rapports mystérieux de mode, de substance, il n'y a rien de plus à considérer en tout ceci que les phénomènes et les lois de leur composition. « Ces termes, différence, genre, espèce, ne représentent que les rapports qui servent à les définir. » Ces considérations font tomber le problème du réalisme plutôt qu'elles ne le résolvent : il n'y a de sujets réels, en un certain sens, que les individus ; mais d'autre part l'individu n'existe pas en dehors de ses attributs, il est leur synthèse, d'où il suit que dans leur réalité, celle des espèces et des genres est impliquée. En d'autres termes, les rapports généraux à tous leurs degrés expriment la constance et la généralité des lois, et à ce titre ont la même réalité que les êtres qui n'ont d'existence définie que par ces lois.

Cet examen de la qualité et des rapports qu'elle enveloppe nous permet de préciser les conditions du raisonnement qualitatif : pour former le genre, nous envisageons un certain nombre de groupes de phénomènes, et de même pour former la différence ; le nombre qui répond au genre est au moins égal, en règle générale il est plus grand que celui qui répond à la différence : « on voit donc qu'il existe entre la différence et le genre un rapport numérique de contenance. La catégorie de quantité est donc applicable dans une certaine mesure à la catégorie de qualité[1] ». Pour Renouvier, c'est en un sens très

1. *Premier Essai*, t. II, p. 9-10.

précis que la qualité a une extension, que par là elle est susceptible d'être rapprochée de la quantité et se prête à une sorte de calcul. En dernière analyse, un genre, une différence pourraient s'exprimer numériquement. *Rongeur* par exemple, est la somme des nombres correspondant aux différences : *rat*, *lièvre*, *castor*, etc. ; *mammifère* est une somme plus grande qui comprend la première et beaucoup d'autres : « l'ordre de généralité est aussi ordre de contenance, car le genre contient l'espèce arithmétiquement. Il la contient au sens propre du mot, quand les termes proposés sont des représentés naturels, *animal*, *homme*, etc. Il la contient représentativement, par assimilation, quand il s'agit de notions telles que vertu, justice. » Vertu, c'est un groupe défini d'actes qu'on peut énumérer. « C'est donc avec pleine rigueur que le syllogisme du genre peut toujours être exprimé par une formule mathématique. A ce point de vue le principe du syllogisme prend la forme suivante : le *contenu du contenu est contenu dans le contenant*[1]. » Renouvier sur ce principe établit une théorie nouvelle des formes concluantes et examine les conditions de la preuve démonstrative[2]. Sa logique, comme sa philosophie, est donc une logique de la quantité

1. *Premier Essai*, t. II, p. 102. « Cette proposition : *La guerre est un malheur*, suppose un genre le malheur, composé d'autant d'assemblages qu'on voudra de phénomènes auxquels la qualification de malheureux peut convenir, et une espèce, la guerre, formée à son tour de divers assemblages, ce sont les luttes à main armée, qui font tous numériquement partie des premiers. C'est donc avec pleine rigueur que le syllogisme du genre peut toujours être exprimé par la formule mathématique $m = eq\ p = em\ p = eq$. »

2. *Premier Essai*, t. II, p. 156. « Toute l'opération du syllogisme se fonde sur une manière d'envisager les qualités sous le rapport de la quantité. Former des espèces puis des genres, en faisant abstraction des différences, ce n'est rien autre que cela, puisque cette sorte d'abstraction aboutit à considérer une espèce comme un nombre d'individus identifiés, un genre comme un nombre d'espèces identifiées, etc. Tous les logiciens ont compris cette vérité, qui ont par le langage ou par des symboles géométriques, comme Euler, exprimé le rapport de l'espèce au genre, à l'aide du rapport du contenu au contenant, de la partie au tout, du multiple à l'unité. C'est ce dernier, le rapport arithmétique franc, que j'ai employé dans mes notations, pour la première fois à ma connaissance. » Renouvier arrive à reconnaître 2 figures et 24 modes, dont 8 affirmatifs, 16 négatifs.

discrète, arithmétique, une application de la loi du nombre qui en montre encore l'universalité.

Pour qu'il y ait démonstration, il faut que la conclusion soit analytique, c'est-à-dire que la conclusion résulte de cela seul que certaines propositions sont données. La démonstration repose ainsi sur le principe de contradiction qui interdit de nier une proposition au moment même où on la pose. « Le syllogisme, la disjonction et la réduction à l'absurde démontrent. Il y a d'autres moyens de persuasion et de croyance, mais il n'y a pas d'autre moyen de démonstration. » Le raisonnement qui conclut du particulier au général n'est pas un raisonnement rigoureux. L'induction, comme la déduction, se rattache à la catégorie de la qualité, à la loi nécessaire selon laquelle l'esprit distribue les phénomènes en genres, en espèces, en classes subordonnées, mais elle a ses caractères distinctifs qu'il ne faut point oublier. « Ce n'est pas tant la croyance formelle à l'ordre, à la stabilité des lois de la nature, comme on le dit ordinairement dans les théories de l'induction, qui porte l'homme à affirmer la reproduction attendue des mêmes phénomènes dans les mêmes circonstances réalisées, que ce n'est la forme même de son intelligence qui l'oblige à lier entre eux les phénomènes et à les classer par catégories : ordre et classification qui ne peuvent obtenir et conserver un sens que dans la supposition où des termes particuliers et des propositions particulières se groupent sous des termes généraux et des propositions générales, l'expérience se montrant d'ailleurs consentante à vérifier cet enveloppement inductif et ce développement déductif des phénomènes envisagés dans l'ordre mental. » Ce consentement attendu de l'expérience limite la valeur logique de l'induction. La pensée n'a plus seulement ici à maintenir son accord avec elle-même, à rester conséquente; elle ne procède plus analytiquement. Si l'on excepte l'induction par *simple énumération* qui n'est qu'un cas du syllogisme et participe de sa certitude, la vérité inductive que je tire de l'observation d'un ou de plusieurs cas donnés et que j'étends au delà de la sphère de l'expérience actuelle est toujours à quelque degré mélangée d'hypothèse, toujours implique à quelque degré la *croyance*. « Lorsque l'énumération ne s'étend pas à toutes les espèces, la conclusion logique est fausse, et l'induction n'est qu'une hypothèse justifiée par des faits plus ou moins nombreux que d'autres faits pourront démentir[1] » Il est bon que l'attention du savant et du moraliste soit attirée sur le caractère simplement probable des plus hautes vérités scientifiques et « sur les *actes de foi* » qui les soutiennent. Cette théorie de l'induction se rattache à celle du syllogisme et à la prépondérance que Renouvier attribue à la loi du nombre. Sans doute la catégorie de qualité est une loi de la représentation et la classification des phénomènes en genres et en espèces, de ce biais, est une vue de l'esprit. Mais, d'autre part, si tous les phénomènes se ramènent à des représentations et si, à ce titre, les lois générales de la représentation constituent les formes les plus générales des phénomènes, n'est-on pas autorisé à considérer les rapports de compréhension comme des rapports réels qui justifient l'induction comme procédé logique, sinon les inductions particulières.

III

Nous arrivons à la catégorie du *devenir* (rapport, non-rapport, changement); jusqu'ici toutes les lois que nous avons étudiées présentaient un caractère commun : la stabilité, la constance des rapports dont elles sont la règle. Il n'est pas jusqu'à la loi de succession dont on ne puisse établir les éléments et la synthèse, indépendamment du fait que quelque chose commence, finit ou change. Dans le devenir le phénomène est tout à la fois posé et supprimé,

1. *Premier Essai*, t. II, p. 202, 209-210.

l'autre est dit du même et le même de l'autre; à la condition de ne point oublier que l'idée d'être se ramène à l'idée de rapport défini, on peut dire que le devenir est une synthèse de l'être avec le non-être. Blanc, le chlorure d'argent devient noir à la lumière. Un même rapport, le *blanc*, est affirmé et nié, mais non pas au même moment de la durée, ce qui violerait le principe de contradiction; il y a succession, passage d'un terme à l'autre; la synthèse du rapport et du non-rapport se fait par le *changement*.

Comment comprendre cette synthèse du même et de l'autre dans le changement? Le changement n'a pas lieu dans l'instant; l'instant est à la durée ce que le point est à l'étendue, il est une limite, il n'enferme aucun intervalle, il ne peut rien contenir : tout phénomène suppose une durée, si petite qu'elle soit. Il reste à dire que le changement a lieu dans le temps. Mais comment? Pour dissimuler la difficulté de passer du même à l'autre, dirons-nous que le changement se fait par degrés et qu'il y a une infinité de degrés? Mais nous nous heurtons contre la loi du nombre; de plus c'est revenir à l'idée que le changement se fait dans l'instant et qu'en dernière analyse il se compose de non-changements. Ainsi il ne sert à rien de multiplier les degrés à l'infini; d'autre part l'observation ne nous permet jamais de surpendre l'élément dernier du devenir, le changement minimum dont le changement total serait l'addition; il y a continuité apparente, nous n'isolons pas l'état le plus voisin possible d'un état donné. Bref, l'expérience ne constate jamais que des *devenus;* s'il est en ainsi, elle ne suffit pas à nous faire entendre le devenir, dont elle laisse entier le mystère, et nous ne pouvons chercher de lumière que dans les lois générales de la représentation. Sans nous faire comprendre le devenir, comment quelque chose finit et quelque chose commence, ces lois peuvent nous éclairer sur ses conditions. D'abord le principe de contradiction exclut la continuité, le nombre infini de degrés ; il faut donc admettre pour chaque changement successif une durée aussi petite qu'on voudra, mais qui l'enferme entre deux instants. En un mot le rapport qui change est déterminé au premier instant, il est déterminé comme autre au second instant et cela sans qu'entre ces deux limites se place une troisième détermination. « Le devenir est donc la synthèse du rapport et du non-rapport à deux instants que la représentation distingue, quoique l'expérience ne puisse les séparer ». En d'autres termes le principe de contradiction nie la continuité, nous contraint d'admettre des hiatus, des sauts d'un état à un autre, une suite de changements dont chacun est défini, distinct et occupe une durée définie et distincte. « Sous le point de vue physique il faut se représenter le devenir comme un fait *intermittent*, continu sans doute dans le sens imaginatif, mais non dans le sens mathématique et absolu du mot[1]. » Il faut donc imaginer une suite d'actes, d'exertions; à cet instant a phénomène déterminé existe, une durée est affectée à a par relation à d'autres phénomènes, puis une limite se place; maintenant a n'est plus, mais c'est $a + e$ par exemple ou $a - e$ qui existe à sa place, une nouvelle durée est affectée au phénomène altéré et ainsi de suite. Les lois de la représentation éclairent ainsi les conditions du devenir, sans d'ailleurs nous en dévoiler le mystère.

L'effort de la science positive est de ramener le devenir de qualité au devenir dans l'espace, c'est-à-dire au mouvement qui permet l'application de la catégorie du nombre et la mesure exacte. C'est ainsi que la chaleur trouve une sorte de mesure dans les variations de volume d'un corps, que les sons et les couleurs sont rapportés à certains nombres de vibrations moléculaires dans des milieux appropriés, air ou éther. Considéré dans l'abstrait, en tant que rapport de l'espace et du temps purs, le mouvement est continu : « ce n'est pas à dire que le devenir réel

1. *Premier Essai*, t. II, p. 264.

soit supposé pour cela infini de composition effective; mais il est assimilé, pour les besoins et la généralité du calcul, à la synthèse de l'interposition possible de phénomènes variables en nombre indéfini entre deux limites données ». A dire vrai, par cela même que le calcul de l'indéfini ne se comprend en aucune application, même géométrique, qu'en tant que méthode approximative, « l'harmonie reste parfaite entre la nature et l'analyse mathématique bien entendue [1] ».

La catégorie de causalité (acte, puissance, force) se relie étroitement à la catégorie du devenir à laquelle elle ajoute une détermination nouvelle par une synthèse originale. Nous avons ramené le devenir à une suite d'actes séparés par un intervalle, plaçons-nous à un instant quelconque de la série, un phénomène est donné, et nous nous attendons, après une durée très petite, à trouver un autre phénomène substitué aux rapports du premier. Qu'il y ait plusieurs possibles ou qu'un conséquent unique soit prédéterminé dans l'antécédent, le second phénomène n'est pas encore; en tant qu'il est à venir, il n'est pas donné, il n'existe qu'en *puissance*. La puissance est ainsi l'intervalle de deux actes consécutifs. L'étendue se détermine par deux points, la durée par deux instants, la puissance par deux actes qui sont les limites entre lesquelles elle s'étend.

Il semble que nous recommençions l'analyse du devenir, mais ce qui fait le sens et la portée des idées d'acte et de puissance c'est le rapport original qui les lie, c'est leur synthèse dans la notion de *force*. « Sous ce nouveau point de vue, la puissance, comme intervalle des deux actes unis qui la déterminent, si le second n'est pas encore posé, nous donne le *pouvoir*, s'il est posé, le *faire* ou la *production* ». Posez l'acte pur sans la puissance, ou la puissance pure sans acte, vous n'obtenez ni le devenir,

1. *Premier Essai*, t. II, p. 269, 275.

ni le faire; les choses sont représentées comme actuelles, comme possibles, mais non comme produites. La force est la synthèse de la puissance et de l'acte, elle est l'acte de la puissance, elle ne laisse plus deux actes successifs, elle les rend solidaires, elle les lie par un rapport original. « Envisagée plus particulièrement dans son rapport avec le premier des deux actes qui limitent la puissance, la force prend le nom de *cause* et dans son rapport au second le nom d'*effet*. » Il ne faut pas se représenter la force comme dans le premier phénomène; elle est présente au second comme au premier, elle exprime leur rapport et disparaît dès qu'on les isole. « Il y a relation de cause à effet, lorsque dans une série de phénomènes, sujets au devenir, deux groupes sont envisagés de telle sorte que, le premier étant d'abord posé en acte et le second représenté en puissance dans le premier, le second devienne actuellement. » Les idées d'acte, de puissance et de force expriment donc une loi de la pensée, une forme de l'entendement, que nous appliquons nécessairement aux phénomènes donnés en succession constante dans l'expérience. Nous pouvons à ce titre affirmer que tout ce *qui commence a une caüse*, à la condition de nous enfermer dans la série des phénomènes, de ne faire du principe de causalité qu'une règle générale de l'expérience qui ne permet pas de prononcer sur le premier commencement de la série des phénomènes.

Ces définitions nous permettent d'échapper aux difficultés que les sceptiques anciens et notamment Enésidème ont élevées contre la causalité et qui toutes viennent de ce qu'on isole la cause et l'effet, de ce qu'on oppose un être tout actif à un être essentiellement passif et de ce qu'on imagine que l'action passe du premier au second par je ne sais quelle mystérieuse influence. La causalité transitive est une illusion du même ordre que l'illusion de la substance. La cause n'est que la loi selon laquelle nous définissons le rapport de deux phénomènes liés l'un à l'autre ; elle ne s'entend pas plus en dehors de l'effet, que l'effet en dehors de la cause. La cause sans l'effet, la force sans la puissance et les deux actes qui la limitent, ne sont que de purs mots dénués de toute signification. Je dis que les vibrations de l'air sont la cause du son; mais si j'isole les vibrations de l'air de l'acte du sujet sentant, il n'y a plus ni cause ni effet. Le rapport de causalité implique qu'à l'acte du fluide élastique répond un acte de l'être sensible et qu'entre ces deux actes s'établit un rapport que l'observation révèle. La force n'est pas dans les vibrations de l'air, elle ne passe pas de celle-ci dans l'être représentatif, elle est la synthèse de l'acte mécanique et de l'acte mental. Il n'en est pas autrement dans le fait de la communication du mouvement : il n'y a pas dans le premier mobile une force qui se transmet au second, il y a activité dans le second mobile aussi bien que dans le premier, et la force n'est que la synthèse des deux activités au moment de la communication : on ne saurait sans cela concevoir comment, de ce qu'un corps se meut, un autre corps se meut ou ne se meut pas. En un mot la force ne passe pas d'un être à un autre, elle répond au rapport de deux phénomènes qui sont liés l'un à l'autre, dont l'un produit l'autre mais qui ne peuvent être séparés sans que les notions de cause et de force perdent leur sens. La production implique les deux phénomènes et perd tout sens dès qu'on les isole.

La synthèse originale, irréductible, qui domine la catégorie de cause, c'est la notion de force; sans elle il y a acte et puissance, réalité et possibilité, il n'y a pas « faire », il n'y a pas production; d'un terme à l'autre dans le devenir il n'y a pas action réelle, efficace. Quelle est l'origine de cette notion de force ? L'expérience externe nous donne l'ordre de succession des phénomènes, mais le phénomène de la cause à proprement parler ne tombe pas sous l'observation; nous voyons deux faits se suivre, nous ne voyons pas l'un produire l'autre. En est-il de même de l'expérience interne ? la conscience ne nous montre-t-elle rien de plus qu'une suite de faits successifs? L'action de l'homme, selon Renouvier, est un cas privilégié, un cas unique, « où des phénomènes nous sont d'avance connus comme liés par une force[1]. » Déjà dans le simple mouvement volontaire nous attendons après la volonté, la contraction musculaire, notre prévision devance l'effet, nous savons, antérieurement à l'expérience, qu'un antécédent sera suivi d'un certain conséquent. Sans doute, entre la volition et le mouvement, Hume l'a amplement prouvé, il y a toute une série d'intermédiaires, nous ne voyons pas la cause produire l'effet, la volition se transformer en mouvement, nous n'avons pas dans l'effort la conscience immédiate d'une force en acte, et « la théorie, encore célèbre chez nous, de Maine de Biran est une des moins défendables erreurs qu'il y ait en philosophie[2]. » A défaut de conscience immédiate, nous avons, et cela suffit, la notion anticipée d'une relation de cause ou de force, d'un rapport de déterminant à déterminé, entre certain état mental et certains phénomènes corporels.

Ainsi déjà au plus bas degré de l'action humaine nous trouvons quelque chose de plus qu'un rapport de succession, une anticipation de l'effet, l'idée de deux phénomènes liés par une force. Mais « le cas de la causalité directe, immédiate et véritablement typique,... c'est l'acte de volonté qui ne franchit pas les bornes de l'entendement. Là des phénomènes s'enchaînent sous une action directrice, sans qu'on puisse douter de l'existence de quelque chose de déterminant entre l'antécédent et le conséquent[3] ». Le savant qui fixe son attention sur un point, qui dirige ses idées, l'homme qui contient ses passions, n'est pas dans un état de passivité, il a la conscience de sa propre action. « L'intelligence est alors, on le voit, automotrice,... on ne peut pas contester le sens de l'effort dans cette sphère.

1. *Premier Essai*, t. II, p. 286.
2. *Ibid.*, t. II, p. 326.
3. *Ibid*, p. 329.

Tout acte bien marqué d'attention, de mémoire ou d'imagination évoquées volontairement, d'impulsion communiquée à la pensée, etc., est un exemple de ce que nous appelons ainsi. » C'est dans le rapport des faits purement intérieurs que nous trouvons l'idée que nous cherchons : « la force et la cause sont premièrement et essentiellement des relations entre des représentations, entre des idées chez l'agent volitif. Ce n'est que là que se conçoit directement la détermination d'un phénomène par un autre phénomène (p. 330)... La force, envisagée dans la conscience, est un type sur lequel, indépendamment de l'expérience, nous modelons le rapport de causalité de tous les phénomènes extérieurs enchaînés dans le devenir. Mais il faut que la succession constante de ceux-ci soit donnée d'ailleurs. »

Il y a, semble-t-il, une hardiesse singulière dans l'induction qui transporte « la notion de force à des rapports si différents de ceux où elle prend naissance. » De quel droit universaliser une loi de la vie intérieure, supposer entre tous les phénomènes dont les changements se présentent à nous en fonction les uns des autres des relations analogues à celles que nous révèle la conscience dans l'action spirituelle. N'est-ce pas revenir à l'anthropomorphisme des peuples enfants qui ne conçoivent rien qu'à leur image, mettent sous tous les phénomènes des intentions et des volontés ? Selon Renouvier, il n'y a rien dans cette universalisation de l'idée de force qui distingue ou qui puisse compromettre la catégorie de causalité. Prenez les catégories de l'espace et du temps, vous y trouverez de même une intuition propre à la conscience qui est universalisée, étendue à tous les faits. En tant que coexistants les phénomènes nous apparaissent dans l'espace, mais à cette loi générale répond une intuition « spontanément formée avec nos premières impressions », l'étendue, que nous généralisons, que nous appliquons comme une condition d'existence à tout ce qui nous est donné.

En tant que successifs les phénomènes nous apparaissent dans le temps, mais à cette loi générale, caractéristique des phénomènes de conscience, que nous ne saisissons que là, répond une intuition, la durée, dont nous faisons sans hésiter une condition d'existence pour les phénomènes de tous les ordres. Nous ne faisons rien de plus dans la catégorie de cause que ce que nous faisons dans les catégories d'espace et de temps, nous universalisons une forme intuitive particulière. Dans la conscience de l'action spirituelle nous trouvons l'intuition de la force, et « nous l'appliquons à tous les phénomènes extérieurs perçus, toutes les fois que nous voyons que la détermination des uns est invariablement attachée de certaine manière à la détermination des autres, » de même que nous étendons l'intuition de l'étendue à tous les phénomènes coexistants, l'intuition de la durée à tous les phénomènes successifs. L'expérience nous donne entre les phénomènes des modes de dépendance constants, constamment reproduits dans les mêmes circonstances ; « quant au transport que nous faisons aux phénomènes externes, entièrement étrangers à nous et à nos façons d'être, à ce qu'il semble, au transport, dis-je, du genre de représentation qui nous est donné dans nos propres phénomènes : l'effort directeur ou producteur de la dépendance et de la modification, nous l'opérons aussi naturellement, spontanément, primitivement, que nous appliquons les autres relations ci-dessus décrites et qui ne sont aussi que des modes de notre représentation projetés et universalisés[1]. » Si j'entends Renouvier, il veut dire que le dynamisme est aussi naturel, aussi nécessaire à la pensée que la représentation des phénomènes coexistants dans l'espace, des phénomènes successifs dans le temps. C'est par le même procédé, en transportant du dedans au dehors, de la conscience à l'ensemble des phénomènes un mode particulier de la

1. *Premier Essai*, t. II. p. 311.

représentation, que nous universalisons les relations d'étendue et de durée aussi bien que la relation de force efficace et déterminante.

Rattachée à la force, la cause n'est pas pour le néo-criticisme, ce qu'elle est pour l'empirisme de Hume et de Mill, l'ensemble des conditions d'un phénomène, elle est, à la lettre, ce qui la détermine. La cause est une condition : 1° *nécessaire*, c'est-à-dire sans laquelle un phénomène n'aurait pas lieu, toutes choses étant égales d'ailleurs; 2° *suffisante*, c'est-à-dire qui posée donne le phénomène; 3° effectivement déterminante. Il ne faut pas confondre les conditions à défaut desquelles un événement ne se serait pas produit et les conditions qui l'ont déterminé. Une personne meurt empoisonnée; la cause de sa mort, quoiqu'en dise St. Mill, ce n'est pas au même titre, l'existence de l'organisme, sa constitution, l'état de l'atmosphère, c'est, à l'exclusion de tous les autres antécédents, l'ingestion de tel poison qui a arrêté les battements du cœur, altéré les globules du sang, paralysé tel centre nerveux. Je jette une pierre dans un fleuve, elle tombe au fond, bien des conditions, faciles à énumérer, sont impliquées dans ce phénomène : si par exemple l'eau avait la densité du marbre, la pierre ne s'y enfoncerait pas. Mais, à l'exclusion de toutes les autres conditions, la cause, la cause déterminante de la chute ne peut être cherchée que dans le mouvement de la main qui a jeté la pierre, ou dans l'action qu'exerce la terre conformément aux lois de l'attraction. Ce n'est pas à l'ensemble de toutes les conditions nécessaires d'un phénomène qu'appartient le caractère d'être suffisant pour le déterminer; c'est souvent à une seule de ces conditions, les autres étant seulement nécessaires, et cette condition, qui est appelée expressément la cause, « est aussi celle qui permet à l'esprit d'appliquer la notion de force qui relativement à l'assemblage de toutes n'aurait aucun sens raisonnable » (p. 321). Je tiens un poids suspendu, que de conditions n'implique pas le phénomène! « Mais il n'y en a qu'une qui au fait *détermine*, quand les autres sont données : c'est la volonté, c'est-à-dire au fond la direction soutenue de la pensée. La volonté ainsi entendue est le seul phénomène qui pris, cessé et repris, donnera lieu, tant de fois qu'on voudra, à l'interruption et à la reprise de la suspension du poids, *toutes choses demeurant les mêmes d'ailleurs*. » (p. 330-1.)

Ainsi contre Hume et St. Mill, il faut dans l'idée de cause, avec la force, rétablir les idées d'efficacité, de détermination. L'application de la loi de causalité à la nature n'est nullement compromise par le fait que nous transportons dans le monde extérieur la force dont nous ne trouvons l'intuition que dans la conscience de nos actes. Il faut seulement se souvenir que le savant doit s'en tenir à l'étude des phénomènes, à la recherche de leurs successions constantes. La force n'est pas par elle-même quantité, elle ne se mesure pas directement, on ne l'atteint que par l'intermédiaire des changements qui résultent de son action. En mécanique, sous sa forme la plus simple, la force ne s'évalue que par le mouvement qui seul relève des mathématiques, et, qu'il s'agisse de forces physiques, chimiques, vitales, de la force représentative, les sciences ne peuvent jamais que constater par l'observation des successions de phénomènes, ou mesurer les mouvements pris comme équivalents mécaniques des forces qui échappent elles-mêmes à la mesure. Bref « la force proprement dite, son existence, sa nature sont des faits de l'ordre extra-scientifique », la partie patente et observable des phénomènes doit seule occuper le savant, la notion de force est un point de vue du philosophe, étranger aux analyses et solutions des problèmes posés au physicien.

Efforçons-nous d'éclaircir la théorie de Renouvier, en montrant ce qui la rapproche et la distingue des autres grandes théories de la causalité. Selon D. Hume, le rapport causal se ramène à un simple rapport de succession constante; Kant ne dérive pas le principe de cause de la succession contingente des phénomènes, c'est au contraire dans la catégorie de cause qu'il trouve la raison de l'ordre phénoménal; Maine de Biran trouve dans l'application de la volonté à l'organisme, dans le fait primitif de l'effort, avec la conscience immédiate de la force, le type primitif de la cause que nous étendons ensuite à tous les autres phénomènes. La théorie de Renouvier reproduit quelque chose de chacune de ces théories : D. Hume a raison quand il affirme que l'expérience ne nous montre jamais que des successions de phénomènes, il a tort quand il rejette la loi *a priori* que la pensée applique à l'intelligence de ces successions et méconnaît la notion de la force qui en lie les termes l'un à l'autre; Kant a raison contre Hume, quand il rétablit le jugement *a priorique*, et montre dans l'esprit le principe de l'ordre phénoménal; mais dans le rapport de la cause à l'effet il ne voit qu'un lien de nécessité intellectuelle, il ne reconnaît pas dans l'action de l'esprit sur lui-même le type de la notion de force, et il est amené par là au déterminisme universel; Maine de Biran a raison de se tourner vers la conscience, d'y chercher l'idée vraie de la cause, il se trompe, quand il croit trouver dans l'action de la volonté sur l'organisme la conscience immédiate d'une force, et plus grossièrement encore quand il substitue aux rapports des phénomènes l'idée d'une cause qui se transforme en son effet. Qu'est-ce qui passe de la volonté aux muscles des bras qu'elle agite?

Admettre la causalité transitive, supposer que l'action d'une substance se transporte dans une autre substance, c'est prendre l'inintelligible pour une explication. La théorie de Renouvier se relie par cette négation de la causalité transitive, en même temps qu'à la théorie de Hume et des empiriques, à celle de la grande école cartésienne. Quand Descartes eut séparé radicalement la pensée de l'étendue, on fut frappé de l'impossibilité d'entendre la communication de ces deux ordres de substances. Aucune image ne permettait de symboliser le passage d'une action spirituelle, inétendue, dans un corps étendu. Malebranche évite la difficulté par l'hypothèse des causes occasionnelles : entre les phénomènes il n'y a que des rapports de succession constante, l'un n'agit pas sur l'autre, Dieu seul est cause efficace, à l'occasion du mouvement de la première boule meut la seconde, à l'occasion de la volition meut le corps de l'animal ou de l'homme. Avec Leibniz le problème se pose plus nettement encore. Le monde est composé d'êtres individuels, simples, inétendus; ces monades n'ont pas de fenêtre, rien n'y pénètre du dehors, leur existence n'est que la suite de leurs représentations. Dès lors il ne peut plus être question « d'espèces sensibles » émanées ou reçues, de vertus introduites, de mouvements transmis ; le problème de la cause se ramène à celui « de savoir comment une conscience peut être informée de ce qui se passe dans une autre conscience (p. 306). » Il faut alors nécessairement recourir aux idées d'ordre, de correspondance. L'harmonie préétablie est « la loi en vertu de laquelle aux modifications spontanées d'une monade quelconque correspondent les modifications consécutives également spontanées d'un nombre indéfini d'autres monades en relation avec la première. » L'école cartésienne rejoint donc l'école empirique en ce sens qu'elle supprime la causalité transitive et ne laisse dans le monde donné que des rapports constants de phénomènes. Avec Hume et avec Leibniz, Renouvier ramène la causalité à l'ordre : « la loi dans ce cas consiste dans une relation générale, en vertu de laquelle, à de certains phénomènes, où qu'ils se produisent, répond *ipso facto* la production de certains autres phénomènes, et ce lien est ce qu'on appelle en style de mathématiques *fonction de variables*... (*Troisième essai*, II, p. 307). La transition causale apparente n'est qu'une harmonie qui consiste en la production de B conséquent, à raison de la donnée antérieure, ou production de A antécédent, renfermant les conditions nécessaires et suffisantes de B conséquent (*Essai de classification systématique*, II, p. 395). » Mais contre l'empirisme il faut : 1° maintenir, comme Kant, à la loi de cause son caractère à priorique ; 2° avec Leibniz et Maine de Biran, rétablir dans le rapport des phénomènes qu'elle lie, la notion de force efficace, de détermination, le sentiment d'effort, déployé ou subi, qui accompagne le rapport de causalité chez les êtres doués d'une conscience distincte.

Ainsi interprétée, la catégorie de cause n'enveloppe rien moins qu'une philosophie de la nature, une théorie dynamique de l'être. A prendre les choses du dehors, dans le représenté, les phénomènes n'offrent que des successions constantes ; de ce point de vue, qui est celui du savant, leurs rapports ne sont jamais que des séquences, des consécutions que confirme l'expérience de l'individu et de l'humanité. Mais en vertu d'une loi nécessaire de la représentation, nous projetons la force, de la conscience où elle nous est révélée, dans le monde, que nous n'entendons qu'en le faisant ainsi à notre image et à notre ressemblance. Si la cause est détermination, si la détermination suppose la force, si par suite en tout il y a effort, action et réaction, en tout, à des degrés divers, avec des dégradations croissantes qui de plus en plus l'affaiblissent, se retrouve une sorte de volonté, et le monde est un ensemble de sujets agissants, analogues au sujet dont nous prenons conscience en nous-mêmes.

Ce n'est pas assez de se représenter le monde comme un ensemble de forces, le dynamisme, selon Renouvier, ne se sépare pas du finalisme. La loi de finalité est aussi légitime, aussi nécessaire à la pensée que la loi de causalité. Il y a fin quand il y a *tendance* à passer d'un *état* à un autre état. Pris abstraitement, la tendance et l'état sont deux termes exclusifs l'un de l'autre, comme la puissance et l'acte : tendre, c'est s'éloigner virtuellement, et l'éloignement est la négation de l'état d'où le départ se fait. La tendance est un intervalle de deux états, comme la puissance est un intervalle de deux actes, mais la puissance enveloppe une multiplicité de possibles, la tendance a une direction simple, unique, elle est l'anticipation d'un état futur déterminé ; la fin définit les moyens qui permettent de la réaliser, le but marque la route à suivre pour l'atteindre. Deux actes définis, limitant la puissance, constituent la force, deux états définis limitant la tendance forment une synthèse originale, la *passion*. La passion participe de la tendance et du double état : elle est l'*état de tendance*. *La fin* est *ce pourquoi* quelque chose est ; le *moyen* est *ce qui est pour* quelque chose ou en vue de quelque chose : le moyen est le genre d'effet propre à cette cause qu'on appelle finale.

Qu'on n'objecte pas que l'expérience externe ne nous montre directement aucune fin, que nous ne trouvons les idées de tendance, de passion que dans la conscience que nous prenons de nos propres actes. Nous transportons les fins à la nature, comme les causes, pour la comprendre, en la soumettant aux lois nécessaires de la représentation. « Le devenir implique la puissance et la cause, il n'implique pas moins la tendance et la fin. Tout changement, selon la représentation, veut une force : « c'est le principe de causalité ; tout changement veut de même une passion, c'est le principe de finalité. » L'organisation tout entière est à nos yeux un tissu de moyens et de fins ; quant aux modifications des corps inorganisés, si elles semblent indépendantes de cette loi, c'est seulement que nous ignorons comment elles en dépendent. La force et la passion ne sont représentées qu'en rapport avec une conscience, mais les autres catégories, nombre, espace, temps, qualité, que nous projetons sans hésiter hors de la personne, ne sont-elles pas aussi intimement liées à la représentation dont elles sont les modes ? « Il n'est pas plus difficile de transporter à la nature les passions que les forces. » L'homme est porté à donner à l'animal l'appétit, une vie affective plus ou moins analogue à la sienne ; il faut reconnaître aux plantes un principe de tendance et de choix, quelque instinct analogue aux vues qui dirigent l'animal ; enfin les savants eux-mêmes placent des *affinités* dans les êtres inorganiques, et, dans toute matière, l'*attraction*. Les sciences d'ailleurs n'ont pas plus à chercher les fins que les causes ; les unes comme les autres sont soustraites à l'expérience directe et à la mesure mathématique. A la catégorie de finalité se rattachent les concepts du *beau*, du *bien*, les jugements synthétiques qui donnent les lois premières de l'esthétique et de la morale.

Les lois de cause et de fin projettent en tout ce qui est la force et la passion ; la catégorie de la personnalité ne va à rien moins qu'à faire de la conscience une loi universelle des choses. Comme le représenté n'existe que dans la représentation, et celle-ci dans la conscience, on peut dire que toutes les catégories aboutissent à la loi de personnalité après l'avoir constamment supposée. « Il faut à l'analyse un analyste, à la science un savant. De toute notion, de tout jugement, de tout objet représenté dans l'espace ou dans le temps, on peut demander *en qui* ils se manifestent[1]... Toute loi étant donnée dans une représentation complète et nulle part ailleurs que nous sachions, on peut toujours demander de quel ensemble de phénomènes un rapport quelconque fait partie représentativement. La réponse à cette question est la loi de conscience ou de personnalité, *in quo referente*, *in quo cogitante*[2]. » Comme toutes les catégories, la loi de personnalité se détermine par la synthèse d'une limite et d'un intervalle correspondant. La limite est le *soi*, une sphère et une série de phénomènes posés comme être, comme acte,

1. *Premier Essai*, t. II, p. 483.
2. *Ibid.*, t. I, p. 189.

comme état; l'intervalle est le *non-soi*, l'ensemble de tous les phénomènes autres ou extérieurs ; la synthèse du soi et du non-soi est la conscience, la personne. Pris abstraitement, le soi est une limite, il échappe à nos prises ; de même le non-soi est tellement indéterminé que nous n'en saurions assigner une représentation quelconque, les deux termes antithétiques ne sont donnés que par leur rapport et dans leur synthèse. Cette synthèse originale, irréductible, c'est la conscience dont il n'y a pas à discuter la nature, à chercher l'origine, comme s'il y avait quelque moyen de la déduire d'autre chose que d'elle-même. Le cercle des catégories ouvert par la relation au sens le plus abstrait et le plus général se referme par la relation au sens le plus déterminé, qui ne laisse pas d'être le plus enveloppant à sa manière : la conscience où tous les rapports possibles se trouvent coordonnés.

Si la personnalité est une catégorie, c'est-à-dire si nous ne pouvons rien penser que soumis à la loi de conscience, que participant aux rapports qu'elle implique, si de plus toutes les catégories trouvent dans la conscience leur centre et comme leur réalité, conscience devient synonyme d'existence. Le monde n'est pas une chose étrangère à la pensée, sans rapport à elle, il est composé de représentations, liées par des lois, plus ou moins cohérentes, plus ou moins clairement unifiées en une conscience, si dégradée, si évanouie qu'on la suppose. Renouvier rejoint Leibniz. Le monde, qui est un ensemble de représentations, par cela même est un ensemble de consciences. « S'il est vrai que toute chose est pour nous représentation, phénomène, rapport ; que le représentatif et le représenté sont indispensables l'un et l'autre à la constitution d'un objet quelconque de la connaissance, et que le pur être en soi n'a pas de sens, alors les catégories que notre analyse a parcourues nous ont soumis des données purement abstraites jusqu'au moment où, réunies dans la dernière d'entre elles, elles ont pu composer un phénomène complet, une représentation véritable. Sans conscience, la représentation est inintelligible ; je ne dis pas sans *ma* conscience, mais bien sans les fonctions semblables que ma conscience envisage dans le non-soi; et puisque le monde est un ensemble de représentations, il est donc un ensemble de consciences[1]. »

IV

La théorie des catégories de Renouvier domine toute sa philosophie spéculative; sans doute les catégories sont présentées comme les lois de la connaissance, mais, s'il est vrai que dans la représentation s'opposent le représentatif et le représenté, tout se réduisant en dernière analyse à la représentation, les lois du représentatif, en qui la représentation est donnée pour elle-même, s'identifient avec les lois du représenté, c'est-à-dire avec les lois de l'être défini par les phénomènes et leurs fonctions.

Renouvier prétend concilier Hume et Kant, les corriger, les compléter l'un par l'autre, en purifiant le criticisme de tout ce que son fondateur y a laissé d'éléments empruntés au dogmatisme rationaliste. Il est phénoméniste sans être empirique : il admet des lois *a priori*, des lois premières et irréductibles de la connaissance, des synthèses supérieures, antérieures en un sens à l'expérience qu'elles rendent possible; il veut que « dégagée des traditions ontologiques, la critique ne voie dans ces formes *a priori* que des phénomènes encore, mais constants et généraux, des rapports abstraits de tous les autres, mais les enveloppant et qu'il s'agit uniquement de constater[2] ». Est-il vrai que Renouvier ait corrigé la pensée de Kant en lui restant fidèle ? A la prendre en elle-même, sa théo-

1. *Premier Essai*, t. III, p. 207.
2. *Ibid.*, t. I, p. 222.

rie est-elle parfaitement cohérente en toutes ses parties?

Sur le premier point, il est bien difficile d'accorder à Renouvier qu'il achève l'œuvre de Kant, qu'il en réalise les intentions véritables. Ses catégories qui s'appliquent aux phénomènes du dehors, à la façon de cadres qui leur restent extérieurs, n'ont guère que le nom de commun avec les formes et les catégories de Kant qui ne laissent arriver le donné à la pensée qu'après l'avoir transformé : c'est la différence de la juxtaposition mécanique et de l'assimilation organique. La connaissance, pour Renouvier, se ramène à deux éléments : d'abord l'état de conscience, le phénomène immédiat, que nul sceptique n'a jamais contesté ni nié, puis la liaison, l'ensemble des rapports *a priori* qui associent, combinent ces phénomènes, espace, temps, qualité, cause, etc. Sans doute on n'atteint jamais le phénomène absolu, et la représentation, par cela même qu'elle est toujours relative, toujours nous est donnée sous quelque catégorie [1], mais les catégories ne transforment pas le donné, elles s'y appliquent du dehors, elles le lient sans le déterminer, les deux termes ne se pénètrent pas. Aussi Renouvier refuse de distinguer les formes de la sensibilité des formes de l'entendement : l'espace et le temps sont des catégories comme les autres, puisque, comme les autres, ils établissent des relations entre des représentations données [2]. Tout autre est la théorie de Kant, la pensée ne se constitue pas par une

1. « L'absolu est en quelque sorte donné dans le phénomène, en tant que simplement présent ou posé ; mais aussitôt posé, le phénomène apparaît dans une relation qui peut bien n'être pas *telle*, mais qui est nécessairement *quelque ;* ainsi le phénomène est et l'absolu disparaît. » (*Logique générale*, I, 141.)

2. « Pour M. Renouvier, la connaissance, en somme, n'a que deux éléments : l'élément sensation, phénomène donné comme représentation, une fois pour toutes dans la conscience, quoique pourtant susceptible d'entrer dans des combinaisons multiples, et l'élément liaison, espace, temps, cause, quantité, qualité, liaison *a priori*, si l'on veut, et catégorie, mais catégorie qui pose entre les termes des relations extérieures, qui les unit sans les déterminer, et qui rappelle plus l'*association habituelle* de Hume que l'*aperception transcendantale* de Kant. » (Hannequin : *Un nouvel organe du néo-criticisme*).

liaison extérieure des phénomènes, auxquels elle adapte des cadres *a priori*; sans elle, il n'y a plus ni phénomène, ni objet; avant son action, le donné n'est qu'une matière indéterminée, indéfinissable; ce n'est qu'en lui imposant ses formes qu'elle en fait un élément de sa propre réalité. Par l'intermédiaire du temps, forme *a priori* de l'intuition pure, l'entendement exerce une action sur la sensibilité; par là il intervient dans toute représentation dont aucune n'est indépendante de ses synthèses, et il constitue, en dernière analyse, les éléments de la pensée comme leurs rapports, abstraction faite de la matière indéfinie qu'il reçoit du dehors.

Considérées en elles-mêmes, les catégories de Kant ne sont pas des faits généraux, que nous soyons réduits à constater, à énumérer, elles se tiennent, elles se supposent, elles forment un tout organique : ensemble des conditions de l'unité de la conscience, elles y ont leur centre, elles en rayonnent et elles y conspirent. Les conditions du « je pense » constituent pour le donné des lois auxquelles il ne saurait se soustraire sans cesser d'être un donné pour nous. Les catégories ne sont que le système des lois *a priori* qui, liant les phénomènes, en ramènent la diversité à l'unité de l'aperception pure. La conscience de soi est ainsi la loi des lois, la forme des formes; son unité est tout à la fois antérieure et postérieure aux catégories, elle est la fin dont elles sont les moyens, elle est leur principe et leur résultante. Les catégories de Renouvier sont sans lien entre elles, elles sont des phénomènes universels que nous dégageons de l'expérience, que nous n'avons point à justifier ou à dériver d'un principe unique. La conscience n'a rien qui la mette à part des autres lois de la pensée; elle n'est pas le centre idéal vers lequel toutes convergent; elle est une catégorie comme les autres. Ni plus ni moins que l'espace ou le temps, que la cause ou la fin, elle est une relation donnée dans la représentation, elle ne se distingue des autres relations qu'en ce sens que toutes à des degrés divers la supposent. Supprimer, sous prétexte de scolastique, la nécessité interne qui organise tous les éléments de la connaissance, nier avec la spontanéité de l'entendement l'aperception transcendantale, substituer le fait au droit, poser des phénomènes et, en face d'eux, comme des termes qui leur sont extérieurs, des lois *a priori* qui ne sont elles-mêmes que des phénomènes, des lois que l'on constate, que l'on ne peut justifier, est-ce reprendre l'œuvre de Kant, la corriger en l'achevant? N'est-ce pas plutôt revenir à Hume, aux perceptions séparées, aux associations qui les lient du dehors sans les déterminer?

Il n'est pas douteux que le néo-criticisme ne supprime de la doctrine de Kant ce qui en fait le caractère original; la théorie, à la prendre en elle-même, est-elle du moins parfaitement cohérente? Toutes les lois, qu'elle reconnaît comme lois premières de la pensée, de l'espace à la conscience, sont-elles de même ordre? Réussit-elle à concilier l'a priorisme et la contingence? l'abstraction empirique et la nécessité?

A prendre ces lois premières dans leur expression, peut-être y a-t-il quelque chose d'artificiel, un excès de symétrie dans la forme ternaire donnée à chaque catégorie qui se pose par thèse, antithèse et synthèse. Renouvier ne justifie cette division par aucune preuve rationnelle, il se borne à constater qu'elle réussit et que chaque catégorie s'y prête sans résistance. Il est à remarquer d'ailleurs que la synthèse, l'acte original de la pensée ne se définit pas de la même manière dans toutes les catégories : tantôt, comme semble l'impliquer la forme ternaire, la synthèse est l'unité des deux termes antithétiques; dans la loi du nombre, par exemple, la totalité est la synthèse de l'un et du plusieurs; dans la loi de qualité, l'espèce résulte de la considération simultanée du genre et de la différence. Prenons au contraire les catégories de position, de succession, de causalité : la synthèse ne porte plus, à vrai dire, sur deux, mais sur trois termes, l'étendue se définit non pas par le point et par l'espace ou intervalle, mais bien par deux points distincts limitant l'intervalle. Or ce n'est point là une variation indifférente dans l'exposition : si la force, dans la catégorie de causalité, était la synthèse immédiate de l'acte et de la puissance, puisque la force est déterminante, efficiente, le second acte serait nécessairement donné dans le premier; au contraire, si la force n'est définie que par les deux actes qui limitent la puissance, le déterminisme sans doute n'est pas exclu par cela seul; il ne résulte pas du moins de la seule définition de la loi de causalité; il y a place pour une sorte de *clinamen*, le second acte n'est pas donné par cela que le premier est posé; il peut y avoir des cas où la détermination, où l'efficacité se concilie avec la contingence, puisque la force n'est définie qu'avec le second acte qui n'est pas nécessairement impliqué dans le premier.

Examinons maintenant les catégories en elles-mêmes. Par définition, « elles sont les lois premières et irréductibles de la connaissance, les rapports fondamentaux qui en déterminent la forme et en règlent le mouvement »: Renouvier semble bien jusqu'ici d'accord avec Kant pour élever au-dessus de l'expérience les principes *a priori* qui la rendent possible. Mais reste-t-il fidèle à cette définition? Ses catégories sont-elles toutes de même ordre? ont-elles le même sens, la même valeur, la même universalité? jouent-elles le même rôle dans la connaissance? Kant distingue la matière et la forme de la pensée : faite pour s'appliquer à l'intuition, pour en lier le divers, la catégorie est une pure forme, elle ne doit rien contenir de matériel, elle ne saurait donc être une donnée de l'expérience, car toute donnée de l'expérience externe ou interne est à la fois matière et forme et ne tient de la catégorie que par ce qu'elle a de formel. Pour Renouvier, les catégories sont des rapports, des lois; mais si d'une part ces rapports expriment des synthèses *a priori* de la pensée, d'autre part ils ne sont pas ce que l'esprit ajoute au donné, des actes de la pure spontanéité intellectuelle, ils sont immanents au donné, les lois constantes, universelles qui sont enveloppées dans l'expérience, que l'œuvre de la réflexion est d'en dégager. En même temps que formelle, la catégorie, à ce titre, est réelle, elle est une loi des choses, comme les autres, mais une loi nécessaire, liée à la représentation dans ce qu'elle a de général; qu'il s'agisse de l'espace ou du temps, de la fin ou de la conscience, elle ne fait qu'universaliser un rapport donné dans une intuition particulière. Je trouve dans mon expérience intime la relation de cause, et la loi de cause n'est rien de plus que cette relation dégagée de l'expérience, objectivée, universalisée, étendue à tout le représenté. De ce point de vue, les lois de la nature ne diffèrent pas essentiellement des catégories, elles sont elles aussi des rapports généraux qui enveloppent les phénomènes, et même des rapports *a priori*, en ce sens au moins que l'ordre de la nature résulte non d'une action imprévue qui passe d'un être en un autre être, mais bien d'une harmonie préétablie qui fait que les changements se répondent selon des règles constantes.

Il est facile de voir quels avantages Renouvier trouve dans cette théorie de la connaissance. En multipliant, selon sa méthode, les principes premiers, en avouant franchement tous ceux dont il a besoin pour la pleine intelligence des choses, en leur conférant le même degré de certitude, il unifie, il met comme sur un pied d'égalité les divers modes de la connaissance. Kant distingue les formes de l'intuition pure, qui garantissent la mathématique et son application aux phénomènes, les catégories de l'entendement qui fondent la physique mécanique, le principe régulateur de la finalité, qui permet avec la hiérarchie des genres l'induction, les postulats de la raison pratique, qui déterminent l'être inconnaissable selon les exigences de la conscience morale. Dans sa théorie, la certitude et l'objectivité sont comme en raison inverse du contenu réel de la connaissance et de l'intérêt pratique de l'humanité. Selon Renouvier, les principes de la philophie figurent sur la liste des catégories au même titre que les principes de la science. Il y a quelque chose d'arbitaire à accepter les uns et à rejeter les autres, quelque chose d'absurde même à concevoir l'être d'après les catégories les plus abstraites qui ne prennent un sens concret que par la catégorie la plus haute, que par la conscience, avec laquelle disparaissent et la représentation et ses lois. « Le mécanisme n'est que le point de vue que la conscience prend sur elle-même et sur toute vie par les catégories d'espace et de temps et par les sciences de la quantité. Il faut chercher à tout expliquer dans la nature mathématiquement et mécaniquement, et en même temps savoir que le mécanisme n'est que l'apparence extérieure de la nature, que ce qu'il y a au fond, c'est la pensée[1] ». La science est une abstraction nécessaire, mais la philosophie est aussi légitime que la science, puisqu'elle rétablit les éléments que celle-ci néglige et sans lesquels il n'y a point d'intelligibilité véritable ; l'une et l'autre reposent sur les catégories, sur les lois universelles de la représentation, dont aucune ne s'impose par une irrésistible évidence, qui toutes se proposent au choix d'une intelligence, dont le jugement implique un concours de la passion et de la volonté.

Mais ne peut-on contester à Renouvier que toutes les catégories soient du même ordre, que toutes se présentent avec des titres égaux à notre créance, que toutes jouent le même rôle dans la connaissance, soient dans le même sens des lois tout à la fois du représentatif et du représenté ? Et d'abord l'espace et le temps n'ont-ils rien de spécifique, rien qui les différencie des autres lois de la pensée ? L'espace et le temps se caractérisent par la continuité, dont l'infini seul permet la mesure, puisque toute fraction d'un continu reste elle-même divisible. Mais, dira

1. *Critique philosophique*, 1872, I, 79.

Renouvier, cette continuité apparente prouve précisément que l'espace et le temps sont des formes de la représentation, elle ne deviendrait contradictoire que si nous faisions de ces formes de la représentation des choses en soi. La possibilité de pousser toujours plus loin la division des grandeurs continues n'exprime que la puissance de la pensée de poursuivre cette opération sans être arrêtée jamais. Soit, mais, s'il en est ainsi, nous ne pouvons plus considérer l'espace et le temps comme des lois du représenté, car ce serait conférer une véritable existence au continu. L'espace, répondra Renouvier, est bien une loi du représenté : « les êtres élémentaires sont donnés pour eux-mêmes et les uns pour les autres sous les lois de l'étendue, puisqu'ils sont essentiellement des représentations et que nulle représentation n'est exempte de lier ses objets à des rapports de lieu, non plus que de projeter ses propres virtualités sous les mêmes conditions. De là résulte la réalité de l'étendue, aussi profonde, aussi assurée que celle des êtres qui tous l'impliquent[1]. » D'un mot vous ne pouvez pas plus séparer l'existence de l'espace que de la représentation. Il y a ici un malentendu qu'il importe de dissiper : l'espace est une loi du représenté, en ce sens qu'il est une loi de la représentation et que rien n'est donné que dans la représentation et par elle, mais non plus en ce sens qu'il exprimerait la nature des choses, puisqu'il la fausse. Quand j'universalise, quand j'objective l'effort, qui répond à la loi de cause, la passion, qui répond à la loi de finalité, je pose une détermination du réel conforme à la nature des choses ; si j'universalise, si j'objective l'intuition spatiale, je tombe dans la pire des illusions, je réalise le continu et l'infini, je contredis la première loi de la pensée. Les êtres et les événements atomiques, discontinus, revêtent dans la représentation, en tant qu'étendus et

1. *Principes de la nature*, t. I, p. 18.

durables, l'aspect illusoire de la continuité. L'espace et le temps ne sont donc des lois du représenté qu'en ce sens qu'ils sont des lois de la représentation, mais, loin de confirmer la conformité des lois du sujet et des lois de l'objet, ils la contredisent, en mettant au cœur même de la représentation un élément d'illusion. La continuité inséparable de l'espace et du temps est démentie par la loi du nombre, niée par le principe de contradiction. Ne semble-t-il pas dès lors qu'il faille distinguer sinon entre le phénomène et l'être, du moins entre l'apparence sensible et le phénomène vrai, ce qui revient à séparer les formes de l'intuition sensible des catégories de l'entendement[1].

Si les formes de la sensibilité ne se laissent point identifier aux catégories de l'entendement, sommes-nous autorisés à étendre en un autre sens « les lois premières et irréductibles de la connaissance », jusqu'à ces relations de causalité, de finalité, de personnalité, qui ne nous sont révélées que par l'intuition que nous prenons de nous-mêmes. La cause efficiente, active, exerçant un effort ; la passion, la tendance à passer par une sorte d'inquiétude d'un état à un autre état, ne sont originairement que des données de l'expérience personnelle. Ce n'est que par une projection de la personne hors d'elle-même que nous nous représentons « philosophiquement » le monde par analo-

1. M. Pillon reconnaît la valeur de cette objection et corrige sur ce point la théorie de Renouvier. (*Année philosophique*, 1904, compte rendu de la thèse de M. Miéville sur la *connaissance religieuse dans la philosophie de Renouvier*). Il veut « qu'on distingue entre les phénomènes continus qui relèvent de la constitution de notre sensibilité et qui méritent le nom d'apparences, et les phénomènes discontinus seuls réels aux yeux de la raison. M. Renouvier ne semble pas avoir vu l'importance de cette distinction qui l'eût, croyons-nous, conduit à séparer des catégories de la raison, l'*unique forme* de la sensibilité, l'*espace*. Nous disons l'*unique forme* parce que c'est la forme spatiale que revêt le temps quand il apparaît comme continu et qu'on ne l'envisage pas simplement comme rapport de succession ou de simultanéité. L'aspect de continuité n'appartient pas aux choses, il vient de notre esprit qui le leur confère ; il est subjectif, comme les qualités secondaires, la couleur par exemple... Certainement il y a deux représentatifs dont les témoignages sont opposés, celui de la sensibilité et celui de la raison. Mais au représentatif de la raison il appartient de réduire celui de la sensibilité à sa juste valeur. »

gie avec la conscience, à l'image de nous-mêmes, animé par des forces, dirigé par des fins, tandis que « scientifiquement » nous sommes tenus de nous en tenir « à la partie patente et observable » des phénomènes. Est-on autorisé, dans une théorie des catégories, à distinguer ainsi le point de vue philosophique et le point de vue scientifique, à scinder la loi de cause, à lui faire signifier tour à tour l'enchaînement des phénomènes et leur action réciproque? La science n'implique-t-elle pas la pensée avec toutes les conditions de son existence? Renouvier avoue lui-même qu'il est impossible de prouver « l'exactitude du transport de la notion de force à des rapports si différents de ceux où elle prend naissance. L'analogie est rationnellement injustifiable. On ne fait plus qu'obéir à un aveugle instinct quand on quitte définitivement la sphère de la représentation pour envisager cette même relation de force entre des corps bruts, de purs mobiles qui se pressent et se choquent[1] ». Mais les catégories ne doivent-elles pas être limitées, de son aveu, aux lois universelles et nécessaires, aux conditions primordiales, dont la pensée ne peut s'affranchir sans renoncer à elle-même? Est-il permis de franchir ainsi la distance qui sépare les catégories « *sans lesquelles rien de représenté ne subsiste* » des analogies par lesquelles nous étendons à tout ce qui est les lois de notre activité interne.

Toutes ces difficultés tombent, et plus évidemment encore, sur la loi de personnalité. Est-il vrai de dire que nous ne pouvons rien concevoir que sous cette loi? On ne peut même plus invoquer ici un instinct qui nous pousse à projeter la personnalité dans les phénomènes externes, à moins que le type de l'esprit ne soit l'esprit du fétichiste qui d'ailleurs, dans ses notions confuses, laisse certainement place à la matière inerte, inanimée. Il n'existe que des représentations, il n'y a de représentations qu'en une

1. *Premier Essai*, t. II, p. 331.

conscience, il faut donc dégrader la conscience indéfiniment pour la mettre partout, étendre ses limites aussi loin que celles de l'existence. Est-ce là vraiment une catégorie comme les catégories de quantité, de qualité, de relation, une condition nécessaire de la pensée? Admettre cette prétention, ce serait excommunier, mettre hors de la pensée tous les savants qui nient les causes et les fins, tous les philosophes qui reconnaissent, à la façon de Descartes, une existence réelle à l'étendue, dire que tous ces systèmes n'ont pas pu être pensés. Cette prétendue loi est une théorie, la théorie de l'anthropomorphisme universel, la suppression « de la chose », l'affirmation qu'il n'y a que des représentations, par suite qu'il n'y a que des consciences, que Dieu même ne peut être qu'une personne grandie, magnifiée dans toutes ses puissances. Je ne critique pas l'idée de mettre en tout la force, la passion, et par suite à des degrés divers la conscience et comme une ébauche de personnalité, je doute seulement qu'il soit légitime, dans une table des catégories, de mettre sur le même rang les lois primordiales, qui sont les conditions mêmes de la pensée et de la science, et les analogies par lesquelles nous universalisons avec les lois de notre vie intérieure, les données de l'expérience interne.

A la considérer en elle-même, la théorie des catégories ne paraît pas parfaitement cohérente, elle ne repose pas sur un principe bien défini, et elle comprend des lois d'ordre différent, est-elle du moins en accord avec la philosophie générale dont elle est la pièce maîtresse? C'est une idée chère à Renouvier que le problème de la certitude n'est point un problème logique, mais un problème psychologique et moral dont la solution dépend de celle que reçoit le problème de la liberté. Toute affirmation qui dépasse l'état de conscience immédiat suppose un acte de volonté qui s'ajoute aux raisons de croire, un parti pris d'affirmer. Or, s'il y a des catégories, des lois *a priori*, n'y a-t-il pas une certitude logique, intellectuelle, qui ne dépend pas du libre choix, qui s'impose par une nécessité de droit à l'intelligence? Les synthèses *a priori* constituent un ensemble de lois auxquelles les faits et les représentations ne sauraient se soustraire, que la pensée doit accepter sous peine de se nier elle-même; dès lors, en accordant que sur certaines questions nous ne puissions dépasser la probabilité, n'y a-t-il pas un premier critère de la vérité, qui, lié aux catégories, repose sur la nécessité? Renouvier objectera que les catégories ne sont pas déduites, prouvées, qu'elles sont proposées à l'acceptation des esprits individuels. Soit, mais dès qu'elles sont acceptées, dès que la pensée s'est reconnue en elles, de deux choses l'une, ou elles ne sont pas de vraies catégories et il y a une erreur provisoire à rectifier, ou elles sont les vraies synthèses *a priori*, les lois premières, et il y a par cela même une vérité qui s'impose, le probable ne commence qu'au delà des conséquences nécessaires de ces lois nécessaires.

Si les catégories ont, pour ainsi parler, quelque chose de trop impérieux pour s'accorder avec l'hypothèse du libre choix de la vérité, si leur nécessité contrarie la contingence, d'autre part le phénoménisme pur, qui les réduit à n'être que des phénomènes comme les autres, n'a-t-il pas quelque chose de trop lâche pour justifier l'existence de lois nécessaires? On dit : la loi est un phénomène, mais constant, universel. La difficulté résulte de cette définition même. Par hypothèse, il n'y a rien d'antérieur à la représentation, la pensée n'est pas avant les pensées. Dès lors que sont les catégories? en quel sens sont-elles antérieures au donné? où résident-elles? Renouvier avoue qu'il est incapable de les justifier, qu'il ne peut que les dégager de l'expérience. Comment dès lors y voir autre chose que des faits que l'on est réduit à constater? Oui, dira Renouvier, ce sont de simples phénomènes, de simples rapports logiquement antérieurs à l'expérience qu'ils règlent. Mais de quel droit conférer à ces rapports l'antériorité logique, à ces phénomènes l'universalité, la nécessité ? Qu'est-ce qu'un fait universel, nécessaire ? Comment savez-vous que ces caractères lui appartiennent ? La catégorie est un phénomène. Sa généralité résulte-t-elle d'une induction analogue à celle par laquelle nous nous élevons des faits particuliers aux lois empiriques, mais Renouvier ne se lasse pas d'insister sur le caractère tout hypothétique de l'induction, sur son impuissance à donner des principes universels. Il croit pouvoir être plus heureux par l'abstraction ; il veut qu'on dégage les catégories de l'expérience où elles sont enveloppées comme dans une synthèse confuse. Mais on ne voit pas comment l'abstraction donne plus que ce que l'expérience ne contient, comment elle extrait du particulier l'universel, du contingent, le nécessaire. Une telle abstraction n'est plus seulement un procédé logique, discursif, elle suppose un acte propre de l'esprit, une synthèse toute *a priori* qui est précisément ce qui reste à expliquer, car elle est ce qui fonde proprement la catégorie.

Renouvier reproche sans cesse à Kant de rester au point de vue de la vieille ontologie en gardant le noumène, la substance, on peut dire que lui-même dans sa théorie de la connaissance reste au point de vue du dogmatisme rationaliste. Il définit la vérité l'*adæquatio rei et intellectus.* « La vérité de la connaissance dépend de la constitution de notre intelligence ; si l'intelligence humaine est constituée de manière à réfléchir la réalité, la connaissance humaine est vraie ; s'il n'en est pas ainsi, la connaissance humaine est fausse. Nous croyons que l'intelligence humaine est constituée de manière à voir les choses telles qu'elles sont[1] ». Les principes de la connaissance ne sont pas des points de vue permanents ou progressifs de l'esprit dans son effort pour s'adapter au donné, ils sont les lois constitutives de l'être devenues les lois constitutives de l'esprit. La science est relative en ce sens qu'elle ne

1. *Année philosophique*, 1898, p. 1 (Paris, F. Alcan).

porte que sur les phénomènes et leurs relations, elle est absolue en ce sens qu'elle est l'expression adéquate de la réalité. L'esprit ne déforme pas l'être en l'appréhendant, il n'a pas à l'imaginer ou à le rêver, il le sait. Si Renouvier rejette la substance, l'infini, l'absolu, c'est précisément pour faire tomber le mystère de l'inconnaissable, s'il ne laisse que des faits et des rapports, c'est pour proportionner ce qui est à la pensée et à ses lois, pour ne rien laisser à connaître qui ne puisse l'être clairement et distinctement.

Renouvier est un intellectualiste : c'est, parce qu'il identifie les lois de la pensée et de l'être, qu'il ramène l'être à des rapports, toute pensée étant relative. Le principe de contradiction est un principe métaphysique, puisqu'il est un axiome logique : supposer dans l'être la contradiction, ce serait opposer l'être et la pensée, donc poser quelque chose à connaître qui ne pourrait être connu. Le nombre n'est pas un artifice de l'esprit, un langage conventionnel, le nombre est une loi des choses puisqu'il est une loi de la pensée. Nous devons considérer comme données dans le réel les lois qui nous servent à le penser. Cette réciprocité du sujet et de l'objet n'a rien qui doive nous surprendre s'il n'existe rien en dernière analyse que des représentations. Être, c'est être représenté : dès lors les lois premières de la représentation sont les lois premières de ce qui est, et l'on comprend qu'on puisse dire tout à la fois que les catégories sont des faits et qu'elles sont nécessaires, qu'elles sont des lois réelles et des lois formelles, que chacune universalise un mode particulier de l'intuition sans être empirique. Sans doute l'esprit n'est pas inerte, il applique à l'intelligence des choses ses propres lois, mais les lois des choses étant identiques aux lois de la pensée, tout se passe comme si l'esprit se bornait à réfléchir le donné, et on peut dire en ce sens « qu'il est un théâtre des relations, en tant qu'elles apparaissent, qu'elles sont perçues, qu'elles peuvent être appréciées et classées. »

La connaissance n'est pas une interprétation symbolique, elle est une constatation de ce qui est. Mais si les lois sont réelles, si elles sont données antérieurement aux phénomènes qu'elles coordonnent, tout ne semble-t-il pas prédéterminé? Renouvier lui-même, après avoir longtemps rejeté l'harmonie préétablie, reprendra sur le tard le mot et l'idée. Dès lors la liberté n'a-t-elle pas quelque chose d'un accident, dont on voit mal la place dans ce monde prévu? et comment comprendre la contingence, ce quelque chose d'entièrement nouveau, qui s'ajoute aux déterminations antérieures de l'être, chaque fois qu'on s'élève d'un ordre inférieur à un ordre supérieur d'existence, du physique à l'organique, de la vie à l'intelligence? Cette originalité n'est-elle pas plus apparente que réelle?

A ces difficultés peut-être Renouvier répondrait-il : mon ambition n'est pas de simplifier, mais d'exprimer la complexité du réel. Je brave la formule scolastique : *principia non sunt multiplicanda*, je me donne tout ce dont j'ai besoin pour penser et pour agir, sous la seule réserve, à la différence de tous les philosophes maniaques de l'unité, de ne pas violer la première loi de la pensée, le principe de contradiction. Je définis la pensée par la relation et j'identifie les lois de la pensée et les lois de l'être, parce que c'est la condition d'une connaissance à la fois claire et vraie. Je reconnais comme catégories toutes les lois qui me sont nécessaires pour arriver à la pleine intelligence du monde, sans chercher à les dériver d'un même principe ou à les ramener à l'unité. Si je me refuse à voir dans les lois des points de vue de l'esprit, si je les fais réelles, c'est que l'ordre pour moi définit l'existence. En acceptant l'ordre, sans lequel il n'y a ni pensée, ni action, je rejette la nécessité, et je pose la contingence et la liberté, parce que sans elles je n'entends ni la vie intellectuelle ni la vie morale de l'humanité.

CHAPITRE IV

LA SYNTHÈSE TOTALE

Par la théorie des catégories, Renouvier s'est efforcé de conjurer les conséquences de la loi du nombre. Une poussière de phénomènes séparés, disjoints, sans continuité, supprimait à la fois l'unité du monde et de la pensée : au-dessus des faits particuliers, multiples, il élève les faits généraux, permanents, les fonctions qui les coordonnent. Son phénoménisme n'est pas un empirisme. Les représentations ne se succèdent pas au hasard, leur suite n'est pas un accident, elles sont soumises à des lois premières, irréductibles, qui les dominent et les enveloppent. Les cadres de l'expérience sont donnés *a priori*. Avec l'ordre, avec les relations constantes, invariables, la stabilité nécessaire à la pensée nous est rendue : des phénomènes se compose un monde réel dont la connaissance est possible. Mais ce n'est pas assez d'établir que la connaissance est possible, il faut en définir la portée et les limites. La philosophie critique ne se contente pas de fonder la science, elle libère l'esprit humain des vains problèmes, elle cherche dans l'analyse de ses lois la raison tout à la fois de la science et des bornes qui lui sont imposées. Les catégories qui relient les phénomènes donnés nous permettent-elles de comprendre dans un système de rapports définis l'univers tout entier? La science rêvée par les philosophes, qui ne s'arrêterait qu'aux premiers principes, aux premières causes, aux fins dernières, la science totale, qui porterait sur l'ensemble des êtres, embrasserait dans une unité intelligible toutes les relations, est-elle possible?

I

A l'existence de la science totale, Kant oppose les antinomies, Renouvier s'accorde à reconnaître avec lui qu'elle est impossible, il nie qu'elle le soit par suite d'une contradiction inhérente à l'esprit et à ses lois. Prises en elles-mêmes ou dans leur application aux phénomènes, les catégories n'impliquent aucune antinomie. Examinons d'abord les catégories en elles-mêmes, et dans leur expression. Si chaque catégorie se présente sous une forme ternaire, est la synthèse de deux termes qui s'excluent, ce n'est pas que la contradiction soit comme à la racine de la pensée. La synthèse n'affirme pas l'identité des termes opposés qu'elle embrasse, elle n'a rien de commun avec le processus dialectique de la logique hégélienne. Voir dans les catégories des lois antinomiques, ce serait n'en comprendre ni la nature ni le sens. Prenez la catégorie du nombre, elle s'exprime dans cette formule : unité, pluralité, totalité ; le tout est la synthèse de l'un et du multiple. Est-ce à dire que cette loi de la pensée nous autorise à tout confondre, à dire que le tout est un (sans pluralité), que le tout est multiple (sans unité), par suite que l'un est le multiple ? Si les catégories revenaient à cette négation du principe d'identité, comme l'expérience trouve en elles ses principes constitutifs, ce n'est pas seulement la science totale, ce sont toutes les sciences particulières qui seraient compromises, car il n'est point une question sur laquelle l'esprit, armé de ces lois contradictoires, ne pût à volonté démontrer le pour et le contre. Mais « pour qu'il y ait vraiment contradiction, il faut que les termes opposés, rapportés à un seul et même sujet, dans un seul et même rapport, donnent lieu à des propositions contradictoires. » Or il n'en est nullement ainsi dans les catégories, les trois termes qui les constituent ne sont pas des termes indépendants, qui s'entendent les uns en dehors des autres; la thèse et l'antithèse n'ont de sens que l'une par l'autre et n'existent que dans la synthèse qui les unit; il est absurde par suite de dire, en isolant ce qui ne peut être isolé, que dans le tout l'un est le plusieurs, ou que le tout est en même temps et sous le même rapport un et multiple, c'est là réaliser de vaines abstractions; l'un et le plusieurs sont des termes corrélatifs qui ne se définissent dans la représentation que l'un par l'autre et qui n'ont de réalité que dans la synthèse du tout qui les réunit.

Si d'ailleurs, à les prendre en elles-mêmes et dans leur expression, les catégories ne rendent pas la science impossible en ruinant le principe de contradiction, elles ne suffisent pas à la constituer. L'analyse des synthèses primitives, le développement de tous les termes qu'elles impliquent, l'exposé de tout ce qu'il y a de primitif, d'irréductible dans les lois de la représentation n'accomplirait pas la science : « en déroulant ainsi tout le contenu abstrait des catégories, œuvre difficile, sujette à beaucoup d'erreurs, et qui ne peut être que le résultat de travaux collectifs et prolongés, on n'arrivera pourtant qu'à dessiner le squelette de la représentation. Cet ensemble de formes sans vie, immobile, inapte à donner les fonctions particulières, sera le système des règles du savoir, non le tableau de l'esprit et de la nature. » La représentation ne consiste pas tout entière dans les rapports généraux qui l'ordonnent; il faut joindre à cette forme une matière, tout l'ensemble des phénomènes déterminés que donne l'expérience, les rapports effectifs de nombre, d'étendue, de durée, les espèces, les changements, les causes, les fins, les personnes, d'un seul mot le *monde*[1]. Des catégories,

1. « Le monde est l'ensemble de tous les rapports composant la représentation quelconque, tant objectifs que subjectifs, et présents, ou passés, ou même futurs, sans que rien d'extérieur, d'antérieur ou de postérieur puisse en être distingué, et quelle que soit aussi la distinction des parties intrinsèquement posées. » (*Premier Essai*, t. III, p. 8.)

qui nous laissent dans l'abstrait, on ne saurait par aucun artifice de déduction logique faire sortir la science totale du réel.

Pas plus que les catégories prises en elles-mêmes et dans leur expression, les catégories dans leur application aux phénomènes donnés ne nous amènent à des antinomies insolubles. Obéissant à une loi, que Renouvier appelle *loi d'universalité* et qui rappelle la raison de la *Critique de la raison pure*, l'entendement conçoit le monde, c'est-à-dire une synthèse totale de tous les phénomènes, de tous les rapports présents, passés, futurs, qui ne laisse rien en dehors d'elle. Mais si nous concevons le monde, pouvons-nous en faire la science, le ramener à un certain nombre de relations nettement définies ? Ici encore, à considérer les catégories non plus en elles-mêmes, dans leur expression, mais dans leur application aux phénomènes, il semble que la science trouve un insurmontable obstacle dans la contradiction nécessaire qui s'impose à l'esprit dès qu'il tente de préciser l'idée de la synthèse totale et d'appliquer au donné la loi d'universalité. Selon que nous obéissons en effet aux suggestions de l'expérience ou que nous nous en tenons à l'idée du monde comme d'un tout réel, la loi d'universalité nous amène à des conclusions contradictoires : les suggestions de l'expérience nous portent à reculer les limites du monde à l'infini en tous sens; l'idée même du monde comme d'un tout exige que ces limites, si reculées qu'on les suppose, soient fixées et définies.

L'expérience ne nous présente jamais que des relations qui s'enveloppent l'une l'autre, un nombre compris dans un nombre plus grand, une étendue qui déborde de toutes parts une étendue plus vaste. Le monde par définition est le Tout-Être, il ne laisse rien en dehors de lui, ni nombre, ni durée, ni étendue, il n'est pas dans un temps, dans un lieu, puisque par hypothèse il embrasse tous les temps, tous les lieux. Dès lors quand nous tentons de nous représenter le monde, si nous l'imaginons fini, nous imaginons nécessairement au delà de ses limites une étendue qui lui appartient par hypothèse et ainsi de suite à l'infini. Bref, l'habitude de passer sans cesse empiriquement de la partie au tout, d'un tout à un tout plus vaste, de remonter de changements en changements, de causes en causes, de rapports en rapports, sans être arrêté jamais, s'oppose à ce que nous finissions le monde et ne nous permet de le concevoir que comme une expérience analogue à la nôtre, indéfiniment prolongée dans le passé, dans l'avenir, sans terme originaire ni final (antithèse de Kant). Mais d'autre part, de cela seul que nous posons le monde, c'est-à-dire avec les phénomènes leur synthèse totale, avec les rapports et les lois leur commune fonction, nous excluons l'infini. « Il y aurait contradiction à ce que la synthèse fût, et ne fût pas déterminée[1]. » Par cela même que le monde est un tout, il est fini, il est un nombre, une étendue, une durée ; il a commencé, il dépend d'une ou plusieurs causes qui ne sont pas des effets, mais des actes antécédents premiers, il est compris dans une ou plusieurs consciences ; ni son origine ni sa fin ne peuvent être reculées à l'infini (thèses de Kant). Ainsi, selon que, pour nous représenter le monde d'après la loi d'universalité, nous obéissons aux suggestions de l'expérience, ou que nous développons l'idée du Tout-Être directement, par rapport aux lois catégoriques, nous arrivons à des conclusions contradictoires. Les antinomies ne sont plus ici artificielles, illusoires, elles ne résultent pas de la décomposition de synthèses préétablies dans la connaissance, elles sont des couples de propositions entre lesquelles il faut opter. Si le choix est impossible, si les thèses et les antithèses sont également fondées en droit, le principe de contradiction n'est pas applicable à la synthèse totale des phénomènes et la sience du monde est par là même impossible.

Il n'y a point là selon Renouvier des antinomies, c'est-

1. *Premier Essai*, t. III, p. 18.

à-dire des propositions d'égale valeur entre lesquelles le choix tout à la fois s'impose et ne pourrait être fait. On résout la contradiction en en montrant la genèse psychologique. La loi de l'expérience qui lie toute relation à d'autres relations du même ordre qui l'enveloppent n'autorise qu'une conclusion : c'est qu'en fait le monde dépasse l'expérience, c'est qu'en conséquence, dans chaque catégorie nous sommes portés par une habitude nécessaire de l'imagination à aller de relations en relations sans arrêt. Dès qu'on a compris comment l'habitude, née de l'expérience, sans cesse fortifiée par elle, fait naître l'illusion de l'infini, on n'est plus tenté de faire de cette illusion, une loi nécessaire de la pensée qui impose la thèse d'un monde infini. De ce qu'en fait nous n'allons pas aux limites des choses est-on en droit de conclure qu'elles n'existent pas? Non seulement le concept de l'infini n'est pas nécessaire, mais il est chimérique ; il n'achève pas la pensée, il la ruine. Inconciliable avec la loi du nombre, il est chassé de l'esprit et des choses par le principe de contradiction, dont il est la pure négation. « L'expérience ne prouve pas que rien n'est possible en dehors de l'expérience ou pour borner la sphère de l'expérience possible. Au contraire, la conception du tout périt et les phénomènes flottent sans fondement, si l'infini, dont le vrai nom est contradiction, s'établit dans la science[1]. » Il faut rejeter les prétendues antinomies kantiennes, après en avoir expliqué l'origine; le monde est fini : « des deux propositions antinomiques, l'une se prouve par le principe de contradiction et est vraie, l'autre prétend se prouver par les lois de l'expérience étendues au delà de l'expérience possible et est fausse. L'argumentation de Kant met en balance une proposition contradictoire avec une proposition simplement incompréhensible et dont la contradiction est contradictoire en soi[2]. »

1. *Premier Essai*, t. III, p. 22.
2. *Ibid.*, p. 29-30.

II

S'il est faux que, dans l'application des catégories au monde considéré comme tout, l'esprit soit condamné à osciller d'un terme à l'autre des antinomies, la synthèse totale n'est pas rendue impossible par une contradiction à laquelle la pensée ne saurait échapper parce qu'elle est sa loi même. Bien plus, il semble que déterminé sous tous les rapports, fini en tous sens, le monde soit rapproché des proportions de l'esprit. Mais pour n'être pas contradictoire, la synthèse totale ne nous est pas moins interdite, selon Renouvier, parce que toute science est nécessairement limitée.

En premier lieu, par cela même que le monde est le Tout-Être, qu'on ne peut rien poser en dehors de lui que, par définition même, il ne l'envahisse aussitôt et ne l'enveloppe, on ne saurait appliquer les catégories au monde, le mettre en rapport avec quelque chose qui ne soit pas lui. Le monde, à ce titre, est au delà de l'expérience possible ; il ne peut être compris, puisque toute connaissance est relative, et qu'il est contradictoire de faire du monde le premier terme d'un rapport dont le second terme manquerait nécessairement.

Mais le problème de la synthèse totale peut se poser en termes différents. Il ne peut être question d'établir une relation entre le Tout-Être et autre chose que lui pour le comprendre, c'est une contradiction dans les termes ; mais le Tout-Être est soumis aux catégories, il est constitué par des relations qu'il enveloppe, à le prendre dans ses phénomènes composants, et ces relations sont en nombre fini ; le monde a telle étendue, telle durée ; il commence avec une ou plusieurs causes ; il se représente en un certain nombre de consciences ; n'est-il pas possible de dominer cet ensemble de phénomènes et de rapports, de faire de cet ensemble même l'objet d'une science, de le ramener à quelques lois définies, d'égaler ainsi la pensée à la synthèse totale, au monde réel? Renouvier s'efforce d'établir que sous toutes les catégories la synthèse totale échoue.

Prenez d'abord les catégories inférieures, le nombre, l'étendue, la durée; le monde est soumis à ces lois, il est fini sous chacun de ces rapports, il est tel nombre, telle étendue, telle durée, le principe de contradiction l'exige. La limite existe, mais nous ne pouvons l'atteindre; il n'est pas de méthode qui nous permette de définir et de mesurer ces rapports qui, pour être donnés, ne nous en sont pas moins inaccessibles. De la catégorie du nombre il n'est pas possible de déduire *a priori* le nombre des phénomènes réels, car en tant que loi générale de la représentation, elle est indéterminée, indéfinie, elle n'est rien de plus que la possibilité de concevoir toujours un nombre plus grand que tel nombre assigné quel qu'il soit.

Demanderons-nous à l'expérience ce que l'analyse de la catégorie nous refuse? Nous savons assez que l'expérience ne nous permet pas de définir le nombre du monde par la sommation des faits et des rapport réels. Nul ne songe à entreprendre cette addition dont les termes mêmes nous manquent. Il resterait de chercher la mesure du nombre universel dans une loi supérieure dont il dépendrait, mais la loi du nombre est une catégorie, une loi irréductible qui ne peut être, par hypothèse, ramenée à une loi plus haute. Le même raisonnement s'applique mot pour mot aux catégories de l'étendue et de la durée : ni l'analyse de la loi de la représentation, ni l'expérience, ni le rapport inintelligible d'une loi supérieure à une loi première, irréductible, ne permettent de mesurer l'étendue et la durée réelle du monde.

Si des catégories inférieures nous passons aux catégories supérieures, le même échec nous attend. Il est impossible de définir le Tout-Être comme une espèce, puisque, n'admettant rien qui lui soit extérieur et qui l'enveloppe, il ne laisse en dehors de lui aucun genre auquel il s'oppose comme différence. Pour tourner la difficulté, les philosophes qui tentent la synthèse totale sous la catégorie de qualité ramènent le monde, qui enveloppe tous les genres, toutes les différences, à quelque genre, à quelque différence unique, c'est-à-dire qu'ils suppriment en dernière analyse les espèces, sous prétexte de les ramener à l'unité.

Du point de vue du devenir, le problème serait de comparer l'état du monde pris dans son ensemble à deux instants donnés, c'est assez dire qu'il est insoluble. « Le changement du tout rapporté au tout ne serait atteint par la science qu'autant qu'il nous serait permis de comparer le Tout à lui-même, à deux moments successifs. Or le Tout nous échappe sous les diverses catégories que nous avons passées en revue. Le problème serait donc de déterminer une série dont nous ne possédons pas un seul terme[1]. » Pouvons-nous du moins, limitant le problème, déterminer le premier terme du Devenir. Sur la nécessité d'admettre un premier commencement, il n'y a pas de doute possible. « Si le devenir n'avait pas commencé, ou il ne serait point, ou le nombre de ses termes actualisés serait sans nombre. La première hypothèse renverse l'expérience et la seconde le principe de contradiction[2]. » La loi d'universalité, jointe à la loi du nombre, nous oblige à nous arrêter dans la régression des phénomènes écoulés, « à poser par delà tout devenir un ou plusieurs phénomènes premiers, existants ou *venus*, non précédés; quoique de tels termes, de cela même qu'ils ne deviennent pas, et ne s'offrent pas *autres* à l'égard de rapports antérieurs, ne puissent pas être déterminés catégoriquement[3]. » Ainsi le premier commencement, dont l'aveu nous est imposé par le principe de contradiction, nous est incompréhensible, parce qu'il est au delà de l'expérience, hors

1. *Premier Essai,* t. III, p. 148.
2. *Premier Essai,* t. III, p. 149.
3. *Premier Essai,* t. III, p. 181.

du champ des catégories. Nous ne pouvons même pas nous prononcer sur l'unité ou la pluralité de ces phénomènes originels : ne sachant rien de ces faits, sinon qu'ils sont sans antécédents, « quelles raisons aurions-nous de penser qu'il ne peut pas en être donné plusieurs là où il en est donné un? »

La catégorie de cause, quand nous prétendons par elle atteindre la synthèse totale des phénomènes, nous oppose les mêmes problèmes insolubles. Sous ce rapport, comme sous tous les autres, le monde est limité : la régression à l'infini nous étant interdite par la loi du nombre, nous devons poser une ou plusieurs causes premières des phénomènes qui composent le Tout-Etre. Mais de la nature, du nombre de ces causes nous ne pouvons rien savoir. Dire que la force première *s'est produite elle-même*, c'est se contredire, en supposant quelque rapport antérieur au rapport premier; dire *qu'elle a existé de tout temps*, c'est admettre qu'elle s'est indéfiniment succédé à elle-même, quoique sans changement, c'est revenir à la durée sans fin actuellement écoulée, au nombre sans nombre, c'est se contredire encore [1]. Parler de pure puissance, admettre une sorte de force indéterminée précédant les forces réelles, ce n'est qu'énoncer le problème insoluble qu'on croit résoudre : *de quoi et par quoi quelque chose?* Sur le nombre des causes premières nous sommes condamnés à la même ignorance. Ne sachant rien que la nécessité d'un premier commencement des phénomènes, « les raisons qui prouvent qu'une force première, une au moins, est donnée par conséquent possible, établissent du même coup la possibilité de plusieurs. » De ce qu'une seule cause suffit, on n'a nullement le droit de conclure qu'il n'en peut exister plus d'une. Trois hypothèses sont permises : *une seule force — plusieurs forces distinctes, mais dépendantes les*

1. *Premier Essai*, t. III, p. 186. « Il s'ensuit de cette analyse, ce que nous pouvions déjà prévoir, que la force première n'est déterminable de causalité, ni par relation à soi, ni par simple succession à soi. »

unes des autres selon certaines lois — plusieurs forces respectivement indépendantes. La troisième hypothèse revient à supposer plusieurs mondes sans rapport, dont tous ceux qui ne sont pas le nôtre nous restent étrangers; nous pouvons la négliger, car il ne s'agit pour nous que de la synthèse des objets de l'expérience possible. Restent les deux premières hypothèses entre lesquelles tout moyen direct de décider nous manque. L'harmonie relative de notre monde s'expliquerait aussi bien par l'accord de plusieurs forces coopérantes que par l'action d'une force unique. « De savoir si la pluralité, qu'il faut toujours placer quelque part, provient du développement de la force d'abord unique, ou se trouve donnée dès le principe dans cette force elle-même, c'est ce qui ne ressort pas des thèses du devenir et de la causalité. » A prendre les choses abstraitement, d'un point de vue tout théorique, il nous est tout aussi impossible de décider s'il existe une loi de prédétermination des phénomènes, si tout a dépendu des premières données, de manière à pouvoir être prévu, préconnu par une intelligence assez clairvoyante, ou si au contraire il existe des futurs ambigus, incertains pour toute conscience, nécessairement ignorés, puisqu'ils pourraient ne point être. « En résumé l'analyse nous tient suspendus entre l'hypothèse de la force unique et des forces multiples, et nous ignorons si la loi du monde, quant au devenir, fut ou ne fut pas entièrement déterminée *a priori* dans une puissance première. La synthèse ne s'obtient donc pas sous la simple acception de force ou relation de causalité [1]. »

Toutes les difficultés qui s'opposent à la science, à la synthèse totale, viennent se ramasser, se concentrer dans le problème de la conscience du monde. Sans la conscience la représentation est inintelligible; puisque le monde est, selon Renouvier, un ensemble de représentations, il est un

1. *Premier Essai*, t. III, p. 196.

ensemble de consciences. Mais si la loi de personnalité est à ce titre une catégorie, si par suite nous ne pouvons nous représenter aucun être que sous les conditions de la conscience, la synthèse totale, sous la loi de la personnalité, n'est pas pour cela moins soustraite à nos efforts. Ni l'hypothèse de la pluralité primitive des consciences, ni l'hypothèse de l'unité ne sont propres à résoudre intelligiblement le problème de la synthèse unique et totale des phénomènes. Si nous nous représentons à l'origine plusieurs consciences, plusieurs groupes de représentations, assemblées séparément sous la loi de personnalité, il faut admettre des rapports entre ces groupes, un certain devenir de chacun d'eux en fonction des autres. Mais poser une pluralité dont les éléments sont fonctions les uns des autres, c'est poser un ordre enveloppant et précédant au moins logiquement ces éléments et leur total brut. Cet ordre, il est très difficile de le concevoir existant ou donné, sans le concevoir aussi comme siégeant en une certaine représentation universelle propre à l'embrasser, et peut-être à le constituer. « En un mot l'idée de loi, ou de système de lois, introduit inévitablement dans l'hypothèse de la pluralité quelque chose qui approche beaucoup de l'hypothèse de l'unité. »

Essayons maintenant de concevoir une conscience unique enveloppant la totalité des phénomènes. Cette conscience d'abord ne répond plus à la seule notion que nous puissions nous faire de la conscience, puisque l'opposition du soi et du non soi s'évanouit dès que la conscience est identique avec le monde. Sautons par-dessus cette difficulté, posons une conscience primitive unique. De cette unité comment faire sortir la pluralité ? Admettrons-nous la thèse de l'*émanation*, il n'y a dans ce mot qu'une image qui n'éclaircit rien. « Commencer par l'unité toute seule, et tirer de la seule unité la pluralité, c'est vouloir déduire A de non A et non A de A ; cela n'a pas de sens. » Unité et pluralité sont des termes corrélatifs, logiquement inséparables, qui n'ont pas de sens en dehors de la synthèse qui les unit, il est absurde, contraire aux lois de la pensée de déduire l'un de l'autre. La théorie de la création n'est pas plus heureuse. On suppose à l'origine une conscience personnelle qui d'abord existait seule et se suffisait, on place en elle la représentation du monde, que pose, qu'extériorise à un moment donné un acte de sa volonté. Mais d'abord essayez de concevoir cette conscience première indépendamment de la création, vous ne pouvez que poser des abstractions indéterminées, l'Etre, la puissance, la pensée de la pensée, l'amour de l'amour, ou encore entasser des termes contradictoires, l'infinité actuelle, l'éternité, l'immobilité dans le changement. C'est toujours quelque chose de monstrueux : la conscience qui ne peut être que relative, élevée à l'absolu, la conscience qui n'est point la conscience, la représentation qui nie toutes les lois de la représentation. Essayez maintenant de définir la relation de la conscience créatrice universelle avec le monde. Vous n'arriverez jamais à concevoir comment une représentation donnée peut faire qu'une représentation autre et séparée soit pour la première fois et se pose en dehors d'elle. « Où trouver le type de la causalité créatrice ? Ni la logique, ni l'expérience ne le renferment. Que quelque chose soit ou commence, qu'une fonction sans précédents soit, assurément cela peut se dire incompréhensible ; mais la logique nous oblige à le poser ainsi : il y aurait contradiction à ne pas l'admettre ; bien plus, nous comprenons que des phénomènes premiers, par cela même qu'ils sont premiers, ne se comprennent pas. Mais que *l'un qui est fasse que le tout autre qui n'était pas soit*, voilà qui est nouveau, étrange, une hypothèse à laquelle rien ne répond dans la connaissance et d'où ne saurait sortir de solution pour la science. » Une loi entièrement étrangère à la connaissance est à vrai dire une loi qui n'existe pas. « D'ailleurs, s'il n'y a pas tout à fait contradiction, dans la lettre, à supposer que la représentation, dans une conscience donnée, suscite la représentation dans une conscience qui n'est pas donnée, car ce serait bien là le fait de création d'une personne par une autre, il y a une étrangeté telle que, pour haute et traditionnelle qu'on la fasse, on ne peut que la qualifier de fantaisie illustre et gigantesque. La création est l'acte de la plus que puissance. »

Le monde une fois créé, nouvelles difficultés. Comment la conscience primitive unique peut-elle tout à la fois continuer d'être le tout, ayant toute puissance et toute science, et cesser de l'être, se trouvant en rapport avec d'autres choses et d'autres consciences? Dirons-nous que les êtres et en particulier les êtres libres n'opposent pas une vraie limite au créateur? C'est anéantir ces êtres, entre tous la conscience humaine, la seule qui soit positivement connue. Admettons-nous dans ces êtres une vraie limite à la conscience créatrice, nous n'obtenons plus la synthèse totale dans une conscience unique, puisqu'il y a de l'inconnu pour elle. Ajoutez enfin que si cette conscience première connaît non seulement le passé, le présent, mais l'avenir indéfini et tous les possibles, nous retombons dans la contradiction de l'infini numérique actuel. De toutes parts nous échouons.

A prendre les choses du point de vue strictement logique, non seulement la synthèse totale est impossible sous la loi de personnalité, mais il n'est pas même permis de se prononcer sur l'unité ou sur la pluralité des consciences originaires. Tout en avouant cette impuissance, Renouvier dans son Traité de Logique générale adopte l'hypothèse de la pluralité comme plus conforme tout à la fois et aux lois de la logique et aux données de l'expérience. « Laissant dans leur inaccessible obscurité les origines pures, nous posons une *pluralité de consciences* comme fait primitif de notre connaissance. Nous ignorons quelles purent être la portée, l'étendue, la qualité de ces représentations premières, le lien et la raison du lien qui soumit à des lois leur existence commune, et jusqu'à quel point, de ces représentations premières elles-mêmes ou de leurs lois, dépendaient les représentations subséquentes, les consciences que nous connaissons. On substitue de cette manière l'unité multiple, le tout, à l'un pur, idole des métaphysiciens [1]. »

Nous voyons ici encore ce qui distingue Renouvier de Kant, ce qui oppose son phénoménisme radical à la théorie du noumène. Le problème que pose Renouvier, dans cet examen des limites marquées à la connaissance humaine, n'est autre que le problème que Kant pose et résout dans la dialectique transcendentale. Mais Kant admet la raison comme une faculté distincte de l'entendement, il se place au point de vue de ses adversaires, il reconnaît dans les idées de l'âme, du monde et de Dieu des illusions nécessaires qu'il justifie en les dissipant. La science totale de Renouvier n'a plus rien de commun avec la métaphysique : il ne s'agit pas de comprendre le rapport du fini à l'infini, l'infini est contradictoire; il ne s'agit pas de s'élever à l'absolu, tout est relatif; d'atteindre la substance, il n'existe que des phénomènes et des lois, il s'agit de résoudre le problème qui, dans l'hypothèse de la relativité de la connaissance, du phénoménisme pur, du monde fini, se substitue au vain problème vainement agité par les métaphysiciens. La science totale ne peut être que la synthèse unique et totale des phénomènes. En vertu de la loi d'universalité, nous concevons le monde, c'est-à-dire l'ensemble de tous les phénomènes, de tous les rapports réels; en vertu de la loi du nombre, ce monde est fini, il a telle étendue, telle durée, il comprend tant d'espèces, de changements, de consciences; pouvons-nous sous chacune des catégories : 1° définir la fonction universelle qui domine, enveloppe toutes les fonctions particulières, savoir par exemple quel est le nombre du monde,

1. *Premier Essai*, t. III, p. 242.

mesurer son étendue, sa durée, comparer son existence en deux instants successifs, embrasser ainsi la synthèse totale des phénomènes qui le constituent sous une relation donnée; 2° à défaut de cette synthèse totale, pouvons-nous du moins, limitant le problème, atteindre les principes du monde donné, arriver à l'intelligence de ses premières causes, de ses fins dernières? Pouvons-nous, tout, en dernière analyse, s'expliquant par la représentation qui n'existe qu'en une conscience, rattacher l'ensemble des phénomènes à une ou à plusieurs consciences, qui seraient le Dieu ou les Dieux, à l'existence de qui le monde entier viendrait comme se suspendre?

Que nous posions le problème dans toute son étendue ou que nous le limitions à la recherche des principes premiers, nous sommes condamnés à un échec qui résulte des conditions mêmes de la connaissance. Le monde, il est vrai, est fini; à ce titre, la synthèse totale est donnée, elle existe, elle comprend tel nombre, telle durée, telle suite de causes, mais est-ce à dire que nous puissions l'atteindre? Nous ne pouvons relier le monde à quelque chose qui existerait en dehors de lui, faire du Tout-Être le terme d'un rapport dont le second terme serait quelque chose d'étranger, d'extérieur à lui, c'est contradictoire dans les termes. Pouvons-nous du moins, prenant le monde en lui-même, comme un ensemble fini de phénomènes et de rapports, embrasser dans une synthèse totale les relations qui le constituent? L'analyse des catégories ne nous donnera jamais que les lois de la représentation, et de cette forme nous ne saurions déduire le contenu, la matière de la connaissance, c'est-à-dire, l'ensemble des phénomènes réels, le monde. L'expérience ne peut nous donner ce que nous refuse l'analyse des catégories, puisque le monde la dépasse, la déborde de toutes parts. Pour ce qui est du problème des origines, tout ce que nous pouvons savoir c'est que, le monde étant fini, les premiers principes existent en vertu d'une nécessité logique. Mais quant à ce qui est de définir ces premiers rapports donnés, c'est ce qui nous est interdit par les lois mêmes de la connaissance. Connaître, c'est établir un rapport entre deux termes ; or par hypothèse le premier terme donné n'est précédé par rien, il est donc impossible de le faire entrer dans une relation, et nous ne pouvons rien dire sinon qu'il est ; sur sa nature, sur son unité, sur sa pluralité nous n'avons aucun moyen de nous prononcer.

Au terme, si nous réfléchissons que la conscience implique un rapport du soi au non soi, et si nous remarquons que la multiplicité est un fait donné dans l'expérience, nous serons amenés à poser au point de départ des choses une pluralité de consciences, sans nous dissimuler qu'il n'y a rien là qui nous approche même de loin de la solution du problème de la synthèse totale.

III

Cet arrêt est-il sans appel ? Ne voyons-nous pas l'œuvre que nous interdisait la logique se réaliser sous nos yeux par le progrès des sciences positives, par la philosophie de l'évolution qui en coordonne les résultats et en dégage les principes ? Pour ramener le monde à l'unité, il n'est pas nécessaire d'en sortir, ni même d'atteindre ses limites ou d'embrasser toutes les relations qui le constituent, il suffit, s'enfermant dans ce qui est donné, d'en pousser assez loin la connaissance, de descendre par l'analyse des phénomènes complexes jusqu'au phénomène élémentaire présent à tous les autres, de ramener par une généralisation progressive « les lois les plus différentes à une seule loi engendrée elle-même, d'assimilation en assimilation, par un seul et même phénomène générateur, dans lequel tout s'identifie, choses et lois [1]. » N'est-ce pas la synthèse

1. Beurier. *Revue philosophique*, 1877, t. I, p. 473.

totale que cette identification universelle de la diversité phénoménale qui ne laisse au terme qu'un phénomène élémentaire, le mouvement et ses lois. A l'unité substantielle de la vieille ontologie la science substitue l'unité du fait primordial que tout ne fait que répéter. Renouvier n'admet pas que l'on confonde les sciences positives avec ce qu'il appelle le *sciencisme*, c'est-à-dire avec cette métaphysique bâtarde qui, s'emparant de leurs découvertes, les étendant arbitrairement, les interprétant selon des principes préconçus, en fait sortir un système qu'elles n'autorisent pas.

Le *sciencisme* se présente comme une tentative d'obtenir la synthèse totale des phénomènes sous la catégorie de qualité : il revient à dépouiller les choses de leurs caractères spécifiques pour les faire sortir par évolution d'un principe unique qui en contiendrait virtuellement toutes les déterminations. La pensée se manifeste dans un organisme, on réduit ses lois aux lois biologiques; la pensée ramenée à la vie, on ramène la vie aux phénomènes physico-chimiques qu'elle suppose ; effaçant tout ce qui distingue, tout ce qui différencie ces phénomènes physico-chimiques, on les réduit enfin à de purs mouvements. L'unité est obtenue par cette régression du supérieur à l'inférieur, du complexe au simple, il ne reste qu'une espèce, qu'un phénomène, qu'une loi.

Renouvier se refuse à voir dans cette simplification à outrance une synthèse totale, il n'y voit qu'un vain effort pour s'affranchir des catégories, pour penser en dehors des lois de la pensée. Sans doute il est facile de faire abstraction de la pensée, de la vie, de ce qu'il y a de qualitatif dans les phénomènes physico-chimiques, d'éliminer progressivement les différences et, ne laissant de la représentation que le représenté, de ramener tous les phénomènes sous un genre que définissent le nombre, l'étendue, la durée et le devenir. Mais il est tout aussi facile de réduire par une abstraction inverse tous les phénomènes au représentatif comme au genre suprême qui les embrasse. Nous ne faisons rien par là que constater une fois de plus les deux aspects nécessaires du phénomène qui répondent aux deux éléments corrélatifs, inséparables de la représentation : le représentatif, le représenté. Mais cette généralisation ne saurait se donner pour une explication du réel. On n'explique pas les différences en les supprimant, les qualités en en faisant abstraction. Quand je dis : l'*homme est animal*, je n'explique pas l'homme par l'animal, l'espèce par le genre : l'homme n'est homme que par la différence dont on ne dit rien en disant qu'il est animal. « Pour donner un sens à cette proposition : la *pensée est un mode de la matière cérébrale*, il faut ajouter : *moyennant la différence qu'on appelle proprement pensée*[1]. » De manière ou d'autre on introduit toujours subrepticement les qualités qu'on se flatte de déduire. Rien à cela de surprenant : on s'élève de genre en genre par l'élimination graduelle des qualités, comment retrouver ces différences spécifiques, qu'on a supprimées, dans ce qui ne les contient pas ? « De l'ensemble des phénomènes on soustrait presque tous les rapports (pourquoi pas tous ?), sous condition desquels la représentation en est obtenue. Cette abstraction posée, on l'intronise, on la fait substance, et l'idole a la vertu de reproduire les rapports supprimés, à mesure que, sous un nom ou sous un autre, on les y rétablit. Et l'on appelle cela expliquer, on appelle cela de la science[2]. » Avec le temps, l'espace et le devenir, le mécanisme ne fera pas la vie et la pensée, parce que des catégories inférieures on ne déduit pas les catégories supérieures, éléments irréductibles de la représentation.

Mais ne voyons-nous pas cette déduction se faire devant

1. *Premier Essai*, t. III, p. 119.
2. *Premier Essai*, t. III, p. 120.

nous ? N'est-elle pas l'histoire du monde ? L'enveloppement des causes prouve l'enveloppement des espèces. Examinez l'ordre de production des faits : l'expérience montre que la pensée suppose la vie, la vie les phénomènes physico-chimiques, ceux-ci le mouvement et ses lois. Dans le passé une évolution continue conduit ainsi du simple au complexe, de l'inférieur au supérieur, et les faits actuels confirment cette loi d'évolution par les rapports qui subordonnent les fonctions supérieures aux fonctions inférieures comme à leurs conditions nécessaires. La vie apparaît sur la terre avant la pensée, et les lois de la pensée supposent les lois de la vie. Tenons-nous aux faits, ne dépassons pas ce que nous savons réellement : nous constatons que les phénomènes simples précèdent dans le temps l'apparition des phénomènes complexes et que les lois inférieures sont au nombre des conditions de manifestation des lois supérieures. Mais, selon Renouvier, « ce qui n'est point et ne peut être constaté, c'est l'antériorité totale et radicale d'une fonction d'une espèce à l'égard d'une fonction d'une autre espèce... Là où l'organisation étant donnée, la sensibilité et l'intelligence se produisent ensuite des modifications organiques, il n'est pas possible de s'assurer que les phénomènes qui surviennent ainsi sont indépendants de toute sensibilité et de toute intelligence antérieurement existantes, ou même coexistantes, soit dans le sujet, soit hors de lui[1]. » Nous

1. *Premier Essai*, t. III, p. 124-125. « Lorsque nous remontons par la pensée à l'époque de l'incandescence du globe, nous savons qu'il existe d'autres mondes dans l'espace, d'autres êtres et d'infinies possibilités, et ce n'est qu'arbitrairement que nous pouvons supposer un état de choses où tout dans le monde se réduit à des mouvements... Nous ignorons si des causes externes au globe, et des causes du genre intelligent, ne régissent pas le développement de la vie sur le globe à mesure de son refroidissement et ne le conduisent pas à ses fins. En ce même état d'incandescence, nous ignorons si des germes indestructibles des différentes espèces, et par conséquent ces espèces mêmes ne sont pas déjà données, en sorte que les êtres proprement dits, avec leurs organes et leurs liaisons mutuelles se développeraient sous des circonstances qui font partie d'un système de moyens et de fins. » (p. 159-160). Ajoutez que « ôtée la représentation, il ne reste rien du monde connaissable. »

n'avons pas le droit de faire de notre ignorance réelle une science apparente : la vie est donnée, la sensibilité apparaît, c'est quelque chose de nouveau pour nous, est-ce quelque chose d'absolument nouveau, quelque chose qui sort par je ne sais quel miracle de ce qui lui est totalement étranger ? L'admettre, c'est rétablir dans la cause l'idée chimérique de la substance qui ne peut tout devenir que parce qu'elle n'est rien. La causalité nous l'avons vu, est correspondance, harmonie, elle est inséparable de son effet, la force dépendant de l'un et de l'autre des actes qu'elle lie. Quand après la vie apparaît la pensée, la vie est une condition de la pensée, elle ne devient pas la pensée par je ne sais quelle métamorphose, les deux termes sont également supposés par le rapport causal qui s'établit entre eux.

On objectera que cette philosophie est la science même, quelle en a la certitude et l'autorité. L'évolutionnisme d'Herbert Spencer ne fait que ramener à leurs principes, que généraliser en les coordonnant, les grandes hypothèses auxquelles aboutit la science contemporaine, la loi de l'unité des forces physiques qui apparaissent toutes réductibles au mouvement, la théorie transformiste qui fait rentrer la vie sous les lois du mécanisme. Par sa méthode d'analyse, par sa généralisation progressive des lois, par ses résultats convergents, la science semble marcher vers une synthèse totale que l'on peut définir : « une tentative de réduction de toutes les qualités possibles à la force mécanique, dans l'explication du monde, sauf à envisager en même temps cette force sous l'aspect d'une sorte de qualité primordiale qui subit des métamorphoses diverses appréciables pour nos sens, suivant les modes de distribution d'un mouvement de somme invariable entre les parties du mobile universel[1]. »

Le premier reproche que fait Renouvier à cette philoso-

1. *Premier Essai*, t. III, p. 127.

phie soi-disant scientifique, c'est de partir d'une notion confuse, c'est de ne pas définir la nature de la force, élément primordial, qui se retrouve en tout ce qui est. L'idée de force est une idée très claire, quand on la prend dans le sens précis que lui donne la mécanique qui la définit par le mouvement même et par ses rapports ; elle est ce qu'il y a de plus vague, de plus indéterminé, quand on l'imagine comme une qualité qui change, une substance qui se métamorphose, une cause inassignable qui devient tout ce qu'elle fait. Si la force des évolutionnistes est un concept ambigu, que dire de leur grand principe de la transformation des forces ? De deux choses, l'une : ou l'on prend le mot force dans un sens scientifique, il ne s'agit alors que d'un mouvement donné, que d'une somme de forces vives (mécaniques) qui va se composant et se décomposant mécaniquement ; « rien ne se convertit rien ne se transforme, non plus, par exemple, que la force appliquée au sac de sable qu'un aéronaute vide du haut de sa nacelle[1] ; » ou l'on entend la force dans un sens vague, qualitatif, comme une substance qui se transforme, et alors on ne ramène plus la physique à la mécanique, on revient à la physique des essences, aux qualités occultes. Ce nouveau matérialisme naît d'un mélange bâtard des catégories de qualité et de quantité, on peut le définir « une tentative pour construire la synthèse du monde sous la notion de qualité déguisée en notion de force. » Spencer suit les transformations du mouvement en chaleur, lumière, affinité chimique, émotion, pensée, et le retour de ces modes au mouvement par une transformation inverse. Ces métamorphoses rappellent celles du poète : ce sont des fictions mythologiques. Pour parler son langage, qu'est-ce que l'*engendrement* d'une émotion par la *métamorphose* d'une vibration ! Comment savez-vous qu'un mode de mouvement *devient* un mode de sentir ? Qui vous a dit que le

1. *Premier Essai*, t, III, p. 128.

mouvement *se dépense* pour *produire* une idée, quand le comble de la science — encore n'est-ce qu'une espérance éloignée — ne consisterait jamais qu'en l'établissement d'une correspondance entre cette idée et ce mouvement. « Une philosophie comme celle-là se réclame bien vainement de l'expérience et des sciences expérimentales : ses véritables analogies sont dans telle cosmogonie de la haute antiquité : du Chaos naquirent l'Erèbe et la Nuit; de l'Erèbe et de la Nuit, l'Ether, l'Amour et l'Entendement[1] ». L'évolutionisme est une nouvelle forme de la métaphysique, une philosophie de la substance, un effort contradictoire « pour construire la synthèse du monde par l'idée d'une qualité protéiforme ayant sa racine elle-même dans la quantité. »

Renouvier se défend de s'opposer à la tendance qui, depuis Descartes, prévaut dans la science; il applaudit aux découvertes de Mayer, de Joule, de Grove, il accorde « que l'investigation physique cherche et définit, dans tout phénomène de son ressort, un mouvement », il va jusqu'à reconnaître « qu'il n'est pas absurde de supposer qu'on trouvera l'équivalent mécanique de la conscience. » Mais il n'y a rien de commun entre déterminer des équivalents, c'est-à-dire établir des correspondances, des relations, des lois fonctionnelles, et supposer dans la nature des transformations et des métamorphoses. L'erreur fondamentale de l'évolutionnisme, selon Renouvier, est une fausse idée de la cause, identifiée avec la substance, considérée comme existant avant son effet et non dans sa relation avec lui, posée comme quelque chose d'absolu, comme une action transitive qui disparaît dans ce qu'elle produit, et non comme une loi, comme un rapport qui s'établit entre deux phénomènes et se définit par eux.

L'effort pour expliquer le supérieur par l'inférieur, le

1. *Premier Essai*, t. III, p. 141-142.

complexe par le simple, la qualité par la quantité se ramène du point de vue logique à l'effort pour déduire les catégories supérieures des catégories inférieures. Sous prétexte de continuité, on veut déduire le réel du pur possible, tout de rien. C'est une singulière prétention que celle de faire sortir la conscience de ce qui n'existe, de ce qui n'a de sens que par elle. « Rien dans le monde, à commencer par l'espace et le temps, n'est concevable que par la conscience, et l'on voudrait faire sortir la conscience des formes mêmes qui en sont extraites, et ne valent que comme abstraction quand on les en sépare. Ainsi le monde existerait avant la sensibilité, il y aurait des objets, avant que des objets fussent représentés, des sujets sans rien d'intelligible pour les définir ! Telle est la thèse qu'il faut envisager quand on prend origine dans les catégories mécaniques, illusoirement scindées d'avec toute représentation possible[1] ».

Il reste de répondre à Renouvier que la pensée a pour loi l'unité, qu'elle ne peut s'en tenir à la dualité des termes qu'il oppose dans la représentation, qu'elle est condamnée par sa nature même à chercher le principe dernier des choses soit dans le représentatif, soit dans le représenté. Philosophe du discontinu, Renouvier ne veut voir dans cette prétendue loi d'unité qu'une « sorte de virus métaphysique » qui de la philosophie se transmet à la science elle-même. « On dépouille les choses de leurs caractères spécifiques, on ne s'arrête qu'au genre généralissime, dont les espèces se tirent non par spécification inhérente, mais par causalité ou devenir, au sein d'une substance première, déterminée à tout ce qui doit être et toutefois indéterminée quant à la connaissance. Tous les systèmes : panthéistes, monistes, matérialistes, substantialistes, ne sont tous au fond que des prétentions à l'effacement de l'espèce, en allant à la racine des choses[2]. » Renouvier

1. *Premier Essai*, t. III, p. 174.
2. *Premier Essai*, t. III, p. 154.

soutient contre tous les philosophes que cette exigence de l'unité, loin d'être conforme aux lois de la pensée en est la négation. L'unité ne se comprend pas sans la pluralité, le monde ne nous est intelligible que grâce à l'espèce. « Les religions, mais surtout les philosophies, par lesquelles s'est créée ou renforcée une tendance, et par lesquelles s'est constituée une puissante habitude de tous les ordres de savants et de toutes les têtes méditatives, de viser à l'unité, à l'unité dernière et absolue comme accomplissement du Savoir et de l'Être, ont eu pour œuvre inconsciente l'anéantissement des conditions mêmes de l'Être et du connaître. » Supprimer la diversité, c'est supprimer avec les relations la connaissance. En fait tous les êtres sont ordonnés, classés, forment des groupes, se distribuent en genres et en espèces, et « l'esprit en qui rentre la nature entière en tant que connue, et sans lequel elle ne se connaîtrait pas, l'esprit n'est qu'une spécification en acte. La distinction est son nom, à titre premier, avant l'identification, s'il est possible, car on n'identifie que ce qu'on distingue[1]. »

Concluons que la science ne donne pas ce que la métaphysique refuse : quand elle cherche la synthèse totale, elle usurpe le titre de science, elle est une mythologie de la substance et de ses métamorphoses, un art dialectique de se donner les qualités qu'elle prétend déduire de je ne sais quel principe amorphe, homogène, qui échappe aux prises de la pensée dont la relativité est la loi.

IV

Les résultats de la logique générale peuvent paraître singulièrement négatifs, mais, sans parler du tableau des catégories, toute vérité a ses conséquences positives. La critique du *sciencisme* réduit à néant les prétentions

1. *Premier Essai*, t. III, p. 157.

arrogantes d'une science tout apparente : la pensée n'a pas pour condition singulière de se nier elle-même, de se sacrifier à la chose, à un je ne sais quoi que l'on construit de quelques-unes de ses catégories. La ruine de la métaphysique nous libère des problèmes insolubles et mal posés : « le spiritualisme, le matérialisme, le panthéisme disparaissent avec leurs fausses méthodes et leurs constructions vaines, lorsque les idoles de l'infini, de la substance et de la cause substantielle sont renversées. L'esprit et la matière ne sont plus que des noms appropriés à une classification grossière des phénomènes [1]. » L'âme n'est plus un être en soi, une substance immatérielle, mais rien n'empêche l'immortalité du groupe de phénomènes ordonnés qu'on appelle l'homme; une loi peut-être en assure la constance et la perpétuité. En ce sens qu'elle nie le Dieu des théologiens, cet infini qui est une personne, cet un qui est le principe de la multiplicité, cet absolu que l'on constitue par la synthèse des contradictoires, la critique est athéisme ; mais cet athéisme n'atteint pas le Dieu de la morale, ni même le Dieu des religions positives. « La persistance et les destinées ultérieures des personnes peuvent résulter des lois des phénomènes; de même l'existence d'un ou de plusieurs dieux naturels et vivants n'est en rien contraire à la raison [2]. »

La critique ne nous condamne pas à l'indifférence et à l'abstention sur les problèmes qui intéressent le plus l'homme et sa vie morale. Le monde dépasse l'expérience, se prolonge au delà de l'horizon qu'il nous est donné d'embrasser. L'homme jamais ne bornera sa pensée ni son espérance où se borne sa vue, aux êtres du moment et aux rapports immédiatement sensibles; « là où il n'est permis à la science ni d'affirmer ni de nier, le champ est

1. *Premier Essai*, t. III, p. 250-251.

2. *Premier Essai*, t. III, p. 257.

vaste, la carrière est libre, l'instinct et le sentiment s'y porteront toujours, et la spéculation elle-même s'exercera sur les probables. » La science totale n'existe pas, les sciences sont singulièrement imparfaites et bornées, mais dans l'intervalle qui sépare la science impossible des sciences réelles il y a place pour la critique; entre ce que nous savons et ce que nous ne saurons jamais, au delà de l'expérience actuelle s'étend la région inconnue ouverte à nos conjectures. « Un ordre de possibles, objets de la croyance qu'autorise la raison, reste sauf en dehors des lois que la raison impose ou que la science (positive) détermine. » Il ne s'agit pas de rétablir la métaphysique, après l'avoir détruite, d'entrer dans le monde des noumènes; le monde invisible enveloppe le monde dans lequel nous vivons, est soumis aux mêmes lois, composé de phénomènes analogues, il s'agit de mieux entendre la partie en la reliant au tout par des hypothèses conformes aux exigences de la vie morale. A la science totale la critique doit substituer un ensemble de croyances qui réponde aux besoins profonds de l'âme humaine. Il est certains problèmes inévitables qui ne sont l'objet d'aucune science particulière : l'âme est-elle immortelle? peut-on concevoir un gouvernement moral du monde? A ces questions il n'y a pas à chercher de solutions mathématiquement démontrables. Des hypothèses du moins se proposent, des systèmes s'opposent, dont il y a lieu de discuter la vraisemblance et la probabilité.

Après avoir ruiné la science totale, la critique autorise ainsi et même impose l'idée d'une science générale qui prolonge notre expérience par des conjectures, pour la rendre intelligible, pour la conformer surtout aux exigences de la vie morale, à laquelle il n'est pas permis de renoncer. Mais quelle méthode adopter pour la science générale ainsi définie? Les problèmes de l'immortalité de l'âme, de l'existence de Dieu, de la providence sont séparés par la critique de la synthèse totale, à laquelle l'ancienne métaphysique les suspendait; il faut donc que la critique rattache la solution de ces problèmes à une synthèse partielle, inférieure à l'idéal que nous avons dû abandonner comme inaccessible, supérieure en généralité, en dignité à toutes les données des sciences. Cette synthèse partielle qui dépasse en généralité les données des sciences, qui est inférieure à la synthèse totale, que peut-elle être si ce n'est la conscience même de l'homme? Après cet ensemble de rapports, ensemble impossible à déterminer, qu'on appelle le grand monde, le plus vaste à la fois et le mieux circonscrit est celui que les anciens ont appelé le petit monde, le microcosme; c'est à lui que se réfère toute connaissance, c'est par lui qu'elle est rendue possible, c'est en lui que tout, pour nous, se représente. Si nous avions réussi la science totale, nous aurions eu la science universelle, tout entière déduite de la pensée impersonnelle, à ce titre démonstrative, nécessaire. Obligés de prendre pour point de départ une donnée de l'expérience, la conscience humaine, il est clair que nous ne pourrons établir par déductions les lois générales qui embrassent cette donnée même. Nous partons de la conscience, telle que la réflexion nous la révèle, de ce centre nous rayonnons en tous sens; pour le rendre intelligible à lui-même, nous nous efforçons de définir tous les phénomènes, toutes les lois que la vie de l'homme semble impliquer, en dépassant l'expérience réelle, en étendant nos inductions et nos hypothèses sur cette région inconnue que nous savons liée au monde donné, soumis aux mêmes lois, et qui est accessible du moins à nos conjectures. La science générale n'est pas la science totale; par cela même qu'elle prend son centre dans la conscience humaine, elle ne peut être démonstrative, analytique, elle participe à la croyance, elle n'a que des probabilités pour preuves. Ainsi par la manière dont la critique pose les problèmes qui ont toujours été le principal objet de la philosophie, par la méthode qu'elle leur applique, elle est ramenée de la raison impersonnelle à la raison personnelle. « L'homme est donc à la fois l'objet et le sujet actif d'une étude au moyen de laquelle il doit tenter de s'élever de proche en proche et aussi haut que possible aux lois enveloppantes de l'homme. » En quelle mesure la conscience individuelle peut-elle prononcer pour toutes les consciences? Quelle est la valeur des inductions par lesquelles nous coordonnons le monde aux lois de notre vie intellectuelle et morale ? Le problème le plus important qu'aura à résoudre la Psychologie est le problème de la certitude intimement lié au problème de la liberté, problème que la Logique générale laisse sans solution.

CHAPITRE V

PSYCHOLOGIE RATIONNELLE : LA LIBERTÉ ET LA CERTITUDE

Par ses prémisses comme par ses conclusions la logique nous amène à la psychologie. Tout étant représentation, les lois de la représentation sont les lois de tout ce qui est: rien n'est inerte, rien n'est mort, les lois de cause et de fin enveloppent tous les phénomènes, « la personnalité même s'étend, par une longue suite de dégradations, jusqu'aux derniers confins du monde que nous pouvons connaître[1] ». Mais si une analogie nécessaire nous porte à identifier l'être et la conscience, la représentation humaine est la seule dont il nous soit donné de parler avec assurance et c'est de nous-mêmes que rayonne la lumière dont tout le reste s'éclaire. Ce n'est pas tout; pour rendre la connaissance possible, nous avons admis que les lois de l'être sont les lois de la pensée; pour définir les lois communes de l'être et de la pensée, nous avons posé, en les dégageant de l'expérience, toutes les conditions qui nous ont paru nécessaires pour faire le monde intelligible. Nous n'avons pas démontré ces lois, nous les avons constatées, énumérées, proposées au libre examen et à la libre acceptation des consciences individuelles. Il appartient à la psychologie de justifier cette méthode, en résolvant le problème de la certitude, en montrant qu'il n'y a pas en chaque homme une raison impersonnelle qui décide pour lui et nécessairemet du vrai et du faux, mais

1. *Psychologie rationnelle*, I, p. 3.

qu'il est du devoir de chacun de faire sa pensée par l'acte libre d'une raison toute personnelle. Enfin les limites de la connaissance nous interdisant la synthèse totale, nous ne pouvons aborder les grands problèmes de l'origine et de la fin des choses qu'en prenant notre centre de perspective dans la conscience humaine, en trouvant le point de vue qui nous montre les faits dans un ordre conforme à ses exigences. Ainsi donc tout nous conduit à la réflexion sur la nature de la représentation dans l'homme, et notre solution du problème de la connaissance, et la méthode que nous y avons appliquée, et la substitution à la synthèse totale d'un prolongement de l'expérience qui en quelque sorte l'humanise.

I

« L'homme est un certain centre, un point de concours des catégories, parce qu'elles sont les lois enveloppantes en lui de tout ce qu'il connaît ou peut connaître, et sous un autre point de vue, parce qu'elles l'enveloppent en se rassemblant toutes, pour former ce composé spécial, éminemment complexe, où son corps et sa personne sont unis[1]. » L'homme, comme tout être, est une loi, ou mieux une fonction, une relation constante qui embrasse et coordonne des relations multiples ; il est la synthèse des lois de la représentation. On peut par abstraction n'envisager en lui que certains rapports, « l'appeler du nom d'une catégorie ou d'une autre », corps, sensibilité, intelligence, mais « la fonction que l'homme est embrasse toutes les catégories ». La psychologie est le complément, la suite naturelle de la logique : à dire vrai, elle a le même objet, elle étudie les mêmes lois, non plus sous leur forme abstraite, générale, mais sous la forme concrète et vivante qu'elles revêtent par leur concours dans l'être conscient.

1. *Psychologie rationnelle*, I, p. 4.

La logique fournit à la psychologie ses cadres, ses divisions par les catégories qui deviennent les grandes fonctions humaines. Science de l'être, en qui les lois de la représentation prennent une claire conscience d'elles-mêmes, la psychologie d'autre part est l'introduction nécessaire à la synthèse partielle mais générale qui doit se substituer à la science totale.

Ainsi entendue la psychologie comprend trois parties : la première qui répond au sens le plus ordinaire du mot, s'occupe de l'homme, des fonctions qui le constituent, de la conscience et de ses lois; en posant le problème de la liberté, de ses rapports à la connaissance, elle nous introduit à la seconde partie dont l'objet propre est le problème de la certitude, que la logique laisse en suspens ; enfin, la certitude définie par la croyance morale et volontaire, s'ouvre le champ des probabilités et des conjectures qui achèvent de rationaliser l'expérience en la moralisant. La psychologie n'est pas une science isolée, détachée des autres sciences philosophiques, enfermée de parti pris dans l'étude d'un ordre de phénomènes distincts, elle continue la logique, tout à la fois elle en dépend et elle l'achève ; elle prépare la morale dont l'homme est le sujet; elle se lie intimement à la science générale, qui a son centre dans la conscience, elle finit en conjectures hardies sur le monde invisible par l'effort même pour rendre à l'homme raison de lui-même et résoudre, en en définissant les conditions et les conséquences, le problème de la vie.

Renouvier distingue la méthode qu'il suit dans la psychologie de celle des substantialistes comme de celle des purs empiriques. Il rejette l'âme, ses facultés, toutes les entités mystérieuses que les métaphysiciens posent et subdivisent, en réalisant de pures abstractions. La méthode vraiment rationnelle ici comme partout dissipe le fantôme de la substance, ne s'attache qu'aux phénomènes et à la recherche de leurs rapports. En tant que l'observation des faits de conscience est son procédé, la psychologie rationnelle a le droit de se dire psychologie empirique. Mais elle n'admet pas avec l'école associationniste, qu'on puisse appliquer l'analyse aux synthèses irréductibles, aux lois nécessaires de la pensée, que l'observation puisse être affranchie des lois constitutives de l'esprit observateur. Elle est rationnelle, puisqu'elle ne sépare pas les faits psychiques d'avec les formes de groupement de ces faits données dans les catégories[1].

Pour définir les fonctions qu'enveloppe dans son unité la complexe nature de l'homme, suivons « le fil conducteur des catégories ». Lorsque nous n'envisageons dans l'homme que les seuls rapports composés de nombre, de position, de succession et de changement, avec certaines qualités inhérentes, abstraction faite de tout élément représentatif, nous avons l'homme organique. La vie suppose au-dessous d'elle, comme la base même sur laquelle elle s'édifie, les phénomènes physico-chimiques et leurs lois ; mais ce n'est pas dire qu'on puisse ramener le supérieur à l'inférieur, l'organique à l'inorganique. Si l'on s'en tient aux faits et aux rapports qu'ils manifestent, on ne peut affirmer qu'une chose, c'est que l'organisation et ses conséquences apparaissent sous certaines conditions, nécessaires peut-être, mais où elles n'étaient pas d'abord contenues. Qu'y a-t-il de commun entre la molécule, étendue, figure et mouvement, et l'organisme individuel et centralisé, dont le principe et la fin ne sont dans les parties que relativement au tout ? Sous de prétendues inductions scientifiques c'est, à dire vrai, une théorie métaphysique de la substance et de la cause qui se dissimule, quand on suppose que le corps qui de l'état physique passe à l'état organique, ne fait en cela que changer de mode et parcourir deux phases d'une existence unique.

1. *Psychologie rationnelle,* I, p. 12.

On imagine que la cause passe dans l'effet, s'y transforme. Nous avons vu que la causalité transitive est une pure illusion, que « le rapport causal dépend des deux termes qu'il lie, exprime leur harmonie et ne permet pas qu'on déduise l'un de l'autre logiquement[1] ».

Il ne sert à rien de supposer une force obscure et mystérieuse entre les phénomènes hétérogènes : quand la vie apparaît, quelque chose commence. Renouvier ne veut pas qu'on prenne la confusion pour une explication, il maintient le point de vue de la discontinuité, du progrès réel quand on passe d'un ordre de phénomènes plus simples à un ordre de phénomènes plus complexes, qui enveloppent les premiers en y ajoutant un caractère spécifique nouveau. « La vraie méthode s'attache à ce qui est, distingue où il faut, selon que les lois de la représentation le veulent, et *unit sans confondre ce que l'expérience présente constamment lié*[2]. » S'il ne faut pas expliquer la vie par ses conditions, par la métamorphose de phénomènes qui ne la contiennent pas, il ne faut pas davantage chercher le principe de la finalité organique dans une entité métaphysique, dans l'âme raisonnable des animistes, dans le principe distinct, *sui generis*, des vitalistes.

Est-ce expliquer un phénomène que de placer sous ce phénomène une cause substantielle, inconnue d'ailleurs, à qui l'on confère le pouvoir de le produire? Pourquoi ne pas s'en tenir aux lois des phénomènes, à leurs rapports constants? quel intérêt y a-t-il à leur substituer des abstractions réalisées? Toute loi est déjà harmonie, correspondance ; la finalité organique qui fait concourir toutes les parties à l'unité du tout, se résout en un ensemble de lois qui concentrent des groupes de phénomènes; elle

1. *Psychologie rationnelle*, I, p. 26. « La réduction des lois de la vie aux lois physiques sous le rapport de spécificité n'est pas tolérable. Si la génération spontanée existe, il y a donc avènement d'une fonction nouvelle ou que les anciennes ne contiennent pas », p. 24.

2. *Psychologie rationnelle*, t. I, p. 5.

ne se ramène pas aux lois inférieures qu'elle domine; elle s'en distingue; elle a quelque chose d'original, elle est la vie même[1].

II

A mesure qu'on s'élève dans l'échelle des êtres vivants, les fonctions organiques de plus en plus se spécifient, en même temps que la loi de concentration individuelle les coordonne plus étroitement; au terme paraît un organe nouveau, le système nerveux, et avec lui des fonctions nouvelles, la sensation, l'intelligence, la passion, la volonté. « Entre ces deux points de vue de l'animal, l'animal organique doué d'un système nerveux, et l'animal sensible, la même loi de distinction et d'harmonie doit être posée qu'entre l'organisme et les lois physico-chimiques, ou encore qu'entre celles-ci et les pures lois mécaniques. Toutes les fonctions antérieures se réunissent pour établir la base, sur laquelle la sensibilité s'élève,... mais le problème de la réduction de la sensibilité aux lois inférieures n'a aucun sens raisonnable[2]. »

1. Renouvier répugne même à l'idée « d'une force agissant sur le tout et préexistant dans le germe, dans le *tout potentiel*, en sorte que, suivant une formule de Kant, *la raison du mode d'être de l'organisme est dans le tout et non dans chaque partie pour elle-même...* Si la force est posée en soi,... les forces spécifiques des diverses parties, des divers éléments organiques, ne sont plus rien pour elle-même; l'harmonie disparaît devant la création; au lieu d'êtres associés selon certaines lois de sujétion et de métamorphose, on se trouve en face d'une abstraction chargée de tout produire et de tout gouverner... Une fin peut se réaliser par une association de phénomènes convergents, donnés cependant pour soi, dans des êtres pour soi; il n'est pas nécessaire qu'elle soit présente, avec une force à ses ordres en tant que principe un et primordial de chaque organisme complexe... Etendons nos vues, la formule de Kant est vraie, mais n'en limitons pas l'objet, appliquons-la à cette loi générale de l'harmonie naturelle et de la conspiration des parties pour le tout, sans laquelle le monde n'aurait plus de sens pour nous. La véritable question des causes finales, celle de leur siège, si elles en ont un en dehors des consciences particulières, et cela dès lors dans une conscience antérieure à toutes les autres, embrasse la nature entière et non pas seulement l'organisme. La biologie ne la résoudra point. » *Psychologie rationnelle*. I, p. 49-51. Tout se ramène ainsi à des êtres multiples, indépendants et à leurs rapports; la finalité ne rétablit pas les entités, elle est, comme la causalité, une harmonie, une correspondance, une loi ou une fonction.

2. *Psychologie rationnelle*, I, p. 69.

Ce qui caractérise la sensibilité, abstraction faite de ses différences spécifiques (attouchement, chaleur, plaisir et douleur, etc...) c'est « quant au *soi*, la forme même de la conscience, avec des rapports de durée; quant au *non-soi*, l'extériorité, des rapports d'étendue. » Toute sensation implique soi et non-soi, à quelque degré la conscience, et, plus ou moins distinctement, est fonction de l'étendue. Elle est la plus simple forme de l'expérience, la représentation dans l'opposition première des deux termes qu'elle implique. La sensibilité, pour Renouvier, embrasse toutes les données immédiates, les synthèses primitives et confuses que la conscience subit sans les réfléchir, bien que déjà elle y intervienne. A la considérer du dehors, elle est liée à des mouvements externes, qu'il appartient à la physique de définir, à des vibrations nerveuses que la physiologie n'a point encore élucidées, mais aucun progrès de la science ne comblera l'intervalle qui la sépare du mouvement. On pose de vains problèmes qu'on résout en s'abandonnant à la mythologie des substances et des causes. On fait sortir la vie de la matière, la sensation de la vie, tout l'esprit de la sensation ; on ne remarque pas « que la cause n'est point séparée, qu'elle est inintelligible sans l'effet, et ne l'explique pas plus qu'elle n'en est expliquée, et que ce qu'on nomme substance, n'offre jamais en déroulant ses modes que les propriétés qu'on a bien voulu renfermer dans le premier concept qu'on s'en est formé ». Bien qu'il faille distinguer l'entendement de la sensibilité, on ne peut plus dire ici qu'il s'y ajoute comme quelque chose d'entièrement nouveau, d'entièrement distinct. « A quelque degré que la représentation descende, les catégories, certaines d'entre elles au moins (relation, nombre, position, succession, qualité), y prennent un rôle nécessaire, dès que l'on suppose une conscience vraiment distincte et qui s'oppose extérieurement ses objets. Dans l'animal, certaines formes générales, certains rapports régulateurs accompagnent toujours les données spécifiques des sens. » Si d'ailleurs la sensibilité ne va pas sans un premier exercice de l'entendement, elle ne suffit pas à rendre compte de l'expérience, comme le prouve la différence de l'homme et de l'animal : « les formes catégoriques, si nettement accusées chez l'homme, ne se formulent pas distinctement, ne se dégagent pas pour la réflexion, mais restent à l'état d'enveloppement dans la conscience des animaux même supérieurs[1]. » Le problème des idées innées, si longtemps débattu dans les écoles, tombe avec cette remarque que la sensibilité et l'entendement se supposent mutuellement, que ni l'un ni l'autre ne peuvent prétendre à une antériorité chronologique ou même logique.

Dans la sensibilité les catégories restent enveloppées, à l'état de synthèses confuses; dans la vie proprement humaine, les fonctions se dégagent et se distinguent comme les catégories auxquelles elles répondent. En tant que fonctions subjectives, les catégories liées à la constitution de l'objet donnent l'*intelligence*. Relation, nombre, position, succession, devenir, qualité, autant « de lois qui, réunies sous la loi de conscience dans l'homme, cependant caractérisent essentiellement le non-soi. Les fonctions dépendantes de ces catégories, comparaison, numération, imagination, mémoire, séries de la pensée, raison, ont un caractère commun : la subordination de l'élément représentatif à l'élément représenté dans la représentation. Sous ce point de vue, il est permis de leur attribuer un même nom. Nous adoptons celui d'*intelligence*[3] ».

Examinons les fonctions dans leur correspondance aux catégories. La plus générale et la plus abstraite des catégories, la relation, donne la *comparaison* qui tour à tour rapproche et distingue, compose et décompose, devient la synthèse et l'analyse en acte. Comme la relation est la loi

1. *Psychologie rationnelle*. I, p. 82-3.
2. *Ibid.*, I, p. 97.
3. *Ibid*, I, p. 215.

des lois, cette fonction générale se retrouve en toutes les autres, se détermine par elles, y prend ses points de vue. La loi du nombre, comme fonction, devient la *numération*, « la *conscience des phénomènes comme uns, plusieurs et touts dans leurs relations* ». Le nombre est un élément de tout rapport et l'on s'étonne que la psychologie n'ait pas reconnu à toutes les époques le caractère original de cette fonction et sa nature irréductible. A la loi de position répond l'*imagination*, « la *conscience des phénomènes comme limités, séparés d'espace et déterminés d'étendue dans leurs relations* : d'où la représentation des distances et des figures ». Cette vision dans l'espace n'est pas seulement la forme de la sensation, elle s'étend aux images qui la répètent ou que l'esprit combine dans ses constructions. La loi de succession donne la *mémoire* et la *prévision* c'est-à-dire « la conscience des phénomènes comme limités, séparés de temps et déterminés de durée dans leurs relations ». Les deux fonctions, mémoire, prévision, sont analogues et se correspondent parfaitement ; « elles ne présentent d'autres différences que celles qu'entraîne la thèse de l'objet, posé dans le passé pour un cas, posé dans l'avenir pour l'autre. Le phénomène de la reconnaissance a également lieu, soit quand la comparaison se fait entre le souvenir et la perception présente, soit quand elle rapproche la perception présente de celle qui était attendue avant de se produire[1]. » La mémoire n'est rien de plus que la loi de durée devenue fonction. Les psychologues, depuis Aristote, se sont posé un problème absurde, auquel ils ont apporté des solutions chimériques, quand ils se sont demandé « comment il se fait qu'on se souvienne d'un objet absent, la modification de l'âme étant présente ». L'hypothèse des *traces* est une théorie physiologique qui ne peut jeter aucune lumière sur la mémoire elle-même. La vérité est qu'il n'y a là aucun problème, lorsque dans

1. *Psychologie rationnelle*, t. I. p. 112.

la modification présente on introduit comme élément une condition de temps. « Qu'a de plus étonnant la conscience d'un fait donné comme *antérieur*, et à telle époque, que celle d'un fait donné comme *éloigné*, et en tel lieu? c'est seulement une autre catégorie. Vouloir s'expliquer l'existence et l'usage des catégories, c'est chercher la raison de la représentation, comme si l'on pouvait sans la supposer, rendre compte de quelque chose[1]. » Se souvenir et prévoir n'est rien autre chose que penser sous la forme du temps. La mémoire et la prévision sont inséparables de la conscience, l'instantané n'existe pas pour elle. « La conscience sans durée n'est donc rien qu'une pure abstraction de la conscience; et, d'un autre côté, la durée sans la mémoire n'est rien pour la conscience : en effet, celle-ci ne pourrait être dite *durer*, lorsqu'elle se décomposerait en une infinité de fractions instantanées, qu'elle ne se représenterait pas comme successives et *siennes*. Ce sont là des énoncés, mais positifs, de la loi que les doctrines substantialistes appellent *identité personnelle* et *permanence du moi*. Cette loi est la représentation même, en tant que divisée, unie et ordonnée selon la durée... Le mystère de la mémoire n'est pas autre que celui de l'existence de phénomènes sous des lois[2]. » Cette théorie de la mémoire, qui résout le problème en le niant, qui aux explications métaphysiques substitue la constatation d'un fait, d'une loi irréductible, nous aide à entendre la méthode de Renouvier, qui, se tenant à son point de vue de la pluralité, n'hésite pas plus à multiplier les principes d'explication que les êtres.

A la catégorie du devenir, répond la fonction du *changement*, qu'on appelle d'un terme impropre, trop étroit, l'association des idées. La fonction du changement est une fonction primitive qui n'est point à expliquer, qui répond

1. *Psychologie rationnelle*, t. I, p. 113.

2. *Ibid.*, p. 114-5.

au mouvement naturel par lequel la conscience passe par une suite de pensées, se développe dans le temps en une série de rapports successifs. D'une façon générale, les rapports selon lesquels les états successifs s'enchaînent sont déterminés par les catégories, par toutes les relations qui peuvent s'établir dans une même catégorie ou d'une catégorie à l'autre. La pensée peut offrir autant de modes de transition qu'il y a de rapports entre une représentation donnée et des représentations possibles. Sur la question de savoir comment en fait telle série est donnée à l'exclusion de tant d'autres qui seraient également possibles, comment un objet se pose en rapport avec tel autre objet, lorsque d'autres objets s'ensuivraient tout aussi logiquement, il faut en chercher la solution dans l'expérience externe et ses données, puis dans l'appétit de l'animal, dans la passion : « la loi de finalité est celle qui préside avant tout aux séries de pensées ». L'homme doué de réflexion, peut, par la volonté, diriger dans un sens défini le cours de ses représentations. L'habitude ne saurait être, comme on le veut, le premier principe de l'association, parce qu'elle répète ce qu'elle ne crée pas. Disons donc que « la pensée se reproduit d'un mouvement spontané dans l'ordre quelconque une fois donné ou répété, *primitivement* dû à l'expérience, à la passion, à la réflexion, à la volonté [1] ».

A la catégorie de qualité répond, comme fonction, la *raison*. Il ne faut donc pas entendre par raison une faculté qui s'oppose à l'entendement, une faculté chimérique de l'infini, de l'absolu, une faculté de penser contre la loi de toute pensée. La raison est la fonction de *spécification*, l'application réfléchie de la catégorie de qualité aux objets de la conscience ; elle différencie et elle généralise, elle classe et elle définit ; la spécification permet la *signification*, c'est-à-dire « l'attribution faite à chaque terme

1. *Psychologie rationnelle*, t. I, p. 133.

défini, d'un certain objet sensible correspondant, destiné à occuper l'imagination et la mémoire, ou, s'il se peut, la sensation directement, tandis que la raison pose le terme même ». L'homme parle parce qu'il pense. Le signe est tout à la fois une image et une espèce, il n'a de sens que parce que la raison, à peine posé, l'envisage comme exprimant tous les individus d'une classe, et compris lui-même sous une signification plus étendue qui est celle du genre. « L'intervention des termes abstraits et généraux dans la représentation confère à tous les rapports, et aux fonctions qui les rassemblent, un caractère que ne présentaient point la sensation, l'imagination, la mémoire, la série des pensées, quand elles n'avaient que les particuliers pour matière... Ainsi commencent les classifications et les conventions, fondements de l'œuvre de la science[1]. »

Les catégories, auxquelles répondent les fonctions intellectuelles, sont des lois qui, bien que réunies sous la loi de conscience dans l'homme, cependant caractérisent essentiellement le représenté, le non-soi : relation, nombre, position, succession, devenir, qualité. L'intelligence est éminement représentative; elle est comme tournée vers le dehors pour le réfléchir. On la caractérise par des termes empruntés à la vision, et à la condition de ne pas prendre à la lettre une métaphore plus qu'inexacte, on peut dire qu'elle est *un reflet vivant des objets, un miroir qui voit ses images*. « L'homme se croit volontiers le spectateur passif de ces nombres, de ces images, de ces espèces qui composent un monde opposé à lui[2]. » Cette illusion répond à l'attitude intellectuelle. Les causes et les fins sont encore données en des objets qui occupent la scène du monde ; mais ici, c'est d'abord en nous-mêmes, dans la vie consciente que nous trouvons la

1. *Psychologie rationnelle*, I, p. 136.
2. *Ibid.*, p. 200.

tendance et l'effort, l'élément intuitif que la catégorie universalise en le projetant dans les choses. On peut dire en ce sens que les fonctions qui répondent à ces catégories, la passion et la volonté, subordonnent le représenté au représentatif dans la représentation.

La passion est la fonction donnée dans la synthèse d'un état et d'une tendance de la conscience. Intervalle de deux états, la tendance est relative tout à la fois à un état initial, qui est le point de départ, et à un état final, qui est le point d'arrivée, elle est par suite négative de l'un et de l'autre. L'état initial peut être manque, besoin, imperfection, l'état final plénitude, perfection relative, ou inversement, de là le caractère antithétique des modes de la passion. « La passion contient un rapport essentiel avec la finalité ; toute passion existe sous condition d'une fin proposée, et les passions varient avec les fins. » D'une fin donnée d'ailleurs on ne déduit pas plus la passion que du mouvement externe la sensation : on constate le rapport comme un fait premier de la nature humaine. On peut considérer la fin, ou comme aperçue dans un éloignement plus ou moins grand, ou comme présente, possédée avec une certaine stabilité, ou au moment même où elle est atteinte. « La conscience est diversement affectée dans ces trois cas, et c'est là une première base de la classification générale des passions. » Renouvier cherche donc le principe de sa classification non dans les objets d'abord, mais avant tout dans le sujet, dans la manière dont il réagit à l'égard des fins, selon qu'elles se présentent sous diverses conditions de temps. Si la fin s'offre à distance comme possible, comme réalisable, nous avons les passions *développantes*, c'est-à-dire celles par lesquelles l'être tend non seulement à la conservation mais au développement de son être (formes fondamentales : *désir*, *aversion* ; *bien*, *mal*, *beau*, *laid* ; formes dérivées : *espoir*, *crainte*, *résignation*, *désespoir*, etc.). Les passions *possédantes*, c'est-à-dire qui accompagnent la possession de la fin réalisée sont, dans leur antithèse, la *joie* et la *tristesse* que Renouvier distingue du plaisir et de la douleur : il y a des plaisirs sans joie, des douleurs volontaires sans tristesse. Au moment de la réalisation d'une fin favorable ou contraire, il se produit dans la conscience, comme passive et affectée, une *émotion*, et dans la conscience, comme active et se soulevant d'elle-même, un *transport* (passion *acquérante : enthousiasme, attendrissement, étonnement, sentiments du sublime et du ridicule; colère*, etc.). Le principe du *développement* de l'*être* est fondamental dans la passion, et prime, en théorie comme en fait, le principe de *conservation de soi*, que plusieurs philosophes ont préféré.

La volonté répond à la catégorie de causalité, et, en tant que libre, qu'assurant à l'individu un champ d'action où il ne dépend que de lui-même, à la catégorie de personnalité. « La volonté est la *force*, en tant que synthèse de l'*acte* et de la *puissance* dans la conscience humaine : synthèse de la *puissance*, c'est-à-dire des phénomènes possibles en vertu de la constitution fonctionnelle et des conditions données; et de l'*acte*, c'est-à-dire des phénomènes actuels, qui ne se comprendraient point sans cette puissance[1]. »

Avant d'étudier la volonté, qui est la fonction humaine par excellence, car la raison la suppose, et la science, comme la morale, est suspendue aux problèmes qu'elle pose et qu'elle permet seule de résoudre, montrons tout à la fois et l'unité et la distinction des quatre grandes fonctions humaines : sensibilité, intelligence, passion, volonté, que nous avons définies dans leur relation aux lois primordiales de la représentation. Ici encore Renouvier maintient le plusieurs contre l'un, la multiplicité des fonctions humaines contre la prétention de les faire toutes sortir d'un phénomène unique. Isolez l'intelligence,

1. *Psychologie rationnelle*, t. III, p. 291.

elle ne comporte ni l'effort, ni l'activité, rien ne s'oppose à elle, parce qu'elle ne s'oppose à rien; tout est indifférent devant elle; elle est l'identité parfaite du percevant et du perçu, de l'intelligent et de l'intelligible; le bien et le mal, le vrai et le faux s'évanouissent. Imaginez tous les êtres sur ce modèle, le changement devient incompréhensible; d'où, comment, pourquoi les représentations varieraient-elles? Le temps et la sensibilité disparaissent, il reste la contemplation invariable, éternelle, l'inintelligible pensée de la pensée. La volonté pure n'est que le hasard; conçue à part de l'intelligence et des affections, elle n'apporte dans les choses aucun caractère de vérité ni de bonté. Ce n'est point assez, pour avoir l'homme, d'unir, comme tant de philosophes, l'intelligence et la volonté : la volonté n'est pas le désir, elle n'implique pas nécessairement attrait, préférence; elle répond à la loi des causes, non à la loi de finalité. « Entre l'intelligence et la volonté, la passion est comme un centre des phénomènes humains... Sans elle on peut dire que les éléments de la nature humaine seraient comme désunis, l'entendement glacé, la volonté indistincte et machinale; les phénomènes, que la logique seule enchaînerait, n'affecteraient pas la conscience autrement que ces images, ces fantômes que Démocrite imaginait traversant la pensée des morts. C'est d'après les mouvements divers de la passion en nous que nous apprécions la nature relative des biens et que, par suite, le bien même nous est révélé. » A ces trois fonctions il faut ajouter « la sensibilité, c'est-à-dire la représentation des phénomènes donnés immédiatement comme indépendants de la conscience et pourtant soumis à ses lois. » Que les diverses fonctions humaines s'impliquent, qu'elles se supposent, l'expérience l'atteste, mais il faut maintenir qu'inséparables dans la synthèse, qui est l'homme même, les fonctions gardent leur originalité et restent irréductibles les unes aux autres.

III

Les fonctions de conscience qui constituent la vie psychique ne sont pas étrangères à l'animal. Rien ne saurait être plus opposé à une philosophie qui ramène tout à la représentation et à ses lois que l'automatisme cartésien, « cette puissante et monstrueuse hypothèse qu'adopta si facilement la dévotion étroite du XVIIe siècle[1] ». L'animal est passion : sous les noms d'instinct, de tendance, la passion est le fond de son existence, le principe de son activité, que dirige une finalité plus ou moins obscurément aperçue. L'animal est intelligence : nous devons lui accorder de la représentation tout ce qu'en implique sa manière d'agir. « Il ne paraît pas douteux qu'il ne compare, c'est-à-dire qu'il ne perçoive des rapports : il compose les phénomènes, puisqu'il se détermine selon les synthèses qui lui sont présentées, et il les analyse, puisqu'il les distingue et qu'un objet joint à un autre ne l'empêche pas de reconnaître celui-ci[2] ». Le maître du chien, ce maître qui a changé de vêtements, qui prend sa canne pour sortir ou pour l'en frapper, est pour le chien un seul et même objet affecté d'attributs différents. Par cela même qu'il sépare certains attributs d'un sujet pour les rapporter à d'autres, l'animal en un sens abstrait, généralise et juge, il n'est pas emprisonné dans les sensations qu'il a éprouvées, il en dégage une sorte d'expérience qu'il applique, sans se laisser déconcerter par la diversité des circonstances. Nous pouvons nous faire une idée de ce qu'est ce jugement animal « en portant notre attention sur ceux de nos jugements irréfléchis, très prompts et presque instantanés qui sont suivis d'une action immédiate. » L'animal raisonne comme il juge, il

1. *Essai de psychologie*, t. I, p. 185.

2. *Ibid.*, p. 101.

ne décompose pas ses jugements pour en discerner les termes, il n'enchaîne pas des idées qui s'enveloppent, il ne se réfère pas à des principes, il déduit par une sorte d'imagination, de prévision, il envisage une suite d'actes qui mènent à un but, il relie des intuitions, il coordonne des images[1], qui constituent à la fois et les prémisses et la conclusion.

Mais si Renouvier admet que l'animal participe à la représentation, s'il retrouve en lui comme une ébauche des diverses fonctions de l'intelligence humaine, il maintient ici encore le principe du discontinu, en affirmant la différence mentale spécifique qui distingue la pensée de l'homme, et fait apparaître avec elle une forme nouvelle, jusqu'alors irréalisée, de la représentation. Ce qui caractérise l'homme, ce qui le distingue de l'animal, c'est le retour sur ses fonctions propres, c'est la *réflexion*. L'animal a l'intelligence : « mais rapporter des rapports en tant que tels à la conscience,... en comparant se représenter la comparaison même, et distinguer, composer les rapports ainsi abstraits, au lieu des groupes naturels et immédiats, c'est le fait de l'homme seul[2] ». En d'autres termes, l'animal compare, mais il ignore la comparaison, il en reste à l'action toute spontanée qui s'exécute sans se connaître; il ne dégage pas la fonction des éléments dont elle opère la synthèse, il établit des rapports, il n'examine

1. « Je me souviens qu'Etienne Geoffroy Saint-Hilaire racontait, dans une de ses leçons, comme exemple à l'appui de l'existence du raisonnement chez les animaux, le trait suivant d'intelligence dont l'avait rendu témoin un chimpanzé récemment arrivé au jardin du Muséum. Cet animal se suspendait à une corde qui portait un nœud dans sa longueur, et il cherchait à défaire ce nœud au-dessus de sa tête, tandis que son poids tirant au-dessous tendait à le serrer. Après quelques efforts, il s'avisa du véritable état des choses, et alors, remontant le long de la corde, au-dessus du nœud, et se tenant renversé, la tête et les bras en bas, il parvint à faire passer dans le lacs le bout de la corde demeuré libre... Cette opération mentale s'explique tout simplement par l'intuition, c'est-à-dire par l'imagination et la prévision qui représentent à l'animal la situation de la corde et de son propre corps dans des conditions autres que celles qui sont actuellement réalisées. » (*Essai de psychologie*, t. I, p. 194).

2. *Essai de psychologie*, t. I, p. 101.

pas ces rapports en eux-mêmes, il juge, il ne sait pas distinguer l'acte du jugement des termes particuliers qu'il lie. L'homme s'oppose ses propres phénomènes, il applique la pensée à la pensée elle-même, il sait ce qu'il fait, la manière dont il le fait; il prend pour objet de connaissance l'action même par laquelle il connaît, il en discerne le mécanisme, il la ramène à certaines lois : « dans la conscience se posent, déterminés comme non-soi, les phénomènes mêmes qui se caractérisent d'abord comme soi, et elle les soumet à ce procédé d'analyse et de synthèse, dont la portée, chez l'animal, ne paraît point dépasser les objets empiriques, immédiatement posés autres que lui-même[1] ». Cette conscience de la conscience, cette relation des relations est la réflexion, condition du langage et du raisonnement véritable, parce que seule elle permet de s'élever à l'universalité abstraite, d'isoler des intuitions particulières les rapports qui y sont contenus, et de faire porter sur ces rapports, exprimés dans des termes généraux, les grands procédés de l'analyse et de la synthèse. C'est à tort que l'on compare l'entendement de l'animal à celui de l'enfant : dès les premiers efforts de la vie de relation, l'enfant est porté à attacher un nom à l'objet ou à la passion qui l'affecte, il généralise vaillamment et sans réserve, il réfléchit sur ses jugements, il les compare, il se fait des principes et toujours très rigoureux, il raisonne et avec d'autant plus de force et de liberté qu'il a moins d'habitudes formées : « un très grand nombre d'hommes raisonnent plus et mieux à douze ans qu'à cinquante (p. 189). »

Pourquoi l'animal ne s'élève-t-il pas jusqu'à la réflexion ? pourquoi ne prend-il pas pour objet de connaissance ses fonctions représentatives ? C'est que la réflexion, selon Renouvier, bien que logiquement possible, serait vaine « pour un être qui ne jouirait point de cette volonté

1. *Essai de psychologie*, t. I, p. 101.

mobile et libre par laquelle nous nous représentons nos propres actes comme dépendants de nous. Ce qui est vain, c'est-à-dire sans but et sans effet, ne saurait se produire[1] ». A quoi bon détacher la forme de l'action des éléments qu'elle combine, si ce n'est pour diriger cette action ? A quoi bon savoir comment on agit, si ce n'est pour s'emparer de cette activité spontanée, pour la diriger, pour faire sortir de la connaissance de ce mode d'agir des formes d'action nouvelles? Ce qui vraiment différencie l'homme de l'animal, ce qui transforme les fonctions qu'il a en commun avec lui, c'est la volonté. Centre de l'étude de l'homme, le problème de la volonté est le problème psychologique par excellence : de la solution que nous lui donnons dépend l'idée que nous nous faisons de la certitude et de ses rapports à la croyance, notre conception de la vie morale, de son sens et de ses conditions, en conséquence la synthèse générale par laquelle dépassant l'expérience présente nous relions le monde visible au monde invisible, dans le pressentiment raisonné de nos destinées.

Qu'est-ce donc que la volonté? Rien de plus nécessaire que de ne pas fausser, en le constatant, ce fait primordial de la nature humaine. La volonté n'est pas la spontanéité avec laquelle on est trop souvent tenté de la confondre. Les phénomènes de la vie, la succession des faits de conscience dans la rêverie et dans le rêve, l'acte qui dans la passion ou dans l'instinct se réalise sous l'influence immédiate du désir, ne se produisent pas par un pur mécanisme, par une simple juxtaposition d'éléments extérieurs ; dans tous ces cas le changement s'explique par la nature de l'être, par les seuls éléments qu'elle enveloppe

1. *Ibid.*, p. 103-4. « La conscience n'est pas autre, comme fonction, quand s'oppose au soi tel groupe de phénomènes donné dans le non-soi, et quand s'y oppose tel autre groupe dont les éléments étaient d'abord enveloppés dans le soi. Or, c'est bien là toute la différence entre une sensation et une réflexion. » Bref, la réflexion est un cas particulier de la conscience, considérée comme fonction et, à ce titre, serait possible à l'animal.

et qu'elle organise; mais il y a loi donnée, conséquence nécessaire des conditions posées[1]. Ce n'est pas assez, pour qu'il y ait volonté, qu'on trouve dans un être, dans le système clos pour ainsi dire des phénomènes qu'il ordonne, tout ce qu'il faut pour expliquer son action. « Mais quand aux autres représentations de conscience se joint celle d'appeler, suspendre ou bannir ces mêmes représentations; quand le pouvoir qui résulte de la généralisation de ce phénomène paraît établi, grâce à ces faits d'attention, d'abstraction systématique, de réflexion soutenue et variée dont l'ensemble est une véritable analyse automotrice; quand l'indépendance de la représentation appelante, suspensive ou bannissante trouve une confirmation spécieuse dans la divergence des actes humains, dans leur opposition et dans l'imprévu de leurs conséquences; quand une passion est retenue et neutralisée, puis vaincue, puis extirpée jusqu'à sa racine par l'appel et le maintien constant de quelque motif pris de plus haut ou de plus loin, d'ordre différent : alors il faut dire qu'il y a volonté. [2] »

Essayons d'entendre la pensée de Renouvier. Pour le vulgaire la volonté est une sorte d'entité, extérieure aux représentations, qui les compare et qui les juge, une cause séparée des passions qui entre en lutte avec elles, les repousse ou les accepte et s'y complaît; j'éprouve une tentation, j'y résiste; l'imagination réalise cette lutte dans des termes distincts, opposés, dans la lutte chimérique de facultés dont le théâtre est l'âme individuelle. Selon les déterministes, en vertu des lois nécessaires de l'association, l'idée d'un acte appelle celle de son contraire, en même temps que tout le cortège des motifs et des mobiles liés à ces deux décisions; et la volonté n'est que l'oscillation plus ou moins longue et l'équilibre final,

1. « Le groupe évoluant, depuis le grave qui tombe, jusqu'à la conscience qui se passionne, suit sa loi et ne la fait point. Tout cela n'a rien de commun avec la volonté. » *Psychologie rationnelle*, t, I, p. 299.

2. *Essai de psychologie*, t. I, p. 299-300.

selon les lois d'une sorte de mécanisme interne, de représentations qui ne peuvent se maintenir simultanément dans la conscience. La thèse originale de Renouvier, c'est que la volonté n'est ni une faculté séparée, ni une lutte d'idées dont la plus forte triomphe, mais qu'elle est un caractère de la représentation elle-même. La volonté est sur son véritable théâtre « à l'origine et à chacun des embranchements des séries de la pensée réfléchie dans l'homme. » C'est la représentation elle-même qui est volontaire, qui peut s'appeler, se soutenir et se suspendre, au milieu de cette matière de fins et d'images que l'instinct et l'expérience accumulent pour elle et d'où elle emprunte ses éléments (I,395). « Un grand fait est donc celui-ci : que la représentation se pose en puissance, comme suspensive d'elle-même, et comme suscitative de telles autres qu'elle envisage dans l'avenir [1] ». L'idée d'une action que je juge contraire à la loi morale se présente à moi ; à la conscience de cette idée se joint la conscience que cette idée n'est pas nécessaire, qu'elle peut se nier elle-même, qu'elle n'a pas pour conséquence prédéterminée telle autre idée à laquelle je ne saurais me soustraire, qu'elle peut susciter la représentation de la résistance aussi bien que celle de l'abandon, sans que l'un des termes de l'alternative soit déjà donné dans le seul fait qu'elle est présente à l'esprit. Ainsi la volonté n'est pas extérieure à la tentation, elle est un caractère de la représentation même du mal, qui peut se nier elle-même ou s'accepter, susciter et maintenir l'idée de la victoire comme celle de la défaite. En un mot la représentation est « automotrice » ; son cours n'est pas déterminé par des lois qu'elle subit, sans y intervenir ; elle se fixe, elle se repousse, elle se lie à tels ou tels conséquents également possibles qu'il dépend d'elle d'appeler à l'existence. « J'entends par volition le caractère d'un acte de conscience qui ne se représente pas simplement donné,

1. *Essai de psychologie*, t. I, p. 300.

mais qui se représente pouvant ou ayant pu être ou n'être pas suscité ou continué, sans autre changement apparent que celui qui se lie à la représentation même en tant qu'elle appelle ou éloigne la représentation [1] ». Ainsi entendue, la volonté ne nous fait pas sortir du phénoménisme, elle n'est pas une faculté distincte des motifs, qui les fait comparaître devant elle et les juge du dehors, elle ne se distingue pas de la représentation, elle en est un caractère, une loi; c'est la représentation même qui se maintient, se bannit, appelle d'autres représentations, prouve sa puissance par ses succès, son indétermination par l'imprévu de ses conséquences. Etre cause par ses représentations de ses représentations mêmes, voilà la volonté. Renouvier ne veut d'ailleurs ici que constater impartialement les données de la conscience, que décrire les faits intérieurs sans dépasser l'apparence, sans se prononcer sur sa valeur ou sa réalité. Comme la volonté, le sentiment de l'effort qui l'accompagne est un caractère de la représentation; par cela même qu'elle est volontaire, « la représentation est un effort pour se maintenir, un effort pour s'éloigner, un effort pour appeler et se substituer telle représentation différente, avec laquelle elle forme par cela même une synthèse causale dont il est impossible de rien dire de plus [2] ». Toute volition réfléchie est un effort, et l'effort est plus ou moins grand, selon qu'il y a plus ou moins de différence ou d'opposition entre les phénomènes suscités volontairement et ceux qui se seraient produits selon les seules lois de la spontanéité.

Les représentations directrices, déterminantes, qui sont la volonté même, interviennent dans la vie consciente

1. *Essai de psychologie*, I, p. 301.

2. *Psychologie rationnelle*, I, p. 304. « Puisque, selon l'apparence que je ne cesse de suivre, un antécédent a plusieurs conséquents possibles, et qu'il n'y a point de série prédéterminée que la conscience connaisse, la volonté est un principe de solution de continuité des phénomènes ; elle n'obéit point à une loi *a priori* : elle modifie des lois, et elle en fait, qui ne deviennent telles que pour l'observation qui les constate *a posteriori*. »

et font le caractère original de la vie proprement humaine. Par la volonté l'attention n'est plus seulement passionnelle, spontanée, elle est un effort qui dépend de nous, elle est la représentation, se maintenant elle-même pour se faire plus distincte, pour se développer dans ses éléments et dans ses rapports. La réflexion, qui dégage l'opération subjective des actes particuliers où elle se dissimule, qui regarde comme du dehors les faits internes, change pour ainsi parler le soi en non-soi, la réflexion n'est possible que par l'acte volontaire qui retient la représentation pour l'analyser, pour en abstraire les lois subjectives, en résistant au courant naturel des pensées qu'emportent la passion, l'habitude et les sensations sans cesse renouvelées. « La conscience de la conscience, distincte, soutenue, continuée est une fonction volontaire, et quand nous la possédons c'est que nous nous la donnons[1]. » Par la volonté toutes les fonctions intellectuelles se transforment, s'étendent, prennent la marque propre de l'humanité : nous ne sentons plus, nous voulons sentir; voir devient regarder ; nous redressons les illusions de la mémoire et de l'imagination ; nous allons au-devant du souvenir, nous dirigeons selon nos fins la série de nos pensées; nous nous élevons vraiment à la raison, en ramenant le raisonnement aux règles qui le justifient et qui le vérifient : « c'est le développement du vouloir, c'est le passage de la spontanéité simple à la spontanéité libre, qui marque l'avènement de la conscience humaine au sein de la nature. »

Pour achever de définir la volonté, sa nature et ses lois il faut marquer les limites du domaine où elle s'exerce. Il semble que le pouvoir volontaire se révèle à nous d'abord par les mouvements qu'il imprime à l'organisme : niez la liberté devant un homme simple, il lèvera le bras. Selon Renouvier, la volonté est un caractère de la représentation, elle est enfermée dans la sphère de la cons-

1. *Psychologie rationnelle*, I, p. 316.

cience, son effort est toujours un effort idéal, tout intérieur; c'est à tort qu'on lui attribue le pouvoir locomoteur, elle n'agit pas directement sur les muscles pour les mouvoir. L'étude des rapports du mouvement aux faits représentatifs lui sert à justifier ce paradoxe apparent. Et d'abord il faut maintenir que les faits psychiques modifient l'organisme, y produisent des changements réels par une action efficace ; rien à cela de surprenant si on laisse à la cause son caractère phénoménal, si l'on se souvient qu'elle ne passe pas dans l'effet, qu'elle ne s'y transforme pas, qu'elle est une loi, qu'elle pose une relation, qu'elle n'exprime rien de plus que la concordance harmonique des phénomènes dans le devenir. Que « les fonctions inférieures soient des conditions d'existence des fonctions supérieures », les faits le prouvent et l'on ne songe guère à le nier, « mais cette loi n'est que la moitié de ce que l'expérience nous enseigne. Lorsque l'être est envisagé à ce degré de l'évolution des phénomènes où un organisme complet est donné avec les fonctions passionnelles et volontaires, un ordre nouveau et inverse de causalité s'établit, observable il est vrai dans les limites de l'animalité supérieure seulement, mais cela suffit et la loi que je constate est cela même. Les fonctions élevées à la conscience se subordonnent de plus en plus les fonctions inférieures et les dirigent, et la nature change en quelque sorte de face [1]. » Ainsi le supérieur est lié à l'inférieur, sa condition ; par là il en dépend, mais il n'en sort pas, il n'en est pas une métamorphose, il en reste distinct, quelque chose de nouveau commence avec lui, il a une existence propre et il réagit à son tour sur ce qui le précède.

L'instinct, la passion (troubles organiques concomitants, physionomie), l'imagination (action de médicaments imaginaires ; baquet de Mesmer, hallucinations) modifient l'organisme, y produisent des mouvements. « A nous en tenir

1. *Essai de psychologie*, I, 357.

aux faits observables, nous voyons des phénomènes représentatifs précéder constamment certains phénomènes organiques et physiques (ordre de l'imagination et des passions). Infirmer cette succession constante et la causalité qui s'ensuit selon la méthode positive, en alléguant l'existence de termes organiques latents qui seraient les vrais et essentiels précédents de ceux que nous apercevons dans les deux ordres, c'est jusqu'à nouvel ordre une hypothèse arbitraire et que la rigoureuse analyse ne permet point [1]. » Le rapport qui nous montre sous la forme la plus intéressante la production du mouvement par la représentation est la loi des mouvements préimaginés. Qu'un mouvement soit imaginé, qu'à cette image se joigne une passion plus ou moins vive, désir, crainte ou seulement attente anxieuse, il se manifeste dans les organes une disposition à réaliser le mouvement imaginé en tant que leur spontanéité le comporte (pendule de Chevreuil). Renouvier montre avec une grande perspicacité les applications multiples de cette loi féconde : il y rattache les faits d'excitation sympathique (contagion du bâillement, du rire), tous les cas de vertige, « où, contre les fins naturelles de l'individu et à son dommage, un mouvement physique, auquel une volition réfléchie serait loin de s'appliquer, se produit en suite de la représentation de ce même mouvement, dont la possibilité est imaginée avec un grand trouble passionnel », et ces analogues du vertige, fascination liée à la peur, possession démoniaque, monomanie homicide, prodiges prétendus du spiritisme (tables tournantes, etc).

Ainsi l'instinct, la passion, l'imagination se lient étroitement, en vertu d'une loi de concordance harmonique, à certains phénomènes musculaires déterminés ; faut-il admettre entre la volonté et le mouvement une relation du même ordre ? La volonté d'un mouvement détermine-

1. *Ibid.*, p. 382.

t-elle directement ce mouvement, comme le fait son image ? Deux remarques nous permettent de répondre à la question posée. En premier lieu, « la volonté peut précéder un grand nombre de faits de locomotion qui se produisent d'autres fois sans elle ; mais elle n'en précède aucun qui ne puisse en certains cas avoir lieu spontanément ». A le considérer en tant que phénomène organique, le mouvement volontaire n'a donc rien qui le différencie, qui le spécifie. En second lieu, « on sait et on convient universellement que jamais un mouvement n'est dû à la volonté formelle, sans que l'imagination ne l'envisage d'abord et sans qu'une certaine fin que la conscience se propose, une certaine passion par conséquent, ne lui serve de motif. Sur ce simple exposé, on doit conclure, ce semble, que ce que nous nommons la volonté n'est pas, à proprement parler, cause da la locomotion, et qu'il y a double emploi et vice de logique à la considérer comme telle[1]. » La volonté n'est jamais la cause prochaine, immédiate du mouvement, elle peut en être seulement la cause éminente, quand la représentation est volontaire ; mais entre la décision et le phénomène musculaire il y a toujours un intermédiaire, l'image passionnelle qu'elle maintient et qui lui sert de moyen. « La volonté produit la locomotion, dans certains cas, en ce sens seulement qu'elle appelle ou qu'elle cesse de suspendre une représentation, laquelle, en possession exclusive de la conscience, est immédiatement suivie du mouvement : ceci, à raison des lois qui rattachent les fonctions organiques à celles de la sensibilité, de l'entendement et de la passion[2]. » Nous voyons combien la pensée de Renouvier s'éloigne de celle de Maine de Biran qui dans l'effort musculaire croit voir l'application de la volonté même à l'organe qu'elle meut, et prend ce prétendu fait primitif pour point de départ de

1. *Essai de psychologie*, t. I, p. 394.
2. *Ibid.*, t. I, p. 399.

sa philosophie. Maine de Biran omet l'élément qui sépare la volition de la contraction musculaire, l'image du mouvement prévu. « Au moment où je me demande par exemple si je lèverai le doigt ou si je ne le lèverai pas, que puis-je saisir dans ma conscience ? ou ceci : le doigt représenté comme levé, sans opposition de fin contraire ou intervention d'aucune autre idée ; et alors le doigt se lève, comme dans le phénomène de vertige dont j'ai rendu compte ; ou cela : la représentation de ce même acte comme suspendu, et le doigt ne se lève pas [1]. » Cette théorie a l'avantage de ramener à l'unité le système des rapports entre les phénomènes représentatifs et les mouvements, et « elle élève dans une autre sphère le fait de volition proprement dit dont la biologie ne peut découvrir aucun signe, aucun fait correspondant de son domaine ». La volonté n'est liée directement à aucun fait organique, elle appartient exclusivement au monde représentatif. Quand je remue mon bras, quand je soulève un fardeau, le véritable effort n'est pas à chercher dans l'action directe de la volonté, « comme d'une sorte de ressort mystique », sur l'organe ; en tant que distinct des sensations consécutives de la peau et des muscles, l'effort est un rapport de la représentation avec elle-même, qui s'appelle, se maintient elle-même « de la manière et dans le temps voulu pour que des effets organiques se produisent et amènent les sensations qui leur correspondent ».

Si la volonté ne s'exerce que dans la sphère des représentations, ce n'est pas à dire qu'elle y règne souverainement, qu'elle n'y rencontre des limites, qu'elle l'occupe tout entière. L'expérience nous prouve à nos dépens que nous ne sommes pas toujours maîtres de nos idées, qu'elles nous possèdent parfois plus que nous ne les possédons. Pour achever de définir le domaine propre de la volonté, il faut faire la part des lois de la vie représentative qui

1. *Essai de psychologie*, t. I, p. 406.

tendent ou à la supprimer ou à l'empêcher de naître. Comme un vertige musculaire, Renouvier reconnaît un vertige mental qu'il étudie avec une admirable pénétration. « De même que l'imagination de l'acte possible conduit à l'obsession et finalement à l'acte, ainsi l'imagination d'un fait ou d'un système appelé à rendre raison de certains phénomènes conduit, en se répétant et se fixant de plus en plus, si bizarre qu'il soit souvent, à l'affirmation décidée de ce fait ou de ce système[1]. » C'est une forme nouvelle de vertige qui conduit de l'idée à l'affirmation, comme la première de l'image au mouvement, c'est la tentation de la démence, dont le caractère est de transporter la personne dans un monde individuel, imaginaire, où elle ne s'accorde plus, ne s'entend plus qu'avec elle-même. « La pensée constante du faux ou de l'absurde d'abord retenue par une négation également constante, mais jointe à quelque idée de possibilité, tend aux mêmes effets que la représentation répétée d'un acte déplacé, ridicule ou criminel. » Le fait primordial de la folie, au point de vue représentatif, est ce vertige mental, ce passage de l'imaginaire au réel, cette confusion de ce qui s'impose à la pensée et de ce qui est. La transition s'opère sous l'empire de la passion qui fixe la représentation, quand la volonté n'intervient pas pour opposer à l'idée fixe les idées antagonistes qui la réduisent. L'hallucination, le délire chronique, les songes, la suggestion somnambulique, tout le merveilleux du mysticisme et de l'extase, l'effet des pratiques machinales sur la croyance religieuse (Pascal), le mensonge à demi volontaire qui d'abord se mêle à l'esprit de système et de parti, toutes les erreurs nées de la passion, autant de faits qui de la folie déclarée à l'état normal nous montrent que l'idée devient affirmation, comme l'image mouvement, en se fixant, en s'isolant.

1. *Psychologie rationnelle*, t. II, p. 11. « La monomanie des idées part du même principe que la monomanie des actes. »

Les physiologistes ne veulent reconnaître que des causes et des remèdes physiques de la folie, parce que pour eux l'ordre des idées dépend tout entier de l'ordre des mouvements cérébraux qui sont leur condition nécessaire. Sans nier les causes corporelles de l'aliénation mentale, Renouvier maintient « qu'il existe un développement propre et spontané des fonctions représentatives duquel certains faits organiques dépendent. » Une idée appelle une autre idée directement, sans qu'il soit besoin de chercher dans le cerveau et ses vibrations la raison de cette liaison. S'il en est ainsi, la vie psychique a son indépendance, les perversions du jugement ne sont pas les conséquences nécessaires de l'état pathologique, les désordes de l'ordre représentatif relèvent des lois de la représentation. « Rien ne prouve que certains symptômes représentatifs ne puissent être éludés ou supprimés par une médication de même nature, c'est-à-dire intellectuelle et morale, tandis que la maladie suivrait peut-être son cours avec les symptômes physiques et vitaux qui lui appartiennent en propre... On peut ainsi placer dans une intervention régulière et constante de la réflexion et de la volonté dans les phénomènes représentatifs, un moyen efficace de résistance à l'aliénation, considérée dans ses caractères du même ordre [1]. » Renouvier en vient ainsi à concevoir comme une séparation de la maladie physique et de la maladie mentale que nous pourrions entraver par une discipline volontaire, par un contrôle incessant sur la passion, jusqu'au moment où les fonctions supérieures seraient rendues impossibles par l'absence de leurs conditions physiques nécessaires [2].

Ainsi les lois spontanées de la représentation par le ver-

1. *Psychologie rationnelle*, t. II, p. 25. « La plupart des hommes contractent des habitudes d'opinion et de croyance par suite de la répétition et de l'imitation, soit que la réflexion y ait ou non présidé à l'origine ou y soit intervenue depuis. Un vertige qui agit dès l'enfance devient souvent insurmontable, et c'est ainsi qu'on est de la religion de ses pères. »

2. *Ibid.*, p. 13.

tige mental, auquel tous à des degrés divers nous cédons incessamment, limitent le domaine de la volonté; mais dans l'ordre représentatif il n'est pas de servitude à laquelle on ne puisse graduellement se soustraire et il dépend ici de la volonté même d'étendre indéfiniment ses conquêtes. Pour prévenir la folie, pour s'opposer à ces formes multiples du vertige qui dans la vie normale en sont comme la menace et le principe, il faut élever la représentation de l'espèce d'inertie qui l'isole à la volonté qui la fait souple, vivante, en multipliant ses rapports, qui dans l'affirmation même maintient et réserve la liberté de l'esprit. Rien ici ne saurait remplacer l'influence d'une éducation rationnelle, « dirigée de manière à exercer la réflexion propre et indépendante, à fortifier la volonté, à créer l'habitude d'une comparaison désintéressée des motifs de juger et de croire dans tous les cas possibles. Le dernier mot de cette éducation, celui qui comprend tout, quand on la creuse, est *savoir douter*, *apprendre à douter*. L'ignorant doute peu et le fou ne doute jamais. »

IV

Lorsque l'idée d'un acte à accomplir se présente à la conscience, cette idée peut se fixer, se maintenir elle-même, se repousser, évoquer toute une suite de représentations qui la confirment ou qui la nient, par là se soustraire aux lois d'une association nécessaire, définir ses propres relations. Quand on n'ajoute aucune abstraction, aucune théorie au fait psychique, c'est à cette indépendance de la représentation « automotive » que se ramène la volonté. L'analyse ne fait ici que constater le phénomène intérieur auquel répond la croyance naturelle de l'humanité. Mais le témoignage de la conscience a ses illusions, le pouvoir libre que nous nous attribuons est-il réel ou apparent? « Une loi universelle n'enveloppe-t-elle pas les instincts, les passions, les idées, dans leur déroulement propre comme dans leurs rapports avec les fonctions physiques, de manière à prédéterminer toutes nos volitions?[1] »

A cette question les philosophes ont apporté des réponses contradictoires, selon qu'ils ont été plus frappés du déterminisme des phénomènes naturels ou des conditions de la vie morale. Examinons les deux systèmes en présence : « si tout est nécessaire, si tous les actes humains sont prédéterminés, le langage universel est convaincu d'extravagance. Il est ridicule de s'exprimer comme si l'on pensait que l'événement qui a eu lieu aurait pu ne pas être, et qu'un homme pouvait agir comme il n'a pas agi[2]. » La science et l'opinion sont en contradiction formelle. Ajoutez que l'illusion de la liberté dans la conscience humaine a quelque chose d'étrange : comment s'expliquer « que la loi de nécessité implique la fiction de son propre renversement dans l'ordre le plus élevé des phénomènes représentatifs », qu'elle aboutisse dans la pensée de l'homme à se nier elle-même ? Dire que cette erreur est elle aussi une nécessité, ce n'est pas supprimer ce qu'elle a de monstrueux : « l'imagination, faculté bizarre, que Spinoza charge de tout le mal, est une protestation contre la vérité, et cela dans le sanctuaire même de la vérité, l'esprit du philosophe[3]. » Si tout est nécessaire, les jugements de moralité, les notions de droit et de devoir manquent de fondement dans la nature des choses ; il n'y a plus ni crimes, ni criminels; « les phénomènes sont *tout ce qu'ils peuvent être*, et nous devrions réformer nos maximes et nos humeurs *si nous le pouvions* » ; la justice n'est plus qu'une exécution brutale, « on tue un ennemi, on étouffe un enragé ».

1. *Essai de psychologie*, t. II, p. 2.

2. *Ibid.*, p. 55.

3. *Essai de psychologie*, t. II. p. 56. « Il est étrange que *l'ordre des choses* se contrarie en comprenant dans ses arrêts l'apparence invincible d'une liberté de fait et l'irréductible antagonisme des doctrines, dont les unes confirment ce même ordre en niant cette liberté, les autres le nient en la confirmant ; il est inexplicable que l'universelle loi souffre, ou plutôt réclame l'existence d'une morale naturelle humaine qui en est la négation », p. 324.

La science n'est pas mieux sauvegardée que la morale : « l'erreur est nécessaire aussi bien que la vérité et leurs titres sont pareils, à cela près du nombre des hommes qui tiennent pour l'une ou pour l'autre, et qui demain peut changer. Le faux est donc vrai comme nécessaire, et le vrai peut devenir faux[1]. » Expérience commune de la vie psychologique, idées morales, vérité scientifique, tout est compromis par la thèse de la nécessité, que ne pourrait qu'aggraver une théorie fataliste du progrès qui, légitimant toute chose à son heure, achèverait l'irrémédiable confusion du bien et du mal, du vrai et du faux.

Ne nous hâtons pas de conclure que la preuve de la liberté est faite par les difficultés mêmes du système nécessitaire. « Les objections contre le système de la nécessité sont d'une grande force. Elles établissent en substance que le jugement de liberté est une donnée naturelle de la conscience et se lie à nos jugements réfléchis pratiques dont il est même le fondement... Toutefois il n'en résulte aucune preuve logique de la réalité de la liberté[2]. » La preuve directe par la conscience, par le sentiment vif interne, que reproduisent sans cesse les partisans du libre arbitre, n'est pas une preuve valable. « De ce que je ne sens pas que ma volonté soit nécessitée, suit-il que je sens qu'elle ne l'est pas ? La non-conscience d'une contrainte n'équivaut pas à la conscience d'une non-contrainte. » (Jules Lequier.)

La spontanéité, l'absence de toute contrainte sentie, le fait d'agir volontiers, en trouvant dans sa seule nature les raisons de son acte, suffit à expliquer l'illusion du libre arbitre. « La nécessité serait alors semblable à l'escamoteur qui, de toutes les cartes du jeu qu'il nous présente ouvert, sait nous faire prendre *librement* celle qu'il nous a prédestinée[2]. » Ainsi la liberté n'est pas un fait d'expé-

1. *Essai de psychologie*, t. II, p. 61.
2. *Ibid.*, p. 62.

rience; nous avons sans doute le sentiment de la liberté, « mais un sentiment ne peut-il se prêter à l'erreur quand nous affirmons non seulement la réalité de son existence, mais la réalité de quelque autre chose que nous en induisons. »

Aussi bien, le libre arbitre, tel que le conçoivent ses partisans, n'est pas plus conforme que la nécessité aux exigences de la vie intellectuelle et morale. Ils séparent la volition du jugement, ils imaginent une liberté d'indifférence qui détermine l'action quand il n'y a aucun motif d'agir et qui, quand il y a motif et délibération, assiste du dehors aux discussions de l'intelligence et prononce souverainement un arrêt qui est indépendant du jugement[1]. Séparée de l'intelligence, la liberté n'est que hasard, caprice et déraison : « dès que l'homme agit différemment dans les cas où son jugement est identique, ou identiquement dans ceux où son jugement varie, l'homme n'est plus un être raisonnable. » Il n'y a plus de vie morale, puisqu'il n'y a plus que des actes arbitraires, détachés de l'être qui les accomplit et qui ne saurait en revendiquer ni le mérite, ni la responsabilité; il n'y a plus de vie scientifique, « parce qu'une affirmation réfléchie quelconque, en qualité d'être ou mode de la volonté, est affectée de l'indifférence de cette dernière, au même titre qu'une résolution d'agir. »

Ainsi la thèse de la nécessité et la thèse de la liberté d'indifférence semblent également insoutenables, également inconciliables avec les faits, avec les exigences de la vie spéculative et de la vie pratique. Ne nous étonnons pas de cette identité des conséquences de deux doctrines contraires ; elle s'explique, s'il faut en croire Renouvier,

1. « Ainsi donc autre chose est juger, autre chose est vouloir ; tout dans la représentation pourrait être prédéterminé par des antécédents, tout jusqu'au dernier jugement de l'homme qui délibère ; mais, ce jugement rendu, la volonté reste qui, étrangère à tous ces motifs et cause non causée, peut aussi bien casser ce jugement que l'exécuter, et agir d'elle-même sans raison et contre la raison. » *Ibid.*, p. 64.

par une erreur de principe qui leur est commune. « L'indifférentisme imagine une volonté séparée du jugement, séparée de l'homme raisonnable, hors d'œuvre de la conscience réfléchie, impulsion gratuite, pouvoir insaisissable, cause absolue et chimérique introduite dans l'ordre de la réflexion et de la délibération. Mais, chose étrange! le déterminisme s'appuie sur une fiction pareille. Seulement au lieu de faire la volonté se mouvoir d'elle-même, il suppose qu'elle est là pour céder à des mouvements communiqués, semblable à une balance dont les plateaux... », la comparaison est célèbre. Ainsi les partisans de la nécessité comme ceux de l'indifférence, selon Renouvier, partent de l'hypothèse d'une volonté séparée de la représentation intellectuelle et passionnelle. « Les deux doctrines s'accordent dans le fond à donner la volonté comme indifférente de sa nature. Seulement l'indifférence est active ici, et là passive... Cela posé et pour toute réfutation: il faut nier que la volonté soit indifférente. Ce qui est indifférent, c'est l'abstraction personnifiée de la volonté, c'est l'homme considéré comme volonté pure, et cet homme est une chimère, et cette volonté n'est rien. Il faut nier que la volonté suive les déterminations intellectuelles et passionnelles, quand ces déterminations elles-mêmes impliquent la volonté. Ceci contre le déterminisme. Et il faut nier que la volonté soit jamais dépouillée de toute représentation intellectuelle ou passionnelle et qu'elle paraisse ailleurs que dans l'intervention d'un motif automoteur. Ceci contre l'indifférentisme[1]. »

Pour échapper aux deux doctrines adverses, qu'il condamne également, Renouvier se réfère à son analyse du fait volontaire. La volonté est un caractère de la représentation, elle est la représentation « automotive», elle n'est pas une entité extérieure à l'intelligence, étrangère au jugement, elle est un élément intégrant du phénomène

1. *Essai de psychologie*, t. II, p. 68, 71, 72.

intellectuel, passionnel, quand celui-ci, sans perdre son caractère phénoménal, prend la forme réfléchie. Pour comprendre la liberté, — et l'avoir comprise, dit Renouvier, c'est presque l'avoir démontrée, — il faut prendre l'homme tel qu'il est, dans la complexité de ses phénomènes intérieurs, sans le diviser en facultés qui n'existent que par l'abstraction qui les crée, il faut maintenir que le motif est déjà volition, parce qu'il n'y a pas un motif, où ce qu'on appelle volonté n'entre déjà comme élément. La thèse originale de Renouvier, c'est de faire de la volition un phénomène complexe, tout à la fois intellectuel et volontaire, libre et motivé, le motif se déterminant lui-même. « Si la liberté des résolutions humaines est réelle, dit Jules Lequier, la liberté s'applique au dernier jugement qui motive l'acte libre, et non pas seulement à l'acte proprement dit d'une volonté; car il n'y a pas de volonté indifférente en matière d'actes réfléchis, et toute volition de ce genre se réclame d'une raison ou d'un motif quelconque. »

La volonté n'est pas indifférente, « elle est conforme au motif sous la représentation duquel se produit l'acte », mais les jugements qui se succèdent dans la délibération ne sont pas nécessités. « Si l'acte n'est pas nécessaire, c'est que le dernier jugement n'est pas nécessaire... Dans une vraie délibération où tout l'homme est en exercice, les jugements sont aussi des actions... Admettons qu'un motif est toujours *voulu*, c'est-à-dire évoqué maintenant parmi d'autres motifs également possibles, et l'argumentation du déterminisme est à l'instant renversée[1]. » Le libre arbitre, c'est le pouvoir d'appeler, d'évoquer des motifs, c'est « la propriété qu'a l'homme de *créer*, de faire sortir en certains cas des mêmes précédents donnés un fait ou le contraire de ce fait, ambigument, sans prévision possible, même imaginable; enfin de délibérer, de

1. *Critique philosophique*, 1879, n° 31.

manière à conférer à ces motifs, à ceux qu'il possède, à ceux qu'il repousse, à ceux qu'il évoque, des puissances inégales, imprévisibles... Le libre arbitre est si peu indifférent qu'il est la passion même, le jugement même, la raison même : la passion qui ne se subit pas, qui se fait, le jugement en acte variable, faillible, la raison personnelle[1]. »

La liberté n'est pas distincte des motifs, ainsi se concilie le principe socratique de la détermination pour le mieux, selon qu'en juge la conscience, avec le principe de l'indétermination d'une classe de futurs. « La liberté que nous pouvons admettre est ce caractère de l'acte humain, réfléchi et volontaire, dans lequel la conscience pose étroitement unis le motif et le moteur identifiés avec elle, en s'affirmant que d'autres actes exclusifs du premier étaient possibles au même instant[2]. » En un mot, je suis maître de mes actes, parce que je ne subis pas mes motifs, parce que j'interviens dans mes jugements.

Il ne faut pas s'abandonner à l'inertie, il faut être homme, réfléchir, délibérer, il faut échapper au vertige, en suspendant l'action, pour cela multiplier les motifs, les comparer, les opposer et choisir. « La première des lois pratiques, avant ce qu'on appelle le bon usage de la liberté, c'est l'usage même. Ce seul précepte : *excerce ta liberté*, s'il est suivi, pose un premier fondement de la moralité des actes, appelle des motifs de tout ordre à intervenir au cours des délibérations et, en éloignant tout vertige, assure dans beaucoup de cas la prépondérance de la raison[3]. »

C'est quelque chose d'avoir défini la liberté comme elle doit l'être, de l'avoir distinguée de la puissance indifférente et du déterminisme intellectuel, d'avoir montré qu'elle répond aux faits donnés dans la conscience, et

1. *Critique philosophique*, 1873, II, p. 126.
2. *Essai de psychologie*, t. II, p. 73.
3. *Ibid.*, t. II, p. 75.

qu'elle satisfait aux exigences de la vie spéculative et pratique, mais nous ne faisons, semble-t-il, que reculer la question qui tient tout en suspens : cette liberté est-elle apparente ou réelle, faut-il admettre des futurs ambigus, « un fait primitif, irréductible, devant lequel toutes les lois s'arrêtent, comme à une sphère de détermination première de phénomènes, étroite, à la vérité, mais inviolable. »

Renouvier s'efforce d'abord d'établir que la liberté n'est contredite par aucune loi de la pensée. « Si l'homme est une source première des phénomènes, n'y a-t-il pas des choses qui commencent absolument, en d'autres termes des phénomènes sans cause ? » Entre la catégorie de cause et la liberté ne faut-il point opter ? On n'oppose la loi de causalité au libre arbitre qu'en la faussant, qu'en lui donnant un sens et une extension qui la rendent impossible. Il est clair que, si l'idée de cause se résout dans l'idée de nécessité, exclut toute idée de possibilité indéterminée et ambiguë, il est absurde de parler d'une cause libre. Mais Renouvier nie qu'interprétée comme elle doit l'être, la catégorie de causalité entraîne ces conséquences. La cause substantielle, transitive, qui passerait dans son effet, pour s'y anéantir et y renaître par je ne sais quel miracle est, pour le néo-criticisme, nous l'avons vu, une pure illusion, qu'a dissipée l'école cartésienne ; la cause, selon la pensée de Leibniz, n'est rien de plus qu'un rapport de concordance harmonique entre les phénomènes qui se succèdent. La relation causale nous présente certains phénomènes comme fonctions de ceux qui d'ailleurs en diffèrent le plus ; dans l'instinct, dans la passion, nous voyons la pensée inétendue liée par la contraction musculaire à un mouvement dans l'étendue. « Là même où les faits sont du même ordre, la causalité ne résulte pas logiquement des rapports posés indépendamment d'elle... Dans le fait de la communication du mouvemeut entre les corps bruts, l'acte d'un premier mobile nous est représenté comme lié par une force à l'acte d'un second, au moment du choc ; et pourtant, si l'état d'un corps libre et en repos, atteint par un corps en mouvement, n'éprouvait un jour aucune modification, ce phénomène n'impliquerait pas plus contradiction que le phénomène inverse, observé continuellement. Seulement l'expérience se démentirait[1]. » Il y a dans la causalité des phénomènes en rapport, il n'y a pas des patients et des agents, avec je ne sais quelle similitude des uns aux autres qui permettrait la métamorphose de la force en son effet. Hume l'a fortement établi, la connexion causale n'a rien de la nécessité logique ; il n'est pas d'analyse qui permette de déduire l'effet de la cause posée. Ce n'est pas assez que le phénomène antécédent soit donné pour que par cela seul le phénomène conséquent se produise, le lien de l'un à l'autre n'est pas prédéterminé avant toute expérience. Le rapport causal ne se définit que par la synthèse des deux termes qu'il unit ; le premier ne contient pas le second, qui ne sort pas nécessairement du premier ; tant que l'effet n'est pas produit, un doute reste possible. Qu'est-ce qui sera ? l'événement prononce. Ainsi ramenée à son véritable sens, l'idée de cause n'est pas inconciliable avec l'idée des futurs ambigus. La liberté n'est pas la négation de la causalité, elle en est une forme, un cas particulier, dans lequel l'antécédent, contrairement à ce qui a lieu pour les phénomènes physiques, ne permet pas de prévoir le conséquent : « les actes libres ne sont pas des effets sans cause; leur cause est l'homme, dans l'ensemble et la plénitude de ses fonctions. » Tout ce qui change, en tant que changé, est effet, tout effet a une cause, voilà le principe que personne ne nie, « et voici ce qu'on ajoute : *toute cause est elle-même un pur effet*, d'où il suit que *toute cause a une cause in infinitum*, et tout effet se rattache déterminément à une cause qui n'a jamais pu

1. *Logique*, t. II, p. 284-5.

s'appliquer d'une manière réellement ambiguë à cet effet et à son contraire, voilà d'autres énoncés qui trouvent de nombreux contradicteurs [1]. » Sous cette forme le principe de causalité n'est ni nécessaire *a priori*, ni fondé sur l'expérience, et on ne saurait l'invoquer contre les partisans du libre arbitre ; ceux-ci en effet n'entendent nullement « soustraire les actes libres à la loi de causalité, en ce sens que ces actes seraient *sans cause*, mais seulement soustraire certaines causes actuelles à la nécessité d'avoir en des faits antécédents donnés la totalité de leurs conditions à la fois nécessaires et suffisantes [2]. » Il faut avouer que, si le libre arbitre est réel, quelque chose du moins commence absolument. La conséquence n'est pas pour effrayer Renouvier. Pourquoi ne pas reconnaître dans la suite des phénomènes des commencements de séries qui sont par eux-mêmes indéterminés, quand nous devons reconnaître, sous peine de violer le principe de contradiction par la régression à l'infini, un premier terme du devenir, un commencement absolu que rien n'explique.

Opposera-t-on à la liberté non plus les catégories, mais la science positive, le déterminisme, qu'elle suppose et qu'elle confirme, la loi de la conservation de l'énergie, qui généralise ses résultats? Il est incontestable que l'objet de chaque science est de former une chaîne des phénomènes qu'elle étudie. Mais existe-t-il une science totale qui enchaîne tous les faits de tout ordre? Est-elle seulement possible? En fait « peut-on citer un seul cas d'investigation scientifique où le savant ait pu se trouver à la gêne, en touchant à cette limite où l'on s'arrête devant les actes libres. Un pareil fait se produira le jour où la science sera achevée [3]. » Qui sait même, s'il n'y a pas, comme le pensait Aristote, un domaine du fortuit? « Est-on bien certain que toutes les déterminations animales

1. *Critique philosophique*, 1875, t. II, p. 133.
2. *Ibid.*, 1881, t. II, p. 343.
3. *Psychologie rationnelle* t. II, p. 83.

sont exigées par leurs précédents et que le savant parvenu à l'idéal du savoir, celui dont la connaissance s'étendrait par hypothèse à toutes les lois réelles du monde, serait en état de prévoir et de mesurer par anticipation les moindres inflexions de la queue d'un chien par exemple, en tel sens et à tel instant[1]. » Prenez enfin la méthode scientifique elle-même, elle repose sur l'induction, et l'induction jamais n'est démonstrative, toujours elle est obligée de faire une place à la croyance et toujours, dans l'attente de l'avenir, elle garde quelque chose d'hypothétique, elle autorise un doute que nous dépassons par un élan de la volonté. Mais si une induction particulière, à la prendre isolément, ne suffit point à établir la nécessité de la loi qu'elle pose, ne peut-on dire avec Stuart Mill que le déterminisme, confirmé par chaque loi nouvelle, sans cesse vérifié par le témoignage accumulé de toutes les séquences invariables constatées, exclut l'hypothèse d'une indétermination réelle des phénomènes dans notre monde? L'expérience ne donne ni l'universel, ni le nécessaire ; Stuart Mill ne peut, sans trahir sa propre méthode, fonder sur l'expérience une induction poussée au delà de toute expérience possible. Les partisans du libre arbitre lui opposeront les faits contingents, les volitions humaines qu'il ne daigne pas examiner. Il n'y a pas, pour les philosophes, d'associations inséparables ; la réflexion les dissout. Le fondement de l'induction ne repose pas sur la nécessité d'une habitude irrésistible ou d'une évidence rationnelle, il résulte de la décision réfléchie du philosophe qui accepte tout à la fois, conformément aux lois de la pensée et aux données de l'expérience, le déterminisme et ses limites, les lois constantes de la nature et les actes contingents de la liberté, l'enchaînement des phénomènes et la rupture de la continuité par les commencements absolus qu'exige à l'origine des choses le principe de con-

1. *Psychologie rationnelle*, t. II, p. 4.

tradiction, dans la trame même des faits la vie morale de l'humanité [1].

Mais admettre le libre arbitre, n'est-ce pas admettre que des mouvements se produisent qui n'ont pas leur cause dans des mouvements antécédents, donc qu'il y a une véritable création de force, n'est-ce pas par suite ruiner la grande loi de la conservation de la force qui préside à tous les calculs des savants et que ces calculs mêmes vérifient? Renouvier résout cette difficulté, d'abord en limitant la loi, en refusant de l'ériger en une loi absolue, en second lieu en s'efforçant de concilier l'action indéterminée du libre arbitre avec les exigences du mécanisme scientifique. Dans un système mécanique la somme des forces vives est constante et ne saurait varier que par l'introduction d'un mouvement nouveau impliquant l'agrégation au système d'une force nouvelle, voilà ce que signifie le principe de conservation de la force. Dès lors il est clair que, si l'univers est assimilé à un système mécanique fermé, il ne peut s'y produire aucun mouvement spontané, la nécessité mathématique règle tout. Mais définir ainsi l'univers, c'est se concéder le déterminisme,

1. « Je crois que le fondement de l'induction appliquée à certaines vérités universellement posées n'est pas un fondement logique. Je crois que ce n'est pas davantage un fondement métaphysique, une nécessité de la pensée comme l'entendent les partisans de l'évidence rationnelle absolue : comment alors se ferait-il que cette nécessité trouvât des intelligences rebelles, car assurément elle en trouve, et que cette évidence n'éclairât que des entendements choisis ? Je crois que le fondement cherché n'est autre que l'assiette que se donne un esprit bien dirigé dans les affirmations qu'il juge moralement légitimes. Parmi ces affirmations, je compte celle de l'universalité de la loi de causalité pour tous les mondes imaginables, et je compte pour le même motif une exception à cette loi en faveur des faits de premier commencement. L'existence d'un premier commencement de toutes les séries de phénomènes ensemble est un fait que je m'impose de reconnaître pour n'avoir pas à subir l'infinité rétrogressive. L'existence des premiers commencements de certaines séries d'actes volontaires, l'absence par conséquent de causes elles-mêmes causées, en tête de ces sortes de séries, sont des faits dont la réalité m'est suggérée par des raisons morales. *L'induction et l'exception de l'induction ont à mes yeux un seul et même principe : étendre les catégories de ma pensée à tous les objets de ma pensée, jusqu'au point où un jugement d'ordre supérieur vient m'interdire le passage.* » (*Essai de logique générale*, t. II, p. 241-2). C'est moi qui souligne la dernière phrase qui me paraît caractéristique de la méthode de Renouvier.

ce n'est pas le déduire du principe de la conservation des forces vives. Ce principe « dit seulement que les mouvements une fois introduits se conservent (si des mouvements contraires ne s'introduisent pas du dehors, hypothèse toujours indispensable), il ne dit pas que des mouvements tout à l'heure non compris dans le système n'y entreront pas un peu plus tard. Il y a pétition de principe à réclamer pour le monde, qui contient des êtres en apparence au moins capables d'improviser des mouvements, la propriété de système fermé qui convient à un ensemble mécanique brut, où, par définition, il ne pénétrera plus aucun mouvement nouveau[1]. » D'ailleurs l'initiative du libre arbitre n'est pas inconciliable peut-être avec les lois du mécanisme. Le passage des forces de tension à l'état de forces vives, actuelles, accomplissant un travail mécanique, nous permet de concevoir la quantité de mouvement créée comme aussi petite qu'il nous plaira, et pratiquement inassignable. Un caillou qui se détache et roule suffit à produire une avalanche. Il s'agit de comprendre « comment une détente qui est de l'ordre mécanique, pourrait s'effectuer indépendamment de toute force définie mécaniquement ou, en d'autres termes, sans introduction d'aucun mouvement dans le système des mouvements donnés. La question se résout, croyons-nous, de la manière la plus simple. Dès que la moindre force suffit pour rompre un état d'équilibre parfait ou mathématique et mettre en liberté, pour ainsi dire, une quantité quelconque de force vive et accomplir un travail aussi grand qu'on peut l'imaginer, il s'ensuit que le rapport de la force causant la rupture à la force déployée par l'effet de la rupture peut être supposé aussi petit que l'on veut, descendre au-dessous d'une quantité assignée, quelque petite qu'elle soit. On peut donc affirmer, passant à la limite, que la détente est possible, sans qu'aucune force

1. *Critique philosophique*, 1874, t. I, p. 168.

sensible, aucun mouvement sensible s'introduise dans le mécanisme. Donc enfin le principe de la conservation mécanique peut être maintenu, sans que l'on renonce à considérer la force psychique comme la cause du passage de certaines forces de tension de l'organisme à des forces actuelles[1]. » Renouvier ne veut pas dire ici, comme on le lui a attribué, que la quantité de force à la limite devient nulle, au sens rigoureux du terme, il affirme seulement qu'on peut la concevoir comme négligeable dans nos calculs.

Ni la loi de cause, entendue comme elle doit l'être, ni la science, quand on n'en fausse pas les principes et les résultats par le préjugé nécessitaire, n'imposent la négation du libre arbitre ; on peut aller plus loin, soutenir que des deux thèses qui s'opposent, la thèse du libre arbitre est la plus probable. Cette probabilité résulte de l'apparence même, du témoignage de la conscience qui reprend sa valeur relative, dès qu'on ne prétend plus y voïr la constatation d'un fait irrécusable. Elle a pour elle en second lieu toute la force des notions de moralité qui ne souffrent pas d'autre fondement. Mais on peut, selon Renouvier, dépasser ces considérations générales, trouver sinon une preuve, du moins une forte présomption de l'existence de la liberté, dans l'examen des faits dits de hasard et ce qu'on appelle la loi des grands nombres.

D'abord montrons ce qu'a d'illusoire la prétendue preuve qu'apporterait au déterminisme la statistique appliquée aux actes humains[1]. Les crimes, les suicides, les mariages, ou pour prendre des faits tout accidentels, les erreurs d'adresse relevées par l'administration des postes, d'une année à l'autre, pour un même milieu social, se reproduisent en nombre constant. On peut en conclure que les actions humaines sont régies *dans leur moyenne*, approximativement du moins, par des lois générales. Mais y a-t-

1. *Psychologie rationnelle*, t. II, p. 106 sq.

il là rien qui puisse être interprété comme une preuve de déterminisme? En premier lieu, il faut remarquer que, si surprenante que soit la constance des nombres donnés, elle laisse place à certaines variations, qui pourraient être l'effet de l'intervention du libre arbitre. En second lieu de ce qu'il y a tant de meurtres commis chaque année, un par exemple sur cent mille habitants dans une société donnée, est-on en droit de conclure que chaque criminel, pris individuellement, a été déterminé par une nécessité à laquelle il ne pouvait se soustraire? Autant vaudrait soutenir qu'on peut fixer l'heure de la mort d'un individu, en s'appuyant sur les données de la statistique qui établit la moyenne de l'existence humaine pour un temps et dans une société donnée.

Loin d'établir le déterminisme, la loi des grands nombres bien interprétée apporte un argument en faveur de l'existence du libre arbitre. On sait ce qu'est la loi des grands nombres : étant donné un certain nombre de faits qui se produisent au hasard, comme dans un jeu, dans une loterie, si l'on prend un nombre de cas suffisant, on voit les phénomènes se distribuer suivant certains nombres définis. Si j'ai par exemple dans une urne cinquante boules blanches et cinquante boules noires, et si j'effectue un nombre suffisant de tirages, je vois que le nombre des boules blanches et le nombre des boules noires tendent vers l'égalité. Dans une série indéfinie d'épreuves, les *possibilités respectives des événements tendent à se développer*, suivant l'expression de Laplace. Or dans les faits de hasard qui dépendent de la volonté humaine, la loi des grands nombres confirme que les phénomènes indéterminés, et qui par conséquent doivent être l'objet d'une attente égale, *de fait* tendent à se produire en nombre égal. Le libre arbitre suppose des possibilités égales et, « si nous pouvons le mettre en expérience », il doit se manifester par un partage égal des possibilités contraires ; tel est bien le cas, et le libre arbitre est ainsi l'hypothèse la plus simple, celle qui rend le plus directement compte des faits. « Puisque la loi des grands nombres s'applique, avec l'approximation indéfiniment croissante qui est de son essence, aux probabilités des phénomènes soumis à la volonté, dans des cas de détermination sans motif constant, dont le tirage au sort est le type, nous pouvons croire *probablement* que les phénomènes de cette classe ne sont pas en général prédéterminés. L'homme est alors une source première et instantanée d'actes variables sous des précédents identiques[1]. » Sans doute le déterminisme réussit à expliquer l'application de la loi des grands nombres en supposant que les causes variables s'annulent, quand les suites d'événements sont suffisamment prolongées, et que seules les causes constantes, régulières se manifestent; mais dans cette hypothèse la loi des grands nombres n'est pas à proprement parler une loi, elle n'est que l'expression abstraite des faits multiples et divers. « Il en est tout autrement dans l'hypothèse unique de la liberté. La loi des grands nombres se démontre, parce qu'on admet des possibles réels, des futurs ambigus et indéterminés, tels enfin que de deux contraires il n'y ait point de raison préexistante pour que l'un devienne actuel plutôt que l'autre[2] ».

1. *Psychologie rationnelle*, t. II, p. 95.

2. Cf. *Ibid.*, p. 101. *Science de la morale*, t. II. Conclusion, Logique, t. II, p. 241 sq. Le raisonnement de Renouvier se ramène à ces termes : le libre arbitre est probable, car, si nous le supposons réel, nous comprenons immédiatement que la loi des grands nombres nous montre un partage égal des faits de hasard qui dépendent de la volonté humaine. Ce partage égal répond aux possibilités égales qu'enveloppe le libre arbitre. Le déterminisme est contraint d'avoir recours à l'hypothèse indirecte des causes variables qui s'annulent. Renouvier imagine un appareil qui permettrait de mettre la liberté en expérience autant que faire se peut. Imaginons une urne contenant des boules noires et blanches en nombre égal, et supposons que le système soit disposé de manière à ne permettre que l'extraction d'une seule boule à un moment donné : tel serait le cas où les boules mues par un certain mécanisme passeraient successivement sous un orifice de grandeur convenable, d'où chacune pourrait jaillir par la pression d'un ressort obéissant à la main. Supposons qu'elles se meuvent uniformément et en alternant régulièrement leurs couleurs. Enfin, après chaque tirage, la boule se trouvera remplacée dans l'urne par une boule de même couleur au même lieu. Cela posé, les issues des tirages successifs ne dépendront que d'une

La thèse de la liberté n'est démontrée par aucune loi de la pensée, elle a pour elle l'apparence, la probabilité, mais il reste qu'elle n'est pas démontrée logiquement. Qu'est-ce qu'une probabilité ? qu'est-ce que croire ? Existe-t-il une certitude et jusqu'où s'étend-elle ? Un doute reste possible, tant que la liberté ne se pose pas elle-même par un acte de libre jugement. « L'analyse fait pencher en faveur de la liberté, contre la nécessité, la balance du jugement. Mais de quel jugement ? D'un jugement libre, s'il est vrai que je délibère librement, et que je ne suis point prédéterminé à recueillir et à combiner bien ou mal les éléments de ma conviction. Alors c'est à la liberté qu'il appartient de déclarer si la liberté est ou non. Le problème de la liberté se pose donc jusque dans le fait de la solution qu'on y donne, et on voit à quel point la liberté et la vérité sont liées[1]. »

V

Nous croyons être libres, nous voudrions savoir si nous le sommes réellement, mais nous ne réussissons pas à changer cette croyance en une vérité nécessaire à laquelle aucun esprit de bonne foi ne saurait se soustraire. Suis-je libre ? je ne puis le savoir de science absolue ; il est vraisemblable, il est probable que je le suis ; mais je

variable indépendante, le *temps* que l'opérateur interpose entre deux épreuves ; tout le reste est déterminé. Supposons que l'opérateur meut le ressort par une décision libre, « il est clair qu'il n'y a aucune raison possible pour que chacune de ses décisions tombe sur le temps d'une couleur plutôt que sur le temps d'une autre, c'est-à-dire qu'il n'y en a pas pour que le rapport d'égalité des probabilités respectives des événements contraires ne se vérifie point dans les nombres des extractions de chaque couleur... L'hypothèse de la liberté justifie les attentes égales, en établissant des *possibilités égales*, que l'hypothèse de la nécessité ne peut admettre qu'apparentes, et relatives à notre ignorance. Il est donc naturel, au point de vue des actes libres, que la loi des grands nombres se vérifie par l'expérience, de même qu'elle s'aperçoit *a priori* et se prouve par le calcul. Les *possibilités respectives des événements se développent.* « (*Psychologie rationnelle*, t. II, p. 96-8).

1. *Psychologie rationnelle*, t. II, p. 90-3.

ne puis dépasser cette limite que par une conviction personnelle que ne justifie rien d'extérieur à elle-même. Ce doute qui subsiste, au terme de tous les raisonnements, et semble reculer la solution du problème de la liberté, jusqu'au moment où la liberté même intervient et le tranche, est-ce une infirmité qu'il faille déplorer? Non, selon Renouvier. La liberté est présente à tout jugement réfléchi; elle est la condition de toute certitude, parce que toute certitude suppose l'affirmation libre de la liberté. Nous ne sommes pas contraints par une sorte de force extérieure d'avouer le libre arbitre; il n'est que probable; il faut que nous le voulions, que nous le posions par une décision libre elle-même, mais il serait aussi absurde qu'inutile de vouloir remonter plus loin, de chercher le principe de cette décision dans une connaissance nécessaire, car la nécessité relative de la connaissance a son origine, son principe dans un acte de libre volonté. Tel est le paradoxe, la thèse hardie de Renouvier : on voudrait résoudre scientifiquement le problème de la liberté, on ne peut que résoudre librement le problème de la science, on voudrait savoir la liberté, on ne peut que vouloir la science. Ainsi le problème de la liberté et le problème de la certitude sont des problèmes solidaires; si la question de la réalité du libre arbitre semblait reculer devant nous, c'est qu'elle n'est pas une question particulière, qui puisse s'isoler, c'est qu'elle n'a pas de principes qui lui soient supérieurs et dont elle dépende, c'est qu'elle pose le problème général de la connaissance, en posant celui de la certitude.

Il faut avouer qu'il y a quelque chose d'étrange, d'inquiétant dans une théorie qui lie ainsi le libre et le vrai, le choix de l'individu et la science. Un préjugé invétéré tout au moins résiste : c'est par la nécessité que les philosophes ont toujours été tentés de définir la certitude, et le vulgaire est ici d'accord avec les philosophes. On est certain quand on ne peut pas nier, quand on se sent contraint d'affirmer ; ne faut-il pas que le savant s'oublie lui-même, que la vérité domine les esprits, qu'elle s'impose à tous ; n'est-ce pas précisément à ces caractères de nécessité, d'universalité qu'on la reconnaît?

Renouvier ne nie point le fait : « les hommes et parmi eux les penseurs, tout comme le vulgaire, tiennent à recevoir leurs convictions du dehors et à se les juger de manière ou d'autre imposées, au lieu de regarder leurs systèmes d'idées et de croyances comme une œuvre qu'ils ont à accomplir en propre, et dans leur liberté, avec le secours de l'expérience, de la tradition et de la réflexion. Quand il s'agit de penser, de croire et de faire, ils veulent autant que possible se faire penser nécessairement, se faire croire et se faire faire[1]. » Pour établir que la certitude a pour caractère propre la nécessité, on croit avoir tout dit quand on a dit qu'elle répond à l'évidence. On donne une sorte d'existence à la vérité en dehors de l'esprit, et on admet que, comme la lumière, elle se révèle par un éclat qui lui est propre. L'évidence, c'est la vérité devenue visible ; on ne se soustrait pas plus à son action qu'à celle des rayons du soleil, quand les yeux sont ouverts. Cette prétendue théorie n'est, selon Renouvier, qu'une métaphore inexacte, qu'une comparaison, empruntée à la vision, c'est-à-dire à une connaissance particulière, de l'ordre sensible, et qui ne saurait expliquer toutes les formes, toutes les espèces de la connaissance. La science est-elle une vision de la vérité ? L'esprit est-il un œil qui attend les rayons qui le frappent? Un miroir qui réfléchit le réel et voit ce qu'il réfléchit? Le symbole même qu'emprunte la théorie se retourne contre elle. La lumière ne se montre pas elle-même indépendamment des objets qui la réfléchissent, la renvoient en tous sens. « La lumière nous fait voir toutes choses et ne se fait point voir, ou du moins ne se montre qu'en mon-

1. *Esquisse d'une classification systématique*, t. II, p. 125.

trant des objets sans lesquels elle serait insaisissable. Le principe de l'évidence est donc inévident. Or l'intelligence et la raison se comportent précisément comme la lumière. Les applications de leurs premiers principes sont saisies avec une grande clarté; mais en même temps ces principes n'apparaissent point, et quand nous parvenons à les formuler, ce n'est plus en qualité de choses visibles, c'est au contraire comme lois inhérentes à la conscience et conditions de toute visibilité par elle[1] ». Voit-on le principe de causalité dans ce qu'il a d'universel, de nécessaire ? s'il se voit en un sens, n'est-ce pas uniquement dans les phénomènes dont il permet l'intelligence ? N'en est-il pas de même de toutes les catégories, de toutes ces relations qui ne se découvrent que dans les phénomènes qu'elles lient ? qui, constituant la pensée, ne peuvent lui apparaître du dehors ? L'évidence appartient, en une certaine mesure, au raisonnement, à la suite des conséquences, aux actes de la sensibilité, de la mémoire et de l'imagination, à tout ce qu'éclairent les vérités premières, mais non, si l'on veut pousser la comparaison, à ce qui dans l'esprit répond à la lumière même, c'est-à-dire aux principes universels, nécessaires, qui illuminent tout le reste, et ne sont pas plus évidents que la lumière n'est visible. L'évidence en un mot ne fait pas voir les principes sans lesquels il n'est rien d'évident. La représentation ne se rapproche de l'évidence que dans la mesure où « elle se rapproche du degré de simplicité et d'immédiation irréfléchie que nous offrent les phénomènes de la vue. Rien de général n'a ce caractère. » On ne peut pas dire davantage que l'on voie la conscience prise en son ensemble, dans ce qui constitue sa permanence et son identité, la réalité du monde extérieur et des existences individuelles que nous concevons par analogie avec la nôtre. Les lois générales établies par l'induction et qui,

1. *Essai de psychologie*, t. II, p. 243.

vérifiées d'une manière particulière, répétée, indéfinie, jamais définitive et totale, gardent toujours quelque chose d'hypothétique. « En résumé, l'évidence, pour ne point exclure un mot qui nous est si naturel, convient au raisonnement, non à la raison ; à l'application des catégories ou fonctions de l'entendement, non à la position même de ces choses en général ; à la constatation des faits, non à celle de l'universalité et de la perpétuité des lois qui les régissent ; à la distinction des individualités sensibles, non à la détermination de leurs caractères intrinsèques ; aux sensations, non à ce qu'on appelle la perception du monde extérieur[1]. »

Ce qu'on demande à l'évidence c'est la nécessité d'une vérité impersonnelle, irrésistible, qui impose l'accord à tous les esprits. Or si la théorie, à la prendre en elle-même, n'est ni claire, ni conforme à la réalité, est-elle assez démentie, assez niée par les faits ! Renouvier s'étonne que les philosophes puissent à ce point oublier l'histoire de la philosophie qui, à toutes les époques, dans tous les temps, dans tous les lieux, nous montre comme une sorte de loi, la divergence, l'opposition des systèmes[2]. Peut-on négliger un fait aussi important que le scepticisme ? « L'école pyrrhonienne est la preuve vivante du rôle de la volonté dans la certitude[3] ». Singulière lumière que celle à laquelle on devient aveugle à son gré ! Où est cette nécessité à laquelle nul ne résiste ? Qu'on prenne les vérités les plus familières, les plus naturelles, les plus communes, et qu'on en cite une seule qui n'ait point

1. *Essai de psychologie*, t. II, p. 247.

2. « Comment peut-on espérer mettre fin au scandale que causent au monde ces écoles toujours les mêmes, se livrant les mêmes combats avec les mêmes arguments, ou des arguments à peine rajeunis, répétant les mêmes assertions d'évidence et de science d'un côté, d'illusion et d'absurdité de l'autre, et qui fait en un mot ressembler le camp de la philosophie à une maison d'aliénés ? N'est-ce pas en avouant la liberté, source des grandes dissidences, en la respectant chez les autres, en en faisant le meilleur usage possible, l'usage qu'on estimera le plus rationnel et le plus moral ? » *Année philosophique*, 1867, p. 91.

3. *Essai de psychologie*, t. II, p. 200.

été mise en doute. « Croyance et possibilité de douter sont des termes concomitants, comme, de l'autre côté, évidence et impossibilité de douter[1]. » Qu'on énumère les principes dont il n'a pas été possible à quelques penseurs de douter, pour que nous définissions les frontières de l'évidence. L'existence du monde extérieur a ses adversaires, les sciences mathématiques ont eu leurs sceptiques; le principe de causalité donne lieu à des interprétations contraires qui en changent complètement le sens et la valeur; il n'est pas jusqu'au principe de contradiction dont la valeur objective n'ait été contestée et dans l'antiquité (Mégariques) et chez les modernes : « la logique objective de Hégel est l'exemple le plus complet de l'étendue de *ce qui peut être entrepris contre la croyance*, et, corrélativement, de ce qui *peut être demandé à la croyance* sous le titre usurpé de l'évidence ou de la certitude[2] ». Nous cherchons en vain les vérités impersonnelles, nécessaires, les lumières qui n'ont vacillé en aucun esprit. Proclamer sans justification que la certitude naît de l'évidence, que l'évidence est la lumière naturelle qui éclaire tout esprit dès qu'elle le rencontre, c'est se payer de mots, c'est oublier la grande philosophie sceptique, pour laquelle on a été si injuste toujours; c'est, au milieu des dissensions qui séparent les écoles et les sectes, s'entêter dans l'affirmation d'un accord nécessaire des esprits que l'expérience montre impossible et chimérique[3].

En fait il n'y a pas de vérité nécessaire, acceptée par tous, qui n'ait trouvé ses négateurs; en droit, il n'est pas de connaissance qu'il ne soit possible, comme Hume l'a fortement établi, de rendre douteuse par la réflexion appliquée aux opérations de l'esprit qui ont servi à l'acquérir. Toute connaissance qui dépasse le fait immédiat de conscience, implique la perception des sens, la

1. *Esquisse d'une classification systématique*, t. II, p. 3.
2. *Ibid.*, p. 8.
3. *Ibid.*, p. 3-18.

mémoire, le raisonnement; cet ensemble d'opérations complexes s'accomplit toujours dans un esprit individuel; a-t-il présenté toutes les garanties, puis-je m'y confier en toute assurance? Voilà un doute que trop souvent l'expérience justifie : qu'il suffise de rappeler les erreurs des sens, les illusions de la mémoire et de l'imagination, les fautes de raisonnement. Mais je ne puis examiner les opérations impliquées dans la première connaissance que par une série d'actes nouveaux, qui à leur tour devraient être contrôlés. Plus je m'éloigne des premières opérations, plus les actes de la pensée se multiplient et se compliquent, plus les chances d'erreur s'accroissent, j'augmente les raisons de doute pour les vouloir supprimer, je ne puis chercher la certitude, sans qu'elle s'éloigne et me fuie. Ainsi l'on peut dire que, si l'on excepte les états de conscience immédiats qu'aucun sceptique jamais n'a songé à mettre en doute, il n'est pas une connaissance nécessaire puisqu'il n'en est pas une, qu'il ne soit possible de rendre incertaine par la réflexion indéfiniment prolongée sur les opérations de l'esprit qu'elle implique. « Il est clair que spéculativement, une affirmation peut toujours être suspendue par la pensée d'une erreur possible. Dès lors la certitude ne se formera plus dans aucune conscience, que la volonté n'en ait exclu cette pensée une fois conçue, cette pensée de la possibilité d'une erreur[1]. »

Nous pouvons aller plus loin : c'est pour assurer la pensée, pour lui donner une assise inébranlable qu'on la veut nécessaire; or l'hypothèse nécessitaire a pour conséquence, selon Renouvier, le scepticisme, et ruine la connaissance qu'on prétend édifier sur elle. Dans cette hypothèse en effet, l'erreur est inexplicable, elle a la même origine que la vérité, elle s'impose comme elle, elle est aussi légitime. Si nous lions le jugement à la volonté, « les erreurs s'expliquent sans peine, et chaque personne

1. *Essai de psychologie,* t. II, p. 141.

a la responsabilité des jugements qui lui sont propres. Mais dans l'hypothèse de la nécessité des jugements chez tous et chez chacun, c'est cette nécessité qui porte la responsabilité des variations et des contradictions des penseurs, si du moins ce mot de *responsabilité* était applicable là où il n'y a d'imputation faite à personne... La nécessité se détermine contradictoirement avec elle-même en ces déterminations contradictoires des philosophes et des philosophies; et il est impossible de rien conclure. La nécessité véritable juge, rend des arrêts inconciliables, selon les organes par lesquels elle s'exprime et s'exprime nécessairement. Dès lors de deux choses l'une : ou, content de mon lot, tout en sachant bien que ce qui est nécessité pour moi est nécessité contraire pour d'autres que moi-même, je me résignerai à cette condition fâcheuse, en me flattant d'être l'objet d'un privilège qui fait que la même nécessité, qui dicte à d'autres des jugements faux, m'en dicte de vrais à moi; ou plus modeste et frappé de la triste imperfection d'un état de choses tellement contraire à ce que paraîtrait requérir la présence d'une vérité à la fois certaine et nécessaire parmi les hommes, je n'oserai plus rien affirmer en dehors du consentement général. Dans ce dernier cas, j'aurai conclu au septicisme touchant toutes les grandes questions en litige parmi les philosophes. Mais, dans le premier cas, si je puis rester confiant, ou peut-être même devenir insolent dans mon dogmatisme, il est facile de voir que quiconque me jugera, moi et les autres, d'un point de vue supérieur et impartial, se trouvera conduit au scepticisme que je n'aurai moi-même évité qu'arbitrairement[1]. » En un mot, si tous les jugements sont nécessaires, il ne peut y avoir de vérité qu'à la condition que tous les esprits s'accordent à la reconnaître, mais si des jugements également nécessaires posent, par les différents hommes qui les formulent, des

1. *Critique philosophique*, 1878, n° 32, t. II, p. 83-4.

affirmations contradictoires, comment par la *nécessité* distinguer la vérité de l'erreur, quand par hypothèse tous les jugements ont ce caractère commun de s'imposer nécessairement à l'esprit[1] ? » Ainsi l'on prétend trouver dans la nécessité avec laquelle elle s'impose un critérium de la vérité, mais l'erreur, dans l'hypothèse nécessitaire, n'est pas moins nécessaire que la vérité, et le critérium s'évanouit. En second lieu, comme les jugements s'opposent dans les divers esprits, on revient à cette diversité, à cet arbitraire qu'on prétendait éviter; chacun se flatte d'être l'élu de la vérité, il le dit et il le pense, mais d'autres le nient, et les uns et les autres sont autorisés à invoquer avec le même droit le critérium du jugement nécessaire, la force irrésistible avec laquelle la vérité s'impose à leur esprit. « Ainsi la thèse de la nécessité, si elle est admise, interdit d'aspirer à la possession d'un critérium de certitude. En effet, si tout est nécessaire, les erreurs aussi sont nécessaires, inévitables et indiscernibles (?), la distinction du vrai et du faux manque de fondement, puisque l'affirmation du faux est aussi nécessaire que celle du vrai[2]. »

La critique de la théorie nécessitaire nous introduit à

1. *Essai de psychologie*, t. II, p. 343-4. « La nécessité n'accorde point de moyens sûrs de discerner le vrai du faux : chacun de nous pense et juge comme il doit penser et juger ; les erreurs, comme les maux, sont partie intégrante de l'ordre éternel ; enfin, à cet égard, toute erreur est aussi une vérité. Le nécessitaire conséquent regardera donc comme un fait inéluctable, établi avec toute la force de ce qui est et doit être, le partage de l'humanité entre des masses vouées à la damnation de l'illusion et du mensonge, et un petit nombre d'élus de la science et de la vérité... Or, il faut bien avouer que l'élu n'a pour lui, et pour s'assurer de son élection, que sa propre affirmation, sa foi et celle de quelques autres hommes... Aux yeux des autres, à nos yeux, sa science est illusion pure... Qui décidera, au milieu des contradictions croisées, dans le flux et reflux des affirmations et des doctrines, quand chacun n'a dans sa pensée qu'une sorte de phénomène réfléchi nécessairement, un certain ordre apparent pour lui, propre à lui, qui décidera de la conformité de cet ordre avec les lois réelles? Celles-ci, ne se manifestant d'aucune autre manière à aucun de nous, sont soustraites par le fait à toute vérification commune. »

2. *Essai de psychologie*, t. II, p. 417. La théorie fataliste du progrès ne permet pas, selon Renouvier, d'échapper aux conséquences de la théorie nécessitaire. On suppose que par une sorte de logique progressive l'humanité marche vers la vérité en traversant une longue suite d'erreurs. Alors

la vraie théorie de la certitude; son échec retourne contre elle les objections qu'elle oppose à l'intervention de la libre volonté dans la connaissance; elle ramène à cet arbitraire, à cette anarchie qu'elle prétendait éviter. On veut que la pensée soit nécessaire, impersonnelle, on ne réussit pas à définir l'évidence qui doit justifier cette nécessité; en fait, dès qu'on dépasse le phénomène immédiat de conscience, les divergences commencent, le rôle de la personne dans la connaissance se manifeste par la contradiction; en droit, il n'est pas de certitude prétendue nécessaire que la réflexion ne puisse graduellement atténuer et changer en un doute à la rigueur légitime; enfin la thèse de la nécessité se détruit logiquement elle-même, car la vérité impersonnelle, une, immuable, se résout dans la multitude bigarrée des jugements individuels, et l'impossibilité de discerner le vrai du faux lui impose pour conséquence le scepticisme.

L'analyse directe de la certitude et des éléments qu'elle enveloppe confirme cette critique, en nous découvrant tout ce qu'il entre en elle de passion et de volonté. On est incertain non seulement parce que l'on ne *sait* pas, parce qu'on a la conscience d'une représentation intellectuelle incomplète; mais encore parce qu'on ne *se passionne pas*, parce qu'on reste indifférent à un problème, qu'on le néglige : « il est des hommes que rien n'attire, qui ne repoussent rien que mollement et ne s'attachent à rien » ; on est incertain enfin, parce qu'on ne *veut* pas, parce qu'on se refuse à décider, comme balancé, oscillant entre les idées contraires qui se disputent l'esprit. Rien de plus fréquent que cette incertitude par inertie chez « les hommes du torrent, que la faiblesse ou le défaut d'exercice des fonctions réflexives rendent le jouet des événements et

rien n'est vrai, rien n'est faux d'une manière permanente. C'est à l'avenir de décider la part de vérité que contient l'erreur présente ; tout est vrai à son heure. « Qui a qualité pour faire entre le vrai et le faux, entre le bien et le mal qui en dépendent, un départ qui est toujours à recommencer? ». *Ibid*,, p. 346-9.

des idées, et qui, livrés sans défense aux pensées qui les traversent, vivent et meurent sans s'être jamais témoignés à eux-mêmes comme en possession d'une certitude quelconque qui fût leur œuvre[1] ». La passion et la volonté sont, aussi bien que l'intelligence, les éléments intégrants de la certitude; on ne croit que parce qu'on se passionne, que parce qu'on veut; sans le désir et sans la volonté, l'inertie de l'intelligence ne pourrait aboutir à une affirmation réfléchie. « Nous ne pouvons rien affirmer systématiquement, ni sans une représentation quelconque d'un groupe de rapports comme vraie, ni sans un attrait de quelque nature qui nous porte à nous engager ainsi dans la vérité aperçue, ni sans une détermination de la volonté qui se fixe, alors qu'il serait possible, ce semble, de suspendre le jugement, soit pour chercher de nouveaux motifs et de nouvelles raisons, soit même en s'abandonnant simplement aux impulsions qui se présentent[2] ». La certitude ainsi comprise ne nous apparaît pas comme détachée de la conscience humaine, l'homme y est tout entier présent, dans la solidarité des grandes fonctions qui le constituent; elle sort du cœur et de la volonté, aussi bien que de l'intelligence. Par là s'explique l'histoire de la pensée, ses vicissitudes; la génération, la lutte, la destruction et l'incessant renouvellement des systèmes contraires dans tous les genres de connaissances. « L'élément passionnel et l'élément volontaire entrent visiblement dans toutes les affirmations relatives à la vie et à la conduite. Si les doctrines se formaient indépendamment de ces derniers éléments, elles ne seraient pas si variables, si divergentes, et les sciences elles-mêmes n'anticiperaient pas si habituellement sur les faits acquis, mais se développeraient d'une marche toujours régulière et banniraient toute controverse[3]. »

1. *Essai de psychologie*, t. II, p. 135.
2. *Ibid.*, p. 136.
3. *Ibid.*

On chercherait vainement un fait intellectuel pur, isolé, un jugement nécessaire, dérivé de la seule aperception du vrai : l'homme est tout entier dans chacun de ses états et de ses actes réfléchis. Les perceptions, la mémoire, le raisonnement, avec sa suite d'opérations discursives ; les principes de la démonstration, qu'ils soient dégagés de l'expérience ou qu'ils soient reçus *a priori* comme les formes mêmes de la conscience ; toutes ces affirmations, de quelque évidence qu'elles s'accompagnent, avec quelque force qu'elles s'imposent, restent liées à l'exercice de la réflexion et par suite de la volonté. Ce n'est pas assez de dire que l'élément volontaire de fait intervient dans la certitude, il faut aller plus loin, affirmer qu'il y doit intervenir, que seul il l'achève. Nous l'avons dit : spéculativement une affirmation peut toujours être suspendue par la pensée d'une erreur possible. « Ce doute extrême, à quelque degré qu'on l'atténue, il suffit que la possibilité en apparaisse : aussitôt la volonté qui est la représentation même, en tant qu'appelée, maintenue ou éloignée, de son propre mouvement, vient prendre sa place dans la conscience, et dès lors l'indissolubilité des fonctions humaines se substitue pour le philosophe à la chimère de l'entendement pur [1]. »

Où l'élément volontaire intervient, l'élément passionnel intervient du même coup. On ne remarque pas assez ce qu'il entre d'instinct, de passion, de vouloir être dans le seul fait que l'homme accepte l'intelligence et ses lois, s'y livre et s'y confie. La volonté passe par-dessus le doute que suggère l'analyse réfléchie des opérations de la pensée, mais ce doute possible le plus souvent n'est pas même évoqué, le mouvement naturel de la vie le franchit sans le voir. « Quand il s'agit des jugements où l'entendement domine, et de ceux qui suivent spontanément les sensations, dans le très grand nombre des cas, la clarté, la force d'une

1. *Essai de psychologie*, t. II, p. 147.

représentation, tout ce qu'on a coutume d'appeler évidence agit à la manière des passions qui se rapportent à des fins et déterminent des actes. » Les intellectualistes ne soupçonnent pas ce que contient de passionnel leur foi dans la raison, leur affirmation que, faite pour la vérité, elle y adhère par une sorte de nécessité. « La ferme apparence du représenté dans la sensation, l'énergie logique des catégories dans les phénomènes de la raison, sont de véritables formes passionnelles, en ce qu'elles portent à l'acte en vue d'un but : l'acte est ici le jugement, et c'est incontestablement une fin que cette assiette de la conscience dans le savoir obtenu; une fin qui précède même les autres fins que l'homme peut poursuivre, et au défaut de laquelle elles s'évanouiraient toutes ; une fin qui comprend à la fois et le but désintéressé de l'étude et de la science, c'est-à-dire l'accession au rationnel et au vrai, plutôt qu'à leurs contraires, et toute la suite des conséquences utiles dont l'ensemble est proprement la vie ; une fin tellement indispensable que la réflexion philosophique seule la discerne, et que l'immense majorité des hommes la possèdent et s'y tiennent inséparablement, comme les animaux font à leurs fins particulières[1]. » Ainsi même dans les cas de la sensation, du raisonnement où l'affirmation semble explicable par la seule représentation, ne pas voir le rôle de la passion, c'est ne pas voir que la tendance irrésistible à affirmer dans ces cas est précisément une passion, c'est ne pas voir que cette passion porte à un acte, le jugement, pour une fin impérieuse, liée profondément à la forme humaine de la vie. C'est la force même de cette passion logique, ce qu'elle a en un sens d'irrésistible qui crée l'apparence de la nécessité purement intellectuelle : « le monde et la conscience ne seraient qu'illusion pour nous, si nous résistions à cette passion unique et radicale qui nous porte à affirmer la réalité des lois, conditions formelles du témoi-

1. *Essai de psychologie*, t. II, p. 148-9.

gnage que nous nous rendons de notre existence et de toute connaissance possible. » Ce n'est pas que la réflexion soit anéantie par la force de l'instinct. « Une réflexion réelle, précédant l'affirmation, fait toujours de celle-ci un mode volontaire, autrement la conscience ne se témoignerait pas tout son pouvoir et l'homme ne se connaîtrait pas. » La nécessité qu'invoquent les intellectualistes est la marque, fait comme la preuve de l'élément passionnel, instinctif, qui se mêle à la certitude, sans que cette nécessité toutefois aille jusqu'à supprimer, avec la réflexion qui caractérise l'homme, la possibilité du doute spéculatif qui résulte de l'examen même des motifs de croire, et que la volonté détruit après l'avoir fait naître.

Quand on la considère dans tous ses éléments, telle qu'en fait elle nous est donnée, la certitude n'est donc pas un état passif de l'intelligence qui se voit comme illuminée par une lumière extérieure; elle est un acte autant qu'un état; elle veut le concours de toutes les fonctions humaines, elle implique outre le fait intellectuel, « la force qui pousse à affirmer et la force qui se fait sciemment affirmative », la passion et la volonté. La vérité ne nous est pas étrangère, elle ne s'impose pas à nous, nous ne la possédons vraiment que quand nous nous la devons à nous-mêmes. On n'est vraiment certain que quand on a réfléchi, que quand par suite on a surmonté le doute que toute réflexion apporte avec elle. « Dans l'hypothèse de la liberté, c'est à la liberté qu'il appartient de poser le fondement de la certitude. Le signe radical de la volonté, la marque essentielle de ce développement achevé qui fait l'homme capable de spéculation sur toutes choses, et l'élève à sa dignité d'être indépendant et autonome, c'est le doute... L'ignorant doute peu, le sot encore moins, et le fou jamais[2]. » Mais si le doute est comme la première démarche de la liberté, si à ce

1. *Essai de psychologie*, t. II, p. 149.

2. *Ibid.*, p. 152.

titre l'école sceptique est une grande école philosophique, la liberté ne s'achève qu'en trouvant en elle-même le courage et la résolution de l'affirmation réfléchie. « La certitude n'est donc pas et ne peut pas être un absolu. Elle est ce qu'on a trop souvent oublié, un état et un acte de l'homme. A proprement parler il n'y a pas de certitude, il y a seulement des hommes certains. Ce devrait être une maxime universellement reçue *que tout ce qui est dans la conscience est relatif à la conscience.* La certitude est une croyance..., elle est éminemment une assiette morale[1]. »

Ainsi la certitude n'est pas une contrainte qu'impose l'évidence, elle s'identifie avec la croyance qui est toujours relative et toujours implique, outre l'élément intellectuel, une intervention de la passion et de la volonté. Il n'y a d'incontestable, d'incontesté que le fait actuel de conscience, « le phénomène comme tel et au moment où il s'aperçoit. Là point de doute possible ; toute incertitude serait contradictoire, car il faudrait penser que peut-être on ne pense pas ce qu'on pense : ce qui est précisément le penser. L'apparence du phénomène immédiat actuel est un critère accepté des Pyrrhoniens eux-mêmes. Au delà de ce point très précis et très étroit de la conscience qui est le φαίνεται des Pyrrhoniens, commence le véritable champ de la certitude[2]. » Ainsi dès qu'on dépasse le fait de conscience immédiat, tel plaisir, telle sensation, dès qu'interviennent la mémoire et le jugement, le doute est possible, la croyance entre en jeu, avec elle le désir et la volonté. Ma première affirmation, dès que je me suis élevé

1. *Psychologie rationnelle*, p. 152-155. « L'homme, par rapport à l'objet quelconque de sa pensée, est certain, s'il le comprend de toute l'étendue de son intelligence, et se sent porté par un instinct puissant, animé d'une volonté immuable en l'affirmant, et se complaît dans cette affirmation entièrement et sans réserve. Maintenant, serait-il possible que la chose ainsi aimée, comprise et voulue de toutes les forces de la conscience n'existât point comme la conscience la pose ? Oui, dira *le savoir* : oui, à l'extrême rigueur et dans tous les cas, attendu que la vérité relative à l'homme est une vérité humaine, et la vérité relative à l'individu une vérité individuelle. Non, dira *le croyant*, fort du sentiment qui le possède. »

2. *Psychologie*, t. II, p. 154-5.

à la pensée réfléchie, ne peut être que la confirmation en moi de la volonté même d'affirmer sous certaines conditions. Je peux, je dois, je veux affirmer quelque chose, c'est-à-dire, au delà des phénomènes qui me touchent immédiatement, affirmer d'autres phénomènes liés aux premiers par des lois constantes[1]. Il semble donc que la première démarche de l'intelligence réfléchie doive être de se prononcer sur elle-même, sur sa nature, sur son rapport à la volonté, sur la liberté ou la nécessité de ses propres actes. Rien ne saurait être plus propre à mettre en relief l'essence morale de toutes nos affirmations touchant la réalité, que cette obligation où nous sommes de les faire dépendre de ce problème de la liberté, tout à la fois et le plus disputé et le plus étroitement lié aux notions de moralité[2].

Cependant Renouvier reconnaît qu'en fait nous franchissons cette exigence logique, sans même l'apercevoir. Avant que la réflexion ne conduise au problème suprême, auquel en droit tout est suspendu, il y a, de son aveu, un premier ordre de certitude, qui répond à la pensée spontanée, et qui unit tous les hommes dans des jugements qu'ils ne songent pas à mettre en doute. Ce premier ordre de certitude, qui comprend ce que Renouvier appelle les *thèses de réalité*, répond aux concessions que le pyrrhonien le plus résolu est obligé de faire à l'usage, à la nécessité morale de juger pour agir. Ces thèses de réalité, qui suffisent à poser les fondements des sciences particulières et les conditions de la vie pratique, peuvent être ramenées à quatre. D'abord nous acceptons la conscience, son identité dans le temps, tout l'ensemble des fonctions qui la constituent, le jugement, la raison, le raisonnement, les catégories qu'un instinct puissant nous suggère, que la réflexion confirme, que l'expérience applique et vérifie.

1. « Toute affimation, où la conscience se porte avec réflexion, est subordonnée, dans la conscience, à la détermination même d'affirmer. »

2. *Psychologie*, t. II, p. 231-4.

En second lieu, nous affirmons qu'à nos perceptions répondent des existences qui en sont indépendantes, qu'elles nous révèlent, mais qu'elles ne constituent pas. En troisième lieu, dans ce monde externe, dans ces groupes de phénomènes liés par des lois, nous distinguons des êtres semblables à nous, les hommes, la suite des êtres vivants, en qui la conscience de plus en plus se dégrade et s'obscurcit, les corps enfin, tels que les sciences physiques les définissent. En quatrième lieu nous affirmons que le monde extérieur a ses lois, qu'elles sont constantes et générales, et qu'elles répondent aux lois de la pensée. Acceptation de l'esprit par lui-même, existence du monde externe, distinction dans ce monde des existences individuelles, hommes, êtres vivants, corps inorganiques, accord profond des lois de l'esprit et des lois des choses, « tels sont les objets de cette affirmation radicale, naturelle, universelle, que l'homme, que le sceptique même est tenu d'embrasser, sous peine de suspendre et enfin d'arrêter le cours de son intelligence et de ses actes[1]. »

Reconnaître que les thèses de réalité sont affirmées sans discussion, acceptées par tous les hommes, n'est-ce pas revenir à la théorie de l'évidence et de la nécessité ? Ces thèses ne sont acceptées universellement que parce qu'elles sont posées spontanément, comme les conditions de la vie et de la pensée. Rien ne serait plus erroné que d'y voir des jugements nécessaires, imposés par le pur entendement, elles sont, à dire vrai, des postulats de la raison pratique qui relèvent surtout de la passion et de la volonté. Vous y chercheriez en vain l'intuition immédiate, l'évidence démonstrative : nous acceptons notre conscience, nous ne démontrons pas que nous existions hier, nous ne voyons pas que nous existerons tout à l'heure ; nous acceptons notre intelligence et les catégories qui la

1. *Psychologie*, t. II, p. 239.

dirigent, nous ne pouvons démontrer sans cercle vicieux la valeur de la raison par la raison ; nous postulons le monde extérieur, sa distinction de nos représentations, nous ne sortons pas de nous-mêmes ; nous affirmons l'existence de consciences semblables à la nôtre, nous ne saurions les connaître à la lettre, puisque nous ne saurions les pénétrer. Les thèses de réalité ne paraissent évidentes et nécessaires que parce qu'on ne les soumet pas à la discussion, que parce qu'on ne porte pas sur elles la réflexion qui les rendrait douteuses ; elles n'ont un caractère d'universalité qu'à la condition qu'on les laisse dans un certain vague ; dès qu'on les approfondit, dès qu'on les précise, elles soulèvent tous les problèmes, toutes les difficultés, toutes les contradictions de la philosophie. Concluons que les thèses de réalité sont des postulats, des actes de foi, que l'accord qui se fait sur elles vient précisément de ce qu'elles sont la condition de la vie et de la science, que leur valeur pratique fait leur universalité, qu'à ce titre elles ne sont pas des vérités évidentes, nécessaires d'une nécessité tout intellectuelle, mais des affirmations que soutiennent la passion et la volonté.

Dès que nous dépassons ce premier ordre de certitude, ces thèses de réalité, où l'unanimité n'exprime que la spontanéité des affirmations et leur importance pour la pratique, nous arrivons au second ordre de certitude, que caractérise la place autrement grande que le doute, les passions et la volonté occupent dans l'établissement humain de la vérité. Dès qu'on réfléchit, dès que par l'examen des données des sciences particulières on s'élève aux questions de principes, les opinions qui s'opposent, les discussions toujours renouvelées, les luttes des systèmes ennemis, marquent l'intervention de la volonté individuelle.

L'analyse de la liberté, en nous montrant qu'elle n'est pas l'indifférence, qu'elle ne se sépare pas des motifs, qu'elle est la délibération même, nous a ramenés au jugement ; la réflexion sur le jugement, sur ce qui fait sa valeur affirmative, nous ramène à la liberté. Entre le problème de la vérité et le problème de la liberté il semble au premier regard qu'il n'y ait aucun rapport ; le libre n'est-ce pas par excellence l'individuel, la vérité tout au contraire l'universel, le lien et le lieu des esprits ? Mais la vérité est affirmation, jugement; or tout jugement, nous l'avons vu, est croyance, par suite ne peut se réduire à la détermination d'un entendement pur, indifférent; implique désir et volonté. Il n'est pas une conclusion que ne puisse rendre douteuse la réflexion sur les opérations de l'esprit individuel qui y conduisent. Dès lors quelle garantie pouvons-nous, en dernière analyse, offrir et nous offrir à nous-mêmes de la vérité de nos conclusions? C'est que nous acceptons la rectitude de notre pensée et la validité de ses opérations, « c'est qu'après avoir examiné le pour et le contre de chaque affirmation ou négation, nous avons pris le parti de nous tenir pour satisfaits de ce que nous estimions vrai, et cela, quand il nous paraissait possible, à toute rigueur, de suspendre notre jugement, de continuer notre examen ou de le reprendre sur de nouveaux faits, de prêter à des objections anciennes ou nouvelles une oreille plus attentive, d'étudier telles ou telles matières et de soumettre nos préjugés à des épreuves plus sûres [1]. »

Par le problème de la certitude, le problème de la connaissance vient, au terme, s'identifier avec le problème de

1. *Critique philosophique*, 1878, n° 31, t. II, p. 69. « Être certain, c'est se penser certain; se penser certain, dès qu'il est question d'une connaissance dépassant les phénomènes saisis actuellement et immédiatement, c'est d'une part avoir, pour juger d'une chose comme on en juge, des motifs bons ou mauvais, mais que l'on pense bons, et, d'une autre part, se fixer dans ce jugement, mettre un terme à l'examen de ces motifs, et renoncer à de plus amples recherches, à tout appel à l'expérience, à d'autres personnes, à soi-même mieux informé, alors qu'on a cependant la conscience de conduire son esprit de manière à pouvoir en suspendre aussi bien qu'en laisser passer définitivement les arrêts. Cette vérité devrait prendre rang comme la première dans l'ordre pratique, et, à ce titre, se voir subordonner toutes les vérités théorétiques quelconques. » *Critique philosophique*, 1878, n° 32, t. II, p. 31.

la liberté. S'il y a dans tout jugement un élément passionnel et volontaire, nous chercherions vainement à faire dépendre la croyance à la liberté d'un jugement nécessaire. Il faut que la liberté intervienne dans le jugement même par lequel nous nous proclamons libres. Impuissants à obtenir une preuve de fait ou une démonstration logique de la liberté, nous ne pouvons demander la solution du problème qu'à la raison pratique. « C'est une affirmation morale qu'il nous faut, toute autre supposerait aussi celle-là. En d'autres termes la raison pratique doit poser son propre fondement et celui de toute raison réelle, car la raison ne se scinde pas : la raison n'est, selon notre connaissance, que l'homme, et l'homme n'est jamais que l'homme pratique[1]. » Il s'agit de se décider, de prendre parti : nécessité ou liberté, c'est un choix à faire. Voulez-vous la science et la morale ? posez la liberté qui en est la condition. « La vérité non pas prouvée, mais réclamée et digne d'être choisie, est celle qui pose un fondement pour la morale et aussi un fondement pour la connaissance pratique, indépendamment de laquelle on ne peut asseoir la science[2]. »

Finalement Renouvier pose le problème définitif sous la forme tout à la fois précise et dramatique que lui donne le dilemme de Jules Lequier. Ou c'est la nécessité qui est vraie, ou c'est la liberté. Supposons la nécessité vraie. Si j'affirme nécessairement la nécessité, je serai toujours hors d'état d'en garantir la réalité, puisque d'autre part l'affirmation contradictoire est également nécessaire, le doute naît de l'impossibilité de discerner le vrai du faux. S'il est *a priori* possible que nous affirmions la liberté nécessairement, il ne l'est pas du moins que nous le croyions ainsi : « nous nous contredirions en pensant affirmer, en vertu de la nécessité qui la supprime,

1. *Essai de psychologie*, t. II, p. 322.

2. *Ibid.*, p. 419.

la liberté de nos jugements réfléchis et délibérés, desquels fait essentiellement partie celui-là même qui les déclare libres[1]. » Le doute naît dans ce second cas de l'illusion supposée. Dans l'hypothèse où c'est la liberté qui est vraie, si j'affirme la nécessité, je l'affirme librement, je suis dans l'erreur au fond, et je ne me sauve même pas du doute, puisque la nécessité que j'accepte, loin d'exclure le doute, l'impose. Si j'affirme librement la liberté, la liberté étant vraie, je suis à la fois dans le vrai par hypothèse, et j'ai les mérites et je recueille les avantages de mon affirmation libre. Bref, dans l'hypothèse de la nécessité, quoique je fasse, je suis condamné au scepticisme ; j'embrasse librement l'hypothèse de la liberté pour sauver la morale et la science. « Définitivement, dit Lequier, deux hypothèses : la liberté ou la nécessité. A choisir entre l'une et l'autre, avec l'une ou avec l'autre ; je préfère affirmer la liberté, et affirmer que je l'affirme au moyen de la liberté. Ainsi je renonce à imiter ceux qui cherchent à affirmer quelque chose qui les force d'affirmer. Je renonce à poursuivre l'œuvre d'une connaissance qui ne serait pas la mienne. J'embrasse la certitude dont je suis l'auteur... La formule de la science, *faire.* Non pas devenir, mais faire, et en faisant *se faire.* »

Dans la thèse de la liberté, Renouvier avoue que nous ne possédons pas un moyen sûr de discerner le vrai du faux par un critère en quelque sorte matériel et de tous points inéluctable. Mais la liberté précisément le veut ainsi. Du moins nous possédons une méthode. Cette méthode, c'est la réflexion soutenue, la recherche constante, la saine critique, d'un mot le sage exercice de la liberté. Avec cela, nous n'évitons pas toujours l'erreur, mais nous pouvons toujours l'éviter. Chacun de nous est responsable de ses opinions, comme il l'est de ses actes moraux, ou plutôt l'opinion même est ou doit être un

1. *Critique philosophique*, 1878, n° 32, t. II, p. 85. Renouvier modifie sur point l'argumentation de Jules Lequier, en en altérant la symétrie.

acte moral. Nous faisons l'erreur et la vérité en nous. Sommes-nous dans le faux ? Nous pourrions être dans le vrai au même moment, en sachant douter, c'est-à-dire examiner. La liberté seule explique l'existence de l'erreur dans le monde, seule établit la possibilité morale d'atteindre le vrai par l'application assidue d'une conscience toujours en éveil. « Ma certitude morale et pratique commence logiquement par la certitude de ma liberté, de même que, en fait, ma liberté a dû toujours intervenir dans la constitution de ma certitude, depuis le moment où, en ma qualité de philosophe, j'ai mis spéculativement toutes choses en doute[1]. »

Nous ne pouvons recevoir la vérité du dehors, il faut que nous marchions vers elle; la méthode est effort, action, vouloir. « L'homme est ramené à son for intérieur... La liberté, individuelle par essence, décide de la croyance. » En vain nous demanderions aux autres de prononcer pour nous, en vain nous ferions appel, après tant d'autres, au consentement universel. Le consentement universel ne s'étend pas au delà de ce premier ordre de certitude, de ces thèses de réalité que tout homme précisément embrasse d'un assez énergique instinct pour n'avoir nul besoin de s'y voir confirmé par autrui. Il faut se résigner à penser par soi-même, c'est notre condition. Il est vrai que l'individu ne peut rester enfermé en lui-même, que la croyance solitaire, non partagée, s'accompagne de doute et d'inquiétude, qu'il n'y a de joie, de sécurité pour un esprit que dans l'entente avec les autres esprits. « L'accord des idées, la communion des cœurs, l'unité des pratiques, réalisent une manière d'existence visible de la certitude[2]. » De ce besoin de s'unir dans une même foi naissent les sectes, les religions ; d'une âme à l'autre, la croyance a quelque chose de contagieux, se

1. *Essai de psychologie*, t. II, p. 349-351.

2. *Ibid.*, t. III, p. 80-100.

propage et se multiplie. Mais l'accord vérifie, confirme la croyance, il ne la produit pas ; la conscience individuelle garde toujours, avec le mérite et la responsabilité de son choix, le devoir et le droit de décider par elle-même de sa croyance. « La conscience est au-dessus du monde ; alors même qu'elle se rend au monde, elle le domine, puisque pour s'y soumettre, elle l'a jugé. » La certitude, œuvre de la liberté, est un véritable pacte de l'homme avec lui-même, une sorte de *contrat personnel.* « Nous contractons avec notre intelligence », nous convenons de nous fier à sa véracité, d'accepter les résultats de ses opérations bien conduites, de nous en tenir aux jugements qui nous ont paru vrais après un scrupuleux examen. A ce contrat personnel qui n'est que la libre décision de choisir librement la vérité, s'oppose le *contrat social,* l'ensemble des coutumes, des traditions, des lois qui naissent de la vie commune et en expriment les conditions nécessaires. A la liberté de l'individu ne peut manquer ainsi de s'opposer sous une forme plus ou moins aiguë, plus ou moins violente, une autorité collective. Dans ces conflits possibles, la liberté, source et principe de toute vérité, garde ses droits imprescriptibles : « vis-à-vis de l'autorité, appuyé sur le contrat personnel qu'il s'est fait, et qui souvent sera contraire à celui qui régit le peuple, tout homme peut poser *la liberté* en sa personne. Ici se trouve, dans la liberté de jugement et de croyance, l'origine profonde de la liberté civile et politique. » Le contrat social n'emprunte sa légitimité que du consentement actuel des membres de la famille humaine qu'il groupe et qu'il régit ; il doit respecter le droit individuel de libre croyance ; s'il n'est une synthèse de l'autorité et de la liberté, il cesse d'être moralement obligatoire, parce qu'il ne va à rien moins qu'à détruire la vérité dans sa source même, la liberté de l'individu.

La vie intellectuelle ne se sépare pas, pour Renouvier, de la vie morale. Il reproche à Kant d'avoir distingué la raison spéculative de la raison pratique, reconnu deux ordres de vérités, les unes auxquelles nous ne pouvons pas plus nous soustraire qu'aux catégories de notre entendement, les autres que nous acceptons, que nous postulons comme les conséquences et les conditions du devoir. Il affirme qu'à tous ses degrés, sous toutes ses formes, dans toutes ses fonctions, la raison est pratique. Dans le premier ordre de la certitude, où la pensée spontanée seule est en jeu, c'est un intérêt pratique, non réfléchi mais déterminant, qui pose les thèses de réalité et accorde tous les esprits dans leur affirmation. Dès que la réflexion s'éveille, il n'est pas une vérité qui ne puisse être soumise à un doute spéculatif. Le pur entendement, indifférent, impassible, serait condamné à l'attitude suspensive du scepticisme; c'est la passion et la volonté qui, intervenant dans le jugement, décident du choix de la vérité librement acceptée. Le problème de la connaissance ramené au problème de la liberté, quand nous abordons cette question suprême, la raison spéculative reste confondue avec la raison pratique. Si nous affirmons la liberté, ce n'est pas qu'elle soit imposée à l'intelligence, que nous la voyions ou que nous la démontrions; tout au contraire nous la choisissons parce que la thèse de la nécessité a pour conséquence le scepticisme, nous la choisissons pour rendre l'intelligence possible, pour légitimer ses actes. Ainsi les principes sur lesquels repose l'intelligence spontanée comme l'intelligence réfléchie, sont des postulats de la raison pratique. La raison n'est pas nécessaire, subie, impersonnelle, elle est personnelle, libre, agissante; elle entraîne, qu'il s'agisse du vrai ou du bien, le mérite et la responsabilité.

VI

La théorie de la certitude et de son rapport à la liberté nous permet de définir avec plus de précision les thèses fondamentales du néo-criticisme et, en les limitant l'une par l'autre, de résoudre leur apparente contradiction. A le prendre isolément, l'intellectualisme de Renouvier se concilie mal avec sa doctrine de la contingence. Si les catégories ne sont pas seulement formelles mais réelles, si les lois a prioriques et nécessaires de la représentation sont identiques aux lois de l'Être, ne semble-t-il pas logique d'étendre au monde et à la pensée l'empire de la nécessité? Ce n'est pas tout, la causalité ramenée à un rapport des phénomènes, à une correspondance réglée de leurs changements, qui les fait fonctions les uns des autres, les lois particulières se rapprochent des catégories, en ce sens du moins qu'elles ont quelque chose d'*a priori*, qu'elles ne résultent pas des actions des êtres les uns sur les autres dans le temps, qu'elles ne sont pas les habitudes des causes, mais qu'elles constituent une sorte d'harmonie préétablie, c'est-à-dire un véritable déterminisme. Et cependant Renouvier, loin de conclure à la nécessité, fait de l'affirmation du libre arbitre la première vérité sur laquelle toutes les autres se fondent.

C'est qu'à dire vrai, l'intellectualisme de Renouvier n'est pas primitif mais dérivé : l'identité des lois de la pensée et des lois de l'être, sans laquelle notre vérité n'est pas la vérité, ne s'impose pas ; on ne la démontre point, on la veut. Si j'affirme que la représentation et l'être sont en accord, c'est pour rendre la science possible ; si j'universalise la cause, la fin, la conscience, c'est pour me donner toutes les conditions d'un monde intelligible. Mais cet intellectualisme une fois posé n'est-il pas l'aveu du déterminisme, ne reconnaît-il pas aux lois une réalité égale et même supérieure à celle des phénomènes qu'elles relient? La liberté par suite ne s'épuise-t-elle pas dans l'acte premier où tout à la fois elle se reconnaît et s'anéantit? Ne laisser à la liberté d'autre rôle que de poser un absolu qui la nie serait une singulière méprise, un singulier oubli des raisons toutes pratiques qui nous inclinent à vouloir dans un déterminisme relatif la condition de la science. Comme nous acceptons le déterminisme dans la mesure où il est nécessaire à la connaissance, nous le limitons dans la mesure où cette limitation est nécessaire à la vie morale de l'humanité. La pensée est un mode d'action ; le choix des catégories déjà a quelque chose de libre, de moral et de volontaire, la vraie contradiction serait d'en faire sortir la négation de leur principe, de ne les faire servir qu'à la ruine de leur propre fondement. Comme Kant, Renouvier est avant tout préoccupé de ne rien sacrifier de l'homme à l'esprit de système, de justifier la morale et la religion comme la science, mais il reste dans l'ordre phénoménal, il met sur le même plan, dans le même monde, la contingence et la nécessité, la règle et l'exception, il juxtapose où Kant superpose.

Il y a place dans le monde des phénomènes pour la loi et pour la contingence ; les deux termes se limitent, ils ne se contredisent pas. « La liberté ne nie point l'ordre du monde et, dans cet ordre même, elle est le fondement et l'essence d'une loi spécialement humaine, de la loi morale[1]. » On a coutume d'imaginer entre le déterminisme et la liberté une radicale antinomie, de les ériger à l'absolu pour les opposer violemment. Si l'on reste dans le relatif, si l'on s'en tient aux faits, il est facile de voir que l'initiative de l'homme, bornée dans ses effets, se concilie avec le déterminisme naturel que suppose la science. « L'ordre et les lois du monde subsistent concurremment avec la liberté et l'enveloppent, l'enserrent de toutes parts, sans l'affecter quant à son essence[2]. » Et d'abord les modes de l'existence sont pré-ordonnés, sinon l'existence elle-même ; il y a des possibles qui dépendent de la décision de l'homme, mais ces possibles

1. *Psychologie rationnelle*, t. II, p. 342.
2. *Ibid.*, p. 333.

sont des phénomènes définis par l'expérience, qui s'insèrent dans la trame des faits, non des monstres sans rapport avec ce qui nous est donné. « La liberté ne produit pas des événements *nouveaux*, à savoir d'une essence indéfinie et imprévoyable, ou qui n'aient leur raison dans le fonds commun des lois du monde ainsi que dans le fonds personnel de l'expérience, de l'imagination et de la mémoire[1]. » En second lieu l'acte libre sort de la nature et y rentre, se lie au déterminisme par ses antécédents et par ses conséquences. Un mouvement musculaire qui répond à une décision de la volonté, commence dans le monde extérieur une série de mouvements locaux qui sont soumis aux lois générales de la mécanique. Le mouvement musculaire lui-même dépend nécessairement des lois de l'organisme. L'acte de volonté enfin qui précède ce mouvement implique à son tour cet organisme, et, « supposant par là même l'ensemble des lois mécaniques et physiques, exige en outre pour son appui propre une suite antécédente de pensées, des faits d'imagination et de mémoire, et toutes les lois intellectuelles et passionnelles qui président au développement de la personne. Sous ces divers points de vue le déterminisme est partout, et voilà comment existe un orde universel dont pas un phénomène ne souffre être soustrait[2]. » Si nous songeons à tout ce qui s'impose à l'homme, à tout ce qu'il subit sans le soupçonner, tempérament, climat, lois de l'entendement, préjugés hérités, habitudes prises, nous voyons singulièrement « se réduire le domaine d'une liberté dont la nécessité fournit toute la matière ». En même temps les lois de l'univers bornent la puissance humaine. On peut

1. *Psychologie rationnelle*, t. II, p. 334.

2. *Ibid.*, p. 233. « La création humaine donne lieu à des commencements premiers qui ne sont que relatifs ; elle peut *commencer des séries de phénomènes*, qui viennent *ex nihilo* en un sens, et sur un point seulement, mais qui sont assujetties à sortir du sein des données antérieures et à s'adapter à un ensemble de rapports existants. » *Esquisse d'une classification systématique*, t. II, p. 196.

supposer que les actes volontaires, de direction variable et de sens contraire les uns aux autres, s'annulent dans la marche de l'humanité. Il n'importe, si limitée que soit la liberté dans ses effets physiques, il reste « ce fait, que toutes les lois données et nécessaires de l'univers sont en partie subordonnées à celle qui *n'est pas*, mais qui *se fait* actuellement par l'homme, et qu'ainsi l'ordre du monde, en cette partie, n'est jamais qu'un ordre en voie de formation[1] ». Par ce fait la vie humaine prend une valeur unique, l'individu devient une personne, il décide pour une part de sa nature même et de sa destinée; l'homme revêt une étonnante grandeur jusque dans les misères attachées à sa condition d'être libre : il est l'auteur de lui-même ; les révolutions de l'histoire sont vraiment l'œuvre de l'humanité[2].

Il ne serait pas légitime d'opposer à Renouvier la multiplicité de principes que de parti pris il pose distincts et qu'il limite l'un par l'autre. Son originalité est de rester volontairement dans le « plusieurs », en se refusant aux conciliations contradictoires. Mais on peut se demander si sa doctrine, à la prendre en elle-même et telle qu'il la présente, est toujours cohérente et conforme aux faits.

Renouvier affirme que son analyse du fait volontaire se borne à constater l'apparence, à traduire le phénomène de conscience en dehors de toute théorie, de toute idée préconçue. Est-il vrai que la volonté nous apparaisse comme un caractère de la représentation prise en quelque sorte à l'état d'isolement ? Voyons-nous le motif se maintenir, se suspendre, se nier, s'associer à tels autres motifs qu'il lui plaît par une action autonome ? Observons-nous au moment de prendre une décision grave. L'idée d'un acte à accomplir se présente, et avec elle, à sa suite, s'évoque l'ensemble des motifs et des mobiles qui nous sollicitent,

1. *Psychologie rationnelle*, t. II, p. 359.
2. *Ibid.*, p. 328.

puis, en vertu de l'association, l'idée de la détermination contraire nous est suggérée avec tout le cortège des raisons qui militent en sa faveur ; ainsi, spontanément, par le seul jeu des lois de la pensée, se pose l'alternative. L'alternative posée, la délibération analyse, réfléchit les données de la pensée spontanée, et le choix intervient. Mais le motif n'apparaît pas comme un fait autonome qui se détache de la vie antérieure et commence absolument une série de phénomènes. A s'en tenir à l'apparence, et c'est là ce qui explique sinon ce qui justifie l'hypothèse de l'arbitre indifférent, le moi se distingue, se sépare des actes et des motifs également possibles, juge et décide; ce n'est pas le motif, c'est *moi* qui veux. Sans accepter l'indifférence, on peut définir le sens de ce « *je* » qui dans le « *je veux* » semble non pas se confondre avec les motifs mais s'y opposer, s'élever au-dessus d'eux. Ce « *je* », ce moi, c'est non seulement l'intelligence active qui divise et compare, unit et distingue, mais c'est la synthèse des phénomènes qui constituent ma vie antérieure, la trame des actes passés dans laquelle va s'insérer l'acte futur, et c'est aussi l'idéal que j'ai conçu de ma propre vie, l'homme que je ne suis pas, que je voudrais être, dont je me rapproche, la personne idéale, dont l'image, plus ou moins distincte, supérieure aux tentations momentanées, reculée, effacée par chaque défaillance, reparaît après l'acte, le désir apaisé, pour le juger et le condamner. Bref le motif n'apparaît pas, pour s'en tenir à l'apparence, comme disposant de lui-même, évoquant à son gré tel ou tel motif; mais, l'idée d'un acte s'offrant à l'esprit, en vertu des lois de la pensée spontanée, les alternatives possibles et les motifs contraires s'opposent et c'est moi, unité de phénomènes complexes, synthèse vivante d'actes accomplis et d'un idéal plus ou moins conscient, qui, me distinguant de cet acte particulier comme d'un élément possible de ma vie intérieure, juge les motifs, cède ou résiste, décide par mon choix de ce qui sera par et pour moi.

S'il est difficile de dire que le motif « automoteur » n'est que le fait de conscience constaté, nous donne-t-il du moins la liberté sans nous condamner à l'indifférence ? La volonté, selon Renouvier, n'est que l'idée qui se maintient et se fixe, ou se repousse, se nie, évoque, en dehors de toute prévision possible, des idées contraires. Dans la conscience de l'homme qui délibère, des antécédents aux conséquents il n'y a pas de rapport nécessaire, mais les phénomènes en jeu sont des phénomènes intellectuels et la décision n'est que le motif qui se veut et s'accepte. Les actes libres ne sont plus des actes arbitraires, il est possible d'en rendre raison, de les justifier devant l'intelligence. Mais le motif automoteur ne résout-il pas la difficulté en la reculant ? Sans doute l'acte n'est plus sans motifs, on peut l'expliquer, dire pourquoi il a été accompli, mais le motif qui précède l'acte, qui le détermine, est sans cause, il est détaché de l'individu, sans rapport avec les phénomènes qui le constituent, et comme le motif devient l'acte véritable, nous ne sommes pas sortis de l'indifférence, nous l'avons reportée plus loin dans l'intelligence qui délibère. « Si la volonté évoque sans motif un motif plutôt qu'un autre, nous revenons à la liberté d'indifférence, avec cette aggravation qu'elle s'applique aux jugements mêmes, aux phénomènes intellectuels et passionnels, c'est-à-dire aux choses les moins indifférentes qu'il y ait au monde... Au lieu du *clinamen* de la volonté, on a le *clinamen* de la raison et de la passion. Or, s'il est difficile d'admettre une volonté irrationnelle, que sera-ce quand il faudra admettre une raison irrationnelle[1] ».

M. Renouvier répondra que « la puissance libre est une donnée irréductible », qu'on a tout dit, quand on a dit « qu'elle est le fait du commencement, partiellement indépendant, de certaines suites de phénomènes au sein des phénomènes antérieurs, des êtres antérieurs ». L'objection ne

1. Alfred Fouillée : *La liberté et le déterminisme*, p. 119 (Paris, F. Alcan).

serait que la prétention vaine de comprendre ce qu'on doit se borner à constater. Mais n'y a-t-il là rien de plus que « le mystère d'une donnée primitive au delà de laquelle on ne va point » ? La représentation autonome n'est pas seulement donnée, elle se fixe, elle se suspend, elle se nie, elle évoque ce qui n'est pas encore, ce qui pourrait ne pas être. Comment comprendre un phénomène qui n'est pas seulement ce qu'il apparaît, qui peut devenir le contraire de ce qu'il est, qui posé se nie lui-même? Cette idée de la puissance, de l'enveloppement des contraires dans un fait donné, défini, est-elle intelligible?.

S'il faut en croire Renouvier, la liberté, telle qu'il la définit, ne viole aucune loi de la pensée et s'accorde notamment avec la loi de causalité, dont on ne fait sortir le déterminisme que par des préjugés métaphysiques et substantialistes qu'il se flatte de dissiper. La cause n'est pas une force transitive qui passe dans son effet en s'y métamorphosant; ramenée à sa véritable nature, dégagée des images qui en obscurcissent l'idée, elle exprime une harmonie, une correspondance, elle répond « à un fait, au delà duquel notre pensée ne peut pénétrer, et qui consiste en ce que, tels phénomènes étant donnés, tel autre phénomène apparaît ». Cette harmonie d'ailleurs, contre la pensée de Leibniz, n'est pas une harmonie préétablie [1], « l'expé-

1. Dans sa seconde philosophie, Renouvier admet l'harmonie préétablie. Exception faite des actes libres, la loi de correspondance des phénomènes est posée une fois pour toutes par la volonté créatrice. « L'harmonie préétablie n'est pas la négation de la causalité ; elle en est l'établissement dans tout ce qui regarde le conditionnement mutuel des phénomènes, quand il n'admet aucune ambiguité, et que des conséquents certains à l'avance répondent aux antécédents acquis (*Nouvelle monadologie*, p. 21). » Nous avons d'une part le déterminisme, auquel se ramène tout l'ordre du monde, de l'autre la liberté, dont la domaine se réduit à quelques actes humains. Mais dans cette hypothèse, la théorie de la causalité est profondément modifiée : réserve faite de la volonté humaine, la force se définit par la synthèse du premier acte et de la puissance, et non par la synthèse des deux actes compris entre l'intervalle de la puissance. La contingence n'est plus réelle, l'hiatus qui sépare les divers ordres d'existence est apparent. La philosophie de Renouvier n'est plus, à dire vrai, une philosophie de la liberté, elle a perdu son originalité, son audace ; elle est une philosophie de tout repos, une façon d'éclectisme qui juxtapose des dogmes contraires.

rience et l'expérience seule nous apprend quelles sont les liaisons réelles et jusqu'où elles vont en fait » sans que nous ayons le droit, en bonne logique, d'étendre le déterminisme au delà des bornes où nous le constatons et de transformer une relation, constatée en un certain nombre de cas, en une relation universelle et nécessaire. La loi de cause, formulée dans ces termes et sous ces réserves, ne s'oppose nullement à l'existence des futurs ambigus : elle pose entre les phénomènes une correspondance de fait qui n'exclut pas la contingence, puisque dans chaque cas particulier l'expérience seule peut nous apprendre quels sont les termes que lie le rapport causal, qui n'est vraiment défini qu'au moment où les deux termes qu'il lie sont donnés.

Cette théorie concilie-t-elle la contingence et la causalité, ne revient-elle pas à attirer tour à tour l'attention sur l'une puis sur l'autre ? La cause immanente, à la prendre en elle-même, comme sentiment d'un effort tout intérieur, dont l'effet est indéterminé, n'est pas cause encore, au sens catégorique de ce terme, car qui dit cause dit liaison, enchaînement de phénomènes successifs. La conscience ne sert qu'à nous donner le type concret de la causalité, c'est une catégorie, un jugement synthétique *a priori* qui étend le rapport de cause à tous les phénomènes. « Toute chose, dit Renouvier, qui fait suite à d'autres choses a parmi ces choses des antécédents qui sont pour elle des causes à l'égard desquelles elle est un effet. Les relations de succession se compliquent de relations de causalité. » Dire qu'une loi *a priori* de la pensée nous contraint d'établir entre les faits qui se succèdent dans le temps des rapports de cause à effet, n'est-ce pas reconnaître dans le déterminisme une condition de la représentation ? La loi de cause, objectera Renouvier, pose entre les phénomènes successifs un rapport de cause à effet, elle ne pose pas un rapport de liaison nécessaire. Mais si A étant donné, C peut être posé aussi bien que B, si, dans certains cas, il y a indétermination réelle, si, dans tous les cas, il y a indétermination possible, peut-on parler d'une catégorie de cause, d'une correspondance, d'une harmonie entre les phénomènes?

A étant donné, n'importe quel phénomène en droit peut se produire, l'expérience seule définit le rapport causal réel. En quoi dépassons-nous la succession empirique? La vraie loi n'est pas la correspondance des phénomènes, mais l'accident. Des causes purement immanentes, des monades agissant en elles-mêmes, sans que leur action ait un rapport préétabli avec tel effet, ne sont pas les causes dont a besoin la pensée.

Dans son exposé de la loi de cause, Renouvier insiste tour à tour sur la causalité et sur la contingence. Quand il appelle notre attention sur la catégorie, sur le jugement synthétique *a priori*, nous entendons que deux phénomènes successifs s'enchaînent et ne peuvent point ne pas s'enchaîner, nous concevons entre les faits des relations causales fixes et définies. Quand il insiste sur l'impossibilité de prévoir, au moins en droit et logiquement, la liaison de deux faits successifs, parce qu'un antécédent peut toujours, à la rigueur, amener un conséquent inattendu, sa théorie ne tend à rien moins qu'à nier tout enchaînement, toute suite constante et nécessaire des phénomènes, qu'à mettre au fond des choses la contingence, l'indétermination et le hasard. Nous pouvons dire alors que l'homme est la cause de ses actes libres, bien que le motif soit comme détaché de tous ses phénomènes constitutifs, mais c'est qu'à dire vrai, la causalité a été transformée en son contraire, ramenée à l'indétermination. En dépit de la théorie des catégories, cette contingence radicale ne nous condamne-t-elle pas, en ce qui concerne les lois, objet propre de la connaissance scientifique, à une incertitude de droit, qui aggrave le scepticisme de David Hume et de Stuart Mill, pour lesquels le déterminisme, condition des méthodes de recherche et de découverte, est la première et la plus assurée des vérités d'expérience ?

Si Renouvier ne réussit ni à faire du libre arbitre un acte proprement intellectuel, ni à le concilier avec la loi de causalité, est-il plus heureux dans son effort pour montrer qu'il est la première vérité, le fondement de toute certitude réfléchie ?

Il importe avant tout de bien entendre la thèse de Renouvier. Intellectualiste résolu, il ne dit pas que la vérité est libre, en ce sens qu'elle serait arbitraire, qu'on en déciderait par une sorte de coup d'État qu'on n'aurait point à justifier. Par sa théorie de la certitude il veut relier son intellectualisme à sa philosophie de la contingence. Il admet l'harmonie de la conscience et du monde, la conformité de la raison et de l'univers[1]. Mais cette conformité ne se démontre pas et elle ne se traduit pas en une suite de vérités nécessaires. « Ce qu'il faut, quand on a reconnu la vanité de la *raison pure* ou absolue, c'est introduire dans la science la croyance, en y déterminant sa signification et son rôle, *et rendre la croyance elle-même scientifique, en s'arrêtant aux limites de l'universalité et de la raison dans le développement de la foi*[2]. » Renouvier ne veut donc pas dire « que les représentations de mon esprit dépendent de ma volonté, que je puis me représenter rouge ce qui est bleu, égal à dix ce qui est égal à cinq », il ne nie pas que « le jour où il suffirait à un astronome d'un acte de libre arbitre pour voir une nouvelle étoile au bout de sa lunette, l'astronomie n'existerait plus[3] ». Il admet que toute opinion doit se justifier en se conférant aux lois de l'intelligence ; mais, dès qu'on dépasse le phénomène immédiat de conscience, dès qu'intervient la réflexion, il nie que la vérité s'impose par une irrésistible évidence, il soutient que la passion et la volonté

1. *Psychologie rationnelle*, t. II, p. 257.
2. *Ibid.*, p. 218.
3. Alfred Fouillée : *La liberté et le déterminisme*, p. 127.

interviennent toujours dans le jugement qui l'affirme. Les raisons sont bien les motifs de croire, et ces motifs exercent en un sens une action déterminante, mais ces motifs, pour valables qu'ils soient, laissent place à des opinions diverses et contraires, entre lesquelles il faut choisir. Le pyrrhonisme est une réduction à l'absurde de la doctrine de l'évidence, car il n'est que la prétention de ne rien affirmer que ce dont on possède une connaissance telle que celle qu'on a par la perception actuelle et immédiate des phénomènes. La liberté ne fait pas la vérité, elle préside à sa recherche, et elle s'ajoute aux raisons, qui laisseraient place à un doute possible, pour les rendre déterminantes. Dès que le doute est possible « il reste une part quelconque à la croyance dans la détermination du penseur. Croyance et possibilité de douter sont des termes concomitants, comme de l'autre côté, évidence et impossibilité de douter[1] ».

Il n'est pas juste de pousser à l'absurde la thèse de Renouvier. Il ne fait pas de la vérité un décret arbitraire de l'individu. Nul n'est plus soucieux d'éviter l'absurde, d'être raisonnable jusque dans la foi, « de rendre la croyance scientifique ». A la doctrine de l'évidence qui s'impose, il substitue un probabilisme moral qui laisse un rôle à la passion et à la volonté dans la connaissance : l'intelligence, isolée des fonctions qui la soutiennent, serait sceptique, parce que la réflexion laisserait toujours quelque raison de douter; son travail fait, il faut un élan qui franchisse ce doute et se repose dans l'affirmation. Aucun philosophe ne démontre son système jusque dans ses principes, donc, en un sens, il le choisit. La question est de savoir d'abord si aux raisons de croire s'ajoute un acte de libre arbitre, si on peut parler d'un libre choix de la vérité, en second lieu s'il n'y aurait pas lieu d'établir des distinctions dans les divers ordres de vérité, s'il est

1. *Esquisse d'une classification systématique*, t. II, p. 3.

légitime de mettre sur le même plan tous les jugements réfléchis, qu'ils portent sur les faits et les lois ou sur les postulats métaphysiques.

Le grand argument de Renouvier pour faire de l'affirmation du libre arbitre la vérité première, c'est que le déterminisme rend impossible le discernement de l'erreur et de la vérité. Si tout jugement est nécessaire, « la nécessité juge, rend des arrêts inconciliables, selon les organes par lesquels elle s'exprime », et je suis condamné à constater les jugements qui se formulent en mon esprit, sans pouvoir m'y soustraire. Les esprits individuels s'opposent les vérités contradictoires, qui sont toutes également légitimes, puisqu'elles sont toutes également nécessaires. Si l'on s'enferme dans ces abstractions, nécessité, liberté, sans se référer aux opérations intellectuelles qu'elles résument, sans revenir par l'analyse aux faits concrets, rien n'empêche de retourner l'objection, de dire : le faux comme le vrai ayant son origine dans la liberté, ils sont indiscernables. La liberté, dit-on, explique l'erreur, elle en est responsable, soit, mais elle ne nous permet pas de la discerner de la vérité, car il est de son essence de multiplier, d'opposer des opinions tout aussi légitimes, en tant du moins qu'elles ont en elle leur principe. Ma vérité s'oppose à la vôtre : « la liberté juge, rend des arrêts inconciliables, selon les organes par lesquelles elle s'exprime ». Des deux hypothèses, celle du libre arbitre semble même la plus dangereuse, la plus propre à enfermer l'individu dans sa propre pensée ; le nécessitaire croit que la vérité est universelle, impersonnelle ; son désaccord avec les autres esprits l'avertit, l'invite à réfléchir, il doit discuter, faire valoir ses raisons, écarter celles des autres, mais le partisan du libre arbitre croit à sa vérité et s'en contente.

Mais, répondra Renouvier, se retournant vers son intellectualisme, je ne dis pas que le libre arbitre fait la vérité. La liberté ne nous donne pas un critérium objectif, nécessaire du vrai, ce qu'elle ne pourrait faire sans se nier elle-même, elle nous donne une méthode : l'effort pour éviter la prévention et la précipitation, la recherche sincère, patiente, l'accord, le concert progressif des intelligences qui se rapprochent dans leur libre mouvement vers la vérité. Mais l'expérience conduit les déterministes à poser précisément les mêmes règles, comme les conditions de la recherche et de la découverte du vrai. Ils ne sont pas condamnés à admettre je ne sais quel *fatum mahometanum*, à recevoir passivement l'impression des choses, ils savent qu'entre les moyens et les fins il y a des rapports nécessaires qu'il importe de connaître et d'observer. Ils reconnaissent avec Renouvier que la vérité dépend du bon usage de l'intelligence, ils affirment seulement contre lui que ce bon usage ne dépend pas d'un acte indéterminé, qu'il dépend de l'application réfléchie des lois de la logique peu à peu dégagées de l'action même qu'elles règlent. En dernière analyse c'est à l'intelligence qu'il appartient de percevoir et de raisonner, de présider aux observations et aux calculs, d'imaginer les expériences et même de prononcer, s'il est vrai que le devoir soit de ne se rendre qu'aux meilleures raisons. En accordant l'existence du libre arbitre, il n'intervient dans la méthode que comme volonté d'obéir aux lois de l'esprit, non pour faire le vrai, mais pour enfermer l'affirmation dans les limites de la connaissance réelle.

On ne sépare l'intelligence de la volonté que par une abstraction qui en fausse la nature ; elle n'est pas un appareil enregistreur, elle n'attend pas la vérité, elle la fait, en se portant vers elle d'un mouvement incessant et continu. J'ajoute que ce mouvement n'est pas d'abord libre et réfléchi, mais naturel et spontané. La pensée est action, elle est essentiellement synthèse, organisation, progrès vers l'unité. Les phénomènes qui entrent en elle, comme du dehors, n'y restent pas isolés, indépendants ; elle est la tendance même à les coordonner, à les relier, à découvrir par suite leurs rapports. « L'homme, dit-on, n'est capable de science que parce qu'il est libre ; c'est aussi, parce qu'il est libre, qu'il est sujet à l'erreur. » (V. Brochard. *De l'Erreur*). Rien ne me paraît plus contestable. L'erreur n'est pas la pensée du non-être pur, une représentation que la liberté fait sortir *e nihilo*, une véritable création de ce qui n'est en aucun sens. Au risque d'indigner Renouvier « contre cette dégoûtante phraséologie hégélienne », je dirai que l'erreur n'est pas le mensonge absolu, qu'elle n'est point étrangère à la vérité, qu'elle est un premier mouvement vers elle. Elle a son principe dans la fécondité même de la pensée, dans son effort pour mettre l'ordre dans la diversité des phénomènes, pour comprendre ce qu'elle perçoit en l'unifiant ; dans sa tendance spontanée à dégager, des éléments qui lui sont donnés, leurs rapports en les organisant. Si la réflexion ne la rejette pas aussitôt qu'elle naît, comme une sorte de monstre non viable, c'est qu'elle enveloppe une vérité relative, c'est qu'elle n'est pas la conception du rien, c'est qu'elle est seulement, selon le mot de Spinoza, une idée inadéquate.

Mais si l'erreur s'explique par l'intelligence, par ses lois, ne sommes-nous point condamnés à n'en point sortir ? Comment la corriger par l'instrument qui la crée ? L'erreur étant nécessaire, nous ne pouvons y échapper ; le scepticisme sort de l'impossibilité de discerner le vrai du faux. Accorder ces conséquences, se serait accorder la passivité, l'inertie de l'intelligence, après l'avoir niée. L'erreur n'est pas créée pour elle-même, mais pour la vérité ; nous y échappons parce que nous la faisons en marchant vers le vrai, et que nous la dépassons, en continuant notre marche. Les progrès de la connaissance, une expérience plus étendue, l'observation de faits jusqu'alors négligés ou inaperçus, tout ce qui enrichit l'esprit d'éléments nouveaux contribue à détruire l'erreur : l'hypothèse qui paraissait valable dans un certain état de la science se trouve ruinée par les faits qu'elle n'explique pas ou qui la démentent ;

le problème se pose avec des données plus complexes qui jugent l'ancienne solution et sollicitent l'intelligence créatrice d'idées à une solution nouvelle.

Pas plus que la vérité, l'erreur n'exige à son principe un acte libre indéterminé. Mais en accordant, dira Renouvier, qu'un jugement doit toujours se justifier par des raisons, ne faut-il pas avouer que ces raisons ne sont jamais suffisantes, que par suite elles ne le deviennent que par un acte qui s'y ajoute et qu'elles ne déterminent plus. La pensée se fonde sur des principes qu'elle ne démontre pas, la réflexion peut rendre douteuse toute proposition qui dépasse le fait immédiat de conscience; donc et par son origine, et, à le prendre en lui-même, tout jugement réfléchi est une croyance. « La croyance est essentiellement individuelle, quelque aptitude qu'elle ait à régner sur la généralité des hommes en de certains sujets. Elle est toujours placée sous la responsabilité de la personne et de la raison personnelle[1]. » Cette généralisation semble excessive. Le rôle possible de la liberté dans la connaissance ne peut être défini que par des distinctions entre les divers ordres de vérités. De ce que la vie peut toujours être mise en question par la pensée réfléchie, de ce que le suicide est toujours possible, conclurons-nous que la vie repose sur un acte libre, qu'elle ne se soutient que par lui? Renouvier lui-même a montré avec force ce qu'il entre d'instinctif, de passionnel dans l'exercice de l'intelligence, dans la confiance en ses données et en ses lois. La pensée continue la vie dont elle est une forme supérieure. Nous ne songeons pas à mettre en doute les thèses de réalité, notre existence, l'existence du monde, l'accord des lois de notre esprit avec les lois des choses. Mais la réflexion n'a-t-elle pas pour effet de ruiner cette foi primitive qui ne peut être rétablie que par un parti pris de la liberté? Sans nier qu'un doute puisse s'élever sur

1. *Esquisse d'une classification systématique*, t. II, p. 97.

les thèses de réalité, sur les principes de la science, nous les acceptons non par une décision arbitraire, mais parce qu'elles sont les conditions tout à la fois de notre pensée et de notre action, dont le succès sans cesse les confirme. L'idée que nous les choisissons par un acte libre serait bien plutôt propre à éveiller notre défiance sur leur validité, sur leur conformité au réel. Il est vrai que tout ne se démontre pas, que la vérité ne s'impose pas par une évidence irrésistible, mais, si le probable n'est pas le nécessaire, il n'est pas davantage le libre, il est ce qui détermine l'assentiment par son accord avec les faits et avec les lois de la pensée, auquel répond l'entente progressive des esprits individuels.

Au terme ne faut-il pas avouer des cas, où cette entente apparaît impossible, chimérique, où les divergences continues, où la perpétuelle reprise des mêmes hypothèses prouvent assez que les raisons seules laisseraient l'esprit en suspens, et n'est-ce pas précisément quand se posent les problèmes qui surtout nous intéressent et nous passionnent, parce que notre conduite ici-bas et nos destinées futures y sont liées, les problèmes de la nature des choses, de l'existence de Dieu, de l'immortalité de l'âme? Même en face de ces problèmes redoutables qui, toujours repris, tournés et retournés en tous sens, ne sont jamais résolus, c'est à la raison qu'il faut faire appel, et c'est à son autorité qu'en fait les hommes, dans leurs contradictions mêmes, se réfèrent et se confient. La probabilité d'un système se mesure en dernière analyse à la somme des vérités qu'il contient; une hypothèse métaphysique se juge au nombre de phénomènes qu'elle coordonne et aux lois de l'esprit qu'elle respecte, aux besoins moraux qu'elle satisfait. Sans doute, et Renouvier ne le contesterait pas ; mais ici il faut avouer que les raisons n'accordent pas les esprits, que le doute n'est pas abstrait, hyperbolique, qu'on ne sort de l'incertitude que par une décision de la volonté, qu'en outre la vérité ne se sépare pas de la conduite, que par son action l'homme peut se donner des raisons de croire, et que, si on admet le libre arbitre, on est autorisé à le faire intervenir dans le choix du point de vue sur l'ensemble des choses auquel on se fixe.

Pour comprendre la théorie de la certitude de Renouvier, il ne faut donc pas considérer exclusivement la contingence, partir de cette idée que, pour lui, le libre arbitre fait la vérité, en décide arbitrairement, en dehors de la raison; tenant compte des deux éléments du système, il faut voir dans cette théorie l'effort hardi de concilier la contingence et l'intellectualisme, en fondant le second sur la première. Renouvier ne me paraît point établir sa conclusion, prouver que le libre arbitre est la première vérité dont toutes les autres dépendent, puisque seul il peut prendre le parti d'affirmer au lieu de s'abstenir. L'idée paradoxale de faire de la liberté la condition de la science et de la pensée ne réussit pas. Mais si la conclusion n'est pas établie, les belles analyses qui la préparent et la soutiennent, demeurent. La vérité n'est pas extérieure à l'esprit, elle est son œuvre; elle ne s'impose pas à lui par une irrésistible évidence, il la fait de ses représentations, de leur accord entre elles et avec les faits; la pensée n'est point la pensée de la pensée, la contemplation passive du pur intelligible; elle est relative, liée à l'action qui la continue et la confirme, toujours en quelque mesure elle dépend du sentiment et de la volonté, et elle en dépend d'autant plus qu'elle s'éloigne davantage de la simple constatation des phénomènes et de leurs rapports pour y chercher une interprétation conforme à sa loi d'unité et à ses exigences morales.

CHAPITRE VI

LA MORALE ET L'HISTOIRE[1]

I

Par l'étude des catégories Renouvier a établi la possibilité, la portée et les limites de la connaissance. Par la réflexion même sur la connaissance il a été conduit à la liberté comme au principe qui la fonde, contre le préjugé des philosophes qui identifient le nécessaire et l'intelligible et cherchent le critère du vrai dans une évidence qui s'impose. Sans doute il maintient dans les phénomènes un système de relations constantes, qui donne une prise à la pensée et à l'action, mais il refuse d'étendre ce déterminisme au delà des limites où nous le constatons, il met la contingence et la discontinuité dans les choses et il accorde à l'homme le pouvoir de poser des commencements de séries, des phénomènes imprévisibles, que ne suffisent point à expliquer leurs antécédents. Après ce que l'homme peut savoir et ce qu'il peut faire, il nous reste à définir ce qu'il doit vouloir. Alors seulement nous pourrons nous prononcer sur ce qu'il est légitime, sur ce

1. Dans un appendice à la *Psychologie rationnelle*, Renouvier, avec sa franchise ordinaire, écrit : « On m'a reproché avec bienveillance, d'ailleurs, un défaut qui, dans ma méthode même, serait grave. Il l'est et j'en conviens. Une certaine obscurité que l'on juge aisément évitable, résulterait de ce que le développement de ma pensée et de ses accessoires est insuffisant, de ce que mes liaisons sont rapides, mes transitions trop peu sensibles. » On pourrait même dire que le plus souvent les transitions n'existent pas. Les thèses sont plutôt juxtaposées qu'enchaînées. J'ai cru devoir modifier ici l'ordre d'exposition, parler de la morale et de l'histoire avant d'examiner les principes de la nature et surtout les postulats métaphysiques qui n'ont de valeur et de sens que comme exigés par la morale.

qu'il est bon de croire, sur les postulats nécessaires pour accorder les lois des choses aux exigences de la conscience, en donnant une réalité à l'ordre moral.

Les philosophes rationalistes ont l'habitude « de n'envisager les lois morales que dans l'individu, de prendre le bien et le mal pour d'invariables absolus de la conscience, dans l'application comme en principe, en un mot de traiter de l'homme moral, comme s'il existait sans précédent et sans milieu, tandis que sans l'un et l'autre la moralité empirique n'est pas définissable[1]. » Ne considérant que la raison, ils ne peuvent se rendre compte de l'origine du mal dans les sociétés et ils sont tentés de le déclarer nécessaire; incapables de trouver un sens à l'histoire, ils sont amenés à se placer en dehors d'elle, à n'y voir « qu'un cercle, une vaine reproduction d'accidents semblables, et par suite à se confiner dans la recherche d'un salut philosophique, individuel et rare ». A l'inverse, les empiriques, frappés de la diversité des mœurs, des institutions, des préjugés, montrent les mêmes actes déclarés bons ou mauvais selon les temps et les lieux, et nient toute notion du bien et du mal antérieure à l'expérience. Pour que puisse se constituer une science de la morale tout à la fois rationnelle et positive, il faut qu'il existe « une morale distincte de l'histoire », c'est-à-dire des principes *a priori*, donnés avec l'homme même, qui, loin de dériver de l'expérience, la dominent et la jugent; et il faut que, l'unité originelle de la raison pratique admise, le libre usage qu'en fait l'homme explique les divergences et les oppositions des idées et des mœurs. Ainsi, selon Renouvier, la réflexion sur l'histoire, sur l'état initial de l'homme, sur les actes qu'il a librement posés et sur leurs conséquences, est l'introduction nécessaire à la science de la morale. « Nous ne pouvons atteindre la morale qu'à travers l'histoire, sous peine de

1. *Introduction à la philosophie analytique de l'histoire*, p. 133-4. Je cite cet ouvrage d'après la 1re édition.

nous exposer à l'illusion en deux sens contraires : ou de prendre pour le vrai et le bien invariables des principes qui nous viennent de la solidarité et du passé, ou de nier le caractère universel et constant de notions dont l'humanité n'a jamais été dépourvue, mais que notre dialectique particulière, nos systèmes nous porteraient à fausser ou à répudier[1]. »

L'idée qu'on se fait de la morale dépend de l'idée qu'on se fait de l'histoire. « Si l'humanité a eu pour loi le progrès, simplement et dès le point de départ de la conscience », si une loi générale enveloppe tous les moments de son passé et les relie en une chaîne continue, le bien sort incessamment du mal qui lui-même est à son heure tout le bien possible, et la morale n'est qu'une illusion à dissiper. Pour que la vie morale ait une réalité, pour qu'elle puisse être l'objet d'une science, il faut que l'histoire ne soit point extérieure aux individus, que, loin de les emporter dans son cours, elle se constitue de l'ensemble de leurs actes. La civilisation, dans ses phases successives, dépend des décisions de l'homme et non d'événements qui se produisent quoi qu'il fasse, de la liberté et non d'une loi nécessaire, dialectique immanente à l'univers, ou providence transcendante qui pipe les dés et décide de l'issue de la partie avant qu'elle ne soit jouée. La vie de l'espèce, comme la vie de l'individu, n'est pas une vaine représentation, une façon de spectacle, que donnent des marionnettes, dont une force étrangère tire les fils et dirige les mouvements, elle a quelque chose de sérieux, de tragique, elle est le drame de la conscience et de la liberté, dont nul ne peut prévoir le dénouement, qui n'est point prédéterminé.

Ainsi, étudiée en dehors de tout système qui en exclut la contingence de parti pris, l'histoire rend à la science de la morale un double service : d'abord elle oppose la

1. *Introduction à la philosophie analytique de l'histoire*, p. 698.

dénégation des faits à toute théorie fataliste du progrès, elle vérifie l'existence et le rôle de la liberté par les incertitudes, par les mouvements en avant et les régressions des sociétés en marche, par là elle fonde la réalité de la vie morale sans laquelle la science de la morale n'est que la science d'une illusion; en second lieu, montrant l'homme, à son origine, conscient du bien et du mal, avec la puissance de choisir l'un ou l'autre, elle concilie l'existence des principes universels avec la contrariété des morales réelles et elle fixe par là à la science son double objet, qui est de définir l'idéal dans sa pureté et de l'appliquer, autant qu'il est possible, aux rapports des hommes dans des sociétés que la solidarité du mal a perverties.

Contre les théoriciens du progrès fatal, Renouvier maintient la contingence dans les événements, conséquence de la liberté dans l'homme. Au moment où il commence à écrire et à penser, le progrès est un véritable dogme qu'une foi aveugle élève au-dessus de toute discussion. Les disciples de Hégel, les Saints-Simoniens, les positivistes, les socialistes s'accordent sinon sur ses lois, du moins sur sa réalité. Renouvier résiste à l'entraînement général et il ne se lasse pas de dénoncer cette forme nouvelle de la superstition, d'opposer à cette abstraction divinisée les objections de la logique et de l'histoire[1].

Pour ajouter à l'autorité de la théorie du progrès, on lui cherche d'illustres ancêtres, on la fait remonter jusqu'à Bacon et Pascal. Mais Bacon et Pascal se bornent à dire que les vérités acquises se transmettent, que l'humanité par suite peut être comparée à un homme dont l'expérience s'accroît avec l'âge : *veritas filia temporis, non auctoritatis*. Ils ne songent nullement à en conclure que le progrès des sciences est une nécessité

1. Voyez : *Année philosophique*, 1867, — *Science de la morale*, t. II, p. 478 sq. — *Introduction à la philosophie analytique de l'histoire*, p. 150 sq., p. 699 sq. — *Uchronie (l'utopie dans l'histoire)*. — *Critique philosophique*, 1875, t. I, p. 54, 65, 100, 184, 242. — 1880-1881-1883.

absolue, une loi des choses et non l'œuvre de l'esprit humain, moins encore que ce progrès entraîne celui du bien penser et du bien agir dans l'ordre moral.

La théorie du progrès fatal et continu peut être résumée dans la formule suivante : le genre humain, quelles que soient d'ailleurs les passions et les volontés des individus et des nations qui le composent, est appelé par une loi naturelle, qu'il ignore et qui le dirige, à constituer à la fin une société juste et heureuse, dans laquelle chacun ne fera plus que ce qui concorde avec le bien général, ou du moins à s'approcher indéfiniment de cet état; il est possible par suite, en réfléchissant cette loi, de composer une théorie des âges de l'humanité et des phases de l'histoire qui permette de marquer les étapes successives de cette marche de l'espèce vers sa perfection[1]. Le malheur est qu'il est impossible de dégager des faits humains la loi de progrès qu'on y affirme présente. Galilée a pu établir par des expériences la loi de la chute des graves : le problème était déterminé, la direction du mouvement étant connue, son point de départ et son terme fixés. Mais « on ne met pas en expérience la marche de l'humanité ». D'abord son point de départ nous échappe : nous ignorons le premier état psychologique, moral, religieux, domestique, politique des tribus humaines. Nous ne pouvons pas davantage « définir scientifiquement » le terme vers lequel l'humanité s'avance; chaque école le fixe selon ses préférences et suscite en ses adeptes le mirage qui les justifie. Enfin sur la direction même du mouvement nous ne réussissons point à nous mettre d'accord, car nous ne pouvons indiquer « les marques suffisamment simples et infaillibles », auxquelles se reconnaîtrait, à un moment donné, dans une société donnée, un fait de progrès acquis et sûr. On peut se demander si le christianisme n'est pas un phénomène de

1. *Critique philosophique*, 1880, t. II, p. 197.

régression, si de l'esclavage au servage il y a progrès véritable. A défaut d'une loi scientifique, positive, extraite des faits eux-mêmes par l'analyse et l'expérience, il reste aux théoriciens du progrès la ressource d'invoquer une loi très générale, soit métaphysique, soit psychologique, en vertu de laquelle le cours des phénomènes va dans le sens du meilleur, comme le fleuve coule vers l'Océan. La première serait « la donnée divine et providentielle d'une destinée pour les hommes envisagés en un seul corps, destinée qu'ils atteindraient indépendamment des fluctuations de la liberté; la seconde serait une simple loi psychologique, en vertu de laquelle les bonnes passions, les mérites et les connaissances s'accumuleraient, tandis que les perversions, les erreurs et les fautes s'annuleraient mutuellement ». La première n'est qu'une variante du dogme théologique de la grâce, une sorte de religion honteuse. « Ceux qui posent la destinée temporelle sur une notion vague d'optimisme, avec une idée vague de Dieu pour garant, ou plutôt n'ayant pour tout Dieu que le Progrès même, ceux qui d'ailleurs effacent l'individu et son vrai caractère, qui méconnaissent la liberté et ses œuvres, qui exténuent le mal en le déclarant indifférent à l'obtention définitive du bien, ceux-là ne sortent du fatalisme vulgaire que par une religiosité sans base où manquent les éléments essentiels de la foi aussi bien que de la science et de l'histoire. » Pour ce qui est de la loi psychologique invoquée, il est très vrai que l'accumulation des actes favorables, chez les nations comme chez les individus, est une loi qui se comprend clairement, et d'ailleurs s'observe et se vérifie; mais il est faux que les actes de déviation s'annulent mutuellement et disparaissent dans les résultantes. Les lois de l'habitude et de la solidarité étendent, généralisent et prolongent les effets du mal qui, tout autant que le bien, se fixe et s'additionne[1].

1. *Introduction à la philosophie de l'histoire*, p. 703-4. — Cf. *Science de la morale*, t. II, p. 511-2.

La théorie du progrès est viciée par une double erreur, par une erreur de *dynamique sociale* et par une erreur de *statique sociale*, pour emprunter le langage d'Auguste Comte. Au devenir réel, tel que le montre l'expérience, avec ses mouvements en avant, ses arrêts, ses reculs, avec tout ce qu'il présente de contingent, d'imprévisible, on substitue une courbe obéissant dans sa marche à une loi géométrique. Par la négligence de tout ce qui gêne, par la falsification de l'histoire, on imagine un groupement des faits qui les enchaîne en une suite régulière, on dégage de leur désordre apparent la continuité d'une évolution qui tend vers un certain idéal du droit, des mœurs et des relations économiques ; on croit pouvoir déterminer l'ordre futur en fonction du passé, un ordre nécessaire d'ailleurs qui ne peut manquer de se produire ; et l'on imagine que, par voie d'autorité, dans le cours de quelques générations, d'une seule peut-être, on réalisera la société vraie, en précipitant le mouvement de l'humanité par l'intelligence des lois de son évolution spontanée. On oublie la résistance de ce qui est, le conflit des intérêts et des passions, de quel prix toujours se paient les conquêtes du droit idéal sur la coutume établie.

A cette erreur de dynamique sociale répond une erreur de statique sociale. On considère une société comme un système mécanique, fermé, dans lequel tout s'explique par l'arrangement des parties, sans que des forces suscitées à l'intérieur en viennent jamais modifier les effets ou les conditions. On croit les institutions plus puissantes sur les hommes que les hommes ne sont actifs pour modifier, altérer, corrompre les institutions, comme si l'agent moral et social était le produit, non l'auteur du milieu qu'il s'est fait, un auteur toujours présent et toujours agissant. On oublie que la moralité de l'individu est l'élément intégrant de la moralité générale. On montre le paradis tout près, on charge l'autorité de le réaliser pour les hommes, supposant que le pouvoir sera aux mains des justes et que ces justes se perpétueront, double chimère énorme [1].

Non seulement la théorie du progrès ne réussit pas à se constituer scientifiquement, mais, dès qu'on interroge l'histoire loyalement et sans parti pris, elle se heurte à la dénégation des faits qui devraient en être l'expression visible et concrète. A consulter l'expérience, tout ce que nous pouvons constater c'est que notre civilisation européenne, occidentale, se rattache aux civilisations antiques, et que notre société a fait entrer dans son propre patrimoine pour une part l'héritage des sociétés gréco-romaines. Mais ce fait ne s'applique point à l'humanité tout entière et ne justifie nullement la thèse du progrès universel et continu. Sans parler des sauvages qui se fixent dans une sorte de bestialité, sans parler de l'Inde, de la Chine, des peuples qui s'affaissent, qui s'enlisent dans le despotisme, dans la routine, qui ne gardent de civilisations autrefois vivantes que l'inertie des coutumes, des rites, des superstitions mortes, en nous en tenant à la culture occidentale, comment concilier avec la continuité du progrès l'interposition du moyen âge entre l'ère gréco-romaine et l'ère moderne, les seules qui liées l'une à l'autre en matière d'art, de littérature, de science, de droit et de politique, soient propres à entrer clairement dans une série d'époques comparables entre elles et progressives? « En nommant les villes grecques, on nomme la liberté, la cité, la philosophie, la science et l'art, à la fois les méthodes et les modèles. En parlant de Rome, on parle d'un peuple qui a créé l'administration et la jurisprudence dans un temps, où il se dirigeait lui-même avec une énergie et un esprit de sagesse incomparables... Enfin quand on cite la Judée, on doit savoir que le prophétisme, c'est-à-dire l'autonomie religieuse, quelque chose non seulement de différent de la théocratie, mais de diamétra-

1. *Année philosophique*, 1867.

lement contraire, fut le véritable auteur de l'idée monothéiste et du sentiment de fraternité populaire, la caractéristique d'Israël... Ainsi la liberté seule a posé tout le fond de notre avoir intellectuel et moral, et de ce qui nous constitue à l'état de race éthique. » A l'inverse, tout ce que le moyen âge accomplit ou tenta pour organiser les pouvoirs temporel et spirituel, pour les unir, pour les fortifier l'un par l'autre, « tout cela n'est que servitude, un fait de corruption générale ». Si l'effort du moyen âge n'a pu pleinement réussir, grâce aux survivances de l'antiquité, il a cependant assez réussi pour créer un ordre de choses diamétralement opposé à celui de l'antiquité républicaine et qui a duré plus de mille ans, un ordre fondé sur l'assujettissement de l'âme et du corps à une double autorité externe. Dira-t-on que le moyen âge est supérieur à la cité antique en ce que séparant l'Église et l'État, la vie religieuse et la vie civile, il affranchit la conscience ? Prenez les faits. L'antiquité n'a pas connu le pouvoir sacerdotal, les persécutions religieuses. L'Église ne se sépare de l'État que pour le dominer, que pour mettre la force matérielle au service de ses prétentions dogmatiques. L'idéal nouveau de pardon et de sacrifice « à la fois touchant, méritoire et dangereux », reste tout théorique. Il n'entre pas dans les faits ou « il n'y paraît que pour montrer son insuffisance, sa nature illusoire comme principe de société ». La propagation de la foi en cet idéal se fait par la guerre et par les supplices : *crois ce que je crois ou je te tue*. Dans l'ordre politique jamais on ne vit tant de violence arbitraire, ni plus d'actes d'oppression insolente et de férocité. « En religion, en science, dans les lettres, le moyen âge a soumis les hommes au plus complet régime d'*hétéronomie* que l'Occident ait jamais connu ». Si l'on objecte que l'idéal de bonté fut un progrès sur les mœurs antiques, il n'y a pas lieu de le nier. Mais la charité ne constitue pas, pour une société, un progrès sur la justice, parce que le sentiment ne peut se substituer à la raison dans l'établissement des rapports juridiques, en dehors desquels il n'y a qu'arbitraire et confusion[1].

Loin de confirmer la théorie d'un progrès universel et continu, qui additionne tous les efforts humains, l'histoire nous montre des reculs, des régressions, des peuples qui descendent tandis que d'autres s'élèvent, des civilisations distinctes, parallèles, qui s'ignorent, dont quelques-unes s'arrêtent, se figent, dont quelques autres meurent tout entières. Les faits historiques n'entrent pas dans un système unique, dont la logique interne les suscite et les prédétermine ; sans doute ils posent leurs conséquences selon les lois du déterminisme phénoménal, mais ils sont posés d'abord par la libre volonté des hommes. Les moments se succèdent, ils ne s'enchaînent pas ; à chacun de ces moments des directions nouvelles sont possibles qui dépendent de l'initiative individuelle. Impuissants à imaginer avec succès une série différente de celle qui s'est produite, les historiens se plaisent à chercher toutes les raisons qui rendaient nécessaires les événements qui se sont accomplis. Avec une singulière audace, Renouvier, dans l'*Uchronie*, construit de toutes pièces « l'histoire de la civilisation européenne, telle qu'elle n'a pas été, telle qu'elle aurait pu être ; une histoire imaginaire, destinée à poser comme une vérité philosophique et de conscience, plus haute que l'histoire même, la *réelle possibilité que la suite des événements, depuis l'empereur Nerva jusqu'à l'empereur Charlemagne, eût été radicalement différente de ce qu'elle a été par le fait.* » Il reprend l'histoire à l'avènement de Nerva, à l'heure où le christianisme, importé de l'Orient, envahit l'empire et menace de le dissoudre. Grâce aux fortes résolutions des Antonins, la propriété fut rendue aux petits, la culture libre remise en honneur, la dépopulation arrêtée, l'esclavage réduit, peu à peu supprimé. La diffusion de l'instruction dans le peuple fit

1. *Science de la morale*, t. II. Conclusion.

reculer la superstition orientale devant la philosophie, le christianisme enfin fut rejeté en Orient et chez les Barbares germains et slaves. Dans l'Italie, dans la Grèce, dans la Gaule et dans l'Espagne revenues à l'indépendance, s'établit une civilisation de droit, avec pleine liberté religieuse. Au VIIIe siècle, les chrétiens orientaux et barbares entreprirent une grande croisade pour conquérir les lieux saints, cette Rome, où avaient prêché Pierre et Paul, et pour convertir ou exterminer les infidèles. A l'issue du siècle des croisades, de grands changements s'annoncèrent dans le monde. Les Germains, instruits au contact de la civilisation italienne, supprimèrent la tyrannie sacerdotale et réformèrent le christianisme en le purifiant de toutes les superstitions qui en altéraient l'esprit. A partir de ce moment les races germaniques entrèrent dans le cycle des peuples Occidentaux. Les voyages de découvertes, les relations avec l'Extrême-Orient, avec la Chine, d'où les voyageurs rapportèrent l'imprimerie, les merveilleux progrès des sciences de la nature achèvent, à cette date où nous nous arrêtons, le tableau de la civilisation occidentale, à laquelle il reste de se délivrer d'un grand mal, de la guerre qu'ont entretenue jusqu'ici les passions, les défiances et les illusions des peuples. Mais « à bien des signes, il semble que le grand jour s'annonce, le jour de la paix réelle, de la paix des cœurs, seize siècles après l'aurore des arts, des sciences et de la philosophie, en Grèce et en Italie. » Et le vieux moine, à qui Renouvier attribue la rédaction de l'*Uchronie* conclut : sans l'initiative de quelques hommes résolus, « aujourd'hui peut-être encore, après mille bouleversements, nous n'aurions pour consolation et pour espérance que la morale du sacrifice, le culte du Dieu souffrant et le rêve de l'absolu. Mais ce n'est pas au dévouement, au sacrifice, vains mots qui cachent souvent les langueurs et les défaillances de l'âme, ou ses illusions, ou même l'égoïsme et l'adoration de soi-même, que sera dû le triomphe du Bien : c'est à la Justice et à la Raison. Et ce n'est pas une théorie ostentatrice et creuse de l'Infini qui renferme la vérité à l'usage des générations futures ; c'est la doctrine de l'Harmonie, ou des relations parfaites accomplies dans un ordre fini. Et ce n'est pas une grâce d'en haut, le don d'un seul ni le mérite d'un seul qui nous apporte le salut terrestre ; c'est la chaîne d'or des hommes de raison droite et de cœur grand qui, d'âge en âge, ont été les conducteurs en esprit, les vrais rédempteurs de leurs frères. »

La théorie du progrès n'est pas seulement fausse, elle est dangereuse. L'évolution étant substituée à la conscience, une sorte de matérialisme historique prend la place de la philosophie et de la morale. On cherche la vérité dans la loi des faits mis en série, et non plus dans le bien et dans le mal, dont le libre esprit de l'homme est le juge, dont sa libre volonté est l'agent. Les philosophes du progrès ont abandonné la méthode rationnelle du XVIIIe siècle pour la méthode historique, l'analyse et la synthèse de ce qui doit être, selon les lois générales de l'esprit, pour l'analyse et la synthèse de ce qui a été dans la marche empirique des choses, de ce qui a été et par conséquent, suivant eux, de ce qui a dû être. Ils ont présenté la rupture avec les traditions comme le mouvement logique et naturel des idées et des faits avec lesquels il y avait à rompre. « La justification universelle du passé, telle est la méthode qu'ils ont suivie pour définir l'avenir destiné à le remplacer. Cette méthode eût été mieux indiquée pour nous apprendre à revenir au passé ou à le continuer. » La raison abdique en faveur des faits, quels qu'ils puissent être ou devenir. Il n'y a plus de morale, plus d'obligation indépendante du temps; les mœurs prononcent sur ce qui est juste. Tout est légitime à son heure, le mal est la condition du bien, comme le passé l'antécédent de l'avenir. Ce fatalisme démoralise l'histoire, énerve et affaiblit la volonté, condamne l'homme à attendre des choses ce qu'il ne peut devoir qu'à son propre effort.

Il faut donc rétablir la contingence dans l'histoire en rendant à la liberté son rôle. Il n'y a pas une loi définie du progrès, « la vraie loi réside en l'égale possibilité du progrès ou du reculement pour les sociétés comme pour les individus. » Cette indétermination donne au progrès son vrai sens; il nous appartient de le vouloir et de le réaliser. « Nous avons des devoirs comme membres de l'humanité et d'une patrie ; la loi morale exige que nous travaillions au progrès; il faut donc que le progrès soit possible, il faut du moins que nous croyions le progrès possible. Nous devons croire à l'accord intime, profond, définitif du bonheur des peuples avec la moralité des peuples et de leurs conducteurs, comme nous devons croire à l'accord intime, profond et définitif de l'utilité et de l'honnêteté de la conduite privée. Ce devoir de croire, dérivé d'un devoir d'agir, est un postulat d'harmonie entre la conscience et le monde [1]. » Ainsi la croyance au progrès se ramène à la foi dans la justice comme dans le seul et vrai bien des hommes; elle n'est plus l'attente de ce qui doit être, mais la résolution de l'accomplir. Ce n'est pas assez que les vérités trouvées se transmettent, s'accumulent, pour que changent les passions, les habitudes et les volontés ; « il est vrai que l'organe du progrès est la connaissance, mais la connaissance active et pratique du principe de la loi morale, la liberté non seulement à connaître, mais à posséder et à respecter, la liberté dont le premier usage est d'obtenir, d'élever et d'étendre la liberté... Il n'est pas de progrès partiel et de nature quelconque dont une liberté en acte n'ait été l'agent [2]. » L'œuvre de tous ne peut commencer que par l'effort de chacun. L'individu doit envisager l'œuvre possible du bien et du salut en lui-même, et dans toute personne comme en lui, non dans la masse, abstraction réalisée,

1. *Critique philosophique*, 1872, t. I, p. 7.

2. *Science de la morale*, t. II, p. 520.

qui ne saurait jamais être qu'une résultante. L'héritage des coutumes est un obstacle, bien plutôt qu'un moyen des progrès réels et décisifs. La masse représente le déterminisme, l'inertie du passé, la résistance du mal propagé, fixé par les lois de l'habitude et de la solidarité. Loin que le bien puisse être l'œuvre toute spontanée d'une foule évoluant dans l'inconscience, « le règne de la justice dépend de l'initiative que des groupes libres d'hommes choisis prendraient de composer entre eux des sociétés nouvelles et exemplaires, œuvres de passion philosophique et de puissante réflexion en des sphères limitées[1]. » Aux théories arbitraires qui faussent les faits, les mutilent ou les torturent pour se justifier, Renouvier substitue cette simple formule : le progrès se définit par la liberté et par la justice, il est possible parce qu'il dépend de l'initiative des individus et que leur devoir est d'y travailler. « Cette manière d'envisager le fait du progrès humain est toute pratique et vivante ; elle donne à l'histoire la loi morale pour fin, pour guide, pour auteur autant qu'il se peut ; elle rend à l'éthique sa dignité compromise ; elle en appelle enfin à la bonne volonté de chaque homme pour décider en sa part du sort de tous... Toutes les vérités, tous les biens moraux posant sur la personne, et l'établissement des relations sociales légitimes demandé aux libres décisions de la personne, voilà la fin et le moyen du progrès de tous les agents raisonnables, l'origine et l'essence du devoir de chacun[2]. »

La critique de l'erreur introduit à la vérité. La théorie du progrès interprète les données de l'histoire du point de vue d'un déterminisme ou d'un optimisme trop souvent vagues et mal définis. Dans l'*Introduction à la philosophie analytique de l'histoire*, Renouvier oppose au fatalisme avoué ou honteux la thèse de la liberté, posée dans

1. *Science de la morale*, p. 522.

2. *Ibid.*, t. II, p. 523, p. 565.

toutes ses conséquences. La liberté est au point de départ de l'histoire, elle intervient dans tout son cours, elle fait le mal, il lui appartient de le réparer. On imagine l'homme primitif sur le modèle du sauvage actuel, on lui donne pour point de départ la bestialité, le pur instinct, on voit dans l'erreur et le péché, qui marquent l'éveil de la conscience, un premier progrès, un premier pas vers l'humanité véritable. Renouvier n'y peut consentir. Si l'homme est vraiment libre, si l'histoire est son œuvre, s'il en est l'agent responsable, dès que des biens s'opposent, dès qu'un meilleur est conçu, la conscience est tenue de choisir en se déterminant, le drame de la vie morale commence. L'état originaire, l'état d'innocence est franchi, il reste de passer par l'usage de la liberté à l'état de justice ou d'injustice. L'homme primitif est ainsi « au point d'intersection de deux voies qui peuvent le conduire à la dégradation de son être ou à l'amélioration progressive de sa destinée. » Le mal est toujours le sacrifice de la réflexion et de la volonté : l'individu cède au penchant momentané, au lieu d'opposer aux fins présentes des fins éloignées et plus vastes, d'embrasser sa vie d'ensemble, d'acquérir les vertus de sagesse, de tempérance, de courage par l'exercice de sa raison et la maîtrise de soi. Les rapports de l'individu avec ses semblables lui apportent une nouvelle occasion de déchéance ou d'ascension morale. Dès qu'il y a société, si simple soit-elle « l'attente et l'échange des services amènent des notions de réciprocité et d'égalité », qui changent la sympathie spontanée, la bienveillance gratuite en un sentiment d'obligation. « L'une des idées originales de l'homme s'est témoignée clairement à la conscience, aussi éclatante, aussi impérieuse dès l'abord qu'elle pourra jamais l'être : cette idée est la justice[1]. » A cette idée de la justice s'opposent les passions et les illusions de l'égoïsme. Celui qui ne reçoit

1. *Introduction à la philosophie de l'histoire*, 1re édition, p. 64.

pas d'un de ses semblables ce qu'il se croit en droit d'en attendre est tenté de rendre le mal pour le mal, parfois même de commettre l'injustice, sous prétexte de la prévenir. Le mal devient l'habitude mauvaise, il n'entre pas seulement dans la nature, il corrompt jusqu'à la raison qui s'emploie à le justifier. Le mal se propage, s'étend, se fixe par la loi de solidarité. Il y a une véritable contagion morale ; les penchants, les vertus et les vices se communiquent par l'imitation dans une même famille, d'une famille à l'autre. L'injustice en outre a sa fécondité propre, elle se multiplie par elle-même, elle appelle la résistance, elle suscite les sentiments et les actes qui lui répondent : « Tout antagonisme arrive un jour à porter ses fruits de violence ». Les actes répétés deviennent dans l'individu des habitudes, dans la société des usages, des coutumes. En même temps les maximes correspondantes aux actes et inventées pour les légitimer, deviennent des lois de fait. Enfin les habitudes d'imagination, de passion, de régime apportent dans l'organisme des modifications physiques, que la loi d'hérédité transmet, fixe et aggrave. Les fautes des pères deviennent dans les enfants sinon des instincts, du moins « des mobiles puissants et constants qui tendent à perpétuer les faits accomplis et à consacrer les maximes reçues. » Individuel à son origine, toujours voulu par quelqu'un qui est responsable, le mal devient collectif, social. Si variées qu'en soient les formes, institutions, coutumes, fraudes cachées, violences ouvertes, ce mal social d'un seul mot qui dit tout, s'appelle *la guerre*. La loi de solidarité tend, dans un même milieu, à élever ou à abaisser les individus au même niveau. Parallèlement à la formation des races physiques, qu'expliquent le sol, le climat, le régime, le sang, Renouvier est ainsi conduit à admettre « un établissement de races éthiques, formes de l'humanité, œuvre d'elle-même », de races « d'origine morale, que produisent, par le jeu de la solidarité, à la suite d'une série d'actes libres, les mœurs, les idées, les institutions politiques et religieuses une fois constituées, et le tempérament contracté lui-même[1]. » Que nous admettions au principe l'unité ou la diversité des races, il n'importe, toutes avaient en commun les caractères spécifiques de l'homme, la raison et la liberté, toutes par là dépendaient d'elles-mêmes : « les hommes les plus dégradés sont partis de la conscience libre et de la table rase de la moralité. » Moralement les races se sont différenciées par leurs actes ; les unes sont tombées très bas et ne se sont pas relevées, les autres se sont fait des croyances et des vertus qui les ont soutenues. Ainsi se sont constituées d'une part des tribus patriarcales, aux mœurs austères, capables de travail, de bonté, de l'autre, des hordes sans loi, impulsives, bestiales, sanguinaires. Comme les religions sont les témoignages les plus anciens que les peuples nous aient laissés de leurs mœurs, de leur idéal, c'est dans l'histoire des religions que Renouvier cherche les caractères qui permettent de distinguer et en un sens de classer ces races *éthiques*, des races nobles aux races les plus abaissées.

L'homme ne trouve pas dans sa nature la nécessité du mal, il est donné avec la raison et la liberté. Partout la déchéance morale a été l'effet d'un exercice du libre arbitre humain, partout le mal voulu, commis par l'individu a été propagé par la solidarité, corroboré par les institutions, et partout s'est établi au sein des sociétés le règne de la guerre. Quand il parle de chute, de déchéance, Renouvier n'entend pas que l'homme est *tombé* dans le mal du haut de la moralité développée et de la vertu acquise par des luttes antérieures, « la déchéance consiste dans ce fait que l'homme, au lieu d'opérer son *ascension possible* dans le bien, tel que sa réflexion l'entendait et le jugeait applicable, opéra partout sa descente réelle[2]. »

1. *Introduction à la philosophie de l'histoire*, p. 85.
2. *Ibid.*, p. 707.

Mais ce qui n'a point été eût pu être ; le mal ne fut point nécessaire : « chaque conscience individuelle, toutes les consciences par suite ont pu demeurer dans le bien. » Loin de marquer un progrès par l'éveil de la conscience, le péché en est une première altération, et loin d'apparaître nécessaire et continue, la marche de l'humanité est une marche libre donc incertaine, elle débute par un recul, par une descente, qui appelle une réaction, un effort de retour, une restauration de la nature normale.

Ainsi comprise, dégagée du fatalisme, qui, en légitimant tout ce qui est, détruit jusqu'à la distinction du bien et du mal, la philosophie de l'histoire confirme la croyance en la liberté et introduit à la science de la morale. Les philosophes qui se placent à un point de vue purement rationnel et formel, sans tenir compte des faits, s'établissent au dehors de la vie réelle, lui superposent une vie idéale, sans pouvoir trouver une relation et un passage de l'une à l'autre; ceux qui prennent l'histoire pour base unique de la moralité identifient les mœurs et la morale, ne donnent pas davantage les moyens de corriger les unes par l'autre. Les rationalistes se bornent à définir un idéal tout abstrait, les empiriques suppriment tout idéal, et les uns et les autres enlèvent à la morale toute efficacité pratique. La philosophie analytique de l'histoire nous permet de poser le problème dans toute sa complexité, de laisser à la science son caractère théorique, de ne rien enlever à l'idéal de sa pureté, de son élévation, et de rétablir un lien entre la pratique et la théorie, entre le réel et l'idéal. La raison n'est pas un produit de l'expérience, l'homme a pour caractère spécifique la raison, c'est-à-dire « une connaissance de ce qui doit être en qualité de vrai ou de bon, d'une manière générale, en des relations données, indépendamment de la manière dont l'expérience les montre réalisées ». Dès lors il est possible à l'homme, de cela seul qu'il est homme, de dégager par la réflexion les lois de la conduite raisonnable et de construire *a priori* la morale pure. Mais d'autre part l'homme, par l'usage mauvais qu'il a fait de sa liberté, au lieu de développer en lui l'être raisonnable, en a obscurci les notions et altéré la nature, il a fait le mal, il l'a répété puisqu'il l'a fait, et au terme, à des degrés divers, il a constitué des sociétés non sous la loi de justice, mais dans l'état de guerre. Dans ces conditions le problème de la science morale est double : il ne suffit pas de définir les lois d'une société rationnelle et juste, qui en fait n'existe pas, et qui ne saurait exister du jour au lendemain par un coup d'Etat de la liberté ou par le décret d'une autorité externe, il faut définir les transformations et les altérations que subissent les droits et les devoirs en s'appliquant à un état social injuste, chercher ainsi les moyens pratiques de limiter le mal nécessaire en rapprochant progressivement la société réelle de la société idéale.

II

La morale ne peut devenir une science que si elle a ses principes propres, que si elle ne pose pas sur le fondement ruineux des doctrines religieuses et métaphysiques. Le criticisme seul permet cette libération de la morale et l'implique, et cela non seulement par sa philosophie de l'histoire, mais par sa thèse fondamentale « de la primauté de la morale dans l'esprit humain à l'égard de l'établissement possible ou non des vérités transcendantes, desquelles on prétendait jadis inversement déduire la morale. Le criticisme subordonne tous les inconnus aux phénomènes, tous les phénomènes à la conscience, et, dans la conscience même, la raison théorétique à la raison pratique [1]. »

La morale a ceci de commun avec les mathématiques

1. *Science de la morale*, t. I, p. 14. Voyez sur la morale : *Critique philosophique*, 1882. t. II, p. 289, 305, 337, 353. — 1885, t. II, p. 1, 94, 321, 418.

que, pour exister, à titre de science, elle doit se fonder sur de purs concepts. Elle est une science normative, elle n'étudie pas des relations données, ce qui est, mais bien des relations à réaliser, ce qui doit être. Elle ne peut par suite être une science d'observation, d'expérience, « elle exige une construction ». Fidèle à sa méthode, Renouvier, pour édifier cette construction, ne prétend pas partir d'un principe évident et tout en déduire, « on ne démontre pas tout, on ne se passe pas de principes, alors même qu'on les déguise sous le nom de faits. » Comme il a énuméré dans le tableau des catégories toutes les lois qui lui semblaient nécessaires à l'intelligence des choses sans s'effrayer de leur pluralité irréductible, il entend accepter les faits et les postulats qui lui semblent nécessaires à la constitution de la science morale, sans affecter d'établir entre eux une continuité logique qui les réduise l'un à l'autre. En morale, par sa méthode comme par ses conclusions, il reste le philosophe du plusieurs et du discontinu.

S'il est vrai que tout jugement, qui dépasse le phénomène immédiat, est, à parler rigoureusement, une croyance volontaire, *a fortiori* en sera-t-il de même des vérités morales. Les propositions mathématiques se fondent sur des intuitions et des catégories, dont nul ne met en doute la validité, les lois physiques trouvent dans les faits un contrôle et une garantie. La morale ne cherche pas seulement des lois empiriques, « l'être naturel des choses », elle cherche le devoir être volontaire, le devoir faire des personnes, le devoir être des choses en ce qui dépend des personnes. Elle met en œuvre les catégories de causalité, de finalité, de conscience, sur lesquelles on ne cesse de disputer, que beaucoup réduisent à de simples illusions subjectives. Ne pouvant montrer ces normes idéales dans les phénomènes réels, il faut qu'elle fasse appel au libre assentiment de la personne. Plus que partout ailleurs, « il s'agit d'une conviction à obtenir par un effort et par un travail sur soi-même, d'un exercice de la liberté. » La méthode consiste donc à analyser et à définir les notions et les faits de conscience qui, appliqués aux données générales de l'expérience, sont nécessaires et suffisants pour édifier l'ordre moral ; à relier et à combiner logiquement ces données admises en théories « auxquelles il ne manque pour prétendre au titre de science, que l'acceptation du petit nombre de principes et de définitions, sur lesquels on est forcé de les appuyer. » (I, 16). Les principes ne se démontrent pas, ils se proposent à l'intelligence et à la liberté, mais ils se justifient par l'ordre même qu'ils permettent d'établir dans la vie de l'individu et des sociétés.

Obéissant à la logique de sa philosophie arithmétique, de sa philosophie de la contingence et de la discontinuité, Renouvier ne part pas de la société, comme de je ne sais quelle substance, qui aurait son unité, sa réalité, ses lois propres, il part de l'individu atomique, seul élément réel, selon lui, qui, répété, multiplié, constitue la collectivité, où l'on ne retrouve que ce qu'il y apporte. Que l'homme n'ait jamais pu exister seul, que sa pensée ne s'éveille qu'au contact des autres esprits, il n'importe : « toute science se forme d'abstractions, et ne passe aux réalités et aux applications qu'en restituant, suivant l'ordre et la mesure convenables, les rapports qu'elle a d'abord éliminés. » (I, 17). La sphère élémentaire de la moralité se définit « en réduisant la moralité à son *élément*, savoir à l'agent qui en est le sujet, à la nature propre et isolée de cet agent, et à l'idée la plus simple du devoir-être et du devoir-faire qui en résulte à l'égard de ses actes réfléchis rapportés à lui-même et à lui seul. »

L'homme est doué de raison et se croit libre : « tel est le double fondement nécessaire et suffisant de la moralité dans l'homme ». (I, 2). A cet être raisonnable et qui ne peut agir que sous l'idée de la liberté, les affections et les passions présentent des fins qui lui paraissent désirables et bonnes. Mais ces fins, comme les passions mêmes, sont multiples, diverses, le plus souvent s'opposent, de là une alternative et la nécessité d'un choix. « La moralité apparaît sur le terrain des biens opposés dont la délibération implique le conflit. Elle consiste dans la puissance, soit, pratiquement, dans l'acte de se déterminer pour le meilleur, c'est-à-dire de reconnaître parmi les différentes idées du *faire*, l'idée toute particulière d'un *devoir faire* et de s'y conformer. » (II, 4). Même solitaire, l'homme est appelé, en vertu de sa raison, « à préférer certains états et certains actes à d'autres parmi ceux qui lui paraissent dépendre de lui ». Il faut qu'il introduise l'ordre en lui-même, dans ses idées, dans ses actes, qu'il subordonne ses fins secondaires à ses fins principales, qu'il ne sacrifie pas le bien durable au plaisir passager. Cette préférence du meilleur, par l'effort qu'elle exige, déjà lui confère la vertu. La maîtrise de soi, la direction réfléchie de soi, la résistance aux attraits sensibles, c'est la vertu militante de la force ou du courage moral. La comparaison des biens, la réflexion sur les passions, sur leurs effets favorables ou dangereux, c'est la vertu intellectuelle de la prudence ou sagesse. L'effort pour maintenir l'équilibre entre les diverses fonctions, pour contenir les appétits en les satisfaisant, c'est la tempérance. Ces trois vertus sont inséparables et ont leur unité dans la vertu par excellence, dans la raison pratique, agissante, dont elles ne sont que l'expression. Ainsi l'individu isolé a des devoirs qu'on peut appeler des devoirs envers soi, devoirs, si l'on veut, de la personne présente envers la personne future, de la personne empirique envers la personne idéale, que l'on conçoit et que l'on voudrait être.

Jusqu'ici Renouvier a entendu le mot devoir dans un sens très général ; devoir signifie le préférable, le meilleur au jugement de la raison empirique, qui calcule et qui prévoit ; il n'est pas encore l'obligation morale. Si Renouvier s'arrêtait là, sa morale reposerait uniquement sur le principe de finalité. Mais jusqu'ici il n'a entendu poser que les conditions de la moralité ; des biens multiples, la raison qui juge, la liberté qui décide ; il lui reste d'en poser le principe. Ce principe est une donnée originale, irréductible de la raison pratique, l'idée de l'obligation, de l'impératif catégorique. Un jugement synthétique *a priori* unit l'idée de ce que nous jugeons le meilleur à l'idée d'une obligation morale, inconditionnelle. Il n'y pas à remonter au delà de ce jugement, à le déduire d'aucune notion antérieure : « qu'il ait une existence réelle, on le conclut simplement de ce fait général d'ordre représentatif, savoir, que toutes les fois que la raison envisage une fin comme *devant être* atteinte en vertu de ses lois, elle l'envisage en même temps comme *devant être* recherchée par l'application de la volonté. Ces mots *devoir être* ont trait au rationnel possible, dans le premier emploi, et à ce que j'appelle précisément l'obligation morale dans le second.» (I, 27). Le jugement synthétique, par lequel nous nous déclarons obligés, réunit, dans la catégorie de finalité, les idées de fin rationnelle et de devoir moral.

Par une abstraction qu'il juge légitime, Renouvier a isolé dans l'individu l'élément ultime que toutes les relations morales ne font que répéter et compliquer. Mettons en présence deux de ces éléments, rapprochons deux agents moraux. Ici encore Renouvier reste dans l'abstrait, il ne considère pas l'homme individuel, dans ce qui le différencie, il considère deux agents, en tant que moraux, donc ramenés à ce qu'ils ont en commun, la raison. Par cela même qu'ils sont raisonnables, ces deux êtres vont concevoir « un bien commun résultant de leurs biens réunis, un ordre qui les comprend tous deux, un effort de leurs efforts, et une fin de leurs fins. » Dès lors ils comptent l'un sur l'autre, ils sont liés « par un contrat universel et tacite, par un contrat naturel qui de sa nature en représente une infinité d'autres positifs et possibles. » (I, 77). Chacun attend que l'autre agisse sous l'idée du bien commun, « dans le sens probable où la convention lui dicterait d'agir si elle existait. » Cette mutuelle confiance est le premier, l'essentiel des biens communs, dont l'idée et la volonté sont impliquées dans le fait seul de l'association de deux agents raisonnables, car « il est indispensable à l'obtention de tous les autres. » Mais cette confiance n'est possible que si les deux agents se tiennent pour « des personnes semblables ou égales, entre lesquelles cette *identité divisée* et la substitution mutuelle toujours rationnellement possible établit ce qu'on nomme une relation bilatérale et des rôles pratiquement renversables. » (I, 78). Cette réciprocité parfaite suppose que deux personnes ne sont plus moralement qu'une personne unique, mais qui se pose double. Le sens de l'obligation par là même est transformé. Tant que l'individu était seul, tant qu'il ne contractait pour ainsi dire qu'avec soi, il restait libre de rompre l'engagement qu'il avait pris envers lui-même, si sa raison plus éclairée lui dictait d'autres lois. Il ne trouvait pas en face de lui une seconde personne qui put réclamer l'exécution de la promesse faite, et constituer l'existence d'un droit corrélatif au devoir. Bref l'individu n'a que des devoirs envers soi, il ne peut avoir de droits contre soi. Dans l'ordre composé des deux agents, l'obligation devient *droit* ou *crédit* chez l'un, *devoir* ou *débit* chez l'autre, en une seule et même relation réciproque. « Ils sont supposés tous deux avoir *promis*, soit positivement, soit tacitement et naturellement, par le fait de l'association morale où ils sont entrés. En tant que chacun reçoit la promesse il a un crédit, un droit revendicable sur autrui, en tant qu'il la donne, un débit à remplir à l'égard d'autrui, et le crédit de l'un fait le débit de l'autre, et réciproquement. Ce droit et ce devoir unis composent la *justice*. » (I, 79). Condition de tous les biens à chercher et à obtenir en commun, la justice est le bien suprême, le meilleur par excellence, et par là même ce bien se présente avec le caractère de stricte obligation, « en vertu du jugement synthétique, original, que la conscience applique aux fins posées ou confirmées par la raison. »

Le devoir envers soi impose à l'individu le respect de sa propre personne; consacré par le droit, qui est mon devoir, la personne d'autrui prend une valeur inconditionnelle, devient l'objet d'un respect nécessaire, et le précepte pratique suprême peut se formuler ainsi : « reconnais la personne d'autrui comme ton égale par nature et en dignité, comme étant par elle-même une fin et, en conséquence interdis-toi de la faire servir de simple moyen pour atteindre tes fins. » (I, 83). Comme le crédit et le débit, le respect et la dignité sont des termes réciproques : la personne seule a une dignité, parce que seule elle est l'objet du devoir, de l'impératif catégorique. « Reconnaître l'égale dignité, le droit égal des personnes, admettre en conséquence qu'on doit juger les autres et être jugé soi-même, s'il y a lieu, à l'aide d'un renversement, d'une interversion, toujours possible, des termes de la relation morale réciproque où l'on est engagé, c'est la conscience même de l'obligation morale envers autrui. » (I, 84).

Ici un problème difficile et qui semble tout remettre en question se pose. Comment appliquer le contrat virtuel, défini dans ses termes généraux, aux relations réelles des agents moraux ? Il ne suffit pas de savoir ce qu'on doit faire en général, il faut savoir en chaque cas le meilleur pour le vouloir. La conscience qui cherche la justice voudrait une règle pour la déterminer, or une telle règle objective n'existe pas. Dans la complexité, dans l'opposition des faits, l'individu en est réduit à prendre l'initiative d'un jugement qui n'est point infaillible. « Si la moralité d'un acte dépendait de ce qui est bon ou mauvais en soi, si la justice résultait d'une science acquise et qui peut manquer, et d'une certitude absolue qui manque toujours, le caractère d'obligation ne pourrait plus exister et il n'y aurait pas strictement devoir. Mais la conscience impose des devoirs et n'impose point de certitude externe, » (I, 92) elle n'exige que la ferme volonté de respecter la justice. Ainsi les jugements particuliers sur le bien s'éliminent de l'essence de la moralité, qui n'est que « l'acte d'une conscience résolue, assurée, comme qu'elle juge, de juger toujours en se conformant à la loi formelle représentative du juste. » La moralité en elle-même est affranchie de la connaissance réelle des fins et de toute considération d'utilité, soit particulière, soit universelle. L'agent peut se tromper sur les biens, matière du devoir, il ne dépend que de lui de réaliser le bien moral en obéissant à l'impératif catégorique, en voulant au delà, ou mieux dans toutes les fins particulières, le respect de la personne humaine.

Dès lors nous sommes autorisés à exprimer l'impératif sous une forme générale, qui domine tous les cas particuliers et suffit à les régler. En tant qu'elle a pour élément l'individu, qu'elle se constitue en le multipliant, la morale est individuelle; mais elle est objective, universelle, en vertu de l'identité de tous les individus au sein de la raison et de la liberté. La loi est intérieure à chaque conscience, mais la loi s'universalise, parce qu'elle se répète en chacune d'elles. En tant que l'agent est un être raisonnable, en tant qu'il agit comme tel, la maxime de son acte est la maxime de tout être agissant sous l'idée de raison. Ainsi se forme le concept d'une législation universelle « qui serait la volonté des êtres qui ont la raison en tant qu'ils l'ont », et la règle du juste peut s'énoncer en ce précepte : « agis toujours de telle manière que la maxime de ta conduite puisse être érigée *par ta conscience* en loi universelle, ou formulée en article de législation que tu puisses regarder comme la volonté de tout être raisonnable. Ce précepte constitue l'*obligation catégorique*, c'est-à-dire dégagée de toute hypothèse et réduite en forme de jugement universel ». (I, 99).

On voit comment Renouvier s'efforce de concilier le caractère universel de la loi avec son individualisme rigoureux et avec le rôle qu'il laisse à la conscience dans la détermination des fins. Il ne réalise pas la raison sociale, pas davantage il n'admet une raison impersonnelle, pour fonder l'obligation sur une autorité extérieure au sujet qu'elle oblige. « La raison générale est la raison individuelle répétée, la justice générale est la justice individuelle répétée. La société est une collection d'agents raisonnables, et, comme telle, sa loi est la loi de chacun d'eux, répétée dans chacun et appliquée aux rapports de chacun avec chacun » (I, 168). La loi est universelle, parce que les êtres raisonnables, en tant que tels, sont substituables, et que la maxime de l'un, dans les mêmes circonstances, devrait être la maxime de l'autre. Les deux grands principes de la raison pratique : universalisation des maximes, respect de la personne trouvent leur unité dans l'idée de l'*autonomie de la raison*. La raison est autonome, « puisque l'agent raisonnable trouve sa loi en lui-même et la suit librement, et que cette loi n'est dans tous que parce qu'elle est ainsi dans chacun, ou universelle que parce qu'elle est éminemment particulière et tout à fait propre et constitutive de toute conscience » (I, 169).

Renouvier oppose fortement cette morale *juridique*, fondée sur l'obligation réciproque, sur la corrélation du devoir et du droit, à la morale de l'amour. L'amour est une passion qu'on ne se donne point à volonté, qui ne peut servir de règle, parce que, comme toutes les passions, il a ses erreurs et ses excès. Si nous l'identifions au devoir, nous voilà contraints d'aller jusqu'à la morale du pur sacrifice; or il y a dans l'individu quelque chose qu'il n'a pas le droit de sacrifier, dont il doit exiger le respect des autres comme de lui-même, sa personne. Parce qu'il est sans règle, l'amour reste théorique, verbal, en dehors de la pratique, quand il ne se change pas en son contraire. « L'homme de l'amour », veut à tout prix le bien de son semblable, pour le sauver il ne recule pas devant la contrainte. « La préoccupation des résultats et de l'utilité finale, sans égard à la liberté de l'agent, mène à la théorie et à la pratique de la persécution, c'est-à-dire à la recherche des moyens de ruse ou de violence qui peuvent procurer la bonne fin et réaliser le bonheur des hommes, en dépit de leur volonté. Dans cette voie, dont l'histoire nous montre les pentes si faciles, on passe vite du gouvernement des saints au gouvernement des scélérats[1] ». A ceux qui reprochent à cette morale du crédit et du débit, qui exige de chacun la revendication de son droit, la sécheresse d'une sorte d'égoïsme rationnel, Renouvier répond avec profondeur que la justice seule, par le mutuel respect des personnes, permettrait la sincérité de l'amour qui n'est trop souvent que le mensonge hypocrite de celui qui n'affecte de donner quelque chose que pour ne point rendre ce qu'il doit. L'amour naîtrait de la justice qui est la paix, comme la haine naît de l'injustice qui est la guerre. « Si l'empire suprême de la justice nous paraît dur, c'est que nous ne remarquons pas combien il est nécessaire..., et que nous ne savons pas nous rendre compte des désordres qu'entraîne partout et toujours le sentiment pris pour mobile exclusif des actes... Si enfin l'empire de la justice nous semble insuffisant pour le bonheur des hommes, c'est que nous sommes malheureusement privés de ce spectacle que la terre n'a jamais contemplé... En réalité, ce monde où la *raison* commanderait, serait un monde où la *bonté*, libre enfin des chaînes dont l'iniquité la charge de toutes parts, nous paraîtrait régner toute seule. La justice ne serait pas plutôt établie, si véritablement elle l'était, qu'on verrait le mérite éclater de toutes parts dans les relations humaines ». (I, 164).

Renouvier subordonne l'amour, il ne l'exclut pas de la

1. *Introduction à la philosophie analytique de l'histoire*, p. 97, 114 sq.

morale. Sa méthode est d'accepter tous les principes nécessaires à l'intelligence des faits, en acceptant leur discontinuité comme leurs rapports. Il reconnaît que sans la sympathie naturelle la formule de la justice resterait une abstraction morte. La notion de la justice est la notion de deux personnes qui dans leurs relations mutuelles doivent se considérer comme égales, comme substituables l'une à l'autre. « Essayons de réduire cette vérité et ces rapports à un principe de raison pure, en faisant abstraction de toute donnée passionnelle, c'est-à-dire de l'instinct social, des sentiments naturels, de la bienveillance et de la sympathie, ils deviendront aussi peu saisissables pour nous que si nous voulions exclusivement nous les expliquer par la donnée de l'amour pur[1]. » Mais si l'amour a son rôle dans la reconnaissance de l'égalité rationnelle, il est une passion sans règle par elle-même, et il n'a de valeur qu'autant qu'il est rationalisé par la justice.

Il en est de la bonté comme de l'amour, elle est arbitraire, partiale, souvent contraire à la justice; si elle était un devoir, elle entraînerait les autres devoirs dans l'incertitude et la contradiction. La bonté n'est pas un devoir, elle est au delà, elle constitue le mérite. Mais « il faut que d'abord la justice règne, que les droits rationnels de l'humanité soient respectés en toute personne, et qu'enfin la fidélité aux devoirs positifs qui naissent des contrats soit pour ainsi dire épuisée, avant que le mérite ait sujet de s'exercer. » Le mérite en ce sens est dévouement, sacrifice, mais sous réserve de n'aller jamais jusqu'au renoncement à soi-même et à son droit. Si la bonté n'est qu'un effet de la passion, bienveillance pour celui-ci à l'exclusion, souvent au détriment de celui-là, elle n'a rien de méritoire : « aucune passion obéie ne saurait faire mériter l'être passionnel, non plus que la justice rendue l'être rationnel » (I, 238). L'amour, sans

1. *Introduction à la philosophie analytique de l'histoire*, p. 101.

cesser d'être lui-même, doit devenir raisonnable, prendre quelque chose d'universel, ne voir dans l'homme que l'homme même sans acception de personnes. « Le mobile qui agit dans le mérite est la notion d'une solidarité libre entre tous les hommes, le sentiment de l'humanité, mais généralisé, devenu rationnel, la bonté, mais dans l'ordre de la raison, et appliquée à la poursuite active de cette fin commune de tous, qui se composerait des fins propres de tous atteintes et possédées. » (I, 239). La bonté n'est pas une dette, un débit, elle est un devoir envers soi; il faut chercher le fondement du mérite non dans la justice qu'il suppose accomplie, non dans le sentiment seul qui est subi, mais dans le devoir envers soi « entièrement rationalisé », étendu, « transfiguré jusqu'à perdre le caractère propre du devoir par la généralisation de la personne, objet de l'amour ». Ainsi non seulement Renouvier laisse un rôle au sentiment, à la sympathie qui est dans la nature comme un pressentiment et une anticipation de l'ordre rationnel, mais, en les subordonnant toujours à la raison, il ne répugne pas à imaginer, au delà du règne de la justice, un règne du mérite, de la bonté rationalisée, dans lequel la personne se porterait au delà de la justice pour ne pas rester en deçà du bien qu'elle conçoit et réaliser pleinement son idée d'elle-même.

Dans l'éthique, comme dans la théorie de la connaissance, Renouvier, on le voit, prétend tout à la fois continuer et corriger Kant. Kant veut que l'acte moral soit accompli uniquement sous l'idée de la loi, par respect pour sa forme universelle, sans qu'aucune place soit faite à la considération des fins. Dans ce formalisme à outrance Renouvier voit un paradoxe qui compromet la théorie du devoir. Sa doctrine générale lui interdit d'opposer avec cette intransigeance l'ordre naturel et l'ordre moral. Il nie l'existence du noumène, de l'inconnaissable, il n'admet que des phénomènes et des lois qui sont des phénomènes encore, mais généraux. Notre monde n'est point pour lui le symbole d'un monde transcendant, nécessairement ignoré, entièrement différent peut-être du monde que nous percevons et qui seul existe pour nous. Dès lors entre la matière et la forme il ne peut reconnaître l'espèce d'hétérogénéité que Kant suppose. Les catégories sont des lois formelles de l'entendement, en ce sens qu'elles sont *a priori*, qu'elles ne dérivent pas de l'expérience, mais ces lois sont en même temps des lois des phénomènes, au delà desquels il n'y a rien à chercher, rien à imaginer; elles sont donc tout à la fois des lois formelles et des lois réelles, des lois de ce qui est. Il en est de même dans l'éthique : la liberté n'est pas nouménale, elle n'est pas d'un autre ordre que la sensibilité, elle est phénoménale, elle rompt la continuité des faits successifs ; la loi morale ne trouve donc pas son sens et sa réalité dans un monde transcendant, intemporel, elle est une loi du monde de notre expérience, elle n'est pas faite pour le régler en nous en détachant, mais pour nous permettre d'y intervenir efficacement. La morale n'est pas étrangère à la nature, d'un autre ordre, elle y trouve sa place et son rôle, elle ne scinde pas l'homme en deux êtres étrangers l'un à l'autre, elle doit, au delà des conflits apparents, envelopper l'homme tout entier.

Renouvier se refuse à réduire la morale « à la raison qu'on appelle pure », il la ramène « à une raison moins abstraite, complétée et fortifiée par les éléments généraux passionnels de la nature humaine. » L'homme n'est pas la contradiction vivante d'un être sensible, phénoménal, et d'une liberté transcendante, toutes ses fonctions sont harmoniques : « les deux grandes fonctions du sentiment et de la raison sont inséparables l'une de l'autre dans l'activité morale ; l'agent purement rationnel, sans aucune fin d'amour, ne se comprend même pas, et la source des notions pures de justice et de devoir ne pourrait être assignée chez un être qu'on supposerait indifférent à son propre bonheur et détaché de toute affection pour ses semblables.[1] » En fait tout acte a une fin déterminée, répond à l'éveil d'un désir, et il est arbitraire d'interdire à l'agent de tenir compte des biens qui répondent à ses affections naturelles. Il faut « introduire le concept de fin dans le concept du devoir, sous peine de n'admettre que des obligations en quelque sorte vides. » (I, p. 124). On ne peut pas refuser à l'agent la faculté morale d'agir, en se conformant au devoir, pour des fins que ses passions lui présentent, et sans lesquelles il cesserait d'être un agent naturel et serait à peine intelligible dans l'abstrait. (I, p. 179). Il faut seulement avouer que les fins particulières prises en elles-mêmes ne sont pas suffisantes pour régler la conduite et que, s'il est juste de les prendre en considération, c'est sous la réserve de les surbordonner à l'impératif qui les contrôle. La morale du devoir n'implique donc pas l'exclusion du sentiment, elle fait une place aux passions nobles, aux mobiles, légitimes en eux-mêmes, tels que sont l'intérêt particulier ou l'intérêt général, la sympathie, la recherche de l'ordre ou de la perfection. Elle affirme seulement que le principe de l'obligation est original, irréductible à tout autre, qu'il est le principe même de la moralité, qu'il est susceptible de prendre une forme purement rationnelle et une forme essentiellement pratique, que ces formes sont indépendantes des mobiles même constants, tels que la recherche du bonheur, et que le jugement moral doit toujours se motiver par ces formes, par la comparaison des actes aux préceptes absolus qu'elles renferment et non point par ces mobiles[2].

Il est légitime de poursuivre des fins particulières, il n'y a rien qui altère la moralité de l'acte dans le fait de se déterminer sous l'action des affections naturelles qui leur répondent, mais la notion d'obligation, toute rationnelle,

1. *Critique philosophique*, 1882, II, p. 299.
2. *Ibid.*, p. 289.

est nécessaire pour discerner et limiter les uns par les autres les biens en conflit actuel ou possible, et plus spécialement « pour restreindre les biens dont la poursuite est légitime à ceux qu'*une* personne peut rechercher sans manquer au respect *de la* personne, à la justice. » (I, 341).

Posé sous sa forme la plus générale, le problème peut se ramener à ces termes : la raison avec la loi du devoir, la nature avec la loi de finalité, de recherche du bonheur[1]. La règle des actes est donnée par la raison, et cette règle peut et doit devenir un mobile pour les produire, mais naturellement le mobile des actes est la cause finale, la recherche du bonheur. Entre la loi morale et la loi de finalité, entre le bonheur et le devoir, l'homme ne peut admettre une antinomie insoluble qu'en se divisant contre lui-même, en faisant de la contradiction la loi des fonctions humaines. D'autre part, dans la vie présente le devoir s'oppose à la passion, exige le renoncement à des fins particulières qui semblent à l'individu la condition même de son bonheur ici-bas. Si le sacrifice est définitif, sans compensation, si nulle harmonie n'existe entre l'impératif et le bien, « l'agent, sommé de se conformer à sa nature raisonnable, opposera sa nature sensible, de laquelle il faudrait qu'il se séparât. » La loi se présentera avec je ne sais quoi d'arbitraire qui en affaiblira l'empire. Pour que son autorité soit incontestée, il faut que cette loi se présente comme bonne, non seulemeut en tant qu'obligatoire, mais en tant que la plus propre à assurer le bonheur de celui qui la suit. Dans ce cas seul les fonctions humaines sont accordées, et l'homme peut aller à la justice avec confiance, avec allégresse, porter la joie jusque dans le sacrifice. Or, rien ne nous interdit d'admettre l'harmonie finale du devoir et du bien.

L'être raisonnable veut le bonheur, mais l'idée du bon-

1. *Science de la morale*, I, p. 171 sq.

heur reste pour lui générale, indéterminée, il ignore l'avenir, les conséquences dernières de ses actes dans la vie présente, et plus encore dans une vie future possible; il connaît en revanche de science certaine sa loi de se conformer à sa propre nature selon la raison; dès lors tout l'engage à accepter le postulat d'une conformité finale de cette loi avec le bonheur, de l'accord de ses deux natures raisonnable et sensible, « de l'harmonie entre l'ordre complet et connu de la raison et l'ordre inconnu des phénomènes en leur enchaînement total. » (I, p. 179.)

Dans cet exposé, je me suis efforcé de marquer la suite logique des idées, sans être assuré d'y avoir réussi[1]. Philosophe du discontinu, se refusant à la recherche d'une unité de principe, qu'il déclare artificielle, Renouvier a le droit, dans l'éthique comme dans la théorie de la connaissance, de multiplier les principes, de faire leur part à la raison et à la nature, d'avouer les lacunes d'une science qui reste relative et les oppositions que seule résout la croyance; mais il n'a pas le droit de transformer ses principes au cours d'une déduction qu'il donne pour continue. Après être parti du bien pour définir l'obligation et n'avoir cherché dans la généralisation des maximes qu'un moyen de discerner le bien, il en vient à déclarer avec Kant que la loi vaut par sa forme seule et définit le bien moral. Dans la sphère élémentaire de la moralité (individu isolé) le jugement synthétique *a priori*, donnée originale de la raison pratique, unit le meilleur, tel qu'il résulte de la hiérarchie rationnelle des biens naturels, au devoir faire. La fin rationnelle se lie à l'obligation, l'explique en un sens et la justifie. Pour savoir le devoir, il faut donc chercher le meilleur, sans lequel le jugement synthétique n'a plus d'objet. Quand nous mettons plusieurs agents en présence, de leur association naît l'idée d'un bien com-

1. Dans sa *Critique des systèmes de morale contemporaine* M. Alfred Fouillée tout au contraire s'est amusé à résoudre la théorie de Renouvier en six principes qui servent tour à tour de fondement à la morale.

mun, d'un meilleur encore qui définit leur devoir. Ce bien commun suppose leur accord, il n'est possible à atteindre et à partager que s'ils se tiennent pour des personnes identiques, substituables, dont chacune a vis-à-vis de l'autre un crédit et un débit. Dans la société des hommes, par suite, le premier des biens est la justice, le respect de la personne, et il est logique qu'il devienne l'obligation. Au lieu des biens particuliers qu'on ignore, dont la recherche diviserait ceux qu'il convient d'unir, le devoir s'applique à la condition générale de tous ces biens, au meilleur, par suite, qui est la justice, le respect mutuel des personnes. Comme chaque agent, en tant que raison, est identique à l'autre, comme chaque raison individuelle porte la loi, en la promulguant pour soi la promulgue pour tous, si je multiplie les agents, leurs maximes de conduite doivent être universalisables. Cette universalisation n'est qu'une expression de la justice, ou mieux un critère, un moyen de reconnaître ce qui est juste, en substituant les autres à soi [1]. A coup sûr nous sommes jusqu'ici fort loin du formalisme Kantien. Ce qui est voulu, ce qui est cherché, c'est le meilleur; la fin rationnelle est le sujet du jugement synthétique *a priori* dont l'obligation est l'attribut. Seulement, comme nous ignorons les biens particuliers, comme il est impossible d'en faire une science qui accorde les esprits, à la recherche de ces biens on substitue la volonté de l'entente qui est leur condition, du meilleur qui les domine tous et qui n'est autre que la justice. La justice posant en face les uns des autres des personnes substituables, pour reconnaître ce qui est juste, il suffit

1. N'est-ce pas cette théorie que Renouvier résume dans la note du t. I, p. 96 : « Je regarde comme certain qu'il n'existerait pas d'obligation catégorique pure, s'il fallait pour en faire exister une, écarter du devoir toute considération des fins, même particulières. Kant lui-même a été bien près de le reconnaître. Mais que le principe de l'obligation soit indépendant de ces fins en ce qu'il les domine et doive se déterminer sans elles, au besoin contre elles en tant que déterminées particulièrement *et en vertu d'une fin supérieure, celle de la constitution générale du raisonnable et du juste dans la conscience,* c'est ce que j'admets et c'est où je vois la fondation de la morale comme science. »

d'universaliser la maxime de l'action. Arrivé à ce point de sa déduction, Renouvier semble revenir au formalisme Kantien, donner une valeur propre à la forme universelle de la loi, faire de cette forme le bien lui-même, le seul motif moral. « La propriété du principe suprême de la morale est de n'impliquer aucune connaissance expresse des biens objectifs et des fins réelles des êtres ni de soi-même, quelles qu'elles puissent être. Il vaut toujours de sa nature, ou par sa *forme*, indépendamment de la *matière*, à laquelle il s'applique d'ailleurs nécessairement. » (I, 169). Sans doute, quand nous avons reconnu que l'universalisation des maximes est le critère du meilleur, nous agissons sous l'idée de la loi, mais la loi, en dernière analyse, ne vaut pas par sa forme, elle vaut par la justice, par le bien réel, dont elle est un signe, une expression, une formule abrégée. Cette formule n'est en somme qu'un expédient, un substitut de la science des biens, définis dans leur valeur, coordonnés, hiérarchisés par la raison, que nous ne pouvons faire. Le formalisme de Kant est lié à son idée du noumène, il suppose le conflit profond de la raison et de la sensibilité, de l'homme phénoménal et de l'homme transcendant, de l'ordre du déterminisme temporel et de la liberté intemporelle. Le formalisme de Renouvier n'est qu'apparent. Sa morale théorique pourrait se résumer dans ces thèses successives : 1° la nature porte l'homme spontanément vers le bien en général, selon la loi de finalité qui devient en lui la passion ; — 2° dans la multiplicité et l'opposition des affections naturelles, la tâche de la raison est double : elle définit le meilleur en hiérarchisant les biens particuliers, et par un jugement synthétique original elle unit le meilleur et l'obligatoire ; — 3° comme d'autre part la raison ne réussit pas à constituer la science des biens, elle fait de la justice, condition de tous les biens poursuivis en commun, l'objet de l'impératif ; — 4° dès lors le devoir se définit par la forme de l'universalité et entre le devoir et les fins particulières il peut y avoir conflit ; on ne voit plus comment le bien moral se relie au bien naturel ; — 5° mais le conflit ne peut être définitif et l'homme se rétablit dans son harmonie fonctionnelle par l'acte de foi en un ordre qui enveloppe et accorde l'ordre physique et l'ordre moral.

III

La morale pure répond aux caractères spécifiques qui différencient l'homme de l'animal : « L'homme a par sa nature un idéal en lui-même, une notion de ce qu'il *doit être* et de ce qu'il *doit faire*. » (I, 311). Mais du bien et du mal également possibles à l'origine l'homme a choisi le mal ; par ses actes libres, dont la loi de solidarité propage les conséquences, partout il s'est corrompu, partout il s'est dégradé. Dès lors l'homme *historique* s'oppose à l'homme *philosophique*, l'individu à la personne définie par la raison et la liberté, par leur empire sur la nature passionnelle. « Dans cet ordre de choses réelles et historiques, inférieures à la conscience, la justice perd son caractère rationnel ingénu. » La morale pure, fondée sur la parfaite réciprocité, ne peut être que la morale de l'état de paix, où chacun travaille de toutes ses forces à remplir ses engagements tacites ou formels, avec une entière confiance dans la bonne volonté des autres, où il n'y a ni plaintes, ni sujets de plaintes, ni débats, ni luttes, ni fraudes, ni violences, où l'autorité par suite se confond avec la liberté, la loi n'étant à la lettre que l'autonomie des raisons personnelles (I, 317). Or, cet idéal de paix, qui est la norme de la conscience humaine dégagée de tout ce qui la fausse et l'altère, ne répond point à la réalité telle que les hommes l'ont voulue et telle qu'ils l'ont faite. La guerre est partout, en nous, autour de nous : « elle règne dans les affections, chacun cherchant à donner le moins et à recevoir le plus, elle règne dans les relations de famille, où la contrainte prend la place de la persuasion et de la raison, où la vraie liberté n'existe ni pour ceux qui commandent, ni pour ceux qui obéissent, et qui n'ont tous également que la coutume pour règle, avec des passions pour créer la coutume et pour la violer. » La guerre plus encore règne dans les relations sociales, économiques : « dans l'échange des services, dont l'habitude n'introduit jamais que des mesures variables et disputées, dans l'échange des denrées, que chacun apprécie ou déprécie selon son intérêt; dans l'appropriation des instruments de travail, et principalement du sol, parce que, si les uns y trouvent des conditions de sécurité pour eux, les autres demeurent privés de garanties semblables. » La lutte est dans les paroles par le mensonge, dans les actes par la fraude et la violence. « La guerre éclate entre les individus, les familles, les tribus, les nations; les croyances mêmes n'y échappent pas, car l'esprit de la guerre est entré à tel point dans les fibres humaines que l'on voit des hommes se croire en paix avec les autres et vouloir en même temps imposer les dieux de leur conscience à la libre conscience d'autrui. » (I, 332,4).

L'état social ainsi constitué, les moralistes qui s'en tiennent au point de vue formel, sans tenir compte des nécessités historiques, apportent des modèles inimitables, des préceptes qui n'ont aucune application, et par là ils réduisent l'idéal à une abstraction sans rapport au réel, ils découragent les volontés, « ils habituent les hommes à s'entendre prescrire des obligations, même les plus strictes, et à n'en tenir aucun compte dans leur conduite, voire dans leurs jugements. » Pour que la morale ne reste pas matière d'école, pour qu'elle pénètre la vie, il faut « qu'elle s'adapte aux conditions historiques de l'homme, qu'elle lui offre un idéal, très élevé encore, mais pratique, dont la poursuite assidue le rapprocherait de plus en plus du parfait idéal. » (I, 315). Il serait absurde d'attendre un renversement soudain des relations établies, consacrées; c'est à un *droit de la guerre* qu'il faut demander en partie les bases d'une éthique concrète, le principe de lois exigibles et de préceptes praticables qui tiennent compte de l'expérience et de l'histoire, en ouvrant de plus en plus, s'il se peut, les chemins de la paix et de la morale (I, 329).

L'état de guerre sourde ou déclarée qui règne entre les hommes confère à l'individu un *droit de défense*. Le juste est obligé de prévoir la violation par ses associés du contrat auquel il voudrait rester fidèle : « il ne peut vouloir que l'injustice de l'un triomphe jusqu'au bout de la justice de l'autre, et que celui-ci soit réduit à donner sa tunique après avoir été dépouillé de son manteau. » La résistance devient une forme de la justice. Suis-je tenu d'observer la loi vis-à-vis de ceux qui ne m'en imposent le devoir que pour se donner les moyens de la violer eux-mêmes? La justice est de sa nature un contrat et « je nie que la conformité de mes actes à la justice puisse m'être imposée au delà du degré où je suis sûr de n'avoir plus de réciprocité à attendre dans le milieu moral où je me trouve. Cette thèse est grosse de conséquences dangereuses, mais il faut que je l'affirme hardiment ou que j'avoue que la justice est telle que les bons puissent devenir nécessairement les victimes des méchants, et qu'ainsi je confonde le *juste* avec le *saint* et n'admette, au fond, pour toute loi que le sacrifice[1]. » Ainsi, selon Renouvier, la justice même, pour se maintenir autant qu'il est possible dans l'état de guerre, confère à l'individu un droit de défense, qui légitime sa résistance au mal, son effort pour en obtenir la réparation. Dériver la contrainte du droit rationnel, comme on le fait, c'est introduire dans le concept de la justice pure les formes propres de l'injustice, défigurer par là les règles idéales de l'état de paix. Toute contrainte par l'exercice de la violence imite les actes de l'injuste pour les réparer et les réprimer. Le droit de défense ne dérive pas de la raison, mais des faits qui l'al-

1. *Introduction à la philosophie de l'histoire*, p. 137.

tèrent ; il diffère du débit, tel que le définit la science morale, par cela même qu'il autorise l'emploi de la force. La justice n'est plus le libre accord des volontés qui s'imposent une loi commune, elle devient *coercitive*, *répressive*, *réparatrice ;* elle contraint l'agent, coupable d'une violation du droit, au respect au moins extérieur des contrats; elle répare le dommage commis, autant qu'il est réparable, aux dépens du délinquant; elle inflige à ce dernier, sous le nom de *peine*, un mal corrélatif à celui qu'il a fait souffrir à autrui. En même temps, dans le partage des biens communs, la justice n'est plus contractuelle, égalitaire, elle devient *distributive*, elle fait acception des personnes, elle prétend proportionner leurs parts à leurs mérites. Le droit de défense, comme tout autre droit, toujours est, en dernière analyse, le droit d'une personne définie; mais par le groupement des individus ce droit prend une forme collective ; il s'exprime dans des règlements, dans des lois, il est exercé au nom de tous par quelques-uns, par ceux à qui la tradition, la force ou le consentement délèguent le pouvoir. L'autorité ne s'identifie plus avec la liberté, la loi étant externe, imposée du dehors. Les conflits nécessairement se multiplient, et le droit de défense se revendique de l'individu contre la société, comme de la société contre l'individu.

Ainsi au droit rationnel se substitue un droit positif, une justice boiteuse qui est un bien encore, puisqu'elle se constitue à mi-chemin entre la guerre et la paix et qu'elle maintient une concorde relative dans les relations des hommes. Ce droit positif, né d'actes pervers, mais né aussi du jugement de droit et de devoir, tel qu'il est devenu, est sans valeur quant à la morale pure, mais il ne l'est point historiquement ni par suite moralement sous les conditions de l'histoire (I, 496). Cette justice, qui peut être le contraire de la justice idéale (esclavage), cette justice injuste paraît nous obliger et nous oblige réellement dans la plupart des cas, bien que notre devoir soit en même temps de faire tous nos efforts pour la corriger ou l'abroger. Ce devoir contraire de respecter la loi établie et de réparer le mal que souvent elle consacre, partage politiquement les hommes en deux partis, les conservateurs qui prêchent la soumission à l'état de choses traditionnel comme la règle la plus sûre, à tout prendre; les progressistes qui prétendent rapprocher le droit positif du droit rationnel, les uns par un lent effort, en respectant les contrats positifs existants et même les habitudes prises, les autres par un coup de force et fût-ce au prix de la liberté[1].

La morale appliquée, selon Renouvier, n'a pas d'autre objet que la solution de ce problème pratique : tenant compte de l'idéal et du fait empirique, de la solidarité dans le mal, du droit de défense qui en résulte et des relations normales qui devraient s'établir entre des êtres raisonnables, par quels moyens pratiques approcher la société réelle de la société idéale ? Les données du problème définissent la méthode qui en permet la solution. Il s'agit « de juger du degré de conformité entre l'historique et le rationnel, entre les nécessités de fait et les règles inflexibles de la conscience; la loi morale reste donc toujours en quelque manière le critère suprême des actes au milieu de leur déviation même ». Le moraliste doit avant tout consulter la science, « tenir les regards fixés sur le devoir et l'idéal, ne pas laisser s'altérer, sous l'influence des faits, ce qui seul moralement peut et doit être » (I, 503). En second lieu il doit faire sa part au droit de défense qui justifie, mais aussi limite la dérogation à l'idéal. Il faut enfin qu'il considère ce qui est, les oppositions du droit pur et du droit historique, des mœurs et de la morale, de l'autorité et de la liberté, bref toutes les antinomies qui sont nées de la violation de la loi. Il ne s'agit plus ici de déduire des principes abstraits, il s'agit de formuler des

1. *Introduction à la philosophie de l'histoire*. p. 108.

règles pratiques qui permettent d'agir et, en agissant, de modifier les faits. Il est donc légitime de se proposer l'utile, les moyens réellement propres à faire atteindre la fin poursuivie, et ce qui est utile ici est avant tout ce *qui est possible*. Dans la complexité des faits sociaux, le danger est grand de retarder par une précipitation passionnée le progrès qu'on veut réaliser. « Le but moral à atteindre se présente sous deux faces : 1° passer du droit positif au droit rationnel, ou du moins s'approcher du droit rationnel avec les ménagements voulus par les faits acquis... 2° choisir entre tous les moyens propres à donner satisfaction à des nécessités existantes et, en un mot, parmi les actes où continueront de se marquer les conséquences de l'état de guerre et les applications du principe de défense, ceux qui s'éloigneront le moins de la justice pure et seront les plus favorables au progrès vers l'état de raison et de paix » (I, 506). Même quand il s'agit de la société, la morale adresse ses préceptes à la personne qui au fond est tout. La réforme du mal devrait être obtenue du consentement des intéressés, qui serait le moyen le plus propre à la faire aboutir. Il convient pour cela de ne pas compter sur la force brutale, de ne pas attendre le bien du mal, de ménager le droit positif, ce qu'on nomme les droits acquis.

Renouvier cependant ne pense pas que ces règles de prudence excluent le droit révolutionnaire. « Une révolution est un ensemble d'actes ou moyens employés, utiles pour atteindre un but déterminé, dans le cas où le but est juste, mais où les moyens eux-mêmes ne sont pas justes. » (I, 509.)

Pas plus en ce cas qu'en aucun autre la fin ne justifie les moyens ; ces moyens restent mauvais comme la guerre elle-même dont ils sont une forme. La révolution n'est que l'exercice brutal du droit de défense contre ceux qui s'entêtent à maintenir « un gouvernement et un ordre social jugés décidément insoutenables et désavoués par la conscience publique... « Dans les sociétés les désordres moraux et la solidarité générale engendrent nécessairement cet effet que la production du bien ou le retour au bien s'opèrent par le mal, en traversant une série de maux[1]. » Mais le mal qui corrige un mal ne devient pas un bien, il peut être utile, il n'est pas moral ; « ce qui n'est point juste n'est point justifiable ». S'il est des cas, où l'entraînement des luttes engagées autour du droit, la passion du juste d'un côté, la résistance de l'égoïsme de l'autre, la guerre enfin, et la plus excusable des guerres, conduit comme fatalement un parti à vouloir assurer le triomphe de la justice par des moyens qui en sont la violation, « c'est un très grand mal, un mal qui s'enchaînera peut-être à des biens, jamais autant qu'on l'a espéré, ni aussi sûrement[2] » ; mais gardons-nous d'ériger ce mal en un principe, de faire une règle de l'exception la plus dangereuse. La révolution est un pis-aller, elle n'est légitime que quand elle s'impose aux individus plus encore qu'ils ne la choisissent, elle n'est admissible, en morale appliquée à l'état de guerre, que si elle témoigne par son succès même de sa nécessité. Tout nous impose donc d'éviter ces crises de violence qui suspendent jusqu'à ce droit imparfait qu'est le droit positif, compromettent la paix relative que maintiennent les sociétés existantes et menacent de corrompre les consciences par les théories de la raison d'Etat et de la souveraineté du but[3].

Dans la morale appliquée, Renouvier aborde les grands problèmes du droit personnel, domestique, économique, politique, international, en se conformant aux principes et aux règles qu'il a posés : il confère les mœurs et les institutions à l'idéal pur, et il s'efforce de définir les

1. *Critique philosophique*, 1878, II, p. 259.

2. *Introduction à la philosophie de l'histoire*, p. 130.

3. Cf. *Science de la morale*, t. II, p. 383 sq. les pages sur le droit d'insurrection et de sécession. (Réforme, révolution d'Angleterre, révolution française.)

réformes possibles qui par elles-mêmes constituent un idéal pratique, dont la poursuite rapprocherait du règne de la justice et de la paix. La justice et la paix supposent des personnes libres, autonomes ; toute la morale appliquée doit donc tendre à affranchir l'homme des servitudes nées de la solidarité dans le mal, à lui permettre de s'édifier dans la personnalité véritable. L'éthique de Renouvier est une réaction en faveur de l'individualisme du XVIIIe siècle contre les écoles positivistes et socialistes, qui de points de vues divers le combattaient. Mais Renouvier qui a passé par le Saint-Simonisme, qui professe pour Fourier une admiration qu'il n'a jamais démentie, tient compte des objections faites. Son individualisme est un personnalisme : il ne met pas des individus en présence sous la seule loi d'une impitoyable concurrence, il veut faire de tous les hommes des égaux, des personnes vraiment substituables qui contractent librement sous la loi de justice. Chose nouvelle, parce qu'il est individualiste, il refuse de sacrifier la majorité des individus à je ne sais quel bien collectif, impersonnel. Mais d'autre part, rejetant les abstractions personnifiées, il n'attend le bien que des libres volontés. Il n'accorde pas à la société une réalité distincte de celle des individus qui la composent, il n'admet pas deux morales, deux droits, il résout l'Etat en ses éléments réels, et, qu'il s'agisse des rapports des citoyens dans la cité, des rapports des diverses nations entre elles, il ramène tout aux personnes et aux relations normales qui doivent s'établir entre elles. Ce n'est pas dire qu'il rejette *a priori* l'intervention de l'Etat dans l'ordre économique, et qu'il s'en tienne au laissez-faire laissez-passer des économistes orthodoxes, mais il veut que l'intervention de l'Etat ne soit que l'expression collective des volontés individuelles, et qu'elle tende, en corrigeant les effets de la solidarité, à remettre les individus qui en sont dépouillés par le fait dans les conditions de la liberté.

Dans l'ordre économique, Renouvier est un partisan résolu de la propriété. La propriété est exigée par le droit de défense, elle est la meilleure garantie de la liberté, « une méthode historique de progrès social, dont l'efficacité est prouvée par l'expérience ». Mais si elle est l'instrument nécessaire de la liberté, elle est par là même un droit dont nul ne peut être privé. Or l'appropriation individuelle a pour conséquence d'exclure de toute propriété un nombre immense d'individus, si bien que « le but proposé à l'établissement théorique de la propriété est complètement manqué ». Comment résoudre « cette antinomie » ; constituer à chaque agent « une sphère de propriété pour la poursuite de sa fin personnelle fondamentale, pour le maintien de sa liberté, le développement de sa responsabilité propre ? » Le communisme, dans l'état de guerre, anéantit la liberté qu'il s'agit de sauvegarder; l'assistance est un palliatif insuffisant, un aveu d'impuissance. Renouvier propose tout un ensemble de mesures propres tout à la fois à limiter et à généraliser la propriété: impôt progressif; droit au travail garanti par des stipulations nouvelles introduites dans le contrat de salaire, dans le contrat de louage, qui assurent un équivalent de la propriété par le partage du revenu net ; système complet d'assurances. Mais, préoccupé tout à la fois « de poser le principe socialiste, exigé par l'idée rationnelle de société, et de l'infirmer en même temps comme organisateur d'autorité dans l'application » (II, 156), Renouvier s'intimide lui-même, recule devant ses propres solutions, et, tremblant de favoriser la tyrannie de l'Etat, refusant « de demander à une action extérieure, c'est-à-dire à quelque autre chose que la vertu, les conséquences de la vertu sur la terre », il en vient à faire appel à la seule liberté des individus et à n'exiger de l'Etat que le respect de cette liberté et des associations qu'elle forme. « Puisque nous ne pouvons exiger raisonnablement des personnes isolées la jutice intégrale, ni l'attendre d'une grande société liée à ses traditions et à ses coutumes, il nous reste un parti moyen à prendre, le seul possible et légitime désormais: c'est de demander, au nom de la morale, aux personnes qui reconnaissent le droit, qu'elles s'unissent en sociétés particulières afin de le faire passer dans les faits, comme elles l'entendent, autant qu'elles croiront l'œuvre possible eu égard aux convictions et aux vertus de leurs membres, eu égard à l'état du milieu général, avec lequel il y a nécessairement des relations à conserver; c'est de demander d'autre part à ce milieu, à la grande société, la tolérance, qu'elle veuille souffrir les sociétés particulières et leur accorder toute la liberté nécessaire à leur existence compatible avec la sienne[1]. » (II, 185-6).

Dans le droit politique, comme dans le droit économique, Renouvier est avant tout soucieux de garantir la liberté. Ici encore le problème est de faire sortir le bien de l'initiative individuelle, de l'identifier à la volonté, par là de rapprocher l'homme de l'autonomie. La société n'est point un être réel. Cette société-personne dont les droits sont réputés supérieurs à ceux des seules personnes que nous connaissions, nous et nos semblables, est une fiction pure et simple, « contraire à toutes les exigences de la morale ». Le gouvernement naît du besoin d'empêcher le mal et de produire le bien par contrainte, de demander à une autorité externe ce qu'on désespère d'obtenir de la liberté. Dès lors, en tant que contrainte, le gouvernement est un mal, et dès lors le meilleur des gouvernements ne peut être que celui où les pouvoirs de

1. Sur la fin de sa vie, « frappé du danger que fait courir à la civilisation la trop faible volonté des classes dirigeantes d'entrer dans la voie des réformes économiques sérieuses », Renouvier reviendra à l'idée qu'il avait exprimée en 1848 dans son *Manuel républicain* et admettra le devoir pour l'Etat de provoquer par son initiative et d'aider de son crédit les sociétés de production qui se montreront capables de s'aider elles-mêmes. *Philosophie analytique de l'histoire*, t. IV, p. 125.

contrainte sortent de la raison et de la liberté des citoyens, sont séparés et se limitent l'un par l'autre. « Un gouvernement, soit qu'il prescrive, soit qu'ensuite il contraigne, ne doit rien ordonner positivement ou négativement, en dehors de ce qui est nécessaire pour sauvegarder les droits de tous contre les déterminations particulières de leurs facultés d'agir » (I, 201).

Dans le droit international, Renouvier combat le principe des nationalités, comme, dans le droit politique, l'Etat-personne. Il résiste ici encore aux préjugés de son temps. Il montre avec force que la nationalité naturelle est une notion vague, confuse, qui ne répond plus à rien (II, 420 sq.). Où rencontrer dans le monde moderne « cette unité et originalité du langage, du culte, des coutumes qui faisait croire à certains peuples de l'antiquité qu'ils étaient autochtones ? « La guerre et la mort ont détruit les vraies races, les vraies mœurs, les vraies religions, les vraies langues premières, et les nations d'ordre naturel. La raison nous reste, si nous savons en user. » A l'idée de la nation naturelle s'oppose la notion de l'Etat : la première se rapporte aux faits sociaux involontaires, et l'on pourrait dire aux fonctions instinctives de l'humanité ; la seconde est le fruit de la réflexion et du vouloir. « Elle est donc moralement supérieure, tout comme l'association volontaire est préférable aux coopérations spontanées, une république d'agents libres à une ruche d'abeilles. » L'Etat rationnel n'implique rien de plus que la morale et le droit. Il se constitue avec des hommes de toutes races, langues et croyances, pourvu qu'ils aient des idées communes sur les lois de l'Etat même, c'est-à-dire sur la justice. L'Etat défini par la liberté et par la raison de ses membres, ne laisse en présence que des hommes soumis, comme tels, à la loi morale.

Si nous mettons maintenant en présence plusieurs Etats, et si nous nous libérons des abstractions et des entités, nous trouvons encore des personnes qui sont assujetties dans leurs contrats aux lois communes de la morale. La guerre ne peut donc être légitime que quand elle est un exercice du droit de défense. Renouvier condamne, avec les guerres aggressives, le militarisme et la diplomatie, « tous ceux qui prétendent représenter quelque chose de plus que les volontés, les droits et les devoirs des citoyens, savoir une idée supérieure à la raison pratique personnelle, un but affranchi de toute obligation morale (II, 436). Il n'y a qu'une morale ; le droit international ramène au droit personnel, car droit et devoir n'ont de sens qu'appliqués à une personne définie. Qu'on n'attende donc pas la paix du progrès naturel et nécessaire des relations internationales ; les rapports des États seront ce que seront les États eux-mêmes, et les États ce que seront les personnes qui les composent. Il faut à la paix des pacifiques, à la paix internationale des États intérieurement pacifiés. La paix suppose la justice, « et la justice ne peut exister sans modeler sur le droit l'intérieur des États, comme les relations internationales ».

Partie de l'autonomie de la raison et de la liberté de la personne, la morale toujours nous y ramène et y trouve sa conclusion dernière. La liberté est à la fois le sujet et l'objet du devoir, le moyen et la fin de tout progrès, soit individuel, soit social. Ne comptons ni sur l'évolution des choses, ni sur l'autorité des hommes, ne comptons que sur nous-mêmes. La guerre, sous toutes ses formes, ne disparaîtra de nos institutions, de nos lois, de nos mœurs, que quand elle ne sera plus dans nos cœurs. Le bien est toujours l'œuvre de la liberté et il n'est autre que cette liberté même qui se développe en s'exerçant. « La mesure de liberté employée et respectée dans une société donnée est le critère du progrès de celle-ci, quand on la compare à ses états antérieurs sous le même aspect. La mesure de liberté non exercée ou perdue est le critère de la décadence » (II, 484). La vraie fin du progrès est l'autonomie qui rendrait les sociétés volontaires et libres, de fatales qu'elles sont. Dans l'impossibilité de réaliser cette autonomie du dehors, ou d'entraîner les masses inertes, réfractaires, alourdies par la tradition et l'habitude, le règne de la justice dépend « de l'initiative, que prendraient des groupes libres d'hommes choisis, de composer entre eux des sociétés nouvelles et exemplaires, œuvres de passion philosophique et de puissante réflexion en des sphères limitées ». Renouvier se souvient de Fourier. Ces groupes donneraient l'exemple du contrat volontaire ; multipliés, sans briser l'unité sociale, ils transformeraient la nature de l'autorité, en la rapprochant de la loi consentie. Au principe de tout serait la conscience avec ses déterminations libres ; au milieu, comme effet de ces déterminations mêmes, les groupements partiels, les sociétés volontaires, au terme « l'état général ou société universelle, alliance des alliances, transformation accomplie des États empiriques ou historiques, appelés à se subordonner aux associations contractuelles dont ils règlent ou compriment aujourd'hui l'essor. Voilà l'idéal d'une doctrine de la liberté » (II, 561). Cet idéal se réalisera-t-il ? Nous l'ignorons, puisqu'il n'est pas au terme d'une évolution nécessaire, puisqu'il dépend de nous, mais par là même il est possible, et notre devoir est de croire à son avènement, puisque notre devoir est d'y travailler.

L'exposé d'un ouvrage tel que la *Science de la morale* de Renouvier néglige presque nécessairement ce qu'il contient de meilleur. Je ne connais pas de traité de morale qui soit plus suggestif, qui aborde avec plus de courage les vraies difficultés. Renouvier revendiquait à bon droit l'originalité de sa distinction d'un état idéal de paix par la justice et de l'état réel des sociétés historiques. Le franc aveu de l'état de guerre que consacre le droit positif, l'effort pour déterminer les moyens pratiques, qui sans troubles ni violences, rapprocheraient les sociétés de fait de la société véritable, fait sortir la morale appliquée des abstractions de l'Ecole, la ramène à l'examen loyal des problèmes que le plus souvent on dissimule. Renouvier ne s'entête pas à moraliser l'immoral, il pose et maintient dans son intégrité l'idéal de justice et d'autonomie, sans tomber dans la chimère et l'utopie par la négligence des passions humaines. En relevant la tradition libérale de la Révolution française, réduite à ce qu'on sait par l'égoïsme de classe, son individualisme généreux réconcilie la justice et la liberté.

Mais ces mérites, qu'il est difficile d'exagérer, reconnus, il faut bien avouer ce qu'a d'artificiel la construction théorique de Renouvier. Sans revenir sur l'obscurité et l'embarras de sa déduction du devoir, sa théorie de l'homme primitif, donné, dans un état d'innocence, avec la raison et la liberté, choisissant le mal dans l'égale possibilité du bien, auteur par là de sa propre déchéance, semble démentie par les faits. La preuve qu'il tire de la diversité et de l'inégale élévation des religions tombe devant une étude plus attentive des textes qui révèle dans les religions les plus pures les vestiges de superstitions analogues à celles du sauvage. Son hypothèse « robinsonienne » n'est pas l'abstraction d'un fait possible. Comme Robinson lui-même, son homme solitaire porte la société dans la raison qu'il lui confère, comme si elle pouvait se concevoir et exister en dehors du commerce des esprits. Renouvier ne fait, à dire vrai, comme Kant lui-même, que généraliser, que schématiser un idéal concret, positif, qui ne se produit par l'invention des individus que sous le stimulant de la vie sociale. L'individu replacé au sein de la société, qui est son milieu naturel, qui en un sens le crée dans ses fonctions supérieures et proprement humaines, il est possible de rendre à la famille, à la cité, une certaine réalité, tout au moins intérieure à l'individu lui-même, et par suite d'admettre un devoir de l'individu par rapport à ces groupements et un droit corrélatif de ces groupements sur lui. C'est pour avoir cherché le principe de la moralité dans l'individu atomique, c'est pour s'être fait du progrès moral une idée étroite, exclusive; pour n'avoir pas compris ce qui relie le progrès moral aux progrès de l'art, de la science, de l'industrie, de la connaissance et de la puissance humaines, à tout ce qui fait la vie plus riche, plus complexe, et par là même appelle un nouvel et libre effort vers une harmonie plus haute, que sur le tard il a perdu courage, et que sentant la faiblesse, l'impuissance de l'homme solitaire, il s'est réfugié dans l'espoir du salut individuel et a sacrifié la foi morale à la foi religieuse.

CHAPITRE VII

LA PHILOSOPHIE DE LA NATURE ET LES PROBABILITÉS MORALES

I

La synthèse totale, nous l'avons vu, est impossible : la pensée dont la loi est la relation, ne peut atteindre l'absolu, et, sous aucune catégorie, elle ne réussit à embrasser tout l'ensemble des phénomènes et des rapports successifs ou coexistants. En renonçant à l'ontologie, Renouvier ne se résigne pas à l'abstention sur les problèmes qui surtout intéressent l'homme, parce que de leur solution dépendent et sa conduite et sa destinée. Toute certitude est croyance, implique un acte volontaire de foi dans la raison et dans ses principes, se résout, en dernière analyse, en une probabilité. Libérés de l'illusion de l'évidence, nous n'avons aucun motif de nous en tenir aux vérités que semble imposer une contrainte qui n'existe pas ; comme nous avons pris l'initiative de la science, nous avons le droit et le devoir d'aborder les problèmes auxquels la pensée ne se soustrait qu'en se mutilant elle-même. La morale commande à l'homme d'accomplir sa nature, elle lui donne à réaliser une fin qui déborde la vie présente, un idéal qui ne s'achève point ici-bas ; la morale est un fait aussi réel que les autres et qui nous touche plus directement ; ce fait doit trouver sa place dans le système des phénomènes, il veut être expliqué, et il ne peut l'être que si nous cherchons du monde une interprétation qui l'accorde aux données et aux besoins de la conscience. Le monde tel que nous le connaissons n'est qu'un moment de l'histoire universelle ; il a ses origines dans le passé, il se continuera dans l'avenir. A défaut de la synthèse totale, nous pouvons, en prenant notre centre dans la conscience humaine, en organisant tout ce qui se représente en elle, tenter une synthèse générale; sans sortir des lois de la pensée, en les acceptant au contraire dans toutes leurs conséquences, nous pouvons rattacher le monde que nous voyons au monde que nous pourrions voir, prolonger l'expérience actuelle par des conjectures qui l'accordent aux exigences de la vie morale.

Renouvier ne prétend pas rétablir par une subtilité inédite « la fausse certitude, les chimères ontologiques et la métaphysique des infinis », il entend rester fidèle aux catégories et aux principes généraux du néo-criticisme. On a vainement poursuivi « la fin dernière et la nature adéquate de tout ce qui est. Les constructeurs de l'impossible épopée sont des poètes, sublimes quelquefois, et quelquefois très plats, qui se battent les flancs de leurs ailes fantastiques, hors des milieux connus ou concevables, dans le vide de la substance pure, s'efforçant d'atteindre, à travers l'infini et ses contradictions, la parfaite chimère de l'être absolu. Mais ils restent en place et, les yeux fixés les uns sur les autres, disputent pendant les siècles à qui vole le mieux et le plus haut[1]. » Renouvier maintient la proscription de la substance, de l'infini, du continu, de la raison suffisante, de toutes les notions qui impliquent, avec la négation de la loi du nombre, la violation du premier principe de la pensée. Il ne veut pas que, sous prétexte de rendre notre monde intelligible, on le ramène à n'être qu'une illusion, qu'un fantôme ; qu'on lui substitue un monde de noumènes, de purs esprits, soustraits aux catégories; il n'admet pas un ordre de choses différent de celui que nous observons, il reste dans le relatif, dans

1. *Psychologie rationnelle*, t. III, p. 109.

les phénomènes et dans les lois : le monde intelligible n'est rien de plus que notre monde sensible et phénoménal pressenti dans son passé, étendu dans l'ordre futur de l'expérience possible[1]. Bref le monde dans lequel nous vivons, le monde de l'espace et du temps, est le monde réel, et, sans sortir des lois de la représentation, il s'agit, en reculant dans le passé, surtout en prolongeant l'avenir, de le rendre intelligible en le rendant conforme aux exigences de la raison pratique.

Si toute affirmation qui dépasse le phénomène immédiat de conscience est un véritable postulat lié à la liberté et au devoir, implique une sorte d'optimisme moral, une acceptation de l'intelligence et de la vie, si les principes des sciences et les données mêmes du sens commun sont de véritables actes de foi, nous étendons le monde de l'expérience dans le passé et dans l'avenir par un acte de l'esprit qui n'est pas sans analogie avec celui par lequel nous le constituons. Et d'abord la croyance rationnelle, en conférant aux lois universelles de la représentation les résultats acquis de l'observation, les théories des sciences, autorise certaines conjectures « sur l'essence propre du monde extérieur et de ses êtres élémentaires », sur les différents modes de l'existence et sur leur hiérarchie, sur le problème des espèces et de leur origine : son premier objet est une philosophie de la nature, qui s'efforce de concilier les données positives de la science et les lois de la raison. Au delà s'ouvre le champ de la *probabilité morale* proprement dite, qui porte sur deux classes de faits : « les faits humains, objet de l'histoire et des tribunaux; les faits d'ordre universel et cosmique, qui surmontent l'exploration régulière des sciences, mais sur lesquels il est impossible à l'homme de ne point spéculer, quand sa destinée entière y est engagée, quand l'idée même qu'il

1. « Il faut borner rigoureusement la spéculation à l'étude de la représentation et de ses lois, sous les conditions de l'expérience possible, ensuite aux postulats, aux inductions qu'une telle méthode autorise. » (*Ibid.* p. 158.)

se forme du but de son existence présente en dépend essentiellement[1] ». Les religions et les métaphysiques sont nées du besoin de répondre à ces questions « sur le monde et l'homme, sur l'ordre des causes et des fins, sur les destinées des êtres », qui s'imposent et que la science ne vise pas. En prétendant réduire la philosophie à n'être qu'une classification des sciences, le positivisme ne la remplace pas, il la supprime. Le progrès n'obéit nullement à la loi des trois états, il n'a pas consisté à substituer la métaphysique à la religion et la science à la métaphysique, il a eu pour effet « de les confirmer chacune dans sa sphère propre, et par suite de l'exclure des autres sphères. » L'histoire ne nous montre rien de plus que cette division du travail et cette distinction des problèmes. Sous tout autre rapport, chaque progrès de la science a été une extension, non une limitation de la théologie et de la métaphysique. Aucune science n'a pris naissance, sans suggérer de nouvelles questions à l'une, sans apporter de nouvelles données à l'autre[2].

Nos conjectures sur la nature, sur l'origine et la destinée des êtres ne diffèrent que par le degré de nos inductions sur les lois des phénomènes. Mais dans les sciences positives, « l'observation et l'expérience peuvent le plus souvent se répéter, et cela indéfiniment, ainsi que les suites de raisonnement qui fondent les théories. C'est même cette répétition qui est l'essence de l'enseignement scientifique, en sorte que tout savant est censé avoir refait l'œuvre de ses devanciers, tout écolier est appelé à la refaire, et tout homme du monde sait qu'il l'aurait pu... La probabilité morale proprement dite se forme, non par un procédé exclusivement logique ou expérimental, mais du concert des fonctions humaines appliquées à juger d'une vérité qui n'est ni d'analyse intellectuelle pure, ni

1. *Psychologie rationnelle*, t. III, p. 104.
2. *Critique philosophique*, 1875, I, p. 119 sq.

de fait actuellement sensible, et qui de sa nature ne saurait ni se démontrer avec rigueur, au moyen de principes fixes et universellement reçus, ni s'appuyer sur des motifs propres à se transmettre inflexiblement d'une conscience à une autre, ni enfin éviter une intervention manifeste et variable de la liberté dans le mouvement de l'esprit qui les pèse[1]. » La croyance dépend de la passion et de la liberté, mais elle n'est point arbitraire : d'abord elle se rattache à un fait primordial, l'existence de la loi morale, elle ne fait qu'en poser les postulats et en développer les conséquences ; en second lieu, elle est tenue « de ne rien réintégrer, de ne rien impliquer de ce dont la raison pure a accompli la ruine[2]. »

A l'ontologie, Renouvier substitue ainsi une interprétation du monde qui nous apparaît, un ensemble de conjectures raisonnées qui ne nous font pas sortir de l'expérience, mais qui, en restant conformes à ses lois comme à celles de la raison, l'étendent, la prolongent, et, reliant les phénomènes actuels aux phénomènes du passé et de l'avenir, rétablissent, pour ainsi parler, l'histoire dans son universalité, font du monde où nous vivons un monde où l'être raisonnable et libre trouve sa place et son rôle. Sans prétendre penser en dehors des conditions de toute pensée, sortir de l'espace et du temps, du relatif et du fini, cherchons quelles sont les opinions les plus probables, quelles sont les croyances rationnelles que nous pouvons former sur la nature et l'origine des êtres, sur l'immortalité des âmes, sur l'existence de Dieu et le principe du mal, sur ces inévitables problèmes, dont la philosophie, depuis des siècles, demande naïvement la solution à une science chimérique, contradictoire, de l'absolu, de l'éternel et de l'infini.

1. *Psychologie rationnelle*, t. III, p. 102-3. « Les preuves que nous recueillerons ne tiendront point de la démonstration logique ou physique. Nous les donnerons pour des motifs de croire. Et les objets de ces preuves consisteront en hypothèses vraisemblables de la raison pratique. » p. 109.

2. *Principes de la nature*, I, p. 7.

II

Par cela même qu'il nie le continu, l'infini, la substance, qu'il supprime l'Être sans rapport à la pensée, qu'il ramène tout à la représentation et à ses lois et que parmi ces lois il reconnaît comme aussi légitimes, aussi nécessaires que celles d'espace, de temps ou de cause, les lois de finalité, de personnalité, le néo-criticisme autorise certaines conjectures sur le fond de l'existence et enveloppe une sorte de philosophie de la nature[1]. Sur le fond de l'existence, sur la réalité dernière que l'analyse retrouverait sous ses formes les plus différentes, trois hypothèses sont possibles, dont une seule est compatible avec les principes du néo-criticisme. Puisque tout, pour nous du moins, se ramène à la représentation et que la représentation implique deux éléments que tout à la fois elle unit et elle distingue, le représentatif, le représenté, « il faut que l'un ou l'autre de ces éléments, ou tous les deux entrent dans l'idée générale que nous nous formons d'un être quelconque et en posent le fondement ». Pour le matérialisme, l'être est de la nature du représenté, il exclut tous les caractères que nous regardons comme proprement représentatifs ; pour l'idéalisme, l'être se définit par la seule fonction représentative, dont les représentés ne sont que des produits inconsistants, et non la contre-partie corrélative et nécessaire. Sans parler des difficultés propres à chacune d'elles, ces deux doctrines, se heurtent à la même impossibilité : toutes deux « scindent les éléments inséparables de la représentation qui, sortant de soi, ne pose jamais au fond que le semblable

1. « L'application des lois rationnelles, que nous avons irrévocablement admises, nous permet de nous représenter l'essence propre du monde extérieur et de ses êtres élémentaires..., de jeter quelque lumière sur la conception générale de la nature, surtout en nous bornant aux points qui intéressent, soit l'humanité morale, soit l'idée philosophique du genre et des espèces de l'existence. » (*Principes de la nature.* Troisième Essai, p. 8, 9.)

à soi. » Une seule solution dès lors est possible : si le pur être en soi n'est pas concevable pour nous, si tout est représentation, si celle-ci est essentiellement rapport, unité de deux éléments qui s'impliquent, l'existence ne peut se définir que par la représentation envisagée dans ses deux éléments corrélatifs, représenté, représentatif, et, « puisque le monde est un ensemble de représentations, il est un ensemble de consciences[1]... Il n'y a donc qu'une seule notion générale possible de l'être individuel posé pour soi dans la nature : c'est la notion générale de la représentation pour soi. Définir tels êtres particuliers, telles espèces d'êtres, c'est déterminer les espèces et les degrés de cette représentation pour soi, laquelle doit se trouver conforme, au moins en partie, à la représentation pour nous (sans quoi il n'y aurait point de communication de nous avec eux, rien d'intelligible pour nous de ce qui les constitue) et en partie se concevoir sur le fondement de l'analogie[2] ». Définir l'être par la représentation pour soi, ce n'est pas revenir à l'idéalisme subjectif, qui supprime l'un des termes dont elle est le rapport. La représentation n'existant que par le rapport et l'opposition du sujet et de l'objet, la conscience ne se conçoit pas solitaire, absolue, en dehors de la relation fondamentale qui la constitue. C'est à l'image de la conscience, par une dégradation de notre propre vie intérieure que nous devons nous représenter toute existence ; mais par là même l'être nous est donné comme une pluralité, comme une société de consciences.

La philosophie de la nature du néo-criticisme rejoint la monadologie de Leibniz. « L'être étant une représentation pour soi doit se définir par les attributs généraux de la représentation. On peut les nommer, avec Leibniz, *force*, *appétit*, *perception*, en comprenant sous le dernier terme les fonctions qui engendrent l'expérience et celles dont les

1. *Logique* t. III, p. 207.

2. *Principes de la nature*, Troisième Essai, p. 16.

lois la règlent et la modèlent[1]. » La loi du nombre exige que la monade soit un individu véritable, qu'elle ne soit plus composée, divisible, qu'elle soit le terme de l'analyse, l'être dernier, l'extrême composant des êtres supérieurs, la dernière unité des groupes de phénomènes en lesquels se divise la nature. Mais Renouvier ne reprend la notion de la monade qu'en la purgeant de toute métaphysique : la monade n'est pas une substance simple, inétendue, spirituelle ; elle est une loi ; elle est constituée par les rapports internes et externes que la représentation exige, « elle est, eu égard aux phénomènes qu'elle assemble en elle ou à ceux qui l'environnent, une relation, un tout, une étendue, une durée, etc... » Les êtres élémentaires ne sont pas de purs esprits : l'être ne se sépare pas plus de l'étendue que la représentation elle-même[2]. Toute représentation étant soumise à la nécessité de lier ses objets à des rapports de lieu, les êtres sont donnés pour eux-mêmes et les uns pour les autres sous la loi de l'étendue : « de là résulte la réalité de l'étendue aussi profonde, aussi assurée que celle des êtres qui tous l'impliquent » (p. 18). Sur les rapports qui s'établissent entre ces monades, Renouvier de même se rapproche de Leibniz et s'en distingue. « L'être étant représentation, c'est toujours entre des représentations que le rapport de causalité est donné au fond. » Mais comment, de ce qu'une conscience se modifie, résulte-t-il qu'une autre conscience soit modifiée, nous l'ignorons. Il est impossible d'expliquer comment une chose est la cause d'une autre chose, il faut, avec Leibniz, ramener la causalité à une harmonie, à une correspondance des phénomènes ; mais il faut nier contre lui que cette harmonie soit préétablie, ce qui entraîne avec le déterminisme la négation de la liberté. La correspon-

1. *Principes de la nature*. p. 17.

2. *Principes de la nature*, I, p. 17 : « Les êtres, quels qu'ils soient, doivent rester placés en tout sous les conditions dont nous ne saurions affranchir la représentation en nous »

dance des phénomènes est un fait universel, irréductible, au delà duquel on ne remonte pas ; elle est la loi des lois, une donnée qu'il faut accepter comme l'existence elle-même, en se résignant à l'ignorance nécessaire. « Le problème de l'origine d'un être, en ce qu'il offre de propre et de nouveau, n'est pas moins inabordable que celui de l'origine première des choses ou de l'existence en général[1]. »

La monade ne se sépare pas de l'étendue, d'une sphère circonscrite où elle exerce son action, où elle se représente à elle-même et pour les autres. Si nous la considérons ainsi du dehors, dans ses seules relations de quantité et de position, si par abstraction nous isolons les propriétés numériques et géométriques des êtres qui sont l'objet propre des sciences positives, la monade devient l'atome. L'atomisme répond à la monadologie ; il n'est pas une hypothèse accidentelle, il est fondé rationnellement, il résulte des lois de la pensée ; il s'impose à titre de symbole scientifique. La loi du nombre nous contraint, pour éviter le continu et l'infini, d'admettre une limite à la divisibilité, c'est-à-dire des atomes et le vide, de concevoir entre des sphères locales circonscrites où certains être agissent des intervalles ou nul être n'agit de même. « Nous sommes ainsi amenés à considérer des vides relatifs et des pleins relatifs, ces vides pouvant d'ailleurs être supposés des pleins par rapport à tout autre catégorie de phénomènes connus ou inconnus, ces pleins de véritables vides à l'égard de forces qui n'y trouveraient aucune occasion de modifications pour elles-mêmes. Deux mondes entièrement distincts l'un de l'autre et étrangers pourraient ainsi coexister aux mêmes lieux[2]. » Il faut, en

1. Quand on a banni les idées de substance, de métamorphose, quand on a ramené la cause à une concordance de phénomènes, on comprend « que les phénomènes supérieurs ou inférieurs sont déjà supposés relativement aux phénomènes inférieurs ou supérieurs que l'on regarde comme leurs causes, et par cela même qu'on les traite de causes ». *Troisième Essai*, p. 21.

2. *Ibid.*, p. 27-9.

l'acceptant, purifier la notion de l'atome comme celle de la monade. D'abord l'atome n'est pas une substance, le corpuscule insecable d'Épicure, car l'étendue n'est pas une chose en soi; de même il n'y a pas de vide, si on entend par là une étendue réelle existant en dehors de toute représentation : « le plein des atomes et le vide de leurs intervalles sont confondus dans une seule et même impossibilité, celle de l'infini en acte, dont il faut les remplir ». L'atome n'est pas un être en soi, c'est par des phénomènes et des lois, comme la monade elle-même, qu'il est constitué : il est, du point de vue abstrait des catégories d'espace et de quantité, l'élément dernier, individuel, isolé de tout autre par un intervalle qu'on peut appeler vide, où ne s'exerce aucune action du même ordre. Si l'étendue est considérée comme ayant des parties qui sont elles-mêmes des êtres, on ne peut dire que les atomes occupent une étendue, puisque, par définition, ils ne sauraient avoir d'autres êtres sous eux. « Mais si cela signifie s'entourer de sphères d'actions dans l'espace, développer des perceptions et des appétitions dans un rayon déterminé sous des conditions géométriques, ce qui est posséder un corps dans le sens vraiment positif du mot, alors l'atome peut posséder un corps et avoir de l'étendue[1]. » Renouvier, adoptant l'hypothèse de Boscovich, admet que les atomes exerçent les uns sur les autres des actions qui leur sont rapportées comme à des points mathématiques et dont les intensités dépendent de leurs distances mutuelles. Ces actions répulsives pour les moindres distances deviennent ensuite attractives, augmentent puis diminuent rapidement, et, enfin, à des distances sensibles pour nous, suivent la loi fixe de la gravitation. « On peut donc fixer le corps et l'étendue naturelle de l'atome à la circonscription des plus grandes répulsions possibles, dans laquelle aucun autre atome ne pénètre[2] ». Au delà s'exercent les

1. *Troisième Essai*, t. I, p, 30.
2. *Ibid.*, t. I, p. 31-2

forces attractives qui constituent dans les molécules les premières combinaisons des êtres élémentaires, et au delà des limites, où se développe l'action atomique et moléculaire, règne la loi de gravitation. En dernière analyse, l'atome se définit par la force, son étendue par sa sphère propre d'action. « Ce qui constitue les corps atomiques, c'est de se former, par leur répulsion à l'égard des autres, une atmosphère d'étendue propre, c'est d'agir au delà de cette sphère inviolée, en exerçant des attractions dans une étendue plus grande; c'est enfin de se composer entre eux dans diverses positions d'équilibre[1]. »

En acceptant l'atome, il importe de se souvenir de la manière dont on en a construit le concept. L'atome n'est pas un être en soi; il est une abstraction, un symbole de l'existence véritable; il est l'être considéré du dehors, du point de vue des seules catégories de l'étendue et de la quantité; il exprime à ce titre certaines formes de la représentation que nous ne pouvons sans contradiction supposer réalisées indépendamment de toute conscience, dans un espace en soi. Seule la monade est réelle, enveloppe tout ce qui constitue l'existence complète au point de vue de la conscience[2]. L'atome n'est pas d'ailleurs sans rapport avec la monade, il l'exprime sous les catégories les plus simples, il ramène à elle : les répulsions et les attractions atomiques, pour le savant, se définissent et s'entendent par le mouvement et par ses lois; pour le philosophe, qui rétablit la représentation dans sa complexité réelle, elles ont leur raison dernière dans l'appétition, dans la finalité. « L'être élémentaire est une représentation pour soi, au moindre degré imaginable », il nous montre par la double loi de répulsion et d'attraction l'image de la double fonction qui, à tous les degrés de l'existence, distingue les individus et les associe en une vie commune. « Donnés à la fois pour soi et pour autrui, dans l'étendue comme

1. *Troisième Essai*, p. 38.
2. *Ibid.*, t. II, p. 325.

dans la vie morale, les êtres se reconnaissent à une enceinte inabordable qu'entoure un cercle de fonctions[1]. »

L'hypothèse du vide, qui achève celle de l'atome, n'est pas seulement suggérée par des faits aussi généraux que l'élasticité, imposée par la loi du nombre, par la négation du continu, de la divisibilité à l'infini, elle est la condition de la liberté. Sans le vide, on ne voit pas comment l'être vivant peut prendre l'initiative d'un mouvement, intervenir par sa volition dans la trame continue des phénomènes. Admettre le plein c'est se représenter le mouvement « non comme *propagé*, mais comme *simultané*, entraînant toujours nécessairement et simultanément des suites entières de masses solidaires ». Descartes suppose ainsi que le mouvement se fait par anneaux circulaires, par tourbillons dont tous les éléments se déplacent à la fois. Dès lors « il faut renoncer à poser l'individualité du corps en tant que mobile, et à chercher en lui la source première et véritable d'un changement local ». L'hypothèse du plein a pour conséquence l'hypothèse de la nécessité, parce que dans le plein chaque mouvement ne se conçoit que comme solidaire de tous les autres et qu'en supposant une loi d'harmonie, de correspondance entre la volonté et le mouvement extérieur, la moindre volition devrait ébranler la masse entière de l'univers.

Comme la continuité des corps qui remplissent l'espace, il faut nier la continuité des actions qui remplissent le temps : c'est une conséquence encore de la loi du nombre. En d'autres termes, il y a un atomisme du temps comme un atomisme de l'espace, des atomes et des vides dans la durée comme dans l'étendue. Toutes les actions élémentaires doivent être considérées comme instantanées. « Les êtres occupent la durée par les rapports de ces actions répétées, multipliées[2] ». C'est la confusion qui s'opère

1. *Troisième Essai*, t. I, p. 39-40.
2. *Troisième Essai*, t. I, p. 71. Cf. *La loi du nombre*, § 3.

entre les éléments de nos sensations, c'est l'impuissance de nos organes à discerner les étendues et les durées composantes, qui produit en nous l'illusion du continu : ainsi un corps lumineux, mû avec rapidité, paraît dessiner un cercle dans l'espace. L'intermittence est une loi universelle de la nature : la preuve rationnelle de cette loi résulte de la réduction à l'absurde de la thèse du continu effectif ou infini actuel. Il faut considérer les phénomènes comme pulsatiles, érectiles, intermittents : « Le monde est une pulsation immense, composée d'un nombre inassignable, quoique à chaque instant déterminé, de pulsations élémentaires de divers ordres, dont l'harmonie consciente ou inconsciente, établie et développée en une multitude de degrés et de genres, s'accomplit par la naissance des êtres autonomes, dans lesquels elle tend à devenir, de purement spontanée qu'elle était, volontaire et libre ». La liberté morale n'est pas une scission miraculeuse entre le plein ou continu de la nature et la frappante discontinuité des pensées et des résolutions humaines, elle est « le couronnement naturel de tant de spontanéités répétées et accumulées[1] ».

Après avoir défini l'atome dans ses rapports aux lois de la représentation et à la nature de la monade, nous pouvons, du même point de vue, interpréter les résultats les plus généraux des sciences positives, justifier et limiter leurs hypothèses, sans réaliser des abstractions vaines, sans nous laisser aller aux abus d'une scolastique nou-

1. *Ibid*., p. 75. Si tout donné est fini, nombrable, comment expliquer que le calcul intégral puisse être appliqué au réel ? « Le calcul intégral, supposant une différenciation préalable telle qu'entre deux divisions, quelque rapprochées qu'elles soient, on en puisse toujours supposer d'intermédiaires, ne devrait pas s'appliquer à la sommation des quantités formées d'éléments entre lesquels il existe des vides et dont les sommes sont toujours *des nombres*. Il dépasse le but. Nous lèverons cette difficulté en remarquant qu'il l'atteint de la meilleure manière possible en paraissant le dépasser. Les nombres d'éléments à envisager dans les cas dont il s'agit (composition atomique ou moléculaire, recherche des centres de gravité, etc...) sont des nombres si grands que la fiction de la continuité est pratiquement, aussi bien que pour la facilité de l'analyse, la mieux adaptée à ce genre de problèmes. » (*Ibid*., p. 65. Cf. p. 71-72.)

velle qui prend ses symboles pour la réalité. La science moderne s'efforce de plus en plus de ramener tous les phénomènes au mouvement et à ses lois. Rien n'est plus légitime que cette œuvre, si l'on se souvient des conditions auxquelles elle est entreprise, de tout ce que la science néglige de parti pris du réel pour l'expliquer. Le mécanisme répond à certaines abstractions, il est un point de vue de l'esprit qui envisage l'être sous les seules catégories de l'étendue et de la quantité, qui sont les catégories proprement scientifiques, parce que seules elles permettent la mesure ; mais, par là même, si perfectionnée que soit la théorie, elle ne donne pas l'être véritable, elle y substitue un symbole commode. « Le mouvement, avec ses modes divers de translation des masses et de vibrations moléculaires, appartient essentiellement à ce point de vue de l'esprit sur l'objectif ou représenté externe, dont les modifications dans le temps et dans l'espace composent un système de signes liés à tous les rapports des êtres, à leurs appétitions, à leurs sensations, et enfin, par là même, matériaux naturels de toute théorie du monde extérieur pour une conscience capable de s'élever à la contemplation des formes de relation les plus générales et les plus abstraites [1]. » Le mécanisme n'étant ainsi qu'un point de vue pour construire la théorie des apparences naturelles, il ne peut en aucun cas définir l'essence de l'être. Pour la science, comme pour la philosophie, la matière est un système de points réunis ou séparés par des forces, mais la science élimine la notion subjective de force qui ne se prête pas à ses calculs, pour s'en tenir à ce qui est susceptible de mesure, aux fonctions d'espace et de temps, aux changements locaux et aux vitesses. Il appartient au philosophe de restituer les éléments internes de l'être, ce qui vraiment en constitue la réalité, ce que le mécanisme fait oublier en le symbolisant ; il doit se sou-

1. *Troisième Essai*, p. 120-1.

venir que « le dernier siège des phénomènes est en des êtres complets, c'est-à-dire définissables en tant que représentations » ; il doit par exemple reconnaître « dans la loi de gravitation d'abord la loi démontrée et certaine, ensuite l'attraction appétitive donnant représentativement dans les êtres élémentaires ce que les mouvements donnent en représentés pour nous[1]. » En un mot, « il faut chercher à tout expliquer dans la nature mathématiquement et mécaniquement, et en même temps savoir que le mécanisme n'est que l'apparence extérieure de la nature, que ce qu'il y a au fond, c'est la pensée[2] ».

Avertis par la critique, nous ne serons pas tentés d'ériger le relatif en absolu, le mécanisme en une explication de l'être, de donner pour conclusion aux sciences positives la mythologie substantialiste, le roman des métamorphoses qui font sortir le défini de l'indéfini, le supérieur de l'inférieur, au terme tout du néant. Nous rejetterons décidément toutes les théories qui ne sont que des formes de cette illusion. Le mécanisme réussit par abstraction, il élimine toutes les différences spécifiques, tout ce qui est proprement qualificatif pour ne considérer que les mouvements qui sont liés à la production et au progrès de la qualité. Déterminer l'équivalent mécanique d'un phénomène n'est pas réduire ce phénomène au seul mouvement, il reste quelque chose qui n'y est point réduit, et c'est précisément ce qu'il a de propre, de spécifique, d'original. On n'explique pas le supérieur par l'inférieur; dans le supérieur, par une abstraction qu'il ne faut point oublier, on ne considère que l'inférieur, c'est-à-dire certaines conditions dont l'étude est plus facile que l'étude directe des phénomènes eux-mêmes. Les différences qualitatives ne cessent pas d'exister parce qu'on les néglige, de l'une à l'autre il n'y a pas continuité mais progrès. « En

1. *Troisième essai*, p. 95.

2. *Critique philosophique*, 1872. t. I, p. 79.

observant le développement des fonctions mécaniques, physiques, organiques, sensitives, intellectuelles, passionnelles, on voit les conditions d'existence et la causalité procéder de l'ordre inférieur à l'ordre supérieur, sans que pour cela l'on puisse conclure intelligiblement à la contenance des éléments nouveaux dans les anciens et à leur identité de nature ; mais, à chaque pas d'un progrès dans l'être, quelque chose devient, quelque chose commence [1]. » Que nous examinions les divers ordres de phénomènes ou que nous abordions les questions d'origine, nous devons maintenir avec les distinctions spécifiques le devenir réel, reconnaître « des intervalles vides, des hiatus entre les fonctions de genres différents, telles que les lois physiques et la vie, ou la vie et la personnalité, qui pourtant soutiennent des rapports intimes et nécessaires. »

En justifiant la réduction des forces physiques au mouvement, Renouvier refuse de prendre ce qui n'est que symbole pour la réalité même. Il admet l'attraction comme « une première et grande résultante des forces atomiques », comme une action s'exerçant réellement à distance et que le préjugé mécaniste seul conduit à ramener à une action par contact. Admettre le contact, au sens strict du mot, c'est revenir à l'hypothèse du plein et retomber dans les difficultés inextricables qui y sont inhérentes. Le contact n'est jamais qu'apparent, et son action prétendue ne s'explique que par les forces répulsives qui se développent entre les molécules à des distances minimes. « Tous les milieux imaginables ne sauraient le moins du monde diminuer ce qu'on trouve d'incompréhensible dans les actions à distance ; toutes les actions sont et resteront de cette nature ; et, que les distances soient grandes ou petites, le mystère est le même pour la réflexion s'il y a mystère. » De même qu'il s'arrête à l'attraction et qu'il refuse de la ramener aux impulsions de l'éther, Renouvier

1. *Psychologie rationnelle*, t. II, p. 1.

ne croit pas nécessaire de faire intervenir cette matière spéciale, ce fluide *impondérable*, environnant et pénétrant tous les corps, pour expliquer la lumière, la chaleur et l'électricité. « Il n'est pas démontré que les vibrations des corps eux-mêmes ne se puissent prêter à la construction d'une théorie équivalente. » Quand on tient le mécanisme pour ce qu'il est, pour un langage, on n'éprouve pas le besoin d'hypothèses qui tendent à l'ériger à l'absolu, en dissimulant la réalité qu'il exprime. Toutes les forces physiques, son, chaleur, lumière, électricité, sont en un sens des mouvements, mais, « au fond, dans l'essence des êtres », elles sont encore autre chose, elles sont des qualités originales qui répondent à la différence des sensations qu'elles excitent en nous. Qu'est-ce qui répond dans les êtres réels, représentation pour soi, à nos sensations, nous ne pouvons le dire : « mais il n'y a pas d'empêchement à ce que nous supposions dans l'état des corps qui nous font éprouver des sensations de chaleur, de lumière, d'autres encore, quelques modes plus analogues à la sensibilité que ne le sont les mouvements, objets des sciences physiques [1]. » Du mouvement à la lumière, à la chaleur il y a un progrès qualitatif que la science néglige de parti pris. « Réduire la physique à la mécanique, ce n'est point prétendre qu'il n'y ait en réalité rien que de mécanique dans la matière concrète de la physique ; c'est dire que son objet spécial et en quelque sorte abstrait, puisqu'il est établi à l'aide d'abstractions nécessaires, est essentiellement de forme mécanique. C'est assurer que les lois mécaniques s'étendent dans la nature aussi loin que les faits d'un ordre plus complexe, et, les accompagnant, sont de ceux-ci la partie la plus propre aux déterminations précises et à la précision scientifique. Mais n'est-il pas clair qu'il devait en être ainsi, dès que les lois de nombre, de position et de succession, auxquelles se rap-

1. *Troisième Essai*, t. I, p. 197.

porte la mécanique, sont à la fois des lois universelles et des lois mathématiques [1] ? »

En établissant une sorte de continuité entre les phénomènes physiques et les phénomènes chimiques, la science tend à faire des seconds comme des premiers de simples formes du mouvement. La chaleur, la lumière, l'électricité interviennent dans la composition et la décomposition des corps, les forces qui lient et délient les molécules dans les actions chimiques sont des forces physiques. On entrevoit le moment où quelque hypothèse, telle que celle de la thermo-chimie, mettant à profit ces rapports, permettra d'éliminer l'idée des affinités électives dans les corps, en définissant la mécanique propre à représenter et à mesurer les effets de ces affinités. Mais que la science soit conduite à réduire ou à multiplier les corps irréductibles, dont le nombre actuel déjà scandalise notre manie de l'unité, de quelque manière que se constituent les espèces chimiques, elles n'en existent pas moins. On ne supprime pas une qualité originale, parce qu'ayant réussi à la mesurer, à la traduire en mouvement, on peut poursuivre ses calculs sans en tenir compte. « Quand il ne s'agit que de physique mécanique, la force est *symbolique*, et se rapporte toute à la correspondance entre des mouvements, donnés ou virtuels, et d'autres mouvements qui procèdent des premiers suivant des lois qui sont l'objet même de la science... Quand on passe à des phénomènes comme ceux de la chimie, l'on a affaire à des actions que, sans doute, on se propose encore d'étudier comme des mouvements — car le but *physique* ne change pas — mais dont on est forcé en même temps de reconnaître l'origine en des fonctions qui ont quelque chose de spécifique, et par conséquent d'individualisé, et tendent à se présenter comme des êtres pour soi chez lesquels la force revêt enfin un caractère *subjectif et réel*... Une force proprement dite,

1. *Troisième essai*, p. 106.

ou subjective, c'est-à-dire du genre d'une volonté appétitive, autant que nous pouvons nous en rendre compte, a son siège dans un être distinct, dans une fonction individuelle[1]. »

Des phénomènes physiques aux phénomènes chimiques le passage est possible ; les uns et les autres, étant supposées les abstractions nécessaires, s'expriment avec une suffisante exactitude dans le langage de la pure mécanique ; de ces phénomènes aux phénomènes biologiques au contraire, il n'y a pas de transition de théorie, il n'y a que des rapports de fait. Ici se place une rupture qu'aucun artifice ne permet d'éviter. Sans doute le savant peut n'étudier que les lois physico-chimiques impliquées dans les fonctions de l'être vivant, mais il ne réussit point à traduire symboliquement par ces lois le phénomène caractéristique de la vie. On reste en dehors et au-dessous de la vie, tant qu'on néglige la finalité immanente qui préside à l'évolution du germe, qui coordonne toutes les parties entre elles et au tout. « Ce qui caractérise la machine vivante, dit Claude Bernard, ce n'est pas la nature de ses propriétés physico-chimiques, si complexes qu'elles soient, mais bien la création de cette machine qui se développe sous nos yeux dans les conditions qui lui sont propres et d'après une idée définie qui exprime la nature de l'être vivant et l'essence même de la vie... Dans tout germe vivant il y a une idée créatrice qui se développe et se manifeste par l'organisation. » Cette idée créatrice n'est, pour le grand physiologiste, ni une explication, ni une hypothèse, elle est une métaphore qui lui sert à exprimer le rapport de causalité renversée qui caractérise les

1. *Troisième Essai*, p. 153-4. Cf. *Psychologie rationnelle*, t. II. p. 308 : « Quand des composés chimiques se font et se défont suivant des lois d'assemblages spécifiques pour lesquels différents corps apportent différentes aptitudes, je crois qu'il y a dans les éléments de ces corps quelque chose de ce que j'appelle, au point de vue mental, des forces; à savoir jointes à des tendances ou appétits de certaine nature, et par conséquent à des perceptions de certain degré. »

phénomènes évolutifs dont la fin est la raison d'être, le fait original de la vie qu'il ne veut que constater. Aucune découverte expérimentale n'est venue diminuer, si peu que ce fût, « l'intervalle grossièrement sensible des phénomènes propres de la vie et des lois des corps inorganiques ». Il y a loin de la synthèse chimique qui avec des éléments de nature organique compose une suite de corps, que l'on croyait ne pouvoir se former que dans l'organisme, à la construction artificielle d'une cellule ou d'un organe. Quant à l'hypothèse de la génération spontanée, non seulement elle ne réussit point à se vérifier, mais elle a contre elle l'expérience actuelle et elle en est réduite à invoquer des faits qu'il nous est interdit de constater. Pour éviter la force vitale, les « archées », les âmes immatérielles, pour ne pas sortir des phénomènes et des analogies qu'ils autorisent, le plus raisonnable serait peut-être de « supposer au centre et au fond de chaque évolution génétique un être antérieurement formé, quoiqu'inobservable et réduit à l'état de germe insensible, dont les perceptions, les appétitions et les forces soient destinées à la coordination de tant d'éléments[1] ». Qu'on accepte ou qu'on rejette cette hypothèse, il faut maintenir le caractère original des lois de la vie.

Le matérialisme regarde les phénomènes supérieurs de degré en degré, comme des produits ou comme de simples résultantes des phénomènes inférieurs, il change les rapports de fait en des liens occultes exprimés par des métaphores. A cette méthode d'universelle confusion, opposons la simple thèse de l'ordre et des lois suivant lesquelles des fonctions diverses se précèdent, se suivent, s'associent, en un mot se correspondent, sans que notre pensée puisse les réduire à l'unité, si ce n'est par l'usage d'une vaine mythologie substantialiste et causaliste. Les fonctions physico-chimiques composent des groupes d'êtres bornés

1. *Troisième Essai*, t. I, p. 188-9.

à ces mêmes fonctions, c'est-à-dire « limités au degré de conscience, de passion et d'invariable spontanéité qu'exigent les forces attractives et répulsives, simples puis modifiées selon les distances, les rencontres et les combinaisons. » Composée mais distincte de ces êtres primitifs, la cellule est un être *sui generis*, un ensemble de fonctions originales, comme les organes qu'elle forme et le tout auquel ils conspirent. « Ainsi les composés physiques, êtres pour eux-mêmes, sont des conditions, sous lesquelles se produisent les fonctions organiques et vitales, êtres nouveaux, lois irréductibles, qu'il ne faut que tâcher de voir comme elles sont. Ceux-ci, à leur tour, avec des organes de plus en plus individualisés et centralisés, sont le théâtre où paraissent la sensibilité, l'intelligence, le mouvement, la volonté. » De ce que l'existence supérieure trouve ses conditions dans l'existence inférieure, il ne faut pas conclure « que les fonctions de la vie se ramènent aux simples forces attractives et répulsives, non plus que l'entendement et la liberté aux actions vitales[1] ».

L'œuvre de la critique est ici, en justifiant les méthodes et les résultats des sciences, de ne pas céder aux illusions, de rétablir la logique dans ses droits méconnus. Les abstractions scientifiques sont légitimes, mais sous la réserve qu'on ne s'imagine point avoir expliqué du réel ce qu'on en néglige. Nous restituons la réalité concrète, oubliée pour le symbole abstrait qui en traduit commodément les formes. Tout être ou élément réel d'être existe pour soi comme une certaine fonction représentative, quoique variable par l'espèce et le degré. Les forces et les instincts élémentaires, supposés déjà sous les attractions et les répulsions, causes des mouvements les plus simples, deviennent graduellement plus complexes, prennent une importance croissante qui rend plus difficile l'œuvre d'abstraction de la science, et, quand on

1. *Troisième Essai*, t. I, p. 184-5.

passe des phénomènes bruts aux phénomènes de la vie, ils arrivent à la primauté, de sorte que les explications changent de nature et que l'ordre de causalité se renverse. Mais, à tous ces degrés l'être est représentation, c'est-à-dire appétition, perception, force, et c'est entre les êtres, conçus sous le rapport de la représentation pour soi, que s'établissent les rapports réels de causalité, les mouvements n'étant jamais que de certains modes de ces représentations.

Si, après la nature et les rapports des êtres dans leur simultanéité, nous abordons le problème de leurs origines, de leur genèse dans le temps, la critique doit opposer aux mêmes illusions les mêmes principes. La prétention de réduire la qualité au mouvement qui sert à la mesurer, c'est-à-dire de l'expliquer en la supprimant, devient ici la prétention de faire sortir, avec le temps pour facteur, le complexe du simple, la qualité de la quantité, la vie de ce qui ne la contient à aucun degré. Contre ce qu'il appelle la superstition de l'unité, Renouvier, comme toujours, maintient résolument le principe de spécificité, la corrélation de l'un et du plusieurs, sans laquelle la pensée qui n'est que relation s'évanouit. La logique exclut la continuité réelle qui, par la multiplication des termes à l'infini, implique contradiction. « L'observation ne saurait constater que discontinuité et *sauts* dans la nature, toute différence étant un *saut*, si petit qu'on le veuille, et la détermination supposant toujours une différence quelconque en même temps qu'elle suppose un genre (*definitio fit per genus et differentiam*)... La multiplication des termes moyens serait un jeu qui ne finirait point, si ce n'est qu'on trouvât enfin deux espèces, identiques pour être continues, et à la fois non identiques pour pouvoir être distinguées[1]. ».

La critique n'a rien à objecter aux belles hypothèses de

1. *Troisième Essai*, t. II, p. 4-5.

Kant et de Laplace sur les origines mécaniques du monde. L'hypothèse de la nébuleuse répond à un problème nettement circonscrit. Par une abstraction légitime l'astronomie réduit les corps à leurs masses, et, une impulsion initiale étant supposée, calcule comment par l'effet de la gravitation ces masses ont dû se séparer d'une masse commune et accomplir certaines révolutions autour du centre primitif; elle ne se flatte pas de rendre compte des propriétés physico-chimiques, moins encore de la vie, elle résout mécaniquement un problème mécanique. L'illusion serait de prendre ce monde simplifié, appauvri pour le monde réel, d'y chercher le type de toute existence. L'homme, « cette finalité vivante », ne se comprend et ne comprend la nature que sous le point de vue des causes finales qui l'éveille, l'anime, met en tout la force et l'appétition.

Au contraire de la théorie de Laplace, qui explique mécaniquement des phénomènes de physique mécanique et ne les dépasse pas, la cosmogonie biologique d'un Lamarck prétend établir la continuité entre deux ordres de phénomènes hétérogènes, faire sortir le supérieur de l'inférieur, « construire la vie avec certains solides, certains fluides, certains milieux et certaines circonstances, toutes choses étrangères à la vie elle-même ». La cellule se produit par le simple jeu de propriétés physiques; l'élément vivant ainsi donné par génération spontanée, il suffit d'actions externes pour le modifier, le combiner, en faire sortir peu à peu la diversité des formes spécifiques : les besoins changent avec les circonstances, les habitudes des organes changent avec les besoins, et l'organisation change comme les habitudes. L'habitude seule fait l'espèce. L'effort est vain de faire sortir mécaniquement la vie d'une matière inorganisée : « le développement des organes, depuis et avant un premier élément organique visible au microscope jusqu'à la plante ou à l'animal accomplis, suppose pour l'esprit l'existence d'une fin prédéterminée et d'une virtualité quelconque se dirigeant à cette fin[1] ». Il ne faut pas vouloir réduire l'irréductible : « la vie, son principe propre, et les fins pour lesquelles elle se manifeste » sont des données premières qu'aucun artifice ne permet d'éliminer d'une théorie de la nature.

A défaut de la cosmogonie zoologique, qui relève plus de la mythologie que de la science, on peut se poser un problème plus accessible : celui de l'origine des espèces. Les espèces sont-elles fixes ou variables? multiples à l'origine ou toutes dérivées d'un premier type d'où elles divergent? Leur ordre d'apparition sur le globe ne répond-il pas à leur ordre de perfection, en sorte que la classification se ramène à une généalogie? En combinant les *variations individuelles*, la *concurrence vitale* et la *sélection naturelle*, on voudrait exclure toute finalité du progrès de la vie, établir entre les formes vivantes une continuité chimérique, de proche en proche ramener toutes ces formes à un type unique. Toute finalité exclue, pourquoi la concurrence pour la vie et la sélection naturelle ont-elles dû plutôt garantir l'élévation et le progrès des types, que servir à leur décadence? En diminuant les intervalles on s'imagine les avoir supprimés, mais « si grandes ou petites qu'elles soient, les différences subsistent et réclament une explication qu'on ne peut donner. Si elles s'évanouissent entièrement, il cesse d'y avoir changement. » Le transformisme peut être accepté dans la mesure où il est conforme aux faits, mais il ne peut être poussé jusqu'au point où il nie le principe de spécificité qui est une loi première de la pensée. De ce que les espèces peuvent changer, de ce qu'en fait elles ont donné naissance peut-être à des variétés nouvelles, il ne résulte pas « qu'elles n'ont point été à l'origine autant et plus nombreuses et variées qu'elles sont au-

1. *Troisième Essai*, p. 7.

jourd'hui. » Le criticisme nie l'unité primitive, comme il nie la continuité, et pour les mêmes raisons. « Les espèces, leur origine, leur nombre, leur nature sont des données irréductibles. Les caractères qui leur sont communs ne suppriment pas ceux qui leur sont propres, et les uns ne sont pas plus que les autres explicables par des causes étrangères. Ce sont les formes primitives de l'unité variée, ou de la variété une... L'irréductible et le primitif ne s'appliquent point, dans ma pensée, aux *données actuelles*, variables sans doute, et je ne sais dans quelles limites. Mais je veux dire qu'on ne saurait comprendre la nature et la *commencer* qu'avec un tel système de données premières en *dehors de l'identité*. La nature serait pareillement inintelligible ou comme unité pure, ou comme multiplicité sans unité[1]. »

La critique applique les mêmes principes à la solution du problème de l'avènement de l'homme sur la terre; elle ne croit point à la nécessité de dériver toutes les variétés d'un couple unique, et moins encore à la possibilité d'établir entre l'animal et l'homme une continuité qui nie les différences spécifiques. Bien qu'elle ne s'impose pas, la thèse de la multiplicité primitive des familles humaines se présente avec les meilleurs titres. D'abord elle a pour elle « une probabilité logique très réelle » : les mêmes causes et les mêmes conditions qui ont amené un premier couple humain ont pu également en amener plusieurs. La philologie comparée, en constatant plusieurs

1. *Troisième Essai*, t. II, p. 20 et la note. Le principe de spécificité est un des principes essentiels du néo-criticisme; corollaire de la loi du nombre, il l'oppose comme philosophie du *plusieurs* aux philosophies de l'unité : « Définir, c'est nommer un genre et marquer une différence. Rien ne peut exister pour la raison et se traduire par le langage, qui ne soit une *différence*. Toute chose, en tant qu'intelligible, est un *individu* ou une *espèce*, et les individus et les espèces sont des *différences*. Enfin une différence est toujours un discontinu. Quelque faible qu'on l'imagine, elle est toujours cela, aussi bien que la plus grande imaginable. La continuité réelle aboutirait à l'anéantissement de ce qui se peut penser, et composerait les objets d'éléments qui seraient des riens. » (*Esquisse d'une classification systématique*, t. II, p. 192.)

types de langage irréductibles l'un à l'autre, conclut dans le même sens. Invoquera-t-on la raison pratique, dira-t-on que nier le père unique, c'est porter atteinte à l'unité familiale du genre humain et au principe de la fraternité ? La véritable unité de l'homme n'est pas matérielle mais morale, elle résulte de l'existence de la personne, de la communauté de droits et de devoirs qui pose l'obligation, de l'accord des volontés sous la loi de justice. Résistons ici encore au prestige qu'exerce toujours l'idée de l'unité, n'oublions pas « qu'au lieu de l'Un substantiel, simple et absolu, la critique place dans les fondements de la raison et du monde l'Un corrélatif du Multiple, et fait du Multiple et de l'Un, réunis et opposés, des conditions conjuguées de la représentation[1] ».

Que l'on fasse sortir le genre humain d'un seul ou de plusieurs couples primitifs, l'avènement de l'homme sur la terre n'est pas moins sujet aux plus grandes difficultés. *Omne vivum ex ovo*, l'homme doit naître d'un germe qui lui-même suppose l'homme. Imaginerons-nous des germes humains préexistants, développés spontanément dans un concours de circonstances inconnues et désormais passées? mais un être aussi faible, qui a besoin de soins attentifs et prolongés, abandonné à ses seules forces n'apparaîtrait que pour disparaître. En dehors du miracle avoué, la solution ne semble pouvoir venir ici que du transformisme : l'homme sort d'une espèce antérieure, disparue depuis, dont il s'est différencié graduellement par une suite de variations individuelles, transmises par l'hérédité, accumulées par la sélection naturelle. La vie humaine continue la vie animale sans l'interrompre, elle en est le terme supérieur et comme le point d'arrivée ici-bas. A quelque moment de son évolution ascendante qu'on le prenne, l'être, qui deviendra l'homme ou qui l'est déjà, n'a pas manqué de parents pour l'engendrer et le conduire à

1. *Troisième Essai*, t. II, p. 156-7.

l'âge adulte. Cette explication n'est qu'apparente, selon Renouvier, parce qu'elle revient à nier le principe du discontinu. « On a beau découvrir ou supposer des intermédiaires, le passage des forces physiques aux forces vitales, ou des forces vitales à la représentation claire et distincte d'un objet sensible, à un désir conscient, ou de cette conscience à la réflexion et à la raison et enfin à la moralité, restera au-dessus de toute explication, et nulle quasi-continuité n'en rendra compte; car, pour la continuité proprement dite, nous savons qu'elle est logiquement impossible et contradictoire[1] ». On aura beau montrer l'animal encore présent en l'homme, insister sur les transitions qui dans l'individu même conduisent de l'un à l'autre, supposer ces moments transitoires réalisés jadis dans la nature de certains êtres, « l'obstacle toujours réside dans le passage d'une espèce à une autre espèce, et d'une sphère de l'intelligence à une sphère supérieure, dès qu'il faut pour cela franchir un intervalle, bien que diminué, un intervalle de nature dans la succession des espèces, et non plus seulement de temps dans le progrès naturel d'un être unique, fidèle à ses fonctions spécifiques[2] ». Qu'est-ce donc quand nous voyons dans l'homme une antinomie véritable s'établir entre l'existence proprement humaine, entre la vie morale et la nature animale ? « Cet homme qui porte en soi la protestation contre un ordre de choses qu'il va bientôt nommer le mal, pouvons-nous concevoir qu'il ne soit pourtant qu'un développement pur et simple de ce même ordre ? » La critique s'interdit le recours au miracle, comme elle renonce à la chimère de la continuité. En reconnaissant que dans une nature, définie comme un ensemble de fonctions harmoniques, l'ordre d'apparition des espèces ne doit pas être le pur jeu du hasard, il reste d'avouer que

1. *Troisième Essai*, t. II, p. 164.
2. *Ibid.*, p. 165.

nous ignorons selon quelles lois se succèdent les grands actes de génération terrestre. On est seulement conduit, « quand on envisage le problème en sa plus haute généralité, selon la méthode criticiste, à voir, dans les moments d'énergie attachés aux révolutions géologiques, de nouveaux actes spontanés, intermittents et harmoniques, des effets d'éjaculation de forces physiques, vitales, intellectives, inexplicables comme tout ce qui est premier, irréductibles par rapport à leurs précédents, et dont l'ordre est pour nous presque aussi caché, du moins aussi incompréhensible, en principe, que l'origine[1] ».

La philosophie de la nature, sans confondre ce qui ne peut ni ne doit être confondu, s'achève par une cosmogonie morale, qui envisage le problème des origines du point de vue de ces notions du bien et du mal qui lui semblent étrangères, mais qui, constitutives de la pensée humaine, s'y appliquent nécessairement, en tant qu'il devient un objet pour elle. « Sans doute le bien et le mal n'apparaissent proprement qu'avec la moralité, la moralité qu'en nous-mêmes ; mais alors et par cela seul nous en projetons extérieurement la notion, et cela est juste. Nous

1. *Ibid.*, p. 170. Dans la première édition des *Principes de la Nature*, Renouvier s'en tient à cette double affirmation de la discontinuité réelle et d'un ensemble de fonctions harmoniques toutes enveloppées à chaque moment dans la fonction des fonctions qui constitue la nature. Dans la deuxième édition, qui est de 1892, il a déjà conçu son apocalypse, sa chute du premier monde créé. Il n'en est plus aux prudences du néo-criticisme, loin de reculer devant l'explication des origines, il en est à expliquer le connu par l'inconnu, notre monde par ce monde antérieur dont il ne met pas en doute l'existence. L'homme supposant des parents pour l'engendrer et pour l'élever, il admet, pour éviter le miracle ou l'action directe de Dieu dans la production des événements particuliers, « l'hypothèse de la conception du premier ou des premiers hommes dans des matrices animales. » Pour éviter la continuité, il suppose « des sortes de révolutions dans l'hérédité qui donneraient aux parents des générations différentes d'elles-mêmes, au lieu de ce développement unique, continu, réclamé par les transformistes, en vue de composer des *changements d'espèce* avec les *changements infinitésimaux d'une espèce donnée.* » La *Nouvelle monadologie*, § XXXIV, CIX développe ces idées dans la dernière manière, plus qu'étrangement dogmatique, de l'auteur. Si je signale cette hypothèse, c'est que, dégagée de tout rapport avec le monde primitif, elle me paraît dans l'esprit du néo-criticisme, qui s'efforce de substituer toujours aux âmes, aux substances, à l'action de Dieu, un ensemble de moyens naturels et de procédés imaginables.

sommes, le monde et nous, unis par des liens intimes, profonds, continuels; il est aussi légitime de transporter nos lois à lui, dans ce qu'elles ont de plus élevé, qu'il est inévitable d'envisager en nous les siennes dans ce qu'elles ont de plus élémentaire et radical [1]. »

Les religions de l'Inde identifient l'origine du monde et l'origine du mal. Le bien est l'éternel, l'immobile, l'indivisé, au sein duquel se produit la descente des êtres, le rêve de la vie. Existence est déchéance. Entraînés par la loi des transmigrations de formes en formes, les êtres ne trouvent le repos qu'en s'éveillant de l'illusion décevante qui les crée en les distinguant. Schopenhauer, en Allemagne, a repris la thèse du pessimisme hindou. Au lieu de faire du mal la forme de l'existence, « un rêve fatal de l'être unique », les Iraniens fondent leur religion sur le dualisme. Ils personnifient le Bien et le Mal, mettent aux prises les deux principes, donnent à l'homme pour devoir de se faire le soldat d'Ormuzd, du Dieu lumière dans sa lutte contre l'esprit de ténèbres. La Grèce ne nous offre pas de dogmes arrêtés : elle se fait de l'homme, de son droit et de sa beauté une idée si haute qu'elle le divinise dans ses dieux, et, avec une sorte de confiance héroïque, elle conçoit le monde sous l'aspect essentiel de l'harmonie et des lois. Mais plus qu'aucune autre nation la Grèce a spéculé, et ses philosophes, des Pythagoriciens aux Néo-platoniciens ont été plus d'une fois conduits à donner du problème du mal des solutions analogues à celles des grandes religions de l'Inde.

Sous l'influence d'une doctrine théologique, rattachée aux Écritures des Hébreux, la philosophie moderne est amenée à poser le problème en des termes nouveaux. Au-dessus de la nature Israël élevait le Dieu unique qui l'a créée, et « Dieu, dès lors, était moralement responsable de son œuvre devant l'homme qui lui en demandait

1. *Troisième Essai*, t. I. p. 234-5.

compte au nom des lois de justice et de bonté communes à l'un et à l'autre. » Comment justifier l'origine du mal ? Le poème de Job nous a transmis l'écho des doutes poignants que fit naître en l'âme du vieil Hébreu le problème douloureux. Dans l'hypothèse d'un Dieu créateur et bon, le mal physique ne pouvait être que la juste punition du mal moral commis librement. « Mais était-il possible d'attribuer le mal physique en toute sa généralité, c'est-à-dire les imperfections sensibles du monde, mieux que cela l'ordre même, l'ordre mécanique, cause de tant d'accidents désastreux, l'ordre physiologique, fondé sur la guerre et la destruction mutuelle des espèces, à un usage criminel que des personnes auraient fait autrefois de leur liberté[1] ? » La théologie chrétienne prit le parti prudent de s'abstenir et de laisser sans solution « les graves problèmes de l'origine et de la cause du mal en dehors du péché humain ».

Plus audacieux, les philosophes osèrent une justification directe du mal physique. Depuis Augustin il fut entendu que le mal était une *limite*, une *privation*, sans laquelle la créature n'eût en rien différé de la perfection du créateur. Mais pour être devenu, dans le langage des philosophes, simple privation, le mal n'avait rien perdu de sa réalité cruelle. La théorie s'achève par l'optimisme, auquel Leibniz donne sa forme la plus haute, « en établissant le plan du meilleur des mondes possibles sur l'hypothèse de la perfectibilité indéfinie de tous les êtres. » L'idée nouvelle était la perfectibilité substituée à l'impossible perfection. « Cette conception noble et féconde put emprunter aux sciences des formes rationnelles, bien éloignées des imaginations puériles de l'Orient. Elle anima et moralisa la nature, sans la déguiser en la jetant dans l'indigne carnaval des métempsychoses. Rien de si aisé que de la séparer du dogme particulier de la création,

1. *Troisième Essai*, t. II, p. 96.

l'ordre qu'elle propose pouvant être l'objet de nos spéculations et de nos espérances, sans nous entraîner dans le problème insoluble des origines premières [1] ». Si le mal n'est que limite, cette limite nous paraîtra soumise à une loi de décroissance liée au progrès des êtres naturels, et c'est le maximum d'ordre ou de bien possible, dès qu'il faut nécessairement que des bornes soient données. « Au contraire, persistons-nous, malgré les déclarations des doctrines, à regarder comme un mal primitif, inexplicable, l'espèce de limite que nous voyons établie en ce monde? Alors, si le mal ne peut être justifié à nos yeux, il est condamné du moins, son exécution graduelle nous apparaît dans l'avenir. Tel est le véritable optimisme, dégagé de toute hypothèse religieuse particulière. C'est une foi et une espérance [2]. » Nous retrouvons l'optimisme encore mais « abaissé, dégradé » dans le panthéisme hégélien, sous toute ses formes, qui va répétant que le bien et le mal sont des moments corrélatifs d'un même développement, que le progrès change le mal en bien, et se fonde sur le mal qui est un simple moment du bien, que la fin, une fin universelle inconnue, hypothétique, chimérique, nulle en tout cas pour les individus, qui n'auront jamais rien à prétendre, projette une sanctification anticipée sur le passé et le présent, ses moyens éternels et ses facteurs nécessaires.

« Un certain optimisme reste toujours l'unique solution possible du problème général. Mais pour éviter la contradiction ou le ridicule, la justification du monde doit se détourner de la cause première inconnaissable, et se fonder sur l'hypothèse des fins, pour laquelle il est certain que l'homme qu'elles intéressent trouve des éléments de juger dans sa raison, dans ses affections et dans son expérience

1. *Troisième Essai*, 1re édit., p. 179. La seconde édition du *Troisième Essai* est de 1892; Renouvier, en maintenant le texte primitif, le raccorde à ses dernières théories par quelques suppressions et additions de textes qui se rapportent à la création et au problème du mal.

2. *Ibid.*, 1re édit., p. 180.

même[1]. » Le néo-criticisme, partant d'êtres relatifs, c'est-à-dire définis par des rapports et régis par des lois, ne peut se débarrasser du mal en y substituant le terme abstrait de limite. Toute détermination implique limitation, la limite est aussi nécessaire pour caractériser le bien que le mal. L'existence du mal physique ne peut être approfondie que par la distinction des fins prochaines et des fins ultérieures des êtres, les premières étant des moyens par rapport aux autres. Or les fins ultérieures sont inconnues, quand on tente de prolonger au loin la spéculation à leur égard. Un horizon étroit borne notre vue, nous n'apercevons qu'un fragment des choses, sans réussir à le rattacher à l'ensemble dont il est une partie. Des phénomènes peuvent être incompatibles avec une fin proposée et prochaine, et être indifférents ou utiles ou même nécessaires pour l'acquisition d'une fin plus éloignée. Un mal réel positif peut être le moyen d'un bien que nous n'apercevons pas et qui le justifie. La mort de l'être actuel peut être la condition de l'évolution des lois vitales au delà des bornes où nous la voyons enfermée. Cette hypothèse nous ramène, sous le point de vue de la finalité, au principe de l'optimisme : que l'ordre du monde ne peut être connu et jugé comme tel que dans le tout; en d'autres termes que les maux particuliers sont des conséquences nécessaires d'une loi générale qui est le bien même.

Toujours se pose la question : pourquoi une opposition entre les fins ultérieures et les fins prochaines qui en sont les moyens? pourquoi la loi générale du bien implique-t-elle des maux particuliers? « La question reste dominée par l'impossibilité de scruter les origines de la nature et d'assigner un premier pourquoi aux phénomènes tels que nous les voyons[2] ». Il resterait une ressource, celle de

1. 1re édit., p. 187. Cf. 2e édit., p. 115 le texte modifié.

2. *Troisième Essai*, p. 119. Cf. *Psychologie rationnelle*, t. III, p. 182. « On n'a point à chercher pourquoi l'ordre de la nature est assujetti à ces conditions de génération, d'assimilation, de renouvellement et de des-

rattacher le mal physique à un mal moral antécédent. Il se justifierait alors par la faute de celui qui n'en souffre que parce qu'il en est l'auteur responsable. « Cette voie paraît légitime ; elle nous tente, elle nous séduit ; mais — ajoute Renouvier avec une sagesse qui d'avance condamne sa dernière philosophie — elle est dangereuse en matière de foi comme l'a trop prouvé la doctrine de la métempsychose ; et elle ne deviendra jamais suffisamment claire pour la raison, parce que nous voyons à la vérité des rapports particuliers très intimes entre les deux espèces du mal, mais nous ignorons tout à fait leurs rapports généraux, et ce sont eux qu'il s'agirait de déterminer. Il faut peut-être se borner à les croire, *et ne pas laisser prendre à l'imagination trop de place dans la croyance* [1]. » Au lieu de nous tourner vers le passé, tournons-nous donc vers l'avenir, consolons-nous de l'ignorance à laquelle nous sommes condamnés sur les origines du mal en travaillant à le supprimer dans la mesure de nos forces, en nourrissant l'espérance de son anéantissement par le libre effort auquel nous nous associons. « Que le philosophe du moins détourne sa vue du problème inscrutable de l'origine et du tout. Qu'il regarde à la fin et à l'avenir, c'est là qu'il trouvera la seule explication du mal qui soit à sa portée ; je veux dire l'espérance [2]. »

Ainsi, pour Renouvier, la philosophie de la nature n'est n'est pas une science de l'absolu, elle est l'intelligence du relatif ; elle nous montre dans un perpétuel équilibre l'un et le multiple qu'on n'isole qu'en anéantissant la pensée. Tous les êtres se ramenant, en dernière analyse, à des représentations pour soi, on peut dire que l'être est un

truction qui ne sont, après tout, que les lois générales sans lesquelles cette nature n'existerait pas ; un tel problème impliquerait la détermination d'une cause absolument première, et par conséquent surpasse la connaissance... Nous partons de l'expérience, nous la supposons inévitablement, nous ne pouvons rendre compte de ce qui la précèderait. ».

1. *Troisième Essai*, t. II, p. 119. Renouvier a loyalement laissé ces lignes dans la deuxième édition ; la suite est une addition destinée à les corriger.

2. *Ibid.*, 1re édit., p. 190.

dans son essence; mais l'être n'est pas la substance, où tout se perd et se confond, il est une société d'individus indépendants, impénétrables l'un à l'autre; ces individus, d'autre part, synthèses réelles de phénomènes liés par des lois, sont enveloppés dans des fonctions harmoniques qui les accordent et expliquent, avec l'illusion de la causalité transitive, la possibilité de la science; ces fonctions harmoniques d'ailleurs, contre ce que soutiennent les doctrines d'évolution nécessaire et continue, ne constituent pas un déterminisme rigoureux qui ramène le successif au simultané, explique le supérieur par l'inférieur, la qualité par ses conditions, elles se concilient avec le principe de spécificité, elles laissent place à une contingence qui, à tous les degrés de l'existence, se manifeste par le progrès des formes dans un devenir réel, et, quand apparaît la réflexion, s'élève chez l'homme jusqu'à la liberté.

III

Comme elle nous permet de dépasser le phénomène actuel et de chercher du monde qui nous est donné une interprétation conforme à l'ensemble des lois de la représentation, la croyance rationnelle autorise certaines conjectures sur le rapport de l'ordre cosmique à l'ordre moral, rapport dont dépend notre destinée. Dans les principes de la nature, partant des lois observées, des théories générales de la science positive, nous allons du fait que nous constatons à l'idée qui le rationalise; dans la probabilité morale nous allons plutôt de l'idée qui s'impose à nous au fait possible qu'il nous est interdit de constater dans notre expérience actuelle. Sans doute nous prenons notre point de départ dans le réel, car la loi morale est un fait, mais de la loi morale, fait humain, nous concluons un ordre cosmique propre à lui donner une réalité, sans que nous puissions jamais vérifier son existence. Dans la philosophie de la nature, nous pouvons revenir de l'idée à l'expérience, car le monde sensible est comme une projection du monde réel qui en détermine le mouvement et les proportions; dans la probabilité morale, nous ne pouvons qu'imaginer l'expérience qui répondrait à toutes les exigences de notre idée du bien; dans le premier cas nous partons de faits donnés, dans le second nous construisons un système de faits possibles.

La probabilité morale se distingue de la foi religieuse par son caractère de rationalité. Les jugements de probabilité morale ou de raison pratique portent essentiellement « sur un accord réclamé entre la loi morale, lumière intérieure de la conscience, et les lois les plus générales du monde extérieur qui nous sont inconnues[1]. » Nous connaissons la loi morale et quelques lois physiques que nous nous efforçons de systématiser, nous ignorons si ces deux ordres de lois, qui pour nous s'opposent, ne sont pas enveloppées dans une fonction plus haute, plus compréhensive qui les harmonise, nous avons le droit de le conjecturer. Les jugements de raison pratique ne sont pas nécessaires, puisqu'ils dépassent le phénomène immédiat qui seul, nous l'avons vu, s'impose, mais ils sont rationnels autant que la loi morale elle-même, et l'acte de croyance qu'ils impliquent ne diffère pas de l'acte qui fonde la science, en postulant une harmonie entre les lois de l'esprit et celles de la nature extérieure. Ne faisant aucun appel à aucune autorité transcendante ou surnaturelle, n'exprimant que les exigences de toute raison qui ne se renie point elle-même, ils peuvent prétendre à l'assentiment de tous les hommes. Il y a « un emploi criticiste » de la croyance, qui diffère « de tout emploi sectaire » par « la prétention fondée de se maintenir dans les données générales et normales de la conscience humaine ». Les affirmations qui en sont l'objet pourraient être proposées « aux anciens et aux modernes, au chinois, à l'européen

1. *Critique philosophique*, 1874, I, p. 137.

et à l'hindou, au cafre lui-même dès qu'on l'aura conduit si possible à raisonner[1]. »

La religion n'a pas ce caractère d'universalité, d'abord sociale elle tend à devenir tout individuelle : « elle dépasse les limites, non de la raison, en ce sens qu'elle permette l'absurde, le contradictoire et les démentis donnés à l'expérience formelle,... mais de la raison, en tant que les affirmations d'ordre rationnel portent exclusivement sur l'obligation et l'universel de toutes les consciences possibles[2]. » Ses dogmes « sont accessibles à la foi seule et n'ont jamais d'autre garantie qu'un sentiment donné dans la conscience qui les affirme... La foi ne se commande point, elle est individuelle en ce sens qu'elle s'attache à des traditions que chacun peut accepter, rejeter ou interpréter[3]. » Bien que tenue à « respecter la raison et les faits en logique, en psychologie, en morale, en histoire, la religion sort en un sens du domaine de la discussion publique. »

De ce que la religion ne relève pas directement de la raison, de ce que souvent elle exprime dans ses symboles plus encore les déviations et les déchéances de la conscience morale que ses légitimes exigences, Renouvier ne conclut pas à sa disparition. « Le fait universel de l'existence d'une religion partout où il y a une nation constituée » lui paraît « exclure toute probabilité que l'attente des personnes qui souhaitent un peuple sans religion soit jamais satisfaite » ; il tient la religion pour « un fait général, un fait naturel », et il ajoute, « légitime, en songeant au respect dû par toute conscience à la conscience d'autrui[4]. » Ce respect dû à la conscience condamne du moins toutes les religions d'autorité qui prétendent imposer par la contrainte des dogmes qui ne relèvent que de la foi individuelle.

1. *Critique philosophique*, 1873, I, p. 178.
2. *Critique religieuse*, I, p. 113.
3. *Critique philosophique*, 1873, I, p. 134 ; 1874, t. II, p. 319.
4. *Critique religieuse*, t. II, p. 108-9.

La probabilité morale distinguée de la connaissance scientifique et de la foi religieuse, quelles sont les vérités de croyance qu'elle légitime? On peut les définir, avec Kant, les postulats de la raison pratique, c'est-à-dire les affirmations qui semblent nécessaires pour conférer une valeur réelle à la loi morale. « Il y a un Dieu, une âme et une liberté, parce qu'il y a une loi morale. La loi morale est ainsi la première de toutes les vérités de cet ordre et leur fondement[1]. » Nous avons assez insisté sur la liberté, sur son rôle, non seulement dans la vie morale, mais dans la science, pour n'avoir point à y revenir. La liberté de Renouvier n'est pas la liberté nouménale de Kant qui, agissant hors du temps, laisse tous nos actes soumis au plus rigoureux déterminisme, elle se définit franchement par l'ambiguité des futurs dans l'ordre phénoménal, c'est-à-dire dans le monde que nous pensons, où nous agissons et qui seul nous importe. La liberté et la loi morale deviennent ensemble des apparences ou des réalités, des illusions subjectives ou des faits cosmiques. « L'usage pratique de la raison, les lois et les mouvements de la conscience morale sont indissolublement liés à la représentation de la liberté. Si donc les principes de la raison pratique ont un fondement dans le monde, sont des réalités, non de simples apparences, non de purs faits particuliers de la conscience, et qui pourraient se trouver en désaccord avec l'ordre général, il en est de même de la liberté. On voit par là que l'affirmation, que la conscience fait d'elle-même comme réellement libre, est l'affirmation d'une harmonie entre la conscience et le monde[2]. »

L'accord dont la conscience morale éprouve le besoin, « entre la loi qui est sa propre règle et les lois externes, en grande partie inconnues, qui constituent ce qu'on nomme la nature », suppose en second lieu l'immortalité. Mais ici encore Renouvier n'accepte la thèse de Kant qu'à

1. *Critique philosophique*, 1872, t. I, p. 70.
2. *Psychologie rationnelle*, t. III, p. 166.

la condition de la corriger en l'interprétant; comme toujours, il se refuse à admettre les noumènes, la réalité inconnaissable, la substance chimérique des métaphysiciens, et sans âmes, sans purs esprits, sans sortir du monde des phénomènes, de ce monde que nous voyons de nos yeux, il assure la pérennité des personnes par les seules lois naturelles. Opposant radicalement la nature et la moralité, Kant ne conçoit le souverain bien, comme la liberté, que dans un ordre de choses entièrement différent du monde sensible et phénoménal. Mais ce qui est soustrait à toutes les lois de la représentation est, pour nous, ce qui n'existe pas. Le noumène et ce qu'on lui confie — la vie morale elle-même — restent en dehors de la pensée.

« Le postulat de l'immortalité revendique une direction profonde des lois de l'univers, propre à garantir à tout agent raisonnable une destinée en rapport avec les fins qu'il se conçoit à raison de sa nature morale et progressive, et par conséquent la perpétuité de son existence comme personne[1]. » Pourquoi nier que l'harmonie de la nature et de la loi morale ne puissent résulter d'une loi de concordance qui les enveloppe bien que nous l'ignorions. L'être, en qui la loi morale prend conscience d'elle-même, est un être sensible, qui apparaît dans l'espace et dans le temps, un animal raisonnable, chez qui la raison est liée à des fonctions organiques. « Si l'apparition même de la loi morale est harmonique avec la nature, il ne faudrait pas s'étonner davantage que la satisfaction finale de cette loi fût une suite de cette harmonie prolongée à travers les phénomènes possibles. » Il est faux encore de dire avec Kant que la loi morale n'a nul rapport à nos désirs ni à la nature dont elle n'est pas cause. L'idée d'obligation ne se présente pas sans l'idée d'une fin à atteindre. Au bien moral répondent en nous les passions généreuses, sans lesquelles elle

1. *Critique philosophique*, 1874, t. II, p. 138. Voyez sur la critique de Kant, *Psychologie rationnelle*, t. III, p. 133-160.

ne serait qu'une formule abstraite, indifférente. Suivie ou violée, la loi morale modifie la nature, pose des faits matériels sans nombre, transforme l'agent, ses habitudes, ses organes, les sociétés humaines, la face même de la terre.

Sans sortir de la nature, nous pouvons trouver déjà un premier argument, une première raison de croire et d'espérer que la vie de l'homme n'est pas enfermée dans les limites étroites de la vie présente. Nous ne pensons le monde que sous la catégorie de finalité. « D'après cette loi, une série de phénomènes successifs comporterait toujours, outre une subordination des conséquents aux antécédents, comme des effets à leurs causes, une subordination inverse des antécédents aux conséquents, comme des moyens à leurs fins prédéterminées[1]. » Cette loi, qui n'apparaît que très obscurément dans le monde inorganique, se manifeste clairement dès que nous arrivons à la vie et aux phénomènes qu'elle enveloppe et qu'elle ordonne. Le corps vivant n'est d'abord qu'un germe invisible, dont l'évolution semble obéir à l'idée préconçue, immanente de l'organisme qu'elle réalise ; il subordonne les phénomènes physico-chimiques à ses fins propres ; ses fonctions n'ont de sens que l'une par l'autre, ses parties que par l'idée du tout auquel elles conspirent. Dans l'animal, la finalité devient l'instinct, la passion, cette tendance qui anticipe l'avenir et conduit l'être vers un but lointain par une suite de mouvements qui l'y dirigent. La finalité agit d'abord sans réflexion, sans discernement, d'une manière uniforme, comme dans le travail somnambulique de l'insecte, mais, à mesure qu'on s'élève dans l'échelle des êtres, elle devient plus souple, plus contingente ; les passions se multiplient, se diversifient, s'opposent, jusqu'à ce qu'on atteigne avec l'homme la liberté qui compare les biens possibles, délibère et choisit.

La loi téléologique, reconnue dans l'être individuel,

1. *Psychologie rationnelle*, t. III, p. 160.

implique une destinée de cet être, car « qu'est-ce que la destinée sinon la fin que nous poursuivons spontanément en vertu d'un ordre établi dans la nature ?... Peut-on maintenant tirer une induction légitime, de la destinée connue et partielle de certains êtres individuels, à une destinée générale et indéfiniment prolongée de ces mêmes êtres ? » Il s'agit d'une induction morale, d'ordre pratique; à l'égard de l'ordre rationnel et physique, la pure possibilité suffirait. Est-il donc possible et sommes-nous autorisés à croire que les fins propres des individus s'étendent au delà de la mort, qui semble les terminer en décomposant les formes individuelles elles-mêmes; que certains individus futurs, formés selon des lois inconnues et dont l'application même nous échappe, présenteraient à l'observateur possible « une série de fonctions constituantes qui seraient la suite et le développement des fonctions jadis observées dans les individus détruits ? »

A cette survivance des individus, conclue de la loi de finalité, on objectera que la nature, en prodiguant les germes sans mesure, témoigne assez qu'elle a souci non des individus, mais des espèces, et même, à prendre les choses de haut, que les espèces elles aussi n'apparaissent que pour disparaître; la loi de finalité s'applique au grand Tout, non aux formes toujours sacrifiées qui expriment dans la succession des instants son éternité réelle. Accepter l'objection, ce serait revenir à la substance du panthéisme, aux doctrines d'évolution, d'émanation, à l'infini, au contradictoire. Toute la philosophie de Renouvier, philosophie du fini, du nombre, du multiple, est une protestation contre cette inintelligible unité, où tout se confond et s'anéantit. Si la fin unique, comme l'unique cause, l'unique essence des phénomènes est le Tout, où nul être n'est pour lui-même, « ma conscience préfère cet individu misérable, accourci et sacrifié qu'il est, elle le préfère, lui et ses compagnons d'infortune, non seulement ceux qui se bercent du songe du long avenir, mais les plus infimes, les plus bornés d'entre eux, à toute la fantasmagorie de l'infini, éternel Protée. Elle juge le pauvre éphémère une fin plus noble du travail des forces de l'univers, que n'est l'entier étalage d'une puissance obligée sans cesse de détruire ses œuvres... Elle s'étonne enfin de se trouver elle-même avec ce regret, avec ce désir, armée de cette protestation, au sein des choses dont elle est une étrange et contradictoire partie[1] ». Qu'on ne dise pas que l'individu reste la fin véritable, puisque le progrès de l'être s'exprime en des individus successifs qui s'approchent de la perfection et dont l'avènement justifie, récompense notre effort, en lui donnant un sens et comme une sanction. « Qu'importe que le mieux vienne, si le mieux doit périr comme a péri le bien, pour faire place à un mieux supérieur qui n'aura pas la vertu de durer davantage ? Consolerons-nous Sisyphe, en lui promettant de l'anéantir, ensuite de lui donner des successeurs capables d'élever son rocher de plus en plus haut sur la pente fatale? Son rocher qui retombera toujours[2] ? » Si haut qu'elle monte, la vie individuelle toujours retombe jusqu'au néant ! « Nous refusons de reconnaître un monde ordonné pour de véritables fins, dans ce jeu gigantesque et misérable où nul acteur ne joue pour lui-même et dont les faux gagnants perdent leurs gains et leurs mises, tous obligés de quitter à leur tour la partie infiniment prolongée[3]. » La finalité ne prend un sens positif que dans les individus, et le progrès du monde ne peut être que la production d'individus de plus en plus parfaits, mais donnés pour eux-mêmes aussi bien que pour autrui, mais persistants, mais croissant dans leur individualité même comme dans la multitude de leurs rapports.

Ces considérations très générales nous inclineraient à

1. *Psychologie rationnelle,* t. III, p. 128.
2. *Ibid.,* t. III, p. 131.
3. *Ibid.,* p. 132.

étendre à tous les êtres individuels la loi d'immortalité. Renouvier laisse la question en suspens, faute de données qui en permettent une solution au moins probable. La loi de finalité demande un accord entre les besoins de l'être et les moyens qui en permettent la satisfaction ; or les passions de l'animal ne dépassent point la conservation de l'individu et la propagation de l'espèce ; en l'homme seul apparaît, comme un instinct profond et puissant, l'instinct de l'immortalité. La conscience croit naturellement à sa pérennité. Tandis que l'homme « dans le sentiment de la vie, possède sa conscience spontanément et comme *a priori*, indépendamment de tout espace ou temps déterminé », ce n'est qu'*a posteriori* qu'il apprend à connaître la mort et, dès qu'il la connaît, il en a horreur, il refuse d'y croire, il imagine des croyances qui l'y soustraient. La vieillesse, le désenchantement qui l'accompagne, le dégoût de la vie qui parfois désole la jeunesse même, marquent surtout l'impatience d'une vie incomplète et douloureuse : « ni la passion lasse, ni la passion désespérée, ni les intermittences de la vie morale, ni sa décadence ne sont des objections à l'instinct de l'immortalité. La lassitude conclut au sommeil, non pas au néant. » De cet instinct d'immortalité joint à la loi de finalité sort une première confirmation de la croyance naturelle des hommes. Puisque les instincts et les passions innés des êtres vivants se trouvent avoir des objets corrélatifs qui en permettent la satisfaction, le désir constant de l'immortalité, donné avec la personne, doit correspondre à des lois inconnues propres à la satisfaire. La mort n'est pas une objection décisive ; il est clair que sans elle l'immortalité ne serait pas un postulat, puisqu'elle serait un fait palpable ; mais de grand effet sur l'imagination, la mort est de faible portée rationnelle. L'intermittence, nous l'avons vu, est une loi générale de la nature, et nous n'avons pas le droit de faire de notre ignorance une sorte de science négative, en limitant les fonctions de l'univers au champ étroit de nos aperceptions actuelles.

Plus encore que l'homme naturel, l'homme, être libre, sujet de la loi morale, doit être immortel. Pour ne pas rester purement abstraite, pour être à sa manière une loi des choses, la loi morale suppose l'accord du bonheur et de la vertu. Or cet accord, sans lequel la vie morale est étrangère au monde, dans lequel cependant elle est donnée, en fait n'existe pas ; il reste de supposer qu'il se réalisera sous une condition de temps, dans l'avenir, par des lois à nous inconnues. Mais d'où vient cette condition de temps, d'où vient ce délai de l'ordre? Toute hypothèse théologique écartée, le problème se résout par la liberté. S'il y a une vie morale, la liberté est le plus grand des biens, puisqu'il nous confère la véritable existence, celle qu'on se doit à soi-même. Mais la liberté ne va pas sans la possibilité du mal, et à ce titre elle fait du désordre possible, devenu réel par son fait, un élément de l'ordre le plus élevé. L'œuvre de la liberté est alors de réparer le mal dont elle est l'auteur, de créer par son propre effort l'ordre qui ne peut être que par elle, « l'ordre libre dans une société d'agents libres. » L'existence de la personne ne s'achève point ici-bas, l'immortalité est le droit au progrès, sans lequel la loi morale nous impose un idéal qui reste à jamais inaccessible[1].

Si du mal moral nous passons au mal physique, dont la mort est la forme la plus brutale, les mêmes conclusions s'imposent. La mort sans palingénésie, la destruction sans renaissance, en donnant au mal physique une sorte de réalité absolue, reviendrait encore à nier la loi de finalité, qui ne se concilie avec le mal que sous la réserve qu'il puisse être réparé. Il y a quelque chose d'absurde, de monstrueux à penser « que tant de germes et d'organes, et enfin d'êtres accomplis disparaissent sans

1. *Psychologie rationnelle*, t. III, p. 177.

retour..., que la conscience, la science, les travaux, sans parler des vertus et des sacrifices, toute cette vie humaine qui a coûté tant de peines et réalisé bien peu d'espérances, est à jamais perdue chaque fois qu'un certain agrégat se décompose[1] ». Il faut que « d'autres lieux, d'autres temps, une autre expérience garantissent la continuation propre de chacune des œuvres ébauchées de la nature, afin que soient évitées une inconcevable déperdition de moyens, de forces et d'existences, et l'anomalie non moins étrange d'une conscience qui vise à l'éternelle durée au sein de l'éternelle ruine. » L'hypothèse d'une destinée des êtres, par delà les formes qui naissent et périssent présentement, est l'unique solution à notre portée du problème du mal physique : elle n'en explique pas, il est vrai, l'origine, mais elle ne lui laisse qu'une existence relative et provisoire. Qu'on la prenne en elle-même ou dans son rapport au mal physique, la loi de finalité tendrait à universaliser l'idée d'une destinée future et d'un progrès des êtres individuels, mais la croyance ne se précise et ne s'établit fortement que quand il s'agit de l'être raisonnable, soumis à la loi morale, qui trouve l'exigence de l'immortalité tout à la fois dans son instinct et dans sa liberté.

L'immortalité de l'âme admise, il reste d'en comprendre la possibilité sans rétablir les idoles ruinées par la critique. Renouvier s'interdit de sortir du monde sensible et phénoménal, de supposer pour l'accord futur de la moralité et du bonheur un ordre de choses et un état des personnes différents de tout ce que nous pouvons concevoir d'après l'expérience. Il regarde la vie future comme possible en vertu des lois profondes de la nature « et d'un plan téléologique de la vie, liant des organismes successifs au développement d'une même personnalité, c'est-à-dire d'une même série de phénomènes psychiques dont la permanence et la continuité sont assurées par la

1. *Psychologie rationnelle*, t. III, p. 182.

mémoire et la direction volontaire de la pensée[1]. » Il se refuse également au miracle et aux abstractions violentes. Il y a miracle dans les systèmes tout à la fois matérialistes et religieux, tels que celui de Priestley qui conclut à la mort au nom de l'ordre physique, à la vie future, au nom de l'ordre moral que réalise par son décret une volonté hypercosmique. Il y a abstraction violente quand le spiritualisme scinde l'être en deux êtres hostiles et sans rapport : l'âme ét la vie d'un côté , la matière et la mort de l'autre. Le corps se décompose, la substance simple, par son essence même, échappe à la dissolution. Ce recours à l'idée vide de substance n'a pas même l'utilité de prouver la thèse pour l'établissement de laquelle on la crée. Kant l'a montré, si l'âme ne peut périr, à la manière des choses composées selon la quantité, à savoir par division, elle reste soumise à la condition des choses composées selon la qualité, c'est-à-dire susceptibles d'accroissement ou de décroissance par degrés, dès lors, elle peut subir une diminution graduelle et périr par extinction. L'histoire de la philosophie montre d'ailleurs qu'on peut supposer plusieurs âmes simples, plusieurs principes répondant aux fonctions diverses d'unité et par là revenir indirectement à la possibilité d'une dissolution.

Ne sortons pas des phénomènes et des lois. Ce qui est postulé par les instincts profonds de notre nature et par la loi morale, ce n'est pas l'immortalité d'une substance qui nous reste ignorée, c'est la persistance ou la renaissance, en vertu de lois cosmiques inconnues, des fonctions qui constituent la personne. Rien ne saurait être plus réel que les rapports de coordination et d'enchaînement des phénomènes intérieurs sous la loi de conscience. La même personne renaîtra, si la série future de ses phénomènes constitutifs se relie à la série actuelle par la mémoire et le sentiment de l'identité personnelle. La même

1. *Esquisse d'une classification systématique*, t. II, p. 394.

loi générale qui a produit les consciences actuelles, peut être appelée, sous d'autres conditions, à produire des consciences nouvelles, en lesquelles se retrouveront les consciences anciennes restituées et prolongées. Nous n'avons point à nous embarrasser d'esprits purs qu'il nous est interdit de concevoir. Conformément à l'expérience il faut toujours mettre en rapport le progrès ou la décadence de la vie mentale, la conservation ou l'anéantissement de la personne morale d'une vie à l'autre, avec la loi parallèle des phénomènes physiologiques. Leibniz soutenait déjà l'union perpétuelle des esprits et des corps. Il ne s'agit pas de se perdre dans des spéculations vaines, qui vident la pensée de tout contenu, mais bien de poser des lois hypothétiques dont l'expérience actuelle fournit le modèle à l'imagination. Qu'est-ce qui nous interdit d'admettre « un prolongement téléologique des lois de développement des êtres » qui les reproduirait comme elles les ont produits ? « Les mêmes lois, quelles qu'elles soient, qui ont déjà amené et qui amènent les phénomènes représentatifs à la suite des phénomènes organiques, ou réciproquement, peuvent être chargées, sans difficulté nouvelle, de présider à l'établissement et au développement de semblables rapports dans l'avenir[1] .» Dira-t-on qu'il y a quelque chose d'étrange, de monstrueux à supposer une même personnalité se continuant en deux organismes hétérogènes ? L'expérience nous fournit tout au moins des faits analogues : chez certains animaux, les métamorphoses ; chez l'homme de véritables crises, qui modifient tout à la fois et parallèlement les fonctions physiologiques et représentatives, crise respiratoire au moment de la naissance, crise de la dentition, crise de la puberté. Il est vrai que, dans l'hypothèse de la palingénésie, l'observation ne permet pas de suivre les phénomènes par lesquels s'établit le lien des deux vies, mais

1. *Psychologie rationnelle*, t. III, p. 209.

sans la mort il n'y aurait plus problème et la vie future se passerait d'hypothèse.

Tout ce qui nous importe est l'harmonie entre les lois de l'univers et les fins des personnes, fins elles-mêmes subordonnées à l'emploi que fait l'agent moral de sa vie et de sa liberté. Sur les moyens physiques qui permettent de rattacher la vie future aux phénomènes actuels nous sommes condamnés à l'ignorance. Renouvier expose plusieurs hypothèses également légitimes, puisqu'elles ne sont destinées qu'à établir la possibilité de l'immortalité sans avoir recours au miracle. Avec les stoïciens, nous pouvons admettre la palingénésie cosmique, supposer que le monde meurt, renaît, mais en substituant à la loi du recommencement une loi de progrès. Nous pouvons imaginer des vies alternantes dans deux mondes qui coexistent, se compénètrent, sans qu'il y ait communication de l'un à l'autre ; les morts resteraient près de nous, ils seraient pour ainsi dire avec nous, dans les mêmes lieux, sans que leurs organes et les nôtres pussent se toucher ni se lier par un rapport mutuel. Nous pouvons concevoir au contraire pour les organismes alternants des théâtres différents dans l'espace, les loger dans un autre globe. A l'idée des grandes intermittences nous pouvons substituer l'idée de la perpétuité des fonctions organiques, en posant non des essences immatérielles, mais des composés subtils, déliés, insaisissables pour nos sens et nos instruments trop grossiers. L'hypothèse nous rapproche de l'observation et de l'expérience. Ces germes ne sont pas des âmes —il n'y a pas d'âmes sans corps —, ils sont des organismes latents, des êtres réels, des groupes de phénomènes sous des lois positives quoique inconnues, qui jouent le rôle qu'on prêtait aux formes substantielles, aux natures plastiques. Ces petits corps organisés à leur manière seraient capables, sous des actions données, de produire l'organisme dont ils sont le principe d'évolution. Ces germes du corps futur pourraient préexister au corps actuel ou se préparer en lui par un travail caché, inconnu, où interviendraient les phénomènes moraux. « Dans tous les cas, sous toutes ses formes, l'hypothèse de la palingénésie a pour complément nécessaire une relation posée entre la vie morale présente et l'état organique futur, afin que soit possible le progrès par la liberté, c'est-à-dire la loi même qui a été le premier principe de notre spéculation... Ce complément des hypothèses palingénésiques n'est autre chose qu'un système de récompenses et de primes attachées à l'exercice de la vie présente, et sous l'espèce des vies de nature supérieure ou inférieure qui la suivent en vertu de l'ordre du monde[1]. » La philosophie morale ne va point au delà; il appartient aux religions de préciser pour l'imagination ce qu'elle maintient dans l'ordre rationnel.

A considérer les choses du point de vue de la finalité, qui s'étend à tout le domaine de la représentation, nous sommes tentés d'admettre une destinée de tous les êtres. Mais la pérennité des êtres n'est pas encore l'immortalité de la personne, qui suppose la continuité de la conscience et qui n'a de sens que pour l'être libre et sujet de la loi morale. Il est possible que cette immortalité se perde puisqu'elle doit se mériter, se conquérir, qu'elle soit par suite *facultative*. Le néo-criticisme ne fonde pas l'immortalité sur l'indestructibilité d'une substance spirituelle, mais bien sur les droits de la personne morale à la persistance et au progrès : « c'est un fait simplement possible, à espérer, et dont la réalisation dépend, pour les différentes personnes, de certaines conditions que ces personnes peuvent remplir ou ne pas remplir dans leur vie présente. C'est l'agent lui-même qui décide de la permanence et de la conservation future de la personne ou de son anéantissement final; ou, pour parler plus exactement, c'est lui qui détermine, soit positivement, soit négati-

1. *Psychologie rationnelle*, t. III, p. 243.

vement, une des conditions nécessaires de l'issue de sa vie présente[1]. » La vie toujours consciente ou la mort graduelle et finale dépendent pour chacun de nous du bon ou mauvais emploi de ses facultés natives, et du caractère qu'il se forme, de l'état auquel le conduit l'exercice de sa liberté. Ne voyons-nous pas dès ici-bas l'organisme dépendre des vices et des vertus, les passions altérer la vie en son principe même ? C'est pour la satisfaction des instincts et besoins moraux, nés de la connaissance de la loi morale, que s'offre le postulat de l'immortalité personnelle ; supposez que dans un individu ces instincts et ces besoins s'oblitèrent, il est clair que la force du postulat décroît pour ce qui le regarde. « L'universalisme a le défaut d'égaliser, en dernier résultat, les bonnes actions et les mauvaises, et de faire de la vie un jeu peu sérieux ; l'éternité des peines éternise le mal et blesse la charité, ne garde pas la mesure dans la justice; l'anéantissement des méchants est la seule doctrine qui, posant à l'immortalité le bien pour condition, soit parfaitement d'accord avec cette identification du Bien et de la Vie, du Mal et de la Mort, dans laquelle se rencontrent l'idée dominante des textes eschatologiques de l'Ecriture et le développement spéculatif le plus acceptable du postulat de l'immortalité dans la doctrine criticiste de la raison pratique[2]. »

Renouvier applique au troisième postulat de la raison pratique la même méthode et les mêmes principes; il rejette le noumène et les choses en soi, il refuse de sortir du connaissable et de l'expérience. Prise dans toute sa généralité, dans ce qu'elle a de purement rationnel, dégagée de tout symbole, l'idée de Dieu n'est que l'idée d'un ordre moral qui garantit, avec l'immortalité des personnes, l'accord du bonheur et de la vertu. De

1. *Critique philosophique*, 1878, n° 40.

2. *Critique philosophique*, 1884, I, 58. Sur l'immortalité, voyez : *Critique philosophique*, 1873, n° 12 ; 1878, n° 39, 40. *Critique religieuse*, 1878, p. 185. *Esquisse d'une classification systématique*, t. II, p. 294 sq.

l'ordre naturel à l'ordre moral il n'y a, pour Kant, ni rapport ni transition, et le souverain bien n'est possible que par l'existence *d'un auteur intelligible de la nature*[1]. Renouvier rejette cette opposition de deux mondes, dont celui qu'on déclare intelligible est précisément celui qui échappe à l'intelligence. Si la conscience, sans sortir de l'expérience, reconnaît l'existence d'un ordre qui ajuste aux fins les moyens par lesquels elles sont rendues possibles, pourquoi se refuser à l'hypothèse d'une loi naturelle qui garantisse aussi les fins propres des êtres raisonnables? « Ajouter à la supposition d'un lien médiat entre la vertu et le bonheur l'hypothèse *d'un auteur intelligible de la nature*, n'est-ce pas dépasser le but qu'on se propose, quand il n'y a rien d'impossible à envisager ce lien médiat comme naturel aussi et comme vérifiable dans un ordre d'expériences futures[2]. » Le concept d'un souverain bien final des êtres raisonnables, posé comme loi même de l'univers, n'entraîne pas *ipso facto* cet autre concept beaucoup plus déterminé d'un auteur intelligent de la nature. Rien ne nous interdit de nous représenter l'immortalité comme donnée par le développement des phénomènes, sous des lois générales aujourd'hui inconnues. « L'intervention de la cause suprême est donc superflue pour garantir une harmonie que l'on peut concevoir sans elle, et, de plus, nuisible, parce que l'on ne peut concevoir ni cette cause en soi, ni le monde comme son effet. » Est-il nécessaire de connaître l'origine d'une loi pour penser que cette loi existe? Tenons-nous aux exigences de la raison, et gardons le nom de Dieu pour désigner la grande harmonie de la conscience et de la nature, « la cause réelle de ce souverain bien, où tend le monde, ce bien même, en principe indéfinissable et incompréhensible[3]. »

1. Sur la théologie de Kant, voy. : *Psychologie rationnelle*, t. III, p. 146 sq. — *Année philosophique*, 1897, p. 16-20.

2. *Psychologie rationnelle*, t. III, p. 145.

3. *Critique philosophique*, 1874, t. II, p. 138.

Il dépend de nous de mériter d'être immortels, mais nous ne pouvons rien mettre de nous-mêmes à la renaissance de notre sentiment et de notre mémoire, nous ne pouvons plus que compter sur une œuvre secrète de la nature pour reproduire et ordonner dans un temps à venir nos phénomènes, dont la mort a rompu le cours. L'immortalité suppose ainsi dans le monde une loi générale qui assure les moyens de réalisation des fins de la personne. Cette loi n'est pas une abstraction, elle est une donnée cosmique, dont l'essence nous reste inconnue, mais qui se définit clairement pour nous : « existence d'une moralité dans l'ordre et les mouvements du monde, sanction physique des lois morales de la vertu et du progrès, réalité externe du bien, suprématie du bien, bien même[1]. »

Affirmer Dieu, c'est donc affirmer que le Bien a une existence cosmique, que l'ordre moral n'est pas un fait purement humain, qu'il est réel, qu'il enveloppe l'ordre physique lui-même dans une fonction générale que notre science n'atteint pas, que notre croyance pose. Dieu défini par l'existence cosmique souveraine d'un ordre de finalité qui règle et assure le sort des personnes conformément à la loi morale, l'athée est celui qui n'admet point un ordre général de finalité, une présence extérieure du bien, une loi de conservation et de développement des personnes dans la nature. A ce titre on peut déclarer athées tous ces philosophes de Xénophane à Spinoza et à Hégel, panthéistes, fatalistes, dont l'absolu anéantit, avec les phénomènes, le monde et l'homme. Ainsi, pour Renouvier, Dieu n'est pas d'abord un être distingué du monde, il est essentiellement la loi morale acceptée dans toutes ses conséquences, affirmée comme donnée cosmique. Les sanctions futures ne sont pas des miracles, les purs effets de la sentence d'un juge, « elles sont liées à une grande loi

1. *Psychologie rationnelle*, t. III, p. 186.

de la nature. » Dieu n'est que « la réalité de l'harmonie des lois du cosmos et du progrès des personnes. » Du point de vue proprement philosophique le postulat de la divinité se confond avec la croyance en un règne des fins ; « l'affirmation d'une loi propre à garantir la suprématie du bien dans l'ordre final des choses, la croyance à l'accomplissement universel d'une fin de moralité par des voies inconnues ne sont autre chose que la foi en Dieu sous la forme unique accessible à la raison [1]. » Renouvier ne veut pas qu'on en conclue que le Dieu de la raison pratique peut se définir *la loi des lois* ou *l'ensemble des lois* qui composent l'univers : ce serait revenir de l'ordre moral à un ordre matériel. Nous ignorons si les lois physiques forment une certaine unité, d'où elles procèdent primitivement et comment elles se subordonnent à des fins universelles. Appeler Dieu *la loi des lois* ou *l'ensemble des lois,* ce serait « adopter un théisme vague, honteux de lui-même, et dont l'intérêt est nul pour la conscience : une autre forme de l'athéisme en un mot. Mais laisser là le Tout et l'Un, dont la conception réelle est impossible, la définition illusoire, et, quelle que soit la fonction totale des lois de l'univers, s'attacher par la croyance à l'existence d'un ordre de Bonté qui sauve la personne et assure la victoire au Juste, c'est affirmer Dieu, sans autre chose en connaître [2]. »

En nous élevant « de la loi morale, comme donnée de la conscience, à la loi morale comme donnée de l'univers », nous affirmons « le règne du Bien, le règne de Dieu dans l'entier développement des phénomènes ». La croyance rationnelle ne nous permet point d'aller au delà. Dès que nous prétendons nous prononcer sur la nature de Dieu, le réaliser en une personne, nous entrons, à dire vrai, dans le domaine religieux, nous avons « à prendre un

1. *Critique philosophique,* 1872. t. II, p. 13.

2. *Psychologie rationnelle,* t. III, p. 192-3.

parti, qu'il est impossible de justifier, quel qu'il soit, par des motifs semblables à ceux qui nous ont guidés jusqu'ici[1]. » La critique du moins nous apprend en cet ordre ce que nous ne pouvons admettre ni croire, elle limite les hypothèses légitimes, en excluant toutes celles qui contredisent les lois de l'entendement et ruinent, avec les vérités de raison pratique, le postulat de la divinité dans son principe même.

Aussi bien que la psychologie de la substance, la critique détruit la théologie de l'absolu. Les théologiens admettent une synthèse unique et totale des phénomènes en un être qu'ils proclament tout à la fois personnel et simple, nécessaire, immuable, éternel, infini. Cet être prétendu ne correspond à aucune représentation possible; il est inintelligible et il est contradictoire. Elevé par hypothèse au-dessus de toutes les conditions de la pensée, il n'est pour nous que le néant suprême identifié à la suprême existence. Eternel, il agit dans le temps, il pense le successif; immuable, il change sans changer; un, il est le multiple; et unique cause, unique fin, unique réalité, il est tout ce qui est, sans enlever au monde sa réalité. « Considéré comme personne, il est un faisceau contradictoire des attributs de la conscience élevés à l'absolu, et, partant, rendus inintelligibles[2]. » L'intelligence, la volonté, la passion supposent un point d'application hors d'elles-mêmes, une relation de soi à non-soi; ni l'intelligence ne peut se comprendre elle-même, ni la volonté se vouloir elle-même, ni la passion se désirer elle-même; or dans l'absolu, dans l'infini, toute distinction de soi et de non soi disparaît, puisqu'elle implique limitation. « Ce ne sont pas là d'augustes mystères, mais bien de solen-

1. *Psychologie rationnelle*, t. III, p. 246. On pourrait objecter à Renouvier que « son point de vue n'est pas seulement le plus favorable possible à l'opinion de la personnalité de Dieu, » qu'il la suppose, puisque, dans sa doctrine, un ordre de bonté n'a de sens que par une ou plusieurs consciences, en lesquelles il se définit.

2. *Essai de logique générale*, 1re édit., p. 365.

nelles absurdités qui défigurent le vrai concept d'une personnalité divine placée à l'origine des phénomènes, et faussent la croyance en Dieu qu'elles ne soumettent à l'intelligence qu'en forme d'idées contradictoires [1]. » Toute cette théologie de l'absolu ne se sauve du panthéisme que par un parti pris d'associer la personnalité à des attributs métaphysiques qui en sont la négation, de distinguer l'univers de Dieu en supprimant tout ce qui donnerait un sens à cette distinction. Le Dieu des théologiens tombe avec la substance, l'infini, la nécessité [2]. Contre ce Dieu la critique est athée : « Si la signification de l'athéisme était d'exclure la fantaisie d'un substrat quelconque, esprit, matière ou substance ; d'exclure la cause substantielle ; d'exclure aussi les dogmes de la fatalité aveugle et de la prédestination volontaire du monde ; de proposer pour objet à la science, non plus le tout infini, impossible, contradictoire, non plus l'univers tiré du néant par la vertu et pour la satisfaction d'un être primitif, unique et universel, indéfinissable, inintelligible, mais la série des lois que la démocratie visible des êtres réalise dans la nature et dans les cieux : cet acte de la pensée par lequel un homme libre renverse tout à la fois l'idole matérialiste ou panthée, et détrône l'absolu, roi du ciel, dernier appui des rois de la terre, l'athéisme serait la vraie méthode, la seule fondée en droite raison, la seule positive [3]. » Mais l'athée déclaré presque toujours sacrifie au matérialisme ; il restitue toutes les erreurs de la théologie en les démoralisant encore.

Comme le Dieu absolu, Renouvier rejette la création. Fidèle à sa méthode, il refuse de poser la question de l'origine première : on accepte ce qui est, on ne le déduit pas. Pas plus qu'il ne peut sauter hors de son ombre, l'homme ne peut remonter au delà des catégories, penser

1. *Esquisse d'une classification systématique*, t. II, p. 203.
2. *Année philosophique*, 1868.
3. *Essai de Logique générale*, 1re édit., 367.

en dehors des conditions de la pensée : « La cause en général ne s'explique pas, la fin ne s'explique pas, l'existence ne s'explique pas [1]. » Il faut se placer résolument au cœur des choses. Comme tout ce qui ne laisse aucune relation définissable, la création n'est que logomachie. « Où donc est le type de la causalité créatrice? Ni la logique, ni l'expérience ne le renferment. Que *quelque chose soit ou commence*, qu'*une fonction sans précédents soit*, assurément cela peut se dire incompréhensible; mais la logique nous oblige à le poser ainsi; il y aurait contradiction à ne pas l'admettre; bien plus nous comprenons que des phénomènes premiers, par là même qu'ils sont premiers, ne se comprennent pas. Mais que *l'un qui est*, *fasse que le tout autre qui n'était pas soit*, voilà qui est nouveau, étrange, arbitraire, une hypothèse à laquelle rien ne répond dans la connaissance, et d'où ne saurait sortir de solution pour la science. Le véritable nom de cette sorte d'incompréhensibilité, c'est l'arbitraire. Or, une loi posée sans fondements n'a plus besoin d'être contradictoire ; il suffit qu'elle soit étrangère à la connaissance : elle n'existe pas. D'ailleurs, s'il n'y a pas tout à fait contradiction dans la lettre, à supposer que la représentation, dans une conscience donnée, suscite la représentation dans une conscience qui n'est pas donnée, car ce serait bien là le fait de la création d'une personne par une autre, il y a une étrangeté telle que, pour haute et traditionnelle qu'on la fasse, on ne peut que la qualifier de fantaisie illustre et gigantesque... La création est l'acte de la plus que puissance [2]. »

En faisant évanouir le fantôme de l'absolu, la critique n'enlève à l'homme aucune des hautes espérances qui se lient à la foi dans la réalité de l'ordre moral : « les théologies anthropomorphiques et purement religieuses demeu-

1. *Psychologie rationnelle*, t. III, p. 249.

2. *Essai de logique générale*, 1re édit., p. 351-2.

rent sans atteinte ». Le Dieu de la métaphysique n'a jamais été celui de la conscience : « toute vraie religion veut un Dieu vivant. Les dogmes théologiques ou philosophiques pour lesquels on persiste à réclamer une dignité supérieure, ces objets d'une vénération vaine sont de pures abstractions qui ne disent rien au cœur, alors même que l'esprit les prend pour des réalités [1]. » La croyance en Dieu, pour la raison pratique, se ramène à la croyance en un ordre de bonté qui enveloppe et domine l'ensemble des phénomènes. Rien ne saurait être plus conforme à cette croyance toute morale que l'idée de la personnalité divine, mais prise simplement, naïvement, sans surcharge d'attributs métaphysiques qui lui sont contradictoires. Il faut, « laissant à une théologie sans vie ses chimères, considérer la divinité sous un aspect tout anthropomorphique, et par conséquent ne pas la soustraire aux limitations inévitables de l'intelligence et de la volonté. » La nécessité de penser les choses sous la catégorie de conscience conduit naturellement à réaliser l'ordre de bonté en une personne. Mais la croyance étant un mode de la pensée, il n'y a de croyance, comme il n'y a de science que du déterminé, du fini : seul un Dieu envisagé dans les phénomènes et anthropomorphique peut être objet de croyance.

Renouvier veut ainsi qu'on prenne au sérieux la personnalité divine, qu'en l'acceptant on accepte tout ce qu'elle implique. Toute conscience est limitation, Dieu est limité. Nous lui refusons l'éternité antérieure, l'universalité sans bornes, la prescience de tous les possibles, les attributs infinis en tout genre qui sont incompatibles avec la conscience. Il pense, donc il est soumis aux catégories, sans lesquelles il n'y a pas de pensée, il aperçoit les choses dans l'espace, dans le temps, en succession. « La perfection d'une qualité, c'est-à-dire l'adaptation

1. *Critique philosophique*, 1874, t. II, p. 137 ; 1876, t. I, p. 135.

exacte et complète de quelque chose à son but » n'a rien de contradictoire; nous donnerons à Dieu la perfection de bonté, de moralité, de justice, de puissance même et d'intelligence. Mais perfection n'est pas infinité. L'intelligence et la puissance de Dieu sont parfaites en ce sens qu'elles embrassent l'ensemble fini des phénomènes autant qu'il est nécessaire pour assurer le règne du Bien. Mais nous limitons ses facultés pour le comprendre comme intelligence et volonté, comme être fini et parfait, dont les fonctions satisfont à des conditions de nombre, de temps, d'espace. « Nous les limitons encore eu égard à nous, parce que notre liberté que nous croyons réelle, est une borne à son pouvoir et à son entendement; parce que la création qui lui soumettrait cette liberté, quant à l'origine, en qualité de don gratuit, sans la lui livrer quant aux développements, est une sorte de fiction puérile et d'imagination sans fondement, indigne d'arrêter un philosophe [1]. » Dieu dispose des causes et des fins de notre monde, mais autant seulement que le permettent la liberté et l'individualité des personnes qui ne sont pas lui, et les lois générales sous lesquelles il se représente sa propre existence enveloppée. Dans toutes les religions, les hommes, sans souci des abstractions mortes, ne se sont jamais adressés qu'à ce Dieu-homme qu'ils ont fait à leur image pour pouvoir le connaître et l'aimer. De ce point de vue on peut rendre un sens à la création comme à la Providence. « Le rapport de création devient essentiellement un rapport d'influence et de subordination limitées... la relation de deux puissances et de deux libertés : la puissance et la liberté d'une grande personnalité, vivant dans la nature et agissant sur elle, en conformité avec ses lois constantes, quelle que soit l'origine de ces dernières; la puissance et la liberté des êtres tels que les hommes dont le développement dépend de Dieu et

1. *Psychologie rationnelle*, t. III, p. 252.

de la nature[1]. » A parler strictement, le miracle n'est ni logiquement, ni physiquement impossible, mais, outre que le vertige mental suffit à l'expliquer, la science tend à l'exclure. Nous devons donc réduire l'action présente de la Providence « à l'action sur les âmes, aux suggestions morales, à l'appui fourni aux bonnes passions dans les luttes de la liberté, en un mot à la grâce. L'idée de la prière doit subir une épuration semblable. On ne doit demander à Dieu que le possible, c'est-à-dire que des effets de l'exercice de la liberté divine dans la sphère encore ouverte à la liberté[2]. »

La théologie de l'absolu ruinée, l'idée du Dieu un, personnel, en qui se réalise l'ordre de bonté, que suppose le progrès moral des personnes, se justifie de toute contradiction et nous devient intelligible. Mais l'hypothèse de l'unité s'impose-t-elle ? Nous apparaît-elle comme le complément naturel, légitime, moralement inévitable de la croyance rationnelle à l'ordre moral ? Dès que nous cessons « d'être sollicités par l'appât de cette science surhumaine et surintelligible qui jusqu'ici se confondit toujours avec le théisme », l'intervalle se comble, « qui autrefois séparait les deux grands courants du sentiment religieux de l'humanité : le courant des races monothéistes, intolérantes, fanatiques, dont les bannières portent ces devises de proscription : Je suis celui qui suis ; il n'y a de Dieu que Dieu ; et le courant des peuples polythéistes, à l'esprit ouvert et compréhensif, d'imagination libre et de raison sévère, adorateurs toujours prêts de toutes les formes divines, théoriciens impartiaux cherchant la vérité[3]. » La pluralité des dieux est possible. La croyance en l'immortalité des personnes nous ouvre la voie du polythéisme par les apothéoses. Rien ne nous interdit encore de placer

1. *Critique philosophique*, 1872, t. II, p. 266.

2. *Critique philosophique*, 1872, t. II, p. 267. Cf. *Introduction à la philosophie analytique de l'histoire*, 1re édit., p. 189, sq., 773 sq.

3. *Psychologie rationnelle*, t. III, p. 253-4.

« dans le ciel, c'est-à-dire dans les régions supérieures de la conscience et de la nature des séries d'êtres qui surpassent l'homme en intelligence, en organisation, en pouvoir, en moralité ». La pluralité n'est point inconciliable avec l'unité, le Dieu un serait alors la première de ces personnes surhumaines, *rex hominum deorumque*.

De ces deux doctrines, unité, pluralité, pour laquelle enfin nous prononcer ? Nous ne pouvons plus invoquer ici des motifs de croire d'ordre rationnel et propres à s'universaliser : « prendre un parti, c'est professer une religion ». Remarquons seulement que les deux thèses de l'unité et de la pluralité en religion s'opposent comme les idées monarchiques et républicaines en politique.

Dans la thèse de l'unité, Dieu est un monarque tout puissant, de qui tout émane, à qui tout revient, cause et fin de tous les êtres, juge suprême, qu'on adore de loin, en tremblant, dont la grandeur imaginée pousse aux spéculations sur l'absolu, et menace d'anéantir la liberté des personnes, comme elle trouble leur intelligence. La doctrine de la pluralité se résigne aux ignorances nécessaires, renonce aux cosmogonies, ne s'interroge pas « sur l'origine et la cause des êtres constitués, et particulièrement des personnes », elle admet que l'ordre, les lois, le bien se développent, elle tend à envisager le monde comme une république des Êtres. « La société humaine se passe de rois avec des lois. Ces lois mêmes, qui sont des actes de volonté collective, tendent à se confondre avec l'ordre des fonctions propres de l'humanité. Pourquoi la société naturelle, indéfinie des êtres devrait-elle relever sciemment d'un souverain absolu, d'un législateur autonome et d'un juge qui n'est point jugé ? Ne pourrait-elle suivre ou constituer des lois qui lui soient immédiatement inhérentes[1] ? » L'homme s'élève à la plus haute dignité, il est libre, il dépend de lui-même, il fait

1. *Essai de logique générale*, 1re édit., p. 366-7.

sa destinée, il travaille à l'ordre moral du monde ; de même nature que les êtres supérieurs il peut entrer avec eux dans une société véritable; il n'attend plus le bien, il ne demande plus aux prêtres intercesseurs d'apaiser ou de charmer le Dieu unique ; il regarde le système moral et politique du monde comme un gouvernement des êtres par eux-mêmes, et il fait la justice ici-bas avec la confiance que son action se continuera, s'étendra, et déjà commence le règne de la raison.

Ainsi, pour Renouvier, la croyance en Dieu se présente sous deux formes : philosophique et religieuse. Sous sa forme philosophique et purement rationnelle, elle n'est que « la supposition d'un ordre moral réel enveloppant et dominant l'expérience »; dans cette conception, la plus générale et toute morale, de la divinité, « ni l'hypothèse de l'unité, ni celle de la pluralité n'ont de place possible ». Sous la forme religieuse, Dieu est « conçu comme un sujet d'attributs intellectuels et moraux, partant anthropomorphiques ». Ce Dieu de la religion est un Dieu vivant, personnel, soumis par suite aux lois nécessaires de la pensée et de l'existence, et la critique incline vers la pluralité de ces personnes divines, dont rien n'interdit la coexistence.

A tous ses degrés, rationnelle ou religieuse, la croyance garde ses caractères propres et ne diffère que par le dégré. Autant que de l'intelligence, la croyance de raison pratique procède du désir et de la liberté. L'individu chercherait vainement en dehors de lui-même des arguments décisifs et contraignants. La fin suprême du désir est le progrès dans le bien, la vie durable et ascendante, l'immortalité, Dieu enfin, assurance externe des lois que la loi de la conscience exige. Nous partons de nous-mêmes, de nos passions, de notre loi morale, et nous posons ce qui doit y correspondre au sein de l'univers, afin que l'harmonie soit. Nous ne trahissons pas la raison, nous l'achevons par ce désir du bien et de la justice, par l'affirmation de ce qui permet dè le satisfaire. La raison ne démontre pas l'ordre moral, l'expérience ne le montre pas, nous y croyons parce qu'il paraît raisonnable et bon qu'il soit. « Avouons le raisonnement : nous affirmons ce que nous désirons parce que nous le désirons. Vaut-il mieux désirer ce que nous affirmons, chaque fois qu'il nous a plu de faire un système et puis un autre ? Les passions ne changent pas au gré des systèmes ; on ne se donne pas celles que l'on veut. Et de là vient précisément qu'en leur qualité de faits naturels incoercibles, elles font parler la nature et révèlent ses vues. Nous connaissons nos fins et l'avenir par nos passions, parce que ce sont les passions qui mènent les êtres à leurs fins et du passé tirent l'avenir. Nous voulons aller à la vie immortelle et, parce que nous voulons y aller, nous y croyons et nous y allons. Et en allant à l'immortalité, nous allons à Dieu, qui est le principe du bien dans le monde où se prolonge notre destinée[1]. »

Cette exposition des postulats me paraît un modèle d'audace réfléchie et de sobriété métaphysique. On peut discuter les thèses auxquelles s'arrête Renouvier, mettre en doute cet instinct d'immortalité, ce désir impérieux de se survivre qui lui sert à relier par la loi de finalité l'ordre naturel à l'ordre moral, il faut du moins avouer qu'il reste fidèle à sa méthode et aux principes du néo-criticisme. Il n'affecte pas une fausse certitude, il résiste à la tentation de démontrer ce qu'il a déclaré indémontrable, de subordonner la morale à des dogmes qui n'en sont que des postulats hypothétiques ; il ne dogmatise pas, il laisse à la liberté certaines alternatives entre des solutions également possibles et légitimes; il distingue dans la probabilité morale des degrés, de la croyance philosophique, qui a quelque chose de général et d'humain, à la croyance religieuse qui ne relève que de la conscience

1. *Psychologie rationnelle*, t. III, p. 195.

individuelle et de la tradition sociale. Relativiste, il reste dans la relation, il se refuse à poser les questions d'origine : il ne se demande pas d'où vient le mal, il cherche comment il pourrait finir, il se tourne vers l'avenir, au lieu de se perdre dans des spéculations vaines sur un passé que nous ne pouvons pénétrer et qui n'est point ouvert à l'espérance; il ne remonte pas du monde à un Dieu créateur, dont l'action sans rapport à ce que nous pouvons concevoir n'ajoute au donné qu'un mystère. Adversaire de l'infini, il nie le Dieu des théologiens; il n'admet qu'un Dieu limité, personnel, dont nous trouvons le type en notre propre conscience; phénoméniste, il se refuse aux prétendues idées qu'on ne peut imaginer et qui ne se déterminent que par des négations, il reste dans l'expérience, il étend le monde que nous voyons, il n'en sort pas; philosophe « du plusieurs », il applique la loi du nombre non seulement à la pensée divine, mais aux Dieux mêmes, et, mettant au cœur des choses avec la contingence, la liberté, le contrat, il substitue à la monarchie céleste la république des êtres supérieurs qui s'accordent dans l'effort vers le bien et travaillent de concert à assurer, avec le progrès moral, le règne des fins. Renouvier, sur le tard, devait se lasser de cette retenue, céder lui aussi au vertige des affirmations téméraires, et combinant avec son premier système des idées conçues sous d'autres préoccupations, ruiner tout à la fois l'originalité et la cohérence relative du néo-criticisme.

CHAPITRE VIII

LA DERNIÈRE PHILOSOPHIE DE RENOUVIER

J'ai exposé le néo-criticisme, philosophie du nombre, qui s'enferme de parti pris dans le fini et dans le relatif; philosophie du discontinu qui, contre la tendance métaphysique, n'hésite point à multiplier les êtres et les principes; philosophie de la liberté, qui met en tout la contingence, refuse de ramasser tous les phénomènes en un esprit, tous les actes passés et futurs en une volonté souveraine; laisse indéterminé l'avenir du monde, et, prenant au sérieux le drame de la conscience, fait les êtres individuels, maîtres et responsables de leurs destinées. Dans les dernières années de sa vie, Renouvier professe une philosophie nouvelle. Certes il se berce de l'illusion de n'avoir point changé, de voir les choses du même point de vue avec plus de profondeur. Il combat toujours l'infini, la substance, l'absolu, il garde les mêmes formules, mais il transforme l'esprit de sa doctrine et sa méthode même. Il tend vers un véritable dogmatisme, il aborde et prétend résoudre les questions d'origine, il en vient enfin, par un retour aux procédés de la métaphysique, à expliquer le monde visible par le monde invisible qui n'en devrait être que le prolongement hypothétique et postulé. De cette seconde philosophie je veux surtout marquer ce qui l'oppose à la première et par là même achève de la faire entendre.

I

Pour expliquer ce changement dans sa pensée, Renouvier pourrait invoquer l'acte libre qui, selon lui, décide de la croyance. Sans vouloir le contrarier, nous pouvons au moins signaler les faits qui ont rendu possible, sinon nécessaire, cette adhésion à des idées nouvelles. Et d'abord le criticisme lui-même, par la théorie des postulats, ramène au dogmatisme. Quand on a posé comme conséquences de la loi morale l'immortalité de la personne, l'ordre de bonté qui la rend possible, le Dieu ou les Dieux personnels qui sont pour le cœur et l'imagination le complément de ces croyances rationnelles, on s'attache à ces vérités, on les confirme par ses actes, par ses habitudes, et le postulat, pour celui qui y adhère sincèrement, tend de plus en plus à devenir un dogme. Si Dieu existe, — et on le suppose — il fonde l'ordre moral comme il le garantit. La tentation est grande de renverser l'ordre de démonstration, de revenir de la logique critique à la logique réaliste, et de partir de Dieu après qu'on y est arrivé. Tant que Dieu n'est que la loi morale encore, un de ses postulats, une de ses conséquences, il aspire à l'existence plutôt qu'il n'existe; dès qu'il entre réellement en scène, il menace de tout envahir. Sa doctrine arrêtée, Renouvier tend ainsi à transformer le postulat suprême en premier principe.

Mais son évolution n'a pas été déterminée par des motifs purement spéculatifs. Liant la croyance à la volonté, faisant de la raison théorique elle-même une forme de la raison pratique, Renouvier ne cherchait point une vérité impersonnelle, indifférente à l'homme et à ses fins. Dans sa solitude il restait préoccupé du bien public. Le néo-criticisme lui apparaissait comme une doctrine d'éducation politique, d'émancipation sociale. Il combattait en tout panthéisme l'inertie, la résignation contemplative, il ramenait le monde à une société d'individus agissant, il présentait son système comme le plus propre à former des hommes énergiques et des citoyens libres, comptant sur eux-mêmes, non sur la force des choses. Après la guerre de 1870, il voulut, comme Taine et Renan, apporter son remède au mal moral, dont des désastres inouïs venaient de révéler l'étendue. Convaincu d'une part que la religion est légitime, qu'elle répond à un besoin profond de l'âme humaine, qu'elle ne peut disparaître, de l'autre qu'elle exerce sur un peuple la plus profonde influence par les habitudes intellectuelles et morales qu'elle tend à faire prévaloir, Renouvier demande à la France d'abandonner la religion responsable de ses erreurs et de ses fautes. En imposant la croyance par l'autorité, en soumettant la société laïque à la théocratie, en substituant la magie des gestes sacramentels à la pureté de la conscience et à la sincérité de la foi, le catholicisme abaisse les individus, détruit leur initiative, les habitue à compter sur tout excepté sur eux-mêmes, les jette de la révolution au césarisme, de l'Etat providence à la politique du miracle. Au contraire « le protestantisme est dans la religion ce que le criticisme est dans la philosophie : un doute méthodique préalable à toute affirmation volontaire, une mise en suspicion des autorités, une constatation de leurs faiblesses internes et de leurs contradictions mutuelles, une œuvre d'examen, une œuvre d'adhésion aux vérités, dans laquelle interviennent toutes les formes de la conscience[1]. » Il importe qu'en France la religion serve à l'éducation de la raison et de la liberté; elle n'a servi jusqu'ici qu'à l'éducation de la servitude. « Le monde se partage entre les abdiquants de l'esprit et de la volonté, et ceux qui poursuivent l'autonomie comme l'idéal, comme la destinée morale de l'homme; il faut opter ». Voulons-nous continuer de sacrifier les destinées de notre patrie à cette reli-

1. *Critique philosophique*, 1873, t. II, p. 146.

gion de l'autorité qui nous a rendus incapables de l'ordre, indignes de la liberté, impropres au gouvernement des lois? Ou voulons-nous faire un effort, aujourd'hui que le catholicisme se discrédite de plus en plus par ses excès, pour tourner la foi religieuse du côté où non seulement elle est plus grave et sérieusement moralisante, mais où elle s'unit avec cette liberté de l'esprit qui engendre toute morale et toute philosophie[1].

Renouvier ne demande pas aux libres penseurs de se convertir, d'accepter les dogmes du christianisme, il leur offre seulement un moyen pratique de soustraire leur pays à l'influence désastreuse du catholicisme, « en changeant l'état civil religieux des familles » ; de substituer « à une religion qui est le fléau et qui peut être la mort des peuples de tradition latine, à une religion de *servitude*, telle que le papisme, une religion de liberté[2]. » La décadence des peuples catholiques en opposition à la prospérité des peuples protestants est une leçon de l'histoire, dont il est grand temps que nous tirions les enseignements. Pour propager l'idée d'un changement d'inscription religieuse, Renouvier en 1878, ajoute à la *Critique philosophique* la *Critique religieuse :* « travailler à la véritable intelligence du protestantisme, et par là à son extension dans notre pays, ce serait servir les intérêts de la civilisation en général et aider puissamment au progrès des peuples de tradition latine, césarienne et papiste[3]. » Dans la *Critique religieuse,* des pasteurs libéraux, répondant à l'appel de Renouvier, exposent la théorie de la foi, de la rédemption, discutent sur l'origine du mal, le péché originel, la théodicée, interprètent le dogme chrétien, montrent son rapport au néo-criticisme, avec lequel ils proposent de « conclure une alliance sérieuse et durable ».

1. *Critique philosophique,* ibid., p. 155.
2. *Critique religieuse,* 1878, p. 1.
3. *Critique religieuse.* 1878, t. I, p. 4. Cf. Crit. Philosophique, 1877, t. II, p. 11, 193, 264, 346.

Renouvier qui ne demandait d'abord qu'un changement d'inscription religieuse, sans demander un changement de croyance, se laisse entraîner insensiblement à rapprocher son système de la religion à laquelle il veut qu'on se rallie. Il finit par établir entre le criticisme et le protestantisme non plus seulement un rapport de méthode, mais un rapport de contenu, de doctrine, qui de l'un fait l'introduction rationnelle de l'autre. Il renonce à l'hypothèse hardie du polythéisme, il étend la croyance rationnelle jusqu'à l'affirmation d'un Dieu unique, qu'il pose comme créateur, il ne recule plus devant le problème des origines; à la fierté de l'optimisme païen qui se soucie plus de mettre fin au mal par la liberté que d'en scruter le principe, il substitue le pessimisme chrétien, une théorie aventureuse de la chute et du péché originel. Son phénoménisme se pénètre de mysticisme jusqu'à perdre son caractère moral et libertaire. Ainsi au terme de sa carrière, par un retour aux idées de sa première jeunesse, Renouvier, disciple jadis de Saint-Simon, collaborateur de Jean Reynaud et de Pierre Leroux, cède à l'obsession qui porta tant de penseurs de la première moitié du XIXe siècle à fonder une religion nouvelle.

Le changement de sa doctrine apparaît pour la première fois dans le grand ouvrage qu'il intitule : *Esquisse d'une classification systématique des doctrines philosophiques*. Il y garde encore une mesure, une retenue dans les hypothèses, mais déjà il incline au dogmatisme, et par sa méthode, en ramenant tous les systèmes à deux systèmes antithétiques entre lesquels il faut opter; et par sa doctrine, en posant un Dieu unique au principe du monde et de la pensée. Dans la *psychologie rationnelle* il avait établi qu'au delà du phénomène immédiat qui s'impose, toute croyance a quelque chose de volontaire, que, dès qu'on arrive à l'examen des principes, plusieurs solutions se présentent, entre lesquelles l'intelligence seule ne suffit point à décider; dans l'*Esquisse*, il s'efforce d'établir que tous les systèmes, proposés par les penseurs depuis le premier éveil de la réflexion, si divers qu'ils soient en apparence, se ramènent à deux grands systèmes, inconciliables, parce qu'ils sont contradictoires, et entre lesquels par suite un libre choix doit être fait. Le problème philosophique se pose sous la forme d'une alternative : tout homme qui réfléchit, et consulte ceux qui ont réfléchi avant lui, se retrouve en face d'un dilemme analogue au dilemme de Jules Lequier et ne peut sortir de l'antithèse des deux grandes doctrines, dont l'opposition renaît sans cesse des lois mêmes de la pensée, que par une décision volontaire où il engage toute sa vie morale.

Le rêve des philosophes a été la communion de toutes les intelligences dans la vérité une, évidente et nécessaire. Leibniz parle d'une *perennis philosophia*, d'une philosophie éternelle qui se dissimule sous les oppositions des divers systèmes.

Pour l'école hégélienne, l'histoire de la philosophie forme un tout organique ; elle exprime sous ses contradictions apparentes les moments d'un développement continu, la dialectique progressive de l'Idée qui s'élève à la conscience de plus en plus haute d'elle-même, par une série de thèses, d'antithèses et de synthèses, dont le contenu à chaque démarche s'enrichit d'être et de vérité. L'école éclectique de V. Cousin s'est flattée d'exposer la philosophie éternelle, d'en découvrir et d'en révéler les dogmes, sans d'ailleurs prendre jamais la peine de définir le critérium qui devait lui permettre ce discernement et cette sélection de la vérité.

Renouvier n'a pas assez de dédain pour toutes ces théories plus ou moins fatalistes, qu'il accuse de fausser l'histoire sous prétexte d'en donner la philosophie. Les faits démentent ces arrangements artificiels, répudient cet optimisme. S'il faut l'en croire, les idées ne s'opposent pas pour se concilier, pour se débarrasser graduellement de ce qu'elles ont de partiel et d'erroné ; obstinément, à tous les moments de l'histoire, les thèses adverses se maintiennent irréductibles, se combattent sans réussir à se vaincre. Ce que révèle l'histoire de la philosophie, ce n'est pas la synthèse progressive des termes qui s'opposent, c'est leur nécessaire antithèse. La liberté de l'esprit spéculatif, l'incertitude des tâtonnements, la diversité des caractères, les influences variées et complexes exercées sur les penseurs aux différentes époques, ne laissent pas s'accuser nettement « une loi de polarité unique et simple des systèmes ». Mais si l'on étudie sans parti pris les grandes doctrines dans leur succession historique, si l'on examine dans leur rapport, avec les problèmes qu'elles reprennent, les solutions qu'elles opposent, on voit « une réelle division binaire se marquer au milieu de la multiplicité et du désordre apparent des questions et des solutions qui se heurtent; en même temps se multiplient les signes de l'impossibilité d'arriver à l'unité des esprits par raison démonstrative, et se répand, en dépit des prétentions d'un dogmatisme nouveau, confondant toutes les méthodes, le sentiment de l'intervention d'un inévitable élément de croyance dans la différenciation fondamentale des philosophies de direction contraire[1]. »

Au terme il faut en venir à reconnaître que, si diverses que soient les formes qu'ils revêtent, que, si variées que soient les combinaisons d'éléments incompatibles tentées par les philosophes, tous les systèmes sont logiquement réductibles à deux : le système naturaliste et le système moral, la philosophie de la chose et la philosophie de la conscience. « Ces deux points de vue divergent dès l'origine par une sorte de division de l'essence de la représentation : l'un, s'attachant à l'objet représenté, le *réalisant*

1. *Esquisse d'une classification systématique*, t. II, p. 28. « Je soutiens la thèse logique et le fait historique de l'existence, des contradictions irréductibles entre des affirmations absolues et qui se maintiennent sans défaillance, sur les points principaux et caractéristiques des doctrines rivales de tous les temps ; et après examen des débats sur la question de l'évidence et de la certitude, je conclus qu'il est nécessaire d'opter pour affirmer. » T. II, p. 154.

extérieurement sous telle ou telle qualification, et le posant en principe du monde, de manière à lui subordonner la représentation elle-même et toutes les lois sous lesquelles les objets se montrent en elle ; l'autre, où l'objet est pris sciemment pour objet de pensée et défini par l'application des lois de la pensée, ce qui conduit le philosophe à prendre les formes du réel, et de tout ce qui peut être connu ou inféré dans cette pensée consciente où sont les formes de la connaissance et les raisons des affirmations [1]. » Chacun de ces deux systèmes peut être ramené à quelques thèses qui logiquement impliquées le constituent. La philosophie de la chose regarde comme évident que le fond du monde est la chose infinie, sans commencement, un principe étranger à la conscience et à ses lois, qui évolue en vertu d'une nécessité interne pour la production de tous les phénomènes possibles, tous et toujours enchaînés, déterminés les uns par les autres, éternellement solidaires dans leur ensemble ; elle pose, avec la substance, l'infini, l'évolution, le déterminisme ; elle réduit les principes de l'action humaine à la seule recherche du bonheur. La philosophie de la conscience se ramène à un ensemble logique de thèses contraires : c'est dans la conscience qu'elle trouve tous ses principes d'explication ; elle accepte la loi du nombre, d'où l'impossibilité de l'infini actuel, la négation des continus mathématiques ; elle rejette l'évolution éternelle d'une substance enveloppant des phénomènes sans nombre, elle admet la création, la nécessité logique d'un premier commencement, elle nie l'enchaînement indissoluble et l'entière solidarité de tous les phénomènes possibles ; elle accepte le libre arbitre, elle substitue la croyance à l'évidence ; elle reconnaît le devoir, une règle d'action, soumettant la conduite et les rapports volontaires des hommes à des conditions autres que leurs affections et que la constante recherche des jouissances et du

1. *Esquisse d'une classification systématique*, t. II, p. 205-6.

bonheur. Chose ou substance, infini, évolution, déterminisme, évidence, bonheur ; conscience, fini, création, liberté, croyance,. devoir, telles sont les thèses qui s'opposent irréductiblement, et qui logiquement liées forment deux systèmes contradictoires, dont ni l'un ni l'autre n'est imposé à l'esprit par une évidence rationnelle, entre lesquels par suite nous ne pouvons que choisir librement. La contrariété des doctrines et l'égalité de leurs prétentions font « la nécessité où se trouve en fait et en droit le penseur de prendre parti, selon sa conscience, en usant de toutes ses forces intellectuelles et morales, entre certaines conceptions qui ont de tout temps partagé les esprits[1]. » Il n'est pas de principes évidents, puisqu'il n'en est pas un, l'histoire de la philosophie le montre, qui n'ait trouvé ses négateurs : où l'intelligence ne suffit pas à décider, il reste de faire appel à la croyance, qui n'est que le choix de la liberté guidée par le devoir. « Il est nécessaire d'opter pour affirmer, et le choix, à moins qu'on ne se fixe à l'attitude sceptique de la suspension du jugement, est un acte de foi philosophique que tout philosophe est en demeure de faire... Quoi de plus simple et de plus facile à concevoir que l'extension de la liberté pratique au domaine des théories et des hypothèses, là où nous voyons que, par le fait, il n'y a pas de décision qui s'impose aux esprits, et que celle qu'un philosophe adopte est manifestement liée à ses dispositions mentales et à la manière dont il comprend la vie ? L'affirmation du monde moral ou celle du monde non moral, l'acceptation des postulats de la raison pratique ou la préférence donnée à la doctrine de la chose sont, chez le penseur, des actes de la personne non moins que des combinaisons systématiques d'idées[2]. » La philosophie tout entière est ainsi essentiellement suspendue à la philosophie pratique.

Pris dans sa plus grande généralité, dégagé de ses don-

1. *Esquisse d'une classification systématiyue*, t. I, p. 98.
2. *Ibid.*, t. II, p. 328.

nées accessoires, ramené à la question qui, qu'on le sache ou qu'on l'ignore, est présente à toutes les autres, le problème philosophique se pose donc à nous sous la forme d'une alternative que nous pouvons exprimer en ces termes : affirmer ou nier l'existence d'un ordre moral de l'univers (II, 243). Or ce problème ne nous laisse pas indifférents, nos intérêts les plus chers y sont engagés, de sa solution dépendent, et notre conduite, et l'idée de notre destinée, de ce que nous pouvons craindre, attendre ou espérer. L'intérêt ne peut rester étranger à l'opinion que nous nous formons sur la vie future, sur les sanctions attachées aux actes que nous accomplissons dans la vie présente ; il ne détermine pas la croyance, en ce sens que sans lui nous embrasserions une opinion contraire, il s'ajoute aux autres motifs de croire, il confirme l'action de la vérité et du devoir. Il ne s'agit pas d'un égoïsme passionnel : « l'intérêt qui dicte ici la décision de l'individu est l'intérêt général de la personne qu'il reconnaît dans le sien propre ; en le reconnaissant, il affirme l'existence de la justice dans l'univers et obéit à un *intérêt moral*[1]. » Il existe ou il n'existe pas un ordre moral du monde : la question reste douteuse, à ne consulter que l'intelligence ; il appartient à l'individu, toute réflexion faite, de la résoudre par une libre décision dont il a la responsabilité et dont il portera les conséquences. Dans le cas où l'ordre moral existe, notre destinée dépend de notre choix ; selon que nous aurons tenu pour ou contre, nous aurons gagné ou nous aurons perdu. « On voit par là que la thèse de la croyance et la perspective des sanctions possibles font apparaître, au philosophe, la position du *penseur* sous le même aspect que celle du *fidèle* en religion, dans une religion de foi. Cette position résulte de la possibilité de *gagner* ou de *perdre*, suivant le parti qu'on prend dans une question qui doit être ultérieurement décidée par le

1. *Esquisse d'une classification systématique*, t. II, p. 297.

fait, et sur laquelle on prend toujours parti dès à présent, soit qu'on le veuille ou non. C'est ce qu'on nomme un *pari*, sauf que celui-ci est forcé par la nature du cas, tandis qu'ordinairement les paris ne le sont pas[1]. » Tenir pour la noire ou pour la rouge, en engageant un enjeu que l'on doit gagner ou perdre, selon que l'une ou l'autre boule sortira, c'est parier; la vie présente est un pari forcé, le choix nécessaire de l'un des termes d'une alternative, dont notre destinée est l'enjeu : les temps accomplis, nous aurons gagné ou nous aurons perdu, selon que nous aurons prononcé ici-bas.

Mais il importe de bien s'entendre sur la nature de ce pari, d'en déterminer les conditions, de faire la part des motifs intellectuels aussi bien que celle des facteurs passionnels et volontaires qui y interviennent. Il ne s'agit pas de jouer sa vie à croix ou pile, de se livrer au hasard. Jean-Jacques Rousseau raconte que, lors de son séjour aux Charmettes, tourmenté par l'inquiétude de savoir s'il serait damné, il se dit : « je m'en vais jeter cette pierre contre l'arbre qui est vis-à-vis de moi ; si je le touche, signe de salut; si je le manque, signe de damnation. Tout en disant ainsi, je jette ma pierre d'une main tremblante et avec un horrible battement de cœur, mais heureusement qu'elle va frapper au beau milieu de l'arbre, ce qui véritablement n'était pas difficile, car j'avais eu le soin de le choisir fort gros et fort près. » Dans ce singulier pari, il n'y a rien de moral ni de raisonnable, Jean-Jacques Rousseau établit arbitrairement un rapport entre deux faits qui d'ailleurs n'en ont aucun de concevable, son salut, une pierre lancée ; il fait ce que fait le sauvage fétichiste, le joueur superstitieux, la personne qui cherche dans les cartes le secret de l'avenir, le monomane de la persécution qui rapporte ses vagues malaises aux manœuvres cachées de ses ennemis. « Tous ces cas

1. *Esquisse d'une classification systématique*, t. II, p. 299.

dépendent d'un même principe de perversion du jugement : nous voulons dire du vertige mental, de l'impulsion subjective, irréfléchie, par laquelle une relation quelconque arbitrairement imaginée devient une relation affirmée comme réelle [1]. » Si la méthode subjective donne ces résultats mensongers, c'est qu'elle ne met pas en jeu toutes les fonctions de l'esprit, c'est qu'elle est incomplète, c'est qu'elle élimine les éléments rationnels et moraux, sans lesquels elle ne peut donner en effet que l'arbitraire par des associations d'idées tout accidentelles.

Le célèbre pari de Pascal nous rapproche du pari moral que la nature de la croyance philosophique impose, selon Renouvier, à tout penseur, à tout homme qui réfléchit sur la vie et se pose le problème de sa destinée. Pascal soutient que tout homme est obligé de parier pour ou contre la vérité de la religion catholique attendu que ne point parier *pour*, c'est nécessairement parier *contre*, puisque c'est encourir les peines éternelles dont elle menace ceux qui ne croient pas en elle. Dès lors, l'enjeu d'un pari en faveur du catholicisme étant le salut éternel, si nous gagnons, et quelques sacrifices temporels faits inutilement si nous perdons ; et d'autre part l'enjeu d'un pari contre le catholicisme étant quelques plaisirs passagers, et plus imaginaires que réels, si nous gagnons, et la damnation éternelle, si nous perdons, il résulte de la comparaison de la perte et du gain possibles, en ce pari nécessaire, que notre intérêt à parier *pour* est infini. Où est le vice du raisonnement de Pascal ? Il est tout entier, dit Renouvier, dans la prémisse posée de la nécessité du pari. A quel titre le catholicisme posait-il ce dilemme à Pascal, à quel titre que le brahmanisme n'eût pu également s'attribuer dans l'Inde, l'islamisme chez les musulmans, où même une philosophie quelconque, s'il eût con-

1. *Critique philosophique*, 1878, n° 33, t. II, p. 100.

venu à des philosophes de faire dépendre la vie ou la mort de l'âme de l'adhésion à leurs doctrines propres [1]. De deux choses l'une : ou nous partons du pyrrhonisme pur, de l'impossibilité de discerner le vrai du faux, et alors le catholicisme n'a pas plus de droit que qui que ce soit n'en a, au nom de la première billevesée venue, de nous proposer un choix dont notre salut éternel dépend, il n'y a plus de pari forcé parce qu'il y en a autant de possibles que de relations arbitraires, telles que celle qu'établit J.-J. Rousseau par exemple ; ou le catholicisme a des titres à produire, et alors il faut les examiner, peser les témoignages sur lesquels il s'appuie ; nous rentrons dans le domaine des preuves, nous n'avons plus à accepter un pari, qui se trouve rejeté après une critique qui le rendra superflu. « L'argument *vous êtes embarqué*, le pari imposé au nom de la religion catholique, tirait toute sa force de l'établissement imposant de l'Eglise et de la maxime de celle-ci : hors de l'Eglise point de salut » (II, 300). C'est ce caractère imposant, ce rôle historique du catholicisme qui tout à la fois distingue et rapproche Pascal de J.-J. Rousseau. Pascal ne tombe pas dans la superstition pure, il n'invente pas des relations tout à fait gratuites, à la manière des fétichistes, des astrologues, des joueurs, entre des faits rapprochés par l'imagination ; car l'Eglise catholique était là pour donner un poids sérieux au rapport établi entre la messe et la vie future, sur l'esprit de cet homme qui eût été probablement protestant, et même dissident, s'il fût né en Angleterre [2]. Mais d'autre part le pari de Pascal n'est pas sans rapport avec le vertige mental de J.-J. Rousseau : à prendre les chose rationnellement, il n'y a aucune relation entre le catholicisme, ses dogmes, ses pratiques, et le salut de l'âme, et c'est une habitude toute subjective, une association arbitraire, accidentelle d'images qui l'établit dans l'esprit de Pascal.

1. *Critique philosophique*, 1878, n° 33, t. II, p. 101.
2. *Ibid.*, 1878, t. II, p. 102.

Mais si, au lieu de faire porter le pari sur les prescriptions d'une religion particulière, nous le faisons porter sur les termes de l'alternative, à laquelle, en dernière analyse, se ramène le problème philosophique, l'argument reprend un sens et une valeur. Celui qui croit à l'harmonie finale du bonheur et de la vertu, celui qui affirme qu'un ensemble de lois préétablies assure à l'homme, après sa mort, une destinée qui dépend de l'exercice de sa libre pensée, de sa croyance et de sa conduite ici bas, celui-là se met dans une situation particulière qui n'est pas celle du négateur, au cas du moins où ce qu'il affirme est vrai. Le postulat prémier, auquel est suspendue la philosophie de la conscience, est un véritable pari, parce qu'il y a une alternative, un choix qui dans l'avenir sera justifié ou démenti par les faits, et qui entraîne pour celui qui l'a fait un gain ou une perte, selon que l'hypothèse de la vie future et de ses sanctions se sera trouvée réelle ou illusoire. Ici le pari est forcé, nous ne pouvons échapper à la nécessité de nous prononcer sur l'existence d'un ordre moral de l'univers. Vainement le positiviste se récuse, n'admet pas le problème, sous prétexte que les données manquent à sa solution : si vraiment il existe des lois qui lient notre destinée à notre conviction et aux actes qui l'expriment, l'indifférence revient à parier contre, aussi bien que la négation formelle ; le positiviste aura perdu, il subira les conséquences de son abstention et de la conduite qu'elle lui aura dictée. Si de telles lois n'existent pas il aura gagné, « mais dans tous les cas, il y a pari forcé, et celui qui ne parie pas pour parie contre dans le fond, et doit gagner ou perdre nécessairement[1]. » Ainsi épuré, généralisé, transporté des imaginations arbitraires d'une fausse religion aux plus universelles des notions et affirmations morales auxquelles l'esprit puisse s'élever, le pari de Pascal s'impose à tout homme, comme le problème même

1. *Critique philosophique*, 1878, t. II, p. 103.

de sa destinée. Sous cette forme nouvelle la disproportion des enjeux persiste et sollicite notre choix : le croyant qui gagne, gagne et pour sa propre personne et pour le monde même, dont la détermination finale peut dépendre en partie de la sienne propre, un prix assurément inestimable ; et s'il perd, il ne perd que peu de chose ou rien ; ou, pour mieux dire, il gagne souvent quelque chose : à savoir une vie qu'il est permis de juger préférable, en sa croyance, à celle du négateur en ses négations. Et le positiviste qui ne gagne rien ou presque rien en gagnant son pari, a tout à perdre en le perdant.

Ainsi l'histoire de la pensée humaine, des systèmes successifs où elle s'exprime, est la confirmation vivante de la théorie qui cherche dans la liberté le principe de la certitude. Les faits, conformément à ce qu'on pourrait appeler la logique de la liberté, opposent deux grands systèmes irréductibles, contradictoires, qui ne se laissent pas concilier. Philosophie de la chose ou philosophie de la conscience, nécessité ou liberté, naturalisme ou ordre moral de l'univers, il faut opter. Comme nous ne pouvons décider de notre croyance qu'en engageant nos plus précieux intérêts, qu'en jouant, pour ainsi parler, le salut de notre âme, l'alternative proposée à l'intelligence est un véritable pari moral proposé à la volonté libre. L'histoire nous ramène aux conclusions de la critique et de l'analyse : affirmer librement la liberté.

L'*Esquisse d'une classification systématique des doctrines philosophiques* contient encore des vues fort intéressantes, mais l'idée maîtresse risque d'en paraître singulièrement arbitraire. Renouvier oppose deux systèmes antithétiques, celui de la chose, celui de la conscience, mais il apporte de la conscience une théorie qui est la sienne et que la plupart des philosophes lui contestent. Les partisans de la nécessité objecteront que le principe de raison suffisante est un principe constitutif de l'intelligence humaine, qu'on ne rejette qu'en supprimant de la conscience ce qui précisément la spécifie dans l'homme. Renouvier fait à sa façon ce qu'il reproche si vivement à Hégel de faire, il violente l'histoire, il la contraint d'exprimer le dilemme de Lequier, de tendre vers son propre système, de le faire pressentir et d'y amener. Il avoue lui-même que les faits ne montrent pas la loi, qu'il n'y découvre sans doute que parce qu'il l'y introduit du dehors : « Si l'on veut se rendre compte d'une marche logique de l'esprit prenant son point de départ dans la conscience et non plus dans l'objet de la conscience généralisé et subjectivé, il faut oublier un moment l'histoire de la métaphysique, et saisir d'emblée la plus haute conception idéaliste que la critique de la connaissance a pu atteindre *en réagissant contre cette histoire presque tout entière*[1]. » La vérité est que le système de la conscience a attendu Renouvier pour « se produire dans toute sa force et dans toute sa pureté ». Encore, si l'on était sévère, pourrait-on trouver dans sa doctrine même une combinaison de la thèse et de l'antithèse, au moins quand il s'agit du devoir et du bonheur, dont il n'admet pas, avec Kant, l'irréductible opposition. Ne tombe-t-il pas d'ailleurs dans le vice qu'il reproche volontiers aux philosophes d'oublier ce qui les gêne ou les contredit? Il pose l'existence de deux systèmes contradictoires et la nécessité d'opter pour l'un ou pour l'autre, et il oublie qu'un troisième au moins est possible, celui qu'il professait hier encore, le néo-criticisme qui accepte, sans les mettre en discussion, les principes qui lui semblent irréductibles et nécessaires à l'intelligence du donné, qui de parti pris se refuse aux questions d'origine et rejette la création comme l'évolution.

On peut aller plus loin, on peut se demander s'il y a vraiment alternative et si le choix tel qu'il est proposé

1. *Esquisse d'une classification systématique*, t. II, p. 175. *Subjectif* signifie, pour Renouvier, ce qu'on suppose appartenir *à un sujet donné*. Malheureusement, il ne reste pas toujours fidèle à ce sens du mot subjectif et l'emploie parfois dans le sens courant.

n'est pas un moyen de déguiser un dogmatisme véritable. On oppose deux systèmes, et d'abord on affirme que l'intelligence ne suffit pas à se prononcer pour l'un ou pour l'autre, qu'il faut aussi le courage de prendre parti librement, à ses risques et périls. Mais, à mesure qu'on avance, on s'aperçoit que des deux systèmes l'un a toutes les chances d'être vrai, l'autre toutes les chances d'être faux. Le pari final n'est pas très sérieux, s'il est vrai qu'à parier pour l'ordre moral, qu'à agir comme s'il existait, on gagne alors même qu'on perd. Peut-on dire que l'intelligence nous laisse dans l'indécision, s'il est vrai « que de nombreux motifs et des raisonnements qui peuvent paraître aussi concluants qu'on a le droit d'en demander, quand on n'aperçoit nulle part, en ces matières, de démonstration apodictique appuyée sur des principes *incontestés* (les seuls qui devraient passer pour *incontestables*), ont fait pencher d'un même côté la balance pendant tout le cours de notre exposition [1] ». La liberté semble n'être plus que la puissance du mal, la puissance d'opter pour le faux quand tout s'accorde pour montrer où est la vérité.

Le passage du criticisme au dogmatisme s'achève par la théorie du Dieu unique, créateur, qui substitue à un accord de fait des lois préétablies, à la démocratie des êtres en libre devenir une monarchie de tout repos. Dieu n'est plus seulement un postulat de la raison pratique, un complément, une expression concrète de la vérité morale, il est au principe des choses, il sert à les entendre et à les expliquer. Renouvier prouve son existence par un argument analogue au vieil argument cosmologique qu'il transforme, comme il est nécessaire, pour l'ajuster à son phénoménisme représentatif. Le monde se résout en individus, en consciences multiples, distinctes, qui ne sauraient se pénétrer l'une l'autre. Or ces consciences sont soumises à des lois communes, sont en action

1. *Esquisse d'une classification systématique*, t. II, p. 243.

et en réaction réciproques, pensent un même monde, quand elles s'éveillent à la réflexion. Dès lors, pour expliquer ces lois qui coordonnent leurs représentations, il faut ou admettre une conscience en qui elles sont pensées, ou rétablir je ne sais quelle nécessité substantielle, une chose qui domine les consciences, les enveloppe et les produit. « La doctrine qui a pour principe la conscience doit tout y ramener. Les consciences sont multiples, et les lois qui les régissent, et qu'elles peuvent se représenter dans une plus ou moins grande étendue, elles se les représentent comme leur étant communes, elles y croient comme à un établissement universel. Cette universalité des lois, de même que toute loi particulière et toute relation, n'appuierait nulle part sa réalité, si ce n'était dans une conscience encore, et de la même extension, embrassant l'ensemble des conditions de toute représentation possible. Ce serait revenir au fond au principe de la chose, tout en croyant ne pas s'écarter du principe de la conscience, que d'imaginer les consciences multiples données dans le monde en telle manière, avec de telles natures, que sans aucune raison pour cela, sans aucune pensée commune où leurs rapports soient posés et reliés entre eux, les lois fondamentales des unes se trouvent être les lois fondamentales des autres, et qu'elles entrent toutes spontanément dans un système général de relations mutuelles, — temps, espace, causalité, — aussi uniforme et concordant que s'il était représenté dans une conscience unique, universelle. Si ce système des lois n'a pas été pensé, s'il n'est pas pensé actuellement, comment existe-t-il et que peut-il être? Les lois seraient donc des espèces de *choses* sans origine et sans fond... S'il n'y a pas de loi, pas de relation, sans que la conscience en soit donnée quelque part et en soit l'essence, et s'il existe une loi universelle, il faut qu'il existe une conscience universelle[1] ». Le monde

1. *Esquisse d'une classification systématique*, t. II, p. 197-8.

n'est qu'un ensemble de phénomènes bien liés, de représentations qui d'une conscience à l'autre s'appellent, se répondent ; l'existence se définit par l'ordre, s'étend comme lui, mais l'ordre lui-même ne fonde l'existence que s'il est réel, que s'il est pensé, voulu par une conscience qui le crée et qui le garantisse. « De là, suivant les termes consacrés, la croyance à la personnalité de Dieu, à la création du monde et de ses lois, à l'institution des êtres libres. » Si de l'unité des lois de l'univers on ne veut pas conclure à l'unité de la cause première, de la conscience originelle, on ne voit pas « pourquoi les représentations individuelles seraient modifiées en fonction les unes des autres ; pourquoi les perceptions des différents êtres sensibles se rencontreraient à diviser dans de mêmes proportions le temps et l'espace, et à les mesurer identiquement ; pourquoi même ces êtres seraient tous modelés sur ces formes générales de la sensibilité et de l'imagination, et non pas sur d'autres catégories inconnues divergentes entre elles [1]. »

La négation de l'infini nous contraint à poser un premier commencement des phénomènes, et l'ordre du monde à relier ce premier commencement à l'acte d'une intelligence qui embrasse le système universel des lois selon lesquelles se coordonnent les représentations individuelles. Mais nous rejetons délibérément toutes les absurdités de la théologie : la pensée en soi, simple, absolue, sans objet, sans succession, sans relation : l'immutabilité dans la création et la connaissance d'un monde du changement ; la prescience et la toute-puissance conciliées avec la liberté des êtres raisonnables. Il ne faut pas rétablir dans la conscience première l'infini qu'on a exclu de toute conscience : « c'est dire que l'universalité doit s'y définir dans les bornes de la connaissance possible ; qu'il faut maintenir la distinction du sujet et de l'objet, sans laquelle il n'est

1. *Ibid.*, p. 205 en note. Cf. *Principes de la nature*, 2e édit., t. II, p. 336 sq.

point de représentation, que les individualités créées et réellement séparées doivent constituer, après la création, pour le créateur lui-même, un monde de l'expérience, et des faits à percevoir, encore que ne pouvant plus être donnés que sous les lois ou conditions générales préordonnées dans l'acte de la création[1]. » La nature de la conscience première et l'acte de la création sont également incompréhensibles. Il est vain de vouloir remonter au delà du premier commencement, de spéculer sur la nature de Dieu, de le déclarer cause de soi, c'est-à-dire antérieur à lui-même, sans autre profit que de passer de l'incompréhensible à l'inintelligible. « La doctrine de la conscience, réglée par le criticisme, réserve le nom de Dieu à la personne de Dieu, s'abstient de rapporter cette personne à quelque autre chose, et reconnaît l'impossibilité où est l'entendement de comprendre quoi que ce soit d'antérieur aux phénomènes, ou ce que Dieu était avant la création, ou ce qu'il est indépendamment d'une pensée déroulée dans le temps, et par conséquent phénoménale[2]. » Dieu est conscience, la conscience suppose l'opposition du soi et du non-soi, Dieu ne peut donc être conçu que dans son rapport à la création, à l'objet qu'il se donne et sans lequel sa conscience se perdrait dans le vide. Pour comprendre la création, il faudrait, selon la loi de l'entendement, remonter à un phénomène antécédent, c'est-à-dire nier le premier commencement après l'avoir posé. « Le créateur conçu comme conscience, est conçu comme relatif à son acte et à tous les effets qui se déroulent, à dater de ce moment, dans le temps indéfini...; le premier commencement ne peut être posé que comme inexplicable, encore que sa notion, comme limite, soit claire[3]. » L'apparition de la conscience première est aussitôt liée à la production des consciences subordonnées dont elle établit l'ordre

1. *Esquisse d'une classification systématique*, t. II, p. 203.
2. *Ibid.*, t. II, p. 204.
3. *Ibid.*, p. 201.

général de relations et de fonctions. La radicale incompréhensibilité de l'acte créateur n'est après tout pas autre que celle du premier commencement lui-même, elle est celle que présente tout acte sans antécédent qui le détermine. « On ne peut pas dire que l'impossibilité de comprendre l'essence du rapport produit par l'acte libre d'une conscience créée et conditionnée soit moindre que l'impossibilité de comprendre l'essence du rapport produit par l'acte créateur dont une telle conscience elle-même a pu procéder. En effet le premier de ces rapports, quand on considère les passages de la conscience par des représentations diverses et opposées, au cours d'une délibération où des motifs sont tour à tour évoqués ou repoussés, consiste en ce qu'une pensée peut faire qu'*une pensée autre, une pensée contraire devienne*. Or cela est si complètement incompréhensible, qu'on ne voit pas en quel sens on dirait que quelque autre chose l'est davantage, quand d'ailleurs elle n'est pas contradictoire en soi : comme, par exemple, qu'*une conscience parfaite a pu faire que des consciences imparfaites, à la fois libres et conditionnées par elle, soient venues*. Cette dernière formule est celle de la création, de même que la première est celle de la liberté conditionnée [1]. »

A la prendre en elle-même, cette théologie est-elle bien cohérente? Selon Renouvier, tout se réduisant en dernière analyse à la représentation, les lois n'existent qu'autant qu'elles sont des représentations dans une intelligence ; donc l'ordre de la nature, la coordination des effets et des causes, supposent une conscience universelle. Remarquons d'abord que, dans la première forme de son néo-criticisme, Renouvier ne voyait pas la nécessité de tirer de la même théorie cette conséquence. En second lieu, les lois n'étant que les fonctions, qui relient les représentations dans une même conscience ou

1. *Esquisse d'une classification systématique*, p. 403-4.

les accordent, les font se correspondre d'une conscience à l'autre, quel besoin de juxtaposer à ces consciences multiples, en qui les lois nécessairement se représentent, une conscience unique qui les enveloppe toutes? N'est-ce pas revenir au réalisme, à la philosophie de la chose, que de soutenir que le général doit avoir une existence en dehors des esprits qui le pensent, être un objet distinct, posé par une volonté créatrice? Sans doute l'universel existe d'abord comme représentation dans la conscience divine, mais après la création il existe dans les choses, desquelles l'esprit le reçoit.

L'acte créateur est destiné à expliquer l'harmonie des monades, mais quand Dieu les a posées hors de lui avec leurs rapports et leur liberté, elles lui deviennent sinon étrangères, du moins extérieures, et il ne les connaît que dans leur pluralité, dans leur succession, dans leurs actes imprévisibles. Dès lors ne convient-il pas d'admettre une fonction générale qui les accorde, une conscience supérieure qui enveloppe cette fonction et ainsi de suite à l'infini. Est-il juste de dire enfin que l'hypothèse du commencement absolu équivaut à l'hypothèse de la création? Le commencement absolu ne s'entend que comme limite, il nie le principe de causalité, il en arrête brusquement l'application. Pourquoi rétablir le principe de cause par l'idée de création dans l'idée même de commencement absolu ? S'il y a commencement absolu, Dieu a commencé, pourquoi pas le monde? Qu'y a-t-il de plus clair dans le jaillissement de l'ordre cosmique en une conscience unique que dans la position des lois en des consciences multiples? Le Dieu personnel, limité mais parfait, qui commence le temps ou avec lequel le temps a commencé, n'a rien de moins fantastique qu'un monde qui réalise précisément autant d'harmonie qu'il doit en concevoir. La non-cause peut aussi bien produire le monde que Dieu. On dit : l'unité des lois n'est pas fondée en une conscience, — mais cette unité ne doit pas être entièrement préétablie, quand on nie le déterminisme, et l'on retrouve du côté de la contingence et de la liberté, qui caractérisent le système, ce qu'on perd du côté de l'intellectualisme, contre lequel précisément ce système prétend réagir. L'idée de conscience elle-même, définie par l'opposition du soi et du non-soi, s'accorde-t-elle avec l'idée de création ? Dieu ne peut être conçu que dans son rapport au monde, parce qu'il ne peut penser sans objet, les deux termes sont simultanés; Dieu dès lors ne semble pas plus possible sans le monde que le monde sans Dieu, puisque nous ne pouvons, ce qu'implique la catégorie de cause, distinguer le moment où Dieu existe sans le monde du moment où il existe avec lui après l'avoir créé[1].

Si la théorie du Dieu unique et créateur n'est pas très cohérente, à la prendre en elle-même, elle me semble contredire le néo-criticisme, tout au moins en changer radicalement l'esprit. Déjà, dans sa première philosophie, Renouvier, nous l'avons vu, professe une sorte d'intellectualisme. Il identifie le réel et le connaissable, il voit la vérité dans l'*adæquatio rei et intellectus*. Les lois sont des faits, des faits *a priori*, des synthèses que l'esprit trouve tout à la fois dans sa propre constitution et dans le monde donné. Mais cet accord du sujet et de l'objet, du représentatif et du représenté ne se démontre pas, il est le postulat de la connaissance, le consentement de l'esprit à lui-même. Dans la doctrine de la création, l'harmonie du sujet et de l'objet est garantie par Dieu, dont l'acte créateur pré-établit le concert des représentations entre elles, fonde tout à la fois et l'ordre du monde et la possibilité de la science. Les divers éléments d'un système conspirent. Renouvier ne peut poser Dieu au principe des choses, sans modifier toute sa théorie de la connaissance. Les catégories ne sont plus des faits qu'on constate, qu'on

1. *Philosophie analytique de l'histoire*, t. IV, p. 438, sq.

énumère, qu'on propose; pensées par le Dieu parfait; voulues par lui, elles doivent s'enchaîner l'une à l'autre, former un ensemble logique et cohérent, qu'il appartient à la critique de reconstituer. Comme les catégories, la vérité reprend un caractère de nécessité. Sans doute on peut accorder que Dieu est l'objet d'une croyance, mais il faut accepter avec cette croyance ce qu'elle implique, et n'implique-t-elle pas le retour au rationalisme, à l'évidence qui s'impose ? Si la vérité est pré-établie dans les choses par l'intelligence souveraine, nous n'avons qu'à l'y reconnaître. L'esprit et les choses sont accordés par la sagesse créatrice; les lois sont posées hors de l'esprit, elles ont une existence réelle, l'esprit est fait pour y adhérer, et l'élu de la vérité n'a pas tort d'invoquer la nécessité d'une adhésion, qu'imposent la pensée, le donné et leur accord.

La création admise change le monde comme l'esprit qui le connaît. La correspondance régulière, le conditionnement mutuel des phénomènes, qui lie les mêmes conséquents aux mêmes antécédents, n'est plus une induction probable, soutenue par une croyance volontaire. L'harmonie n'est plus un simple fait, confirmé par l'expérience, toujours soumis à un doute possible, l'harmonie est préétablie par la volonté créatrice : « l'ordre de détermination des phénomènes successifs est l'œuvre de l'intelligence ordonnatrice suprême qui compose les lois de la nature, qui est la nature elle-même, en ce qui touche les relations[1]. » Peut-on dès lors prendre bien au sérieux la discontinuité des instants successifs, la contingence des lois naturelles et des formes progressives ? Sans doute les qualités spécifiques ne se réduisent pas aux métamorphoses d'une substance homogène qui devient ce qu'elle n'est pas, elles gardent leur originalité, leur indépendance respective. Du mécanique au physique, de l'inorganique

1. *Nouvelle monadologie*, p. 21.

à la vie, de là vie à l'intelligence, il n'y a pas continuité, au sens strict du mot; mais le passage d'un degré de l'Etre au degré supérieur est prévu dans le plan divin; la qualité nouvelle apparaît quand ses conditions sont données, elle n'implique pas un commencement absolu, un progrès ayant son principe dans la contingence de l'Etre et dans une sorte d'exaltation de son activité indéterminée en son fond. Le drame du monde se joue d'après un scénario composé d'avance par un artiste génial, dont la puissance est adéquate à son œuvre, il ne se compose pas à mesure qu'il se déroule dans le temps, sans qu'on puisse en prévoir la marche et le dénouement. Dieu surveille le monde qu'il a créé, prévu, prédéterminé; la liberté de l'être raisonnable est enfermée dans d'étroites limites qu'elle ne peut franchir, et au-dessous de cette liberté la contingence se réduit à l'apparition réglée de qualités que leurs conditions antécédentes ne suffisent point à expliquer.

Dans *l'Esquisse* Renouvier n'hésite plus à aborder les problèmes d'origine, mais il reste encore dans des termes généraux; il ne se flatte pas d'assister aux conseils de Dieu, de restituer le monde tel qu'il sortit du premier acte de sa volonté. Sur le problème du mal, dont la solution aventureuse remplit ses derniers ouvrages, il se tient sur la réserve et se résigne à un sage aveu d'ignorance. Le mal n'est ni un moment du bien, ni une simple privation, il est quelque chose de très positif dans notre monde de la douleur et de la mort. Comment donc concilier son existence avec la perfection du Dieu créateur qui y répugne? Il faut supposer que le mal est temporaire, que « le monde est bon à son origine et bon dans sa fin ». Dans cette hypothèse le mal s'explique franchement par la liberté. Notre expérience nous apprend que la liberté est l'origine du mal moral; comment maintenant le mal moral a-t-il été l'antécédent et la cause première et formelle du mal physique, nous l'ignorons; mais « nous ne sommes pas obligés de le savoir, ni tenus de formuler sur ce sujet des hypothèses pour lesquelles trop de profondes données nous manquent[1]. » Le don de la liberté est assez précieux pour justifier l'œuvre de la création, quel que soit le mélange du mal qui s'y est introduit du fait des êtres libres, sous cette condition toutefois que le créateur des êtres libres n'ait pas abandonné le monde à toutes les possibilités, qu'il se soit réservé l'issue définitive des choses, et qu'au terme, par l'immortalité des personnes, il assure l'harmonie entre l'observation de la loi morale et le bonheur. La nécessité d'accorder la bonté de Dieu avec l'existence de la douleur, inséparable de la vie et de ses lois, nous conduit à régarder la nature, telle que nous la voyons, non comme l'œuvre immédiate de Dieu, mais comme un produit de la chute. En l'affirmant nous ne faisons que répéter le postulat du Dieu à la fois créateur et bon : « mais par suite de quel usage de la volonté, et de quelles injustes volontés, et par quels moyens, à l'origine des relations conscientes, a pu s'établir un régime naturel sous l'empire duquel les êtres conscients et les inconscients souffrent et font souffrir, en vertu de leurs lois nécessaires, sans qu'aucune injustice actuelle en soit la cause, voilà ce que nous ne pouvons savoir... Dans cette ignorance, nous devons nous replier sur nous-mêmes, et, au lieu de spéculer sur un péché originel universel, dont nous n'avons pas les données, nous faire une juste idée du péché originel proprement humain, c'est-à-dire de la solidarité des personnes pour cette partie du mal, dont la source, à notre connaissance, est dans la détermination des volontés d'autres personnes, cette fois nos semblables. *Borner ainsi nos vues, comme nous le conseille notre position dans l'univers, puisque moralement non plus que physiquement, nous n'arrivons au fond de rien, ce sera nous occuper*

1. *Esquisse d'une classification systématique*, t. II, p. 291.

de notre affaire d'homme et laisser à Dieu les affaires de Dieu[1]. »

Renouvier reconnaît lui-même que le criticisme sous cette forme nouvelle, en étendant le postulat de la divinité jusqu'à l'affirmation du Dieu unique, personnel et créateur « fait un pas de plus à la rencontre de la religion et cette fois du christianisme. » Les méthodes diffèrent, les communs objets de croyance les rapprochent. « Une alliance pourrait se former entre la manière rationnelle et la manière religieuse de penser, c'est-à-dire ici entre le criticisme et le christianisme, sans aucune confusion de sujets, mais sur le fondement d'une commune croyance au monde moral, si, pendant que la méthode philosophique arrive à donner la place due aux facteurs de la passion et de la volonté, par les postulats de la raison pratique, et ne nie point l'existence légitime d'un autre domaine encore de la foi, la foi chrétienne répudiait décidément de son côté toute la partie de surcharge ou scolastique, ou populaire et légendaire de son héritage, qui ne se défend plus sérieusement des atteintes de la critique historique et scientifique[2] ».

II

Obéissant au mouvement qui le portait à aborder et à résoudre les questions auxquelles il opposait, dans sa première philosophie, un aveu d'ignorance. Renouvier ne devait pas garder la mesure qu'il apportait encore dans l'*Esquisse* à la solution du problème du mal. Avec son imagination concrète de savant et d'ingénieur, il se hasarda bientôt à s'expliquer sur le monde primitif et sur ses lois, sur les créatures qui l'habitaient, sur les révolutions qui en amenèrent la dissolution. Le néo-criticisme, de moins

1. *Esquisse d'une classification systématique*, t. II, p. 344-5. C'est moi qui souligne la dernière phrase.

2. *Ibid.*, p. 354

en moins critique, allait de plus en plus devenir non pas même une introduction rationnelle au christianisme, mais une religion laïque, sans poésie, sans mysticisme, une mythologie abstraite, appliquant les résultats de la science aux gigantomachies des âges primitifs[1].

C'est dans la deuxième édition des *Principes de la Nature* (1892) que Renouvier pour la première fois expose sa théorie du monde primitif. Il part des idées que déjà il exprimait dans l'*Esquisse*, mais sans se risquer encore à des conjectures sans rapport au donné, donc nécessairement arbitraires. Nous ne saurions admettre comme le monde primitif, conçu et voulu par le Dieu de justice et de bonté, cette nature qui se dévore elle-même, qui a pour lois la guerre, la douleur et la mort, que les pires religions ont divinisée. « Rien de semblable n'est idéalement admissible dans ce que le Dieu de justice et de bonté, s'il en est un, a pu vouloir et faire. » Le mal physique doit être l'effet du mal moral, il n'est pas l'œuvre de Dieu, il est l'œuvre des libertés créées. Le monde dans lequel nous vivons est le produit de la chute. La doctrine judéo-chrétienne, qui fait commettre le péché originel par l'homme sur la terre, ne peut avoir qu'une valeur symbolique, car elle suppose, avec notre planète, le système dont elle est un élément, c'est-à-dire une nature déjà mauvaise, et elle ne peut rendre compte du changement qui a dû survenir dans les lois physiques par l'effet de la déchéance morale. Le mal est lié à l'existence même de notre monde et aux lois qui le régissent ; pour résoudre le problème du mal, il faut donc sortir de ce monde, imaginer hardiment une autre nature, que Dieu a pu vouloir et faire, parce qu'elle était bonne, et que l'homme, le véritable homme primitif, a changée parce qu'elle était constituée pour lui et dans sa

1. Sur le monde primitif, sa nature et sa dissolution, voyez : *Principes de la nature*, 2e édit., 1892. p. 188-268. — *Philosophie analytique de l'histoire*, t. IV, p. 460 sq., p. 758 sq. La *Nouvelle monadologie*, 1899, p. 453, sq. — *Le Personnalisme*, 1903.

dépendance. La méthode des postulats n'interdit pas « les hypothèses les plus aventurées sur un monde d'expérience possible qui ne serait pas le monde de notre expérience ». Renouvier se croit autorisé à reconstruire « là terre et les cieux du premier jour de la création », à rétablir dans ses grandes lignes le plan de Dieu qui excluait la douleur et la mort. Dans cette fantaisie cosmogonique, comme autrefois dans ses conjectures sur les moyens physiques de l'immortalité, il demeure fidèle au phénoménisme ; il ne nous transporte pas dans un paradis de substances immatérielles, il reste dans l'espace, dans le temps, dans les catégories, dans ce que nous pouvons concevoir et imaginer ; il garde même nos forces naturelles et leurs lois ; il transpose l'expérience présente, à la manière d'un romancier qui promène ses héros dans la lune ou dans Mars.

Je ne crois pas nécessaire d'exposer longuement ce roman d'aventures cosmiques, écrit par un polytechnicien pour des pasteurs protestants. Les auteurs de contes fantastiques accumulent les détails d'un réalisme précis pour confondre insensiblement dans l'imagination le réel et l'impossible, mais il y aurait quelque naïveté, chez un philosophe, à penser qu'un objet existe dès qu'il l'a décrit et qu'il existe d'autant plus que sa description devient plus minutieuse. En imaginant la grammaire de la langue qu'auraient pu parler les hommes primitifs, Renouvier n'aurait pas encore établi qu'ils existaient et qu'ils avaient la parole. Le fait d'affirmer que, comme nous, ils avaient un visage, mais que l'absence de viscères et d'organes sexuels leur imposait une forme générale différente de la nôtre, n'équivaut pas à une preuve de leur réalité. Contentons-nous d'indiquer les grandes lignes nécessaires à l'intelligence de l'hypothèse. Les astronomes font sortir notre monde de la nébuleuse, mais, pour la philosophie de la conscience, la nébuleuse ne peut être l'état initial réel, elle ne peut être qu'un état initial relatif et nous devons « demander à des motifs d'un autre genre, à des motifs moraux, la détermination idéale d'un état antécédent et réellement premier, dont il aurait été la dissolution[1] ». La nébuleuse est donc le produit de la ruine d'un premier monde, disloqué par la loi de la gravitation détournée de ses applications harmoniques. Dieu n'ayant pu vouloir que le bien, il faut faire remonter la responsabilité du mal à l'homme qui n'en souffre que parce qu'il en est l'auteur. Les mêmes hommes qui se succèdent sur la terre ont vécu sous une forme antérieure, dont ils ont perdu le souvenir, dans un monde parfait qu'ils ont détruit par leur faute[2]. « Dieu a constitué la personne au sein d'un milieu parfait, qui était la société humaine parfaite, dans une nature entièrement harmonique en elle-même et appropriée aux qualités et aux besoins de l'homme[3] ». La pesanteur et la chaleur, toutes les forces physiques, réglées dans leurs effets, étaient gouvernées par l'homme et accordées à ses fins. Les hommes eux-mêmes composaient une sorte d'organisme social, où se conciliaient la liberté de chacun et la solidarité de tous. « Il suffit d'élever à l'idéal à la fois les deux termes opposés, liberté, solidarité, pour rencontrer leur accord. Le problème de la société parfaite, insoluble dans les conditions empiriques d'un ordre de chose irrémédiablement troublé, est résolu en vertu de l'hypothèse même, si l'hypothèse est celle d'un corps dont les parties sont liées et solidaires, mais ne sont telles que par un consensus de volontés libres. » La création nous apparaît ainsi comme une société d'agents libres obéissant à une même loi de justice et d'amour qui les accorde. « La déchéance de l'homme,

1. *Principes de la nature*, 2e édit., t. II, p. 197.

2. « La méthode criticiste exige d'abord que l'on prenne pour l'auteur de la chute l'*homme réel* et non pas une personne morale inconnue, déguisement d'un personnage de métaphysique réaliste ; ensuite qu'on n'accepte pour l'espèce du péché que la violation de la loi morale, c'est-à-dire de la justice. » *Philosophie analytique de l'histoire*, t. IV, p. 460.

3. *Nouvelle Monadologie*, p. 467.

c'est-à-dire la rupture de ce consensus primordial des hommes qui forme à la fois leur ordre et l'ordre de la nature, est la conséquence du péché, dont la responsabilité pèse sur l'Adam collectif[1] ». L'organisme social s'identifie avec le monde, car il n'y a pas de matière proprement inorganique, c'est-à-dire soustraite entièrement à l'action de la pensée et de la volonté. De même que dans l'ordre actuel des choses, la volonté de l'individu meut les organes de son propre corps, dans l'état primitif « une harmonie de causalité est établie universellement entre chaque conscience d'ordre supérieur et le corps commun des corps des consciences semblables, par lequel s'effectuent leurs relations et leurs communications[2] ». Toute matière en ce sens est organisée, sans résidu, sans parties mortes, et le monde dans son ensemble est une sorte d'organe humain, puisque l'effet des fonctions mentales s'étend partout. « On peut concevoir alors que les lois mécaniques et leurs effets — qui ne comprennent rien de moins que toutes les forces naturelles, selon les principes de la physique moderne — passent, tout en conservant leurs propriétés, sous l'empire des êtres vivants dominateurs et deviennent maniables par le jeu volontaire de leurs organismes, soit à un degré, soit pour la production de phénomènes que nos organes actuels ne sauraient atteindre[3] ». Nous nous représentons ainsi la création « comme formée du faisceau d'un nombre immense d'organismes particuliers reliés en un, mais correspondant à autant de consciences individuelles et libres, qui devaient communiquer entre elles, exercer des actions sur les corps, par là les unes sur les autres, et associer leurs vies pour la vie universelle[4] ».

Ces prémisses posées, nous comprenons aisément com-

1. *Philosophie analytique de l'histoire*, t. IV, p. 762.
2. *Principes de la nature*, 2e édit., t. II, p. 268.
3. *Philosophie analytique de l'histoire*, t. IV, p. 764.
4. *Ibid.*, p. 763.

ment le péché de l'homme peut amener une subversion totale des lois naturelles et changer l'ordre du bien en un règne de la douleur et de la mort. L'ordre moral et l'ordre physique, dans ce premier monde, se confondent. Le gouvernement direct des forces de la nature par l'homme exige le règne de la justice, l'égoïsme et l'orgueil ne peuvent donc manquer de dissoudre une harmonie qui repose sur la solidarité volontaire et se définit par la paix universelle. « La subversion totale de la nature, par l'effet de la chute morale de l'homme, s'explique comme le passage de l'état primordial des forces naturelles, placées sous l'entier contrôle de l'humanité, à l'état où, affranchies de ce gouvernement conscient, appliquées à des masses ici agglomérées et là dispersées, elles n'obéissent plus qu'aux pures lois mécaniques de leur institution propre[1]. » Ici se placent les gigantomachies, les guerres de Titans, dont Renouvier expose complaisamment les phases et les alternatives dans le *Personnalisme;* au terme nous sommes ramenés à la nébuleuse comme à l'origine de notre monde actuel.

Telle est la lamentable histoire du monde primitif. Mais Dieu désormais ne nous manque pas pour réparer le mal dont il a prévu la possibilité et la correction. Dans les corps immortels des premiers hommes il avait inséré des germes immortels eux-mêmes, qui étaient destinés, si l'homme tournait mal, à permettre aux individus de réapparaître un jour sur la terre et, après plusieurs épreuves, de mourir définitivement, ou, riches d'expérience, instruits par la douleur, de se reposer enfin « dans la justice indéfectible ».

Renouvier consacre ses derniers ouvrages à l'exposition de cette philosophie du péché originel, à laquelle il donne une forme de plus en plus dogmatique. Dans la *Nouvelle Monadologie*, tout en maintenant les thèses phénomé-

1. *Philosophie analytique de l'histoire*, p. 765.

niste, relativiste, finitiste de sa première philosophie, il ne part plus de l'esprit, de ses catégories, mais de la nature de l'être. Ce renversement de la méthode, qui pose en axiomes des conclusions détachées de leurs prémisses, formule les conjectures en aphorismes, transforme le néo-criticisme en une doctrine qui semble tombée du ciel. Renouvier n'arrive à l'étude de l'esprit qu'après avoir défini la monade, exposé les lois selon lesquelles les monades se composent ; et il mêle à sa philosophie de la nature, de l'homme et des sociétés ses hypothèses cosmogoniques, qui sont ainsi non plus des postulats, mais des vérités servant à entendre le monde de l'expérience. Enfin le *Personnalisme* nous montre Renouvier parvenu au terme logique de son évolution. Il ne part plus de la définition de la monade, il part, comme le rationalisme cartésien, de l'idée de la cause première, de l'idée de Dieu qui sert désormais à entendre tout le reste. La perfection, pour lui, n'est pas d'ailleurs l'absolu des métaphysiciens, elle est relative, sans rapport à la quantité, elle est la perfection d'une personne qui se propose une fin définie et trouve dans sa sagesse et sa bonté tous les moyens qui lui sont nécessaires pour la réaliser. Du Dieu parfait il déduit l'existence du monde primitif, parfait comme son auteur, il en explique longuement les lois, les révolutions, la destruction, et c'est de ce point de vue d'une vie antérieure, de la chute et de la restauration, qu'il interprète désormais la vie terrestre de l'homme[1]. Le *personnalisme* renverse la méthode critique, explique ce que nous cons-

1. « Nulle doctrine ne saurait *justifier* le créateur, si elle ne nous fait comprendre que tous les hommes puissent être punis *justement* dans cette vie mortelle, et punis *également*, en dépit des apparences. C'est le résultat atteint par notre théorie, d'après laquelle la vie actuelle de chaque personne n'est que l'une des vies que réclame le travail de sa reconstitution morale après la chute. Elles équivalent par l'effet de leur réunion à une vie unique, semée des accidents, des épreuves et des enseignements de toutes les sortes, dont la nature bouleversée et la société déchue peuvent composer les lots les plus divers des individus, à raison de leurs qualités et circonstances natales. La vie terrestre et intégrale, envisagée sous ce jour, est une éducation poursuivie sous toutes les conditions possibles, en un monde où le bien est enseigné par l'expérience du mal. »

tatons, ce que nous savons au sens relatif mais positif de ce mot, les lois physiques, les lois de la vie, les lois morales par des conjectures sur Dieu, sur la création érigées par là même en dogmes véritables. Sans doute Renouvier proteste encore qu'il ne dogmatise pas; d'un ouvrage à l'autre il apporte des variantes à ses hypothèses, mais de plus en plus il substitue à la méthode rationnelle, philosophique, la méthode religieuse, la méthode de pure foi qui se flatte d'expliquer le connu par l'inconnu et même par l'inconnaissable.

Il serait superflu de discuter longuement des théories qui par leur nature même échappent à la discussion. En dépit des théories de Renouvier sur la certitude et les libres crises de la croyance, on cherchera et on trouvera, je n'en doute pas, la logique immanente qui du néo-criticisme devait le conduire au personnalisme. Il n'en est pas moins vrai que ce nouveau système ruine le néo-criticisme dans sa méthode et dans son esprit. Ce monde prévu, créé, dirigé par un Dieu, n'a rien de commun avec le monde de la contingence et de la liberté qui décide par son propre effort de ses destinées. Le point de vue religieux s'est substitué au point de vue moral.

Renouvier réussit-il du moins où Leibniz a échoué? Sa théorie justifie-t-elle Dieu de l'existence du mal? N'y a-t-il pas un véritable sophisme à dire que le monde créé par Dieu est parfait, quand ce monde enferme la possibilité du mal? Un mal possible est déjà un mal réel, comme le montre assez l'événement. — Mais cette possibilité du mal était la condition de la liberté, c'est-à-dire du plus précieux des biens. — Si vraiment le libre arbitre est le bien par excellence, pourquoi Renouvier veut-il que le jeu s'arrête et que dans le monde restauré règne une justice définitive? Le plus sage était de commencer par la fin. En quoi d'ailleurs le Dieu bon est-il justifié du mal qui règne ici-bas, puisqu'il a prévu ce mal, puisqu'il y a consenti au moins comme au moyen de rétablir l'ordre premier de la création. La morale de Dieu est-elle donc la morale déshonorée pour laquelle la fin justifie les moyens? S'il ne pouvait trouver mieux que la guerre de tous contre tous, que la vie fondée sur le meurtre, que ne s'est-il abstenu? Le problème est reculé, il n'est pas résolu.

La théorie de la chute, faite pour décharger Dieu, compromet la morale dont elle se donne pour un postulat. S'il est vrai que l'homme est un être déchu, qu'il apporte en naissant une nature corrompue, qu'il descend peut-être jusqu'aux formes de l'animalité où s'expriment ses vices antérieurs, comment Renouvier maintient-il qu'il ne part pas de l'état sauvage, qu'il apparaît sur la terre avec la raison et la liberté, en un état de relative innocence? Il est logique de revenir à l'idée d'un mal radical qui est inhérent à la nature humaine et dont l'homme ne peut pas plus s'affranchir que de sa nature même. La guerre prend quelque chose de fatal, elle n'est plus un mal moral, une œuvre de la liberté qui peut y mettre fin par son initiative, elle est un châtiment nécessaire. Renouvier parle du mal sur un ton nouveau : il y insiste, il le voit partout présent comme une loi des choses, à laquelle il est vain d'espérer se soustraire[1]. Il le montre non seulement dans la nature, dans l'individu, dans la société, dans les lois de l'hérédité, de la contagion morale, de l'universelle concurrence, mais dans tout ce dont nous souffrons, dans tout ce qui nous menace aujourd'hui, dans la pornographie et l'alcoolisme, dans les brutalités d'une colonisation sans scrupules, dans les ambitions d'un impérialisme qui risque « de constituer l'unité mondiale d'un gouvernement césarien, au lieu de la fédération universelle des nations libres que réclame la philosophie. »

L'hypothèse de la vie antérieure ne donne pas seulement au mal une existence nécessaire, elle suppose, entre la manière dont il est distribué entre les hommes et leur

1. *Nouvelle Monadologie*, p. 428 sq.

mérite réel, un rapport qui explique et légitime la diversité des conditions. Il faut aller jusqu'aux conclusions que n'a point hésité à tirer le génie religieux de l'Inde, il faut avouer avec la croyance au monde primitif ses conséquences, la grande loi du *Karma*, qui proportionne aux fautes commises par l'individu dans une vie antérieure les maux, les déchéances qu'il subit ici bas. Voilà toutes les inégalités sociales légitimées, l'effort vers l'égalité réelle des personnes condamné comme une violation de la justice immanente qui préside aux lois de la génération et de la distribution des sorts.

Aussi bien la vie présente n'étant qu'une épreuve, l'important n'est pas de changer sa condition, mais d'y trouver l'occasion de se purifier par la souffrance. Les âmes sont chargées d'un poids qui les abaisse selon leurs fautes antérieures, qu'elles se contentent d'accomplir le progrès relatif dont elles retrouveront le bénéfice dans une existence plus ou moins prochaine en une condition nouvelle. La vie présente n'est qu'un moment dans la suite des vies successives par lesquelles on se prépare à la vie future. « Il est raisonnable de penser que cette vie mortelle est un état transitoire pour la personne humaine considérée dans l'ensemble de sa destinée, si l'on croit à son immortalité fondamentale ; et dès lors, c'est elle, cette personne, en rapport avec son existence antérieure et sa destinée intégrale, que la métaphysique doit considérer *beaucoup plus que ses relations avec la famille, la société et les états politiques du monde présent, auxquels elle est attachée par des devoirs temporaires, mais dans lesquels elle n'a ni son origine ni sa fin*[1] ». Nous devons vouloir la justice ici-bas sans nous leurrer de l'espérance de la réaliser jamais sur la terre. « L'insociable sociabilité » de l'homme, selon la forte expression de Kant, montre l'irréductible contradiction

1. *Personnalisme*, p. 110.

dans l'homme déchu de l'homme individuel et de l'homme social. « Dans les meilleures hypothèses d'avenir social qui puissent pratiquement être réalisées, l'autonomie de la personne reste toujours une vue philosophique[1]. » Sans doute Renouvier, par une vieille habitude, affirme encore le progrès et la décadence par la liberté, mais la liberté trouve dans la nature déchue un obstacle qui tôt ou tard l'arrête et « lui défend l'approche des fins de la loi morale ». L'œuvre de la liberté, c'est la toile de Pénélope, des fondations et des ruines, *semper eadem sed aliter*, selon la formule de Schopenhauer. « L'humanité ne finit jamais rien, mais monte, descend et se relève en des gestes variés, ou s'endort selon les stations où la paix et la guerre conduit ses membres dispersés. Elle n'a point sur la terre une fin pour elle-même, mais seulement pour les individus dont l'éducation est à sa charge[2]. »

Qu'importe à Renouvier? Désormais il est l'homme religieux qui se détache de la terre « théâtre de misère, d'impuissance et de douleur », et qui s'absorbe dans son rêve de palingénésie et de société paradisiaque. « La vie que nous vivons n'est pas la vraie vie, elle est seulement un ensemble d'épreuves qui préparent pour la *vie*... Si nous croyons que l'individu, membre d'un corps d'humanité réel, qui est, en principe et dans sa fin, une société réelle, que cet individu n'est sur la terre qu'un passant venant d'autre part et d'un lieu où il retournera, après avoir tiré de ce monde malheureux ce qu'il contient pour son instruction et son perfectionnement; si nous croyons cela, nous devons penser ce que, d'un point de vue analogue, écrivait, il y a dix-huit cents ans, un apôtre d'une religion nouvelle, alors occupé à l'élaboration de son dogme : οὐ γὰρ ἔχομεν ὧδε μένουσαν πόλιν, ἄλλα τὴν μέλλουσαν ἐπιζητοῦμεν[3]. » Renouvier retombe de sa grande

1. *Personnalisme*, p. 135.
2. *Ibid.*, p. 205.
3. *Ibid.*, p. 210.

théorie de l'action libre, du bien possible auquel il faut croire parce qu'il faut y travailler, à l'antique défaillance du désespoir religieux. Il ne serait que juste de présenter au moyen âge les excuses auxquelles il a droit. Sans doute Renouvier ne renie pas son apologie du droit, mais il n'y croit plus, et il est d'accord avec les moines pour faire de cette vie une épreuve, un ascétisme, et du salut individuel la vraie fin de l'homme. Dans ses années de virile confiance, quand il préférait l'audace dans l'action à la témérité dans la fiction, il avait prévu lui-même sa dernière philosophie et il l'avait condamnée. Il avait montré le partisan de la liberté, n'osant « imaginer des sociétés toutes volontaires », effrayé des effets de la loi de solidarité, de la faible puissance dont l'individu dispose, et se réduisant à travailler à son salut indivuel. Il s'était demandé si le destin de l'humanité est « d'aller, jusqu'à la fin, d'anarchie en autorité contrainte et d'autorité contrainte en anarchie, sans que jamais l'homme social parvienne à constituer des sociétés volontaires de paix et de liberté. » Et il avait répondu en moraliste libertaire qui refuse de soumettre la morale à la religion, la liberté à un destin : il est possible qu'il en soit ainsi. « Il n'existe après tout que des hommes, des personnes ;... la liberté en doit décider. Supposé qu'il en fût ainsi, ce qui, selon le postulat de la liberté, n'est peut-être point actuellement prédéterminé, le devoir subsiste pour toute personne, et la réalisation de cette humanité contingente est le but du devoir[1]. » Et finalement, en reconnaissant dans l'immortalité personnelle une solution qui, en tout état de cause, achève le sens de la vie morale, il laissait à l'énergie des êtres libres de résoudre un problème d'avenir qui ne peut être résolu que par elle : « l'expérience et l'effort personnel ouvrent une école à chacun dans sa sphère, grande ou petite, active ou de spéculation. Ecole particulière dans chaque traversée terrestre ? rien de plus ? C'est ce dont jugera l'événement. Ecole pour l'humanité même, en tant qu'appelée à définir un jour, sur son théâtre actuel, sa constitution sociale? On le saura, quand viendra le règne de la paix, quand se fondera la société libre des agents raisonnables. Il appartient à la liberté de décider d'elle-même et de toutes choses ensuite[1]. »

J'ignore quel est le sort réservé à la religion de Renouvier. Peut-être elle aura ses destins, elle franchira l'Océan, elle trouvera ses interprètes et ses croyants en quelque secte d'Amérique. Elle est faite pour donner satisfaction à ces chrétiens qui se plaisent à se donner l'illusion de penser librement, en habillant les vieux dogmes de formules neuves. Mais je suis assuré que Renouvier restera l'auteur des *Essais*; le logicien des catégories; le philosophe du nombre, du *plusieurs*, en lutte contre toute métaphysique de l'unité; le théologien anarchiste de la république des Dieux; le philosophe de la contingence, adversaire de l'évidence, de l'évolution fatale, du progrès nécessaire; le moraliste de la justice et de la liberté, prenant au sérieux la vie présente et donnant à l'homme le droit et le devoir de résoudre le problème de sa destinée.

1. *Science de la morale* : Conclusion.

TABLE DES MATIÈRES

ÉVREUX, IMPRIMERIE DE CHARLES HÉRISSEY

L'ANNÉE PHILOSOPHIQUE

PUBLIÉE SOUS LA DIRECTION DE **F. PILLON**

Ancien rédacteur de la *Critique philosophique.*

Chaque année forme un volume in-8° de 320 pages environ, de la *Bibliothèque de philosophie contemporaine* . . . . 5 fr.

1re ANNÉE (1890). — **Renouvier** : De l'accord de la méthode phénoméniste avec les doctrines de la création et de la réalité de la nature. — **F. Pillon** : La première preuve cartésienne de l'existence de Dieu et la critique de l'infini. — **L. Dauriac** : Philosophes contemporains : M. Guyau. — **F. Pillon** : Bibliographie philosophique française de l'année 1890.

2e ANNÉE (1891). — **Renouvier** : La philosophie de la règle et du compas. Théorie logique du jugement dans ses applications aux idées géométriques et à la méthode des géomètres. — **F. Pillon** : L'évolution historique de l'atomisme. — **L. Dauriac** : Du positivisme en psychologie, à propos des *Principes de psychologie* de W. James. — **F. Pillon** : Bibliographie.

3e ANNÉE (1892). — **Renouvier** : Schopenhauer et la métaphysique du pessimisme. — **L. Dauriac** : Nature de l'émotion. — **F. Pillon** : L'évolution historique de l'idéalisme, de Démocrite à Locke. — Bibliographie.

4e ANNÉE (1893). — *Epuisée.*

5e ANNÉE (1894). — **Renouvier** : Etude philosophique sur la doctrine de Saint Paul. — **L. Dauriac** : Le phénomène neutre. — **F. Pillon** : L'évolution de l'idéalisme au XVIIIe siècle. Spinozisme et Malebranchisme. — Bibliographie.

6e ANNÉE (1895). — **Renouvier** : Doute ou croyance. — **L. Dauriac** : Pour la philosophie de la contingence. Réponse à M. Fouillée. — **F. Pillon** : L'évolution de l'idéalisme au XVIIIe siècle. L'idéalisme de Lanion et le scepticisme de Bayle. — Bibliographie.

7e ANNÉE (1896). — **Renouvier** : Les catégories de la raison et la métaphysique de l'absolu. — **L. Dauriac** : La doctrine et la méthode de J. Lachelier. — **F. Pillon** : L'évolution de l'idéalisme au XVIIIe siècle : La critique de Bayle. — Bibliographie.

8e ANNÉE (1897). — **Renouvier** : De l'idée de Dieu. — **L. Dauriac** : La philosophie de M. Paul Janet. — **F. Pillon** : La critique de Bayle : critique de l'atomisme épicurien. — Bibliographie.

9e ANNÉE (1898). — **Renouvier** : Du principe de la relativité. — **O. Hamelin** : La philosophie analytique de l'histoire de M. Renouvier. — **L. Dauriac** : L'esthétique criticiste. — **F. Pillon** : La critique de Bayle : critique du panthéisme spinoziste. — Bibliographie.

10e ANNÉE (1899). — **Renouvier** : La personnalité. — **Hamelin** : L'induction. — **Pillon** : L'évolution de l'idéalisme au XVIIIe siècle, Bayle et le Spinozisme. — **Dauriac** : La méthode et la critique de M. Shadworth Hodgson. — Bibliographie.

11e ANNÉE (1900). — **Brochard** : Les mythes dans la philosophie de Platon. — **Hamelin** : Sur une des origines du Spinozisme. — **Dauriac** : De la contingence des catégories. — **Pillon** : L'évolution de l'idéalisme au XVIIIe siècle, Bayle et le Spiritualisme cartésien. — Bibliographie.

12e ANNÉE (1901). — **Brochard** : L'œuvre de Socrate. — **Hamelin** : Sur la logique des Stoïciens. — **Robin** : *Le traité de l'âme*, d'Aristote. — **Dauriac** : Essai sur la catégorie de l'être. — **Pillon** : La critique de Bayle. Critique du théisme cartésien. — Bibliographie.

13e ANNÉE (1902). — **Brochard** : Les « lois » de Platon et la théorie des idées. — **Hamelin** : Du raisonnement par analogie. — **Pillon** : La critique de Bayle. Critique des attributs de Dieu : Immensité. Unité. — **Dauriac** : Essai sur la notion d'absolu dans la métaphysique immanente. — Bibliographie.

14e ANNÉE (1903). — **Brochard** : La morale d'Epicure. — **Pillon** : La critique de Bayle. Critique des attributs de Dieu : Simplicité. — **Dauriac** : Essai sur l'instinct réaliste : Descartes et Reid. — **Hamelin** : Corrections à la traduction française des *Prolégomènes* de Kant. — Bibliographie. — NÉCROLOGIE : *Renouvier.*

15e ANNÉE (1904). — **Rodier** : La cohérence de la morale stoïcienne. — **Hamelin** : L'union de l'âme et du corps, d'après Descartes. — **Pillon** : La critique de Bayle : Critique des attributs de Dieu : Aséité ou existence nécessaire. — **Dauriac** : La logique du sentiment. — Bibliographie.

FÉLIX ALCAN, Éditeur

ANCIENNE LIBRAIRIE GERMER BAILLIÈRE ET Cie

PHILOSOPHIE — HISTOIRE

CATALOGUE

DES

Livres de Fonds

On peut se procurer tous les ouvrages qui se trouvent dans ce Catalogue par l'intermédiaire des libraires de France et de l'Étranger.

On peut également les recevoir franco *par la poste, sans augmentation des prix désignés, en joignant à la demande des* TIMBRES-POSTE FRANÇAIS *ou un* MANDAT *sur Paris.*

108, BOULEVARD SAINT-GERMAIN, 108

Au coin de la rue Hautefeuille

PARIS, 6e

DÉCEMBRE 1904

Les titres précédés d'un *astérisque* sont recommandés par le Ministère de l'Instruction publique pour les Bibliothèques des élèves et des professeurs et pour les distributions de prix des lycées et collèges.

BIBLIOTHÈQUE DE PHILOSOPHIE CONTEMPORAINE

Volumes in-12, brochés, à 2 fr. 50.

Cartonnés toile, 3 francs. — En demi-reliure, plats papier, 4 francs.

La *psychologie*, avec ses auxiliaires indispensables, l'*anatomie* et la *physiologie du système nerveux*, la *pathologie mentale*, la *psychologie des races inférieures et des animaux*, les *recherches expérimentales des laboratoires*; — la *logique*; — les *théories générales fondées sur les découvertes scientifiques*; — l'*esthétique*; — les *hypothèses métaphysiques*; — la *criminologie* et la *sociologie*; — l'*histoire des principales théories philosophiques*; tels sont les principaux sujets traités dans cette Bibliothèque.

ALAUX, professeur à la Faculté des lettres d'Alger. **Philosophie de V. Cousin.**
ALLIER (R.). ***La Philosophie d'Ernest Renan.** 2e édit. 1903.
ARRÉAT (L.). * **La Morale dans le drame, l'épopée et le roman.** 2e édition.
— ***Mémoire et imagination** (Peintres, Musiciens, Poètes, Orateurs). 2e édit.
— **Les Croyances de demain.** 1898.
— **Dix ans de philosophie.** 1900.
— **Le Sentiment religieux en France.** 1903.
BALLET (G.). **Le Langage intérieur et les diverses formes de l'aphasie.** 2e édit.
BAYET (A.). **La morale scientifique.** 1905.
BEAUSSIRE, de l'Institut. * **Antécédents de l'hégél. dans la philos. française.**
BERGSON (H.), de l'Institut, professeur au Collège de France. ***Le Rire.** Essai sur la signification du comique. 3e édition. 1904.
BERSOT (Ernest), de l'Institut. * **Libre philosophie.**
BERTAULD. **De la Philosophie sociale.**
BINET (A.), directeur du lab. de psych. physiol. de la Sorbonne. **La Psychologie du raisonnement**, expériences par l'hypnotisme. 3e édit.
BLONDEL. **Les Approximations de la vérité.** 1900.
BOS (C.), docteur en philosophie. * **Psychologie de la croyance.** 2e édit. 1905.
BOUCHER (M.). **L'hyperespace, le temps, la matière et l'énergie.** 1903.
BOUGLÉ, prof. à l'Univ. de Toulouse. **Les Sciences sociales en Allemagne.** 2e éd. 1902.
BOURDEAU (J.). **Les Maîtres de la pensée contemporaine.** 3e édit. 1904.
BOUTROUX, de l'Institut. * **De la contingence des lois de la nature.** 4e éd. 1902.
BRUNSCHVICG, professeur au lycée Henri IV, docteur ès lettres. ***Introduction à la vie de l'esprit.** 1900.
CARUS (P.). * **Le Problème de la conscience du moi**, trad. par M. A. MONOD.
COQUEREL FILS (Ath.). **Transformations historiques du christianisme.**
COSTE (Ad.). **Dieu et l'âme.** 2e édit. précédée d'une préface par R. Worms. 1903.
CRESSON (A.), docteur ès lettres. **La Morale de Kant.** 2e édit. (Cour. par l'Institut.)
DANVILLE (Gaston). **Psychologie de l'amour.** 3e édit. 1903.
DAURIAC (L.). **La Psychologie dans l'Opéra français** (Auber, Rossini, Meyerbeer).
DUGAS, docteur ès lettres. * **Le Psittacisme et la pensée symbolique.** 1896.
— **La Timidité.** 3e éd. 1903.
— **Psychologie du rire.** 1902.
— **L'absolu.** 1904.
DUNAN, docteur ès lettres. **La théorie psychologique de l'Espace.**
DUPRAT (G.-L.), docteur ès lettres. **Les Causes sociales de la Folie.** 1900.
— **Le Mensonge**, *Etude psychologique.* 1903.
DURAND (de Gros). * **Questions de philosophie morale et sociale.** 1902.
DURKHEIM (Émile), chargé du cours de pédagogie à la Sorbonne.* **Les règles de la méthode sociologique.** 3e édit. 1904.
D'EICHTHAL (Eug.). **Les Problèmes sociaux et le Socialisme.** 1899.

Suite de la *Bibliothèque de philosophie contemporaine*, format in-12, à 2 fr. 50 le vol.

ENCAUSSE (Papus). L'occultisme et le spiritualisme. 2e édit. 1903.
ESPINAS (A.), prof. à la Sorbonne. * **La Philosophie expérimentale en Italie.**
FAIVRE (E.). **De la Variabilité des espèces.**
FÉRÉ (Ch.). **Sensation et Mouvement.** Étude de psycho-mécanique, avec fig. 2e éd.
— **Dégénérescence et Criminalité**, avec figures. 3e édit.
FERRI (E.). ***Les Criminels dans l'Art et la Littérature.*** 2e édit. 1902.
FIERENS-GEVAERT. **Essai sur l'Art contemporain.** 2e éd. 1903. (Cour. par l'Ac. fr.).
— La Tristesse contemporaine, essai sur les grands courants moraux et intellectuels du XIXe siècle. 4e édit. 1904. (Couronné par l'Institut.)
— * Psychologie d'une ville. *Essai sur Bruges.* 2e édit. 1902.
— Nouveaux essais sur l'Art contemporain. 1903.
FLEURY (Maurice de). **L'Ame du criminel.** 1898.
FONSEGRIVE, professeur au lycée Buffon. **La Causalité efficiente.** 1893.
FOUILLÉE (A.), de l'Institut. La propriété sociale et la démocratie. 4e éd. 1905.
FOURNIÈRE (E.). **Essai sur l'individualisme.** 1901.
FRANCK (Ad.), de l'Institut. * **Philosophie du droit pénal.** 5e édit.
— Philosophie du droit ecclésiastique. (*Rapports de la religion et de l'État.*)
GAUCKLER. **Le Beau et son histoire.**
GOBLOT (E.), professeur à l'Université de Caen. **Justice et liberté.** 1902.
GRASSET (J.), professeur à la Faculté de médecine de Montpellier. **Les limites de la biologie.** 2e édit. 1903.
GREEF (de). **Les Lois sociologiques.** 3e édit.
GUYAU. * **La Genèse de l'idée de temps.** 2e édit.
HARTMANN (E. de). **La Religion de l'avenir.** 5e édit.
— **Le Darwinisme**, ce qu'il y a de vrai et de faux dans cette doctrine. 6e édit.
HERBERT SPENCER. * **Classification des sciences.** 6e édit.
— **L'Individu contre l'État.** 5e édit.
HERCKENRATH. (C.-R.-C.) **Problèmes d'Esthétique et de Morale.** 1897.
JAELL (Mme). * **La Musique et la psycho-physiologie.** 1895.
— L'intelligence et le rythme dans les mouvements artistiques, avec fig. 1904.
JAMES (W.). La théorie de l'émotion, préf. de G. DUMAS, chargé de cours à la Sorbonne. Traduit de l'anglais. 1902.
JANET (Paul), de l'Institut. * **La Philosophie de Lamennais.**
LACHELIER, de l'Institut. **Du fondement de l'induction**, suivi de **psychologie et métaphysique.** 4e édit. 1902.
LAISANT (C.). L'Éducation fondée sur la science. Préface de A. NAQUET. 2e éd. 1905.
LAMPÉRIÈRE (Mme A.). * **Rôle social de la femme**, son éducation. 1898.
LANDRY (A.), agrégé de philos., docteur ès lettres. La responsabilité pénale. 1902.
LANESSAN (J.-L. de). **La Morale des philosophes chinois.** 1896.
LANGE, professeur à l'Université de Copenhague. * **Les Émotions**, étude psycho-physiologique, traduit par G. Dumas. 2e édit. 1902.
LAPIE, maître de conf. à l'Univ. de Bordeaux. **La Justice par l'État.** 1899.
LAUGEL (Auguste). **L'Optique et les Arts.**
LE BON (Dr Gustave). * **Lois psychologiques de l'évolution des peuples.** 7e édit.
— * **Psychologie des foules.** 9e édit.
LÉCHALAS. * **Etude sur l'espace et le temps.** 1895.
LE DANTEC, chargé du cours d'Embryologie générale à la Sorbonne. **Le Déterminisme biologique et la Personnalité consciente.** 2e édit.
— * **L'Individualité et l'Erreur individualiste.** 1898.
— **Lamarckiens et Darwiniens.** 2e édit. 1904.
LEFEVRE (G.), prof. à l'Univ. de Lille. **Obligation morale et idéalisme.** 1895.
LEVALLOIS (Jules). **Déisme et Christianisme.**
LIARD, de l'Institut, vice-recteur de l'Académie de Paris. * **Les Logiciens anglais contemporains.** 4e édit.
— **Des définitions géométriques et des définitions empiriques.** 3e édit.
LICHTENBERGER (Henri), professeur à l'Université de Nancy. * **La philosophie de Nietzsche.** 8e édit. 1904.
— * **Friedrich Nietzsche. Aphorismes et fragments choisis.** 3e édit. 1905.

Suite de la *Bibliothèque de philosophie contemporaine*, format in-12, à 2 fr. 50 le vol.

LOMBROSO. **L'Anthropologie criminelle et ses récents progrès.** 4ᵉ édit. 1901.
— **Nouvelles recherches d'anthropologie criminelle et de psychiatrie.** 1892.
— **Les Applications de l'anthropologie criminelle.** 1892.
LUBBOCK (Sir John). * **Le Bonheur de vivre.** 2 volumes. 5ᵉ édit.
— * **L'Emploi de la vie.** 3ᵉ éd. 1901.
LYON (Georges), recteur de l'Académie de Lille. * **La Philosophie de Hobbes.**
MARGUERY (E.). **L'Œuvre d'art et l'évolution.** 2ᵉ édit. 1905.
MARIANO. **La Philosophie contemporaine en Italie.**
MARION, professeur à la Sorbonne. * **J. Locke, sa vie, son œuvre.** 2ᵉ édit.
MAUXION, professeur à l'Université de Poitiers. * **L'éducation par l'instruction** *et les Théories pédagogiques de Herbart.* 1900.
— **Essai sur les éléments et l'évolution de la moralité.** 1904.
MILHAUD (G.), professeur à l'Université de Montpellier. * **Le Rationnel.** 1898.
— * **Essai sur les conditions et les limites de la Certitude logique.** 2ᵉ édit. 1898.
MOSSO. * **La Peur.** Étude psycho-physiologique (avec figures). 2ᵉ édit.
— * **La Fatigue intellectuelle et physique,** trad. Langlois. 3ᵉ édit.
MURISIER (E.), professeur à la Faculté des lettres de Neuchâtel (Suisse). **Les Maladies du sentiment religieux.** 2ᵉ édit. 1903.
NAVILLE (E.), doyen de la Faculté des lettres et sciences sociales de l'Université de Genève. **Nouvelle classification des sciences.** 2ᵉ édit. 1901.
NORDAU (Max). * **Paradoxes psychologiques,** trad. Dietrich. 5ᵉ édit. 1904.
— **Paradoxes sociologiques,** trad. Dietrich. 4ᵉ édit. 1904.
— * **Psycho-physiologie du Génie et du Talent,** trad. Dietrich. 3ᵉ édit. 1902.
NOVICOW (J.). **L'Avenir de la Race blanche.** 2ᵉ édit. 1903.
OSSIP-LOURIÉ, lauréat de l'Institut. **Pensées de Tolstoï.** 2ᵉ édit. 1902.
— * **Nouvelles Pensées de Tolstoï.** 1903.
— * **La Philosophie de Tolstoï.** 2ᵉ édit. 1903.
— * **La Philosophie sociale dans le théâtre d'Ibsen.** 1900.
— **Le Bonheur et l'Intelligence.** 1904.
PALANTE (G.), agrégé de l'Université. **Précis de sociologie.** 2ᵉ édit. 1903.
PAULHAN (Fr.). **Les Phénomènes affectifs et les lois de leur apparition.** 2ᵉ éd. 1901.
— * **Joseph de Maistre et sa philosophie.** 1893.
— * **Psychologie de l'invention.** 1900.
— * **Analystes et esprits synthétiques.** 1903.
— **La fonction de la mémoire et le souvenir affectif.** 1904.
PHILIPPE (J.). **L'Image mentale,** avec fig. 1903.
PILLON (F.). * **La Philosophie de Ch. Secrétan.** 1898.
PILO (Mario). * **La psychologie du Beau et de l'Art,** trad. Aug. Dietrich.
PIOGER (Dʳ Julien). **Le Monde physique,** essai de conception expérimentale. 1893.
QUEYRAT, prof. de l'Univ. * **L'Imagination et ses variétés chez l'enfant.** 2ᵉ édit.
— * **L'Abstraction,** son rôle dans l'éducation intellectuelle. 1894.
— * **Les Caractères et l'éducation morale.** 2ᵉ éd. 1901.
— * **La logique chez l'enfant et sa culture.** 1902.
— **Les jeux des enfants.** 1905.
REGNAUD (P.), professeur à l'Université de Lyon. **Logique évolutionniste.** *L'Entendement dans ses rapports avec le langage.* 1897.
— **Comment naissent les mythes.** 1897.
RÉMUSAT (Charles de), de l'Académie française. * **Philosophie religieuse.**
RENARD (Georges), professeur au Conservatoire des arts et métiers. **Le régime socialiste,** *son organisation politique et économique.* 4ᵉ édit. 1903.
RÉVILLE (A.), professeur au Collège de France. **Histoire du dogme de la Divinité de Jésus-Christ.** 3ᵉ édit.
RIBOT (Th.), de l'Institut, professeur honoraire au Collège de France, directeur de la *Revue philosophique.* **La Philosophie de Schopenhauer.** 9ᵉ édition.
— * **Les Maladies de la mémoire.** 16ᵉ édit.
— * **Les Maladies de la volonté.** 19ᵉ édit.
— * **Les Maladies de la personnalité.** 9ᵉ édit.
— * **La Psychologie de l'attention.** 5ᵉ édit.

Suite de la *Bibliothèque de philosophie contemporaine*, format in-12 à 2 fr. 50 le vol.

RICHARD (G.), chargé du cours de sociologie à l'Université de Bordeaux. * **Socialisme et Science sociale.** 2ᵉ édit.
RICHET (Ch.). **Essai de psychologie générale.** 5ᵉ édit. 1903.
ROBERTY (E. de). **L'Inconnaissable, sa métaphysique, sa psychologie.**
— **L'Agnosticisme.** Essai sur quelques théories pessim. de la **connaissance.** 2ᵉ édit.
— **La Recherche de l'Unité.** 1893.
— **Auguste Comte et Herbert Spencer.** 2ᵉ édit.
— ***Le Bien et le Mal.** 1896.
— **Le Psychisme social.** 1897.
— **Les Fondements de l'Ethique.** 1898.
— **Constitution de l'Éthique.** 1901.
ROISEL. **De la Substance.**
— **L'Idée spiritualiste.** 2ᵉ éd. 1901.
ROUSSEL-DESPIERRES. **L'Idéal esthétique.** *Philosophie de la beauté.* 1904.
SAISSET (Émile), de l'Institut. * **L'Ame et la Vie.**
SCHOPENHAUER. ***Le Fondement de la morale,** trad. par M. A. Burdeau. 7ᵉ édit.
— ***Le Libre arbitre,** trad. par M. Salomon Reinach, de l'Institut. 8ᵉ éd.
— **Pensées et Fragments,** avec intr. par M. J. Bourdeau. 18ᵉ édit.
SELDEN (Camille). **La Musique en Allemagne,** étude sur Mendelssohn.
SOLLIER (Dʳ P.). **Les Phénomènes d'autoscopie,** avec fig. 1903.
STUART MILL. * **Auguste Comte et la Philosophie positive.** 6ᵉ édit.
— * **L'Utilitarisme.** 3ᵉ édit.
— **Correspondance inédite avec Gust. d'Eichthal** (1828-1842)—(1864-1871). 1898. Avant-propos et trad. par Eug. d'Eichthal.
SULLY PRUDHOMME, de l'Académie française, et Ch. RICHET, professeur à l'Université de Paris. **Le problème des causes finales.** 2ᵉ édit. 1904.
SWIFT. **L'Éternel conflit.** 1901.
TANON (L.). * **L'Évolution du droit et la Conscience sociale.** 1900.
TARDE, de l'Institut. **La Criminalité comparée.** 5ᵉ édit. 1902.
— * **Les Transformations du Droit.** 2ᵉ édit. 1899.
— * **Les Lois sociales.** 4ᵉ édit. 1904.
THAMIN (R.), recteur de l'Acad. de Bordeaux. * **Éducation et Positivisme** 2ᵉ édit.
THOMAS (P. Félix). * **La suggestion,** son rôle dans l'éducation. 2ᵉ édit. 1898.
— ***Morale et éducation,** 1899.
TISSIÉ. * **Les Rêves,** avec préface du professeur Azam. 2ᵉ éd. 1898.
VIANNA DE LIMA. **L'Homme selon le transformisme.**
WECHNIAKOFF. **Savants, penseurs et artistes,** publié par Raphael Petrucci.
WUNDT. **Hypnotisme et Suggestion.** Étude critique, traduit par M. Keller. 2ᵉ édit. 1902.
ZELLER. **Christian Baur et l'École de Tubingue,** traduit par M. Ritter.
ZIEGLER. **La Question sociale est une Question morale,** trad. Palante. 3ᵉ édit.

BIBLIOTHÈQUE DE PHILOSOPHIE CONTEMPORAINE

Volumes in-8.

Br. à 3 fr. 75, 5 fr., 7 fr. 50, 10 fr., 12 fr. 50 et 15 fr.; Cart. angl., 1 fr. en plus par vol.; Demi-rel. en plus 2 fr. par vol.

ADAM (Ch.), recteur de l'Académie de Nancy. ***La Philosophie en France** (première moitié du XIXᵉ siècle). 7 fr. 50
AGASSIZ.* **De l'Espèce et des Classifications.** 5 fr.
ALENGRY (Franck), docteur ès lettres, inspecteur d'académie. ***Essai historique et critique sur la Sociologie chez Aug. Comte.** 1900. 10 fr.
ARNOLD (Matthew). **La Crise religieuse.** 7 fr. 50
ARRÉAT. ***Psychologie du peintre.** 5 fr.
AUBRY (Dʳ P.). **La Contagion du meurtre.** 1896. 3ᵉ édit. 5 fr.
BAIN (Alex.). **La Logique inductive et déductive.** Trad. Compayré. 2 vol. 3ᵉ éd. 20 fr.
— * **Les Sens et l'Intelligence.** 1 vol. Trad. Cazelles. 3ᵉ édit. 10 fr.
BALDWIN (Mark), professeur à l'Université de Princeton (États-Unis). **Le Développement mental chez l'enfant et dans la race.** Trad. Nourry. 1897. 7 fr. 50

Suite de la *Bibliothèque de philosophie contemporaine*, format in-8.

BARTHÉLEMY-SAINT-HILAIRE, de l'Institut. **La Philosophie dans ses rapports avec les sciences et la religion.** 5 fr.
BARZELOTTI, prof. à l'Univ. de Rome. ***La Philosophie de H. Taine.** 1900. 7 fr. 50
BERGSON (H.), de l'Institut, professeur au Collège de France. ***Matière et mémoire,** essai sur les relations du corps à l'esprit. 2ᵉ édit. 1900. 5 fr.
— **Essai sur les données immédiates de la conscience.** 4ᵉ édit. 1904. 3 fr. 75
BERTRAND, prof. à l'Université de Lyon. ***L'Enseignement intégral.** 1898. 5 fr.
— **Les Études dans la démocratie.** 1900. 5 fr.
BOIRAC (Émile), recteur de l'Académie de Dijon. ***L'Idée du Phénomène.** 5 fr.
BOUGLÉ, prof. à l'Univ. de Toulouse. ***Les Idées égalitaires.** 1899. 3 fr. 75
BOURDEAU (L.). **Le Problème de la mort.** 4ᵉ édition. 1904. 5 fr.
— **Le Problème de la vie.** 1 vol. in-8. 1901. 7 fr. 50
BOURDON, professeur à l'Université de Rennes. ***L'Expression des émotions et des tendances dans le langage.** 7 fr. 50
BOUTROUX (Em.), de l'Institut. **Études d'histoire de la philosophie.** 2ᵉ édition. 1901. 7 fr. 50
BRAY (L.). **Du beau.** 1902. 5 fr.
BROCHARD (V.), de l'Institut. **De l'Erreur.** 1 vol. 2ᵉ édit. 1897. 5 fr.
BRUNSCHVICG (E.), prof. au lycée Henri IV, docteur ès lettres. ***Spinoza.** 3 fr. 75
— **La Modalité du jugement.** 5 fr.
CARRAU (Ludovic), professeur à la Sorbonne. **La Philosophie religieuse en Angleterre,** depuis Locke jusqu'à nos jours. 5 fr.
CHABOT (Ch.), prof. à l'Univ. de Lyon. ***Nature et Moralité.** 1897. 5 fr.
CLAY (R.). * **L'Alternative,** *Contribution à la Psychologie.* 2ᵉ édit. 10 fr.
COLLINS (Howard). ***La Philosophie de Herbert Spencer,** avec préface de Herbert Spencer, traduit par H. de Varigny. 4ᵉ édit. 1904. 10 fr.
COMTE (Aug.). **La Sociologie,** résumé par E. RIGOLAGE. 1897. 7 fr. 50
CONTA (B.). **Théorie de l'ondulation universelle.** 1894. 3 fr. 75
COSTE. **Les Principes d'une sociologie objective.** 3 fr. 75
— **L'Expérience des peuples et les prévisions qu'elle autorise.** 1900. 10 fr.
CRÉPIEUX-JAMIN. **L'Écriture et le Caractère.** 4ᵉ édit. 1897. 7 fr. 50
CRESSON, doct. ès lettres. **La Morale de la raison théorique.** 1903. 5 fr.
DAURIAC (L.). **Essai sur l'esprit musical.** 1904. 5 fr.
DE LA GRASSERIE (R.), lauréat de l'Institut. **Psychologie des religions.** 1899. 5 fr.
DEWAULE, docteur ès lettres. ***Condillac et la Psychol. anglaise contemp.** 5 fr.
DRAGHICESCO. **L'Individu dans le déterminisme social.** 1904. 7 fr. 50
DUMAS (G.), chargé de cours à la Sorbonne. ***La Tristesse et la Joie.** 1900. 7 fr. 50
DUPRAT (G. L.), docteur ès lettres. **L'Instabilité mentale.** 1899. 5 fr.
DUPROIX (P.), professeur à l'Université de Genève. ***Kant et Fichte et le problème de l'éducation.** 2ᵉ édit. 1897. (Ouvrage couronné par l'Académie française.) 5 fr.
DURAND (DE GROS). **Aperçus de taxinomie générale.** 1898. 5 fr.
— **Nouvelles recherches sur l'esthétique et la morale.** 1 vol. in-8. 1899. 5 fr.
— **Variétés philosophiques.** 2ᵉ édit. revue et augmentée. 1900. 5 fr.
DURKHEIM, chargé du cours de pédagogie à la Sorbonne. * **De la division du travail social.** 2ᵉ édit. 1901. 7 fr. 50
— **Le Suicide,** *étude sociologique.* 1897. 7 fr. 50
— * **L'année sociologique** : 7 années parues.
1ʳᵉ Année (1896-1897). — DURKHEIM : La prohibition de l'inceste et ses origines. — G. SIMMEL : Comment les formes sociales se maintiennent. — *Analyses* des travaux de sociologie publiés du 1ᵉʳ Juillet 1896 au 30 Juin 1897. 1 v. in-8. 10 fr.
2ᵉ Année (1897-1898). — DURKHEIM : De la définition des phénomènes religieux. — HUBERT et MAUSS : Essai sur la nature et la fonction du sacrifice. — *Analyses.* 1 vol. in-8. 10 fr.
3ᵉ Année (1898-1899). — RATZEL : Le sol, la société, l'État. — RICHARD : Les crises sociales et la criminalité. — STEINMETZ : Classification des types sociaux. — *Analyses.* 1 vol. in-8. 10 fr.
4ᵉ Année (1899-1900). — BOUGLÉ : Remarques sur le régime des castes. — DURKHEIM : Deux lois de l'évolution pénale. — CHARMONT : Notes sur les causes d'extinction de la propriété corporative. *Analyses.* 1 vol. in-8. 10 fr.
5ᵉ Année (1900-1901). — F. SIMIAND : Remarques sur les variations du prix du charbon

Suite de la *Bibliothèque de philosophie contemporaine*, format in-8.

au XIXe siècle. — DURKHEIM : Sur le Totémisme. — *Analyses*. 1 vol. in-8. 10 fr.
6e Année (1901-1902). — DURKHEIM et MAUSS : De quelques formes primitives de classification. Contribution à l'étude des représentations collectives. — BOUGLÉ : Revue générale des théories récentes sur la division du travail. — *Analyses*. 1 vol. in-8. 12 fr. 50
7e Année (1902-1903). — H. HUBERT et M. MAUSS : Esquisse d'une théorie générale de la magie. — *Analyses*. 1 vol. in-8. 12 fr. 50
EGGER (V.), professeur à la Faculté des lettres de Paris. **La parole intérieure.** *Essai de psychologie descriptive*. 2e édit. 1904. 5 fr.
ESPINAS (A.), professeur à la Sorbonne. ***La Philosophie sociale du XVIIIe siècle et la Révolution française.** 1898. 7 fr. 50
FERRERO (G.). **Les Lois psychologiques du symbolisme.** 1895. 5 fr.
FERRI (Louis). **La Psychologie de l'association**, depuis Hobbes. 7 fr. 50
FLINT, prof. à l'Univ. d'Edimbourg. ***La Philos. de l'histoire en Allemagne.** 7 fr. 50
FONSEGRIVE, prof. au lycée Buffon. ***Essai sur le libre arbitre.** 2e édit. 1895. 10 fr.
FOUCAULT, docteur ès lettres. **La psychophysique.** 1903. 1 vol. in-8. 7 fr. 50
FOUILLÉE (Alf.), de l'Institut. ***La Liberté et le Déterminisme.** 5e édit. 7 fr. 50
— **Critique des systèmes de morale contemporains.** 4e édit. 7 fr. 50
— ***La Morale, l'Art, la Religion**, d'après GUYAU. 4e édit. augm. 3 fr. 75
— **L'Avenir de la Métaphysique fondée sur l'expérience.** 2e édit. 5 fr.
— ***L'Évolutionnisme des idées-forces.** 3e édit. 7 fr. 50
— ***La Psychologie des idées-forces.** 2 vol. 2e édit. 15 fr.
— ***Tempérament et caractère.** 3e édit. 7 fr. 50
— **Le Mouvement positiviste et la conception sociol. du monde.** 2e édit. 7 fr. 50
— **Le Mouvement idéaliste et la réaction contre la science posit.** 2e édit. 7 fr. 50
— ***Psychologie du peuple français.** 3e édit. 7 fr. 50
— ***La France au point de vue moral.** 2e édit. 7 fr. 50
— **Esquisse psychologique des peuples européens.** 2e édit. 1903. 10 fr.
— **Nietzsche et l'immoralisme.** 2e édit. 1903. 5 fr.
FOURNIÈRE (E.). **Les théories socialistes au XIXe siècle.** DE BABEUF à PROUDHON. 1904. 1 vol. in-8. 7 fr. 50
FULLIQUET. **Essai sur l'Obligation morale.** 1898. 7 fr. 50
GAROFALO, prof. à l'Université de Naples. **La Criminologie.** 5e édit. refondue. 7 fr. 50
— **La Superstition socialiste.** 1895. 5 fr.
GÉRARD-VARET, prof. à l'Univ. de Dijon. **L'Ignorance et l'Irréflexion.** 1899. 5 fr.
GLEY (Dr E.), professeur agrégé à la Faculté de médecine de Paris. **Études de psychologie physiologique et pathologique**, avec fig. 1903. 5 fr.
GOBLOT (E.), Prof. à l'Université de Caen. ***Classification des sciences.** 1898. 5 fr.
GODFERNAUX (A.), docteur ès lettres. ***Le Sentiment et la pensée.** 2e édit. 1905. 5 fr.
GORY (G.). **L'Immanence de la raison dans la connaissance sensible.** 5 fr.
GREEF (de), prof. à la nouvelle Université libre de Bruxelles. **Le Transformisme social.** Essai sur le progrès et le regrès des sociétés. 2e éd. 1901. 7 fr. 50
— **La sociologie économique.** 1904. 1 vol. in-8. 3 fr. 75
GROOS (K.), prof. à l'Université de Bâle. ***Les jeux des animaux.** 1902. 7 fr. 50
GURNEY, MYERS et PODMORE. **Les Hallucinations télépathiques**, traduit et abrégé des «*Phantasms of The Living*» par L. MARILLIER, préf. de CH. RICHET. 3e éd. 7 fr. 50
GUYAU (M.). ***La Morale anglaise contemporaine.** 6e édit. 7 fr. 50
— **Les Problèmes de l'esthétique contemporaine.** 6e édit. 5 fr.
— **Esquisse d'une morale sans obligation ni sanction.** 5e édit. 5 fr.
— **L'Irréligion de l'avenir**, étude de sociologie. 7e édit. 7 fr. 50
— ***L'Art au point de vue sociologique.** 5e édit. 7 fr. 50
— ***Éducation et Hérédité**, étude sociologique. 5e édit. 5 fr.
HALÉVY (Élie), docteur ès lettres, professeur à l'École des sciences politiques. ***La Formation du radicalisme philosophique**, 3 vol., chacun 7 fr. 50
HANNEQUIN, prof. à l'Univ. de Lyon. **L'hypothèse des atomes.** 2e édit. 1899. 7 fr. 50
HARTENBERG (Dr Paul). **Les Timides et la Timidité.** 2e édit. 1904. 5 fr.
HERBERT SPENCER. ***Les premiers Principes.** Traduc. Cazelles. 9e éd. 10 fr.
— ***Principes de biologie.** Traduct. Cazelles. 4e édit. 2 vol. 20 fr.
— ***Principes de psychologie.** Trad. par MM. Ribot et Espinas. 2 vol. 20 fr.

Suite de la *Bibliothèque de philosophie contemporaine*, format in-8.

HERBERT SPENCER. ***Principes de sociologie.** 4 vol., traduits par MM. Cazelles et Gerschel : Tome I. 10 fr. — Tome II. 7 fr. 50. — Tome III. 15 fr. — Tome IV. 3 fr. 75
— * **Essais sur le progrès.** Trad. A. Burdeau. 5ᵉ édit. 7 fr. 50
— **Essais de politique.** Trad. A. Burdeau. 4ᵉ édit. 7 fr. 50
— **Essais scientifiques.** Trad. A. Burdeau. 3ᵉ édit. 7 fr. 50
— * **De l'Éducation physique, intellectuelle et morale.** 10ᵉ édit. (Voy. p. 3, 20, 21 et 32.) 5 fr.
HIRTH (G.). ***Physiologie de l'Art.** Trad. et introd. de L. Arréat. 5 fr.
HOFFDING, prof. à l'Univ. de Copenhague. **Esquisse d'une psychologie fondée sur l'expérience.** Trad. L. POITEVIN. Préf. de Pierre JANET. 2ᵉ éd. 1903. 7 fr. 50
IZOULET (J.), prof. au Coll. de France. ***La Cité moderne.** (*nouv. éd. sous presse*).
JACOBY (Dʳ P.). **Études sur la sélection chez l'homme.** 2ᵉ édition. Préface de G. TARDE, de l'Institut, avec planches en couleurs hors texte. 1904. 10 fr.
JANET (Paul), de l'Institut. * **Les Causes finales.** 4ᵉ édit. 10 fr.
— * **Œuvres philosophiques de Leibniz.** 2ᵉ édit. 2 vol. 1900. 20 fr.
JANET (Pierre), professeur au Collège de France. * **L'Automatisme psychologique,** essai sur les formes inférieures de l'activité mentale. 4ᵉ édit. 7 fr. 50
JAURÈS (J.), docteur ès lettres. **De la réalité du monde sensible.** 2ᵉ éd. 1902. 7 fr. 50
KARPPE (S.), docteur ès lettres. **Essais de critique d'histoire et de philosophie.** 1902. 3 fr. 75
LALANDE (A.), docteur ès lettres, ***La Dissolution opposée à l'évolution,** dans les sciences physiques et morales. 1 vol. in-8. 1899. 7 fr. 50
LANG (A.). ***Mythes, Cultes et Religion.** Traduit par MM. Marillier et Dirr, introduction de Léon Marillier. 1896. 10 fr.
LAPIE (P.), maît. de conf. à l'Univ. de Bordeaux. **Logique de la volonté** 1902. 7 fr. 50
LAUVRIÈRE, docteur ès lettres, prof. au lycée Charlemagne. **Edgar Poë.** *Sa vie et son œuvre. Essai de psychologie pathologique.* 1904. 10 fr.
LAVELEYE (de). ***De la Propriété et de ses formes primitives.** 5ᵉ édit. 10 fr.
— ***Le Gouvernement dans la démocratie.** 2 vol. 3ᵉ édit. 1896. 15 fr.
LE BON (Dʳ Gustave). ***Psychologie du socialisme.** 3ᵉ éd. refondue. 1902. 7 fr. 50
LÉCHALAS (G.). **Études esthétiques.** 1902. 5 fr.
LECHARTIER (G.). **David Hume, moraliste et sociologue.** 1900. 5 fr.
LECLÈRE (A.), docteur ès lettres. **Essai critique sur le droit d'affirmer.** 1901. 5 fr.
LE DANTEC (F.), chargé de cours à la Sorbonne. **L'unité dans l'être vivant.** 1902. 7 fr. 50
— **Les Limites du connaissable,** *la vie et les phénom. naturels.* 2ᵉ éd. 1904. 3 fr. 75
LÉON (Xavier). ***La philosophie de Fichte,** *ses rapports avec la conscience contemporaine,* Préface de E. BOUTROUX, de l'Institut. 1902. (Couronné par l'Institut.) 10 fr.
LÉVY (A.), docteur ès lettres. **La philosophie de Feuerbach.** 1904. 10 fr.
LÉVY-BRUHL (L.), chargé de cours à la Sorbonne ***La Philosophie de Jacobi.** 1894. 5 fr.
— ***Lettres inédites de J.-S. Mill à Auguste Comte,** *publiées avec les réponses de Comte et une introduction.* 1899. 10 fr.
— ***La Philosophie d'Auguste Comte.** 2ᵉ édit. 1905 7 fr. 50
— **La Morale et la Science des mœurs.** 2ᵉ édit. 1905. 5 fr.
LIARD, de l'Institut, vice-recteur de l'Acad. de Paris. ***Descartes,** 2ᵉ éd. 1903. 5 fr.
— * **La Science positive et la Métaphysique,** 5ᵉ édit. 7 fr. 50
LICHTENBERGER (H.), professeur à l'Université de Nancy. **Richard Wagner, poète et penseur.** 3ᵉ édit. 1902. (Couronné par l'Académie française.) 10 fr.
LOMBROSO. * **L'Homme criminel** (criminel-né, fou-moral, épileptique), précédé d'une préface de M. le docteur LETOURNEAU. 3ᵉ éd. 2 vol. et atlas. 1895. 36 fr.
LOMBROSO ET FERRERO. **La Femme criminelle et la prostituée.** 15 fr.
LOMBROSO et LASCHI. **Le Crime politique et les Révolutions.** 2 vol. 15 fr.
LUBAC, prof. au lycée de Constantine. **Esquisse d'un système de psychologie rationnelle.** Préface de H. BERGSON. 1904. 3 fr. 75
LYON (Georges), recteur de l'Académie de Lille. * **L'Idéalisme en Angleterre au XVIIIᵉ siècle.** 7 fr. 50
MALAPERT (P.), docteur ès lettres, prof. au lycée Louis-le-Grand. * **Les Éléments du caractère et leurs lois de combinaison.** 1897. 5 fr.
MARION (H.), prof. à la Sorbonne. ***De la Solidarité morale.** 6ᵉ édit. 1897. 5 fr.
MARTIN (Fr.), docteur ès lettres, prof. au lycée Saint-Louis. * **La Perception extérieure et la Science positive,** essai de philosophie des sciences. 1894. 5 fr.

Suite de la *Bibliothèque de philosophie contemporaine*, format in-8.

MAX MULLER, prof. à l'Université d'Oxford. * **Nouvelles études de mythologie**, trad. de l'anglais par L. JOB, docteur ès lettres. 1898. 12 fr. 50

MAXWELL (J.), docteur en médecine, avocat général près la Cour d'appel de Bordeaux. **Les Phénomènes psychiques.** Recherches, Observations, Méthodes. Préface de Ch. RICHET. 2e édit. 1904. 5 fr.

MYERS. **La personnalité humaine.** *Sa survivance après la mort, ses manifestations supra-normales.* Traduit par le docteur JANKÉLÉVITCH. 1905. 7 fr. 50

NAVILLE (E.), correspondant de l'Institut. **La Physique moderne.** 2e édit. 5 fr.

— * **La Logique de l'hypothèse.** 2e édit. 5 fr.

— * **La Définition de la philosophie.** 1894. 5 fr.

— **Le libre Arbitre.** 2e édit. 1898. 5 fr.

— **Les Philosophies négatives.** 1899. 5 fr.

NORDAU (Max). * **Dégénérescence**, Tome I. 7 fr. 50. Tome II. 7e éd. 1904. 2 vol. 10 fr.

— **Les Mensonges conventionnels de notre civilisation.** 7e édit. 1904. 5 fr.

— * **Vus du dehors.** *Essais de critique sur quelques auteurs français contemporains.* 1903. 5 fr.

NOVICOW. **Les Luttes entre Sociétés humaines.** 3e édit. 10 fr.

— * **Les Gaspillages des sociétés modernes.** 2e édit. 1899. 5 fr.

OLDENBERG, professeur à l'Université de Kiel. * **Le Bouddha,** *sa Vie, sa Doctrine, sa Communauté*, trad. par P. FOUCHER, maître de conférences à l'École des Hautes Études. Préf. de SYLVAIN LÉVI, prof. au Collège de France. 2e éd. 1903. 7 fr. 50

— **La religion du Véda.** Traduit par V. HENRY, prof. à la Sorbonne. 1903. 10 fr.

OSSIP-LOURIÉ. **La philosophie russe contemporaine.** 1902. 5 fr.

OUVRÉ (H.), professeur à l'Université de Bordeaux. * **Les Formes littéraires de la pensée grecque.** 1900. (Ouvrage couronné par l'Académie française et par l'Association pour l'enseignement des études grecques.) 10 fr.

PALANTE (G.). **Combat pour l'individu.** 1904. 1 vol. in-8. 3 fr. 75

PAULHAN. **L'Activité mentale et les Éléments de l'esprit.** 10 fr.

— **Les Types intellectuels : esprits logiques et esprits faux.** 1896. 7 fr. 50

— * **Les Caractères.** 2e édit. 5 fr.

PAYOT (J.), Recteur de l'Académie de Chambéry. **La croyance.** 2e édit. 1905. 5 fr.

— * **L'Éducation de la volonté.** 20e édit. 1905. 5 fr.

PÉRÈS (Jean), professeur au lycée de Toulouse. **L'Art et le Réel.** 1898. 3 fr. 75

PÉREZ (Bernard). **Les Trois premières années de l'enfant.** 5e édit. 5 fr.

— **L'Éducation morale dès le berceau.** 4e édit. 1901. 5 fr.

— * **L'Éducation intellectuelle dès le berceau.** 2e éd. 1901. 5 fr.

PIAT (C.). **La Personne humaine.** 1898. (Couronné par l'Institut). 7 fr. 50

— * **Destinée de l'homme.** 1898. 5 fr.

PICAVET (E.), maître de conférences à l'École des hautes études. * **Les Idéologues.** (Ouvr. couronné par l'Académie française.) 10 fr.

PIDERIT. **La Mimique et la Physiognomonie.** Trad. par M. Girot. 5 fr.

PILLON (F.). * **L'Année philosophique**, 12 années : 1890, 1891, 1892, 1893 (épuisée), 1894, 1895, 1896, 1897, 1898, 1899, 1900, 1901, 1902 et 1903. 13 vol. Ch. vol. sép. 5 fr.

PIOGER (J.). **La Vie et la Pensée**, essai de conception expérimentale. 1894. 5 fr.

— **La Vie sociale, la Morale et le Progrès.** 1894. 5 fr.

PREYER, prof. à l'Université de Berlin. **Éléments de physiologie.** 5 fr.

PROAL, conseiller à la Cour de Paris. * **Le Crime et la Peine.** 3e édit. (Couronné par l'Institut.) 10 fr.

— * **La Criminalité politique.** 1895. 5 fr.

— **Le Crime et le Suicide passionnels.** 1900. (Couronné par l'Ac. française.) 10 fr.

RAUH, chargé de cours à la Sorbonne. * **De la méthode dans la psychologie des sentiments.** 1899. (Couronné par l'Institut.) 5 fr.

— **L'Expérience morale.** 1903. 3 fr. 75

RÉCÉJAC, doct. ès lett. **Les Fondements de la Connaissance mystique.** 1897. 5 fr.

RENARD (G.), professeur au Conservatoire des arts et métiers. * **La Méthode scientifique de l'histoire littéraire.** 1900. 10 fr.

RENOUVIER (Ch.) de l'Institut. * **Les Dilemmes de la métaphysique pure.** 1900. 5 fr.

— * **Histoire et solution des problèmes métaphysiques.** 1901. 7 fr. 50

— **Le personnalisme,** suivi d'une étude sur la *perception externe et la force.* 1903. 10 fr.

Suite de la *Bibliothèque de philosophie contemporaine*, format in-8.

RIBERY, docteur ès lettres. **Essai de classification naturelle des caractères.** 1903. 3 fr. 75
RIBOT (Th.), de l'Institut. * **L'Hérédité psychologique.** 5ᵉ édit. 7 fr. 50
— * **La Psychologie anglaise contemporaine.** 3ᵉ édit. 7 fr. 50
— * **La Psychologie allemande contemporaine.** 5ᵉ édit. 7 fr. 50
— **La Psychologie des sentiments.** 4ᵉ édit. 1903. 7 fr. 50
— **L'Évolution des idées générales.** 2ᵉ édit. 1903. 5 fr.
— * **Essai sur l'Imagination créatrice.** 2ᵉ édit. 1905. 5 fr.
— **La logique des sentiments.** 1905. 1 vol. in-8. 3 fr. 75
RICARDOU (A.), docteur ès lettres. * **De l'Idéal.** (Couronné par l'Institut.) 5 fr.
RICHARD (G.), chargé du cours de sociologie à l'Univ. de Bordeaux. ***L'idée d'évolution dans la nature et dans l'histoire.** 1903. (Couronné par l'Institut.) 7 fr. 50
ROBERTY (E. de). **L'Ancienne et la Nouvelle philosophie.** 7 fr. 50
— * **La Philosophie du siècle** (positivisme, criticisme, évolutionnisme). 5 fr.
— **Nouveau Programme de sociologie.** 1904. 5 fr.
ROMANES. * **L'Évolution mentale chez l'homme.** 7 fr. 50
RUYSSEN (Th.), chargé de cours à l'Université d'Aix. **Essai sur l'évolution psychologique du jugement.** 1 vol. in-8. 5 fr.
SABATIER (A.), doyen de la Faculté des sciences de Montpellier. — * **Philosophie de l'effort.** *Essais philosophiques d'un naturaliste.* 1903. 7 fr. 50
SAIGEY (E.). * **Les Sciences au XVIIIᵉ siècle.** La Physique de Voltaire. 5 fr.
SAINT-PAUL (Dʳ G.). **Le Langage intérieur et les paraphasies.** 1904. 5 fr.
SANZ Y ESCARTIN. **L'Individu et la Réforme sociale,** trad. Dietrich. 7 fr. 50
SCHOPENHAUER. **Aphor. sur la sagesse dans la vie.** Trad. Cantacuzène. 7ᵉ éd. 5 fr.
— * **Le Monde comme volonté et comme représentation.** Traduit par M. A. Burdeau. 3ᵉ éd. 3 vol. Chacun séparément. 7 fr. 50
SÉAILLES (G.), prof. à la Sorbonne. **Essai sur le génie dans l'art.** 2ᵉ édit. 5 fr.
SIGHELE (Scipio). **La Foule criminelle.** 2ᵉ édit. 1901. 5 fr.
SOLLIER. **Le Problème de la mémoire.** 1900. 3 fr. 75
— **Psychologie de l'idiot et de l'imbécile,** avec 12 pl. hors texte. 2ᵉ éd. 1902. 5 fr.
SOURIAU (Paul), prof. à l'Univ. de Nancy. **L'Esthétique du mouvement.** 5 fr.
— * **La Suggestion dans l'art.** 5 fr.
— **La Beauté rationnelle.** 1904. 10 fr.
STEIN (L.), professeur à l'Université de Berne. * **La Question sociale au point de vue philosophique.** 1900. 10 fr.
STUART MILL. * **Mes Mémoires.** Histoire de ma vie et de mes idées. 3ᵉ éd. 5 fr.
— * **Système de Logique déductive et inductive.** 4ᵉ édit. 2 vol. 20 fr.
— * **Essais sur la Religion.** 3ᵉ édit. 5 fr.
— **Lettres inédites à Aug. Comte et réponses d'Aug. Comte,** 1899. 10 fr.
SULLY (James). **Le Pessimisme.** Trad. Bertrand. 2ᵉ édit. 7 fr. 50
— * **Études sur l'Enfance.** Trad. A. Monod, préface de G. Compayré. 1898. 10 fr.
— **Essai sur le rire.** Trad. Terrier. 1904. 7 fr. 50
TARDE (G.), de l'Institut, prof. au Coll. de France. * **La Logique sociale.** 3ᵉ éd. 1898. 7 fr. 50
— * **Les Lois de l'imitation.** 3ᵉ édit. 1900. 7 fr. 50
— **L'Opposition universelle.** *Essai d'une théorie des contraires.* 1897. 7 fr. 50
— * **L'Opinion et la Foule.** 2ᵉ édit. 1904. 5 fr.
— * **Psychologie économique.** 1902. 2 vol. in-8. 15 fr.
TARDIEU (E.). **L'Ennui.** *Etude psychologique.* 1903. 5 fr.
THOMAS (P.-F.), docteur ès lettres. **Pierre Leroux, sa philosophie.** 1904. 5 fr.
— * **L'Éducation des sentiments.** (Couronné par l'Institut.) 3ᵉ édit. 1904. 5 fr.
THOUVEREZ (Émile), professeur à l'Université de Toulouse. **Le Réalisme métaphysique** 1894. (Couronné par l'Institut.) 5 fr.
VACHEROT (Et.), de l'Institut. * **Essais de philosophie critique.** 7 fr. 50
— **La Religion.** 7 fr. 50
WEBER (L.). **Vers le positivisme absolu par l'idéalisme.** 1903. 7 fr. 50

COLLECTION HISTORIQUE DES GRANDS PHILOSOPHES

PHILOSOPHIE ANCIENNE

ARISTOTE (Œuvres d'), traduction de J. BARTHÉLEMY-SAINT-HILAIRE, de l'Institut.

— * **Rhétorique.** 2 vol. in-8. 16 fr.

— * **Politique.** 1 vol. in-8... 10 fr.

— **Métaphysique.** 3 vol. in-8. 30 fr.

— **De la Logique d'Aristote,** par M. BARTHÉLEMY-SAINT-HILAIRE. 2 vol. in-8............ 10 fr.

— **Table alphabétique des matières de la traduction générale d'Aristote,** par M. BARTHÉLEMY-SAINT-HILAIRE, 2 forts vol. in-8. 1892............ 30 fr.

— **L'Esthétique d'Aristote,** par M. BÉNARD. 1 vol. in-8. 1889. 5 fr.

— **La Poétique d'Aristote,** par HATZFELD (A.), prof. hon. au Lycée Louis-le-Grand et M. DUFOUR, prof. à l'Univ. de Lille. 1 vol. in-8 1900.................... 6 fr.

SOCRATE. * **La Philosophie de Socrate,** p. A. FOUILLÉE. 2 v. in-8 16 fr.

— **Le Procès de Socrate,** par G. SOREL. 1 vol. in-8...... 3 fr. 50

PLATON. * **Platon, sa philosophie,** sa vie et de ses œuvres, par CH. BÉNARD. 1 vol. in-8. 1893. 10 fr.

— **La Théorie platonicienne des Sciences,** par ÉLIE HALÉVY. In-8. 1895................. 5 fr.

— **Le dieu de Platon,** par P. BOVET. 1 vol. in-8......... 4 fr.

— **Œuvres,** traduction VICTOR COUSIN revue par J. BARTHÉLEMY-SAINT-HILAIRE : *Socrate et Platon* ou *le Platonisme — Eutyphron — Apologie de Socrate — Criton — Phédon*. 1 vol. in-8. 1896. 7 fr. 50

ÉPICURE. * **La Morale d'Épicure** et ses rapports avec les doctrines contemporaines, par M. GUYAU. 1 volume in-8. 5e édit...... 7 fr. 50

BÉNARD. **La Philosophie ancienne,** ses systèmes. *La Philosophie et la Sagesse orientales. — La Philosophie grecque avant Socrate. Socrate et les socratiques. — Les sophistes grecs*. 1 v. in-8... 9 fr.

FAVRE (Mme Jules), née VELTEN. **La Morale de Socrate.** In-18. 3 50

— **La Morale d'Aristote.** In-18. 3 fr. 50

GOMPERZ. **Les penseurs de la Grèce.** I. *La philosophie antésocratique*. Préface de A. CROISET, de l'Institut. 1 vol. in-8.... 10 fr.

OGEREAU. **Système philosophique des stoïciens.** In-8..... 5 fr.

RODIER (G.). * **La Physique de Straton de Lampsaque.** In-8. 3 fr.

TANNERY (Paul). **Pour la science hellène.** In-8....... 7 fr. 50

MILHAUD (G.). * **Les origines de la science grecque.** In-8. 1893. 5 fr.

— * **Les philosophes géomètres de la Grèce.** 1 vol. in-8. 1900. (Couronné par l'Institut.) .. 6 fr.

FABRE (J.). **La Pensée antique.** *De Moïse à Marc-Aurèle*. 2e éd. In-8. 5 f.

— **La Pensée chrétienne.** *Des Évangiles à l'Imitation de J.-C.* In-8. 10 f.

LAFONTAINE (A.). **Le Plaisir,** *d'après Platon et Aristote*. In-8. 6 fr

PHILOSOPHIE MODERNE

* **DESCARTES,** par L. LIARD. 1 vol. in-8.................. 5 fr.

— **Essai sur l'Esthétique de Descartes,** par E. KRANTZ. 1 vol. in-8. 2e éd. 1897........... 6 fr.

— **Descartes, directeur spirituel,** par V. de SWARTE. Préface de E. BOUTROUX. 1 vol. in-16 avec pl. (*Couronné par l'Institut*). 4 50

LEIBNIZ. * **Œuvres philosophiques,** pub. p. P. JANET. 2e éd. 2 v. in-8. 20 f.

— * **La logique de Leibniz,** par L. COUTURAT. 1 vol. in-8.. 12 fr.

— **Opuscules et fragments inédits de Leibniz,** par L. COUTURAT. 1 vol. in-8.......... 25 fr.

PICAVET. **Histoire comparée des philosophies médiévales.** 1 vol. in-8................ 7 fr. 50

SPINOZA. **Benedicti de Spinoza opera,** quotquot reperta sunt, recognoverunt J. Van Vloten et J.-P.-N. Land, 2 forts vol. in-8 sur papier de Hollande.......... 45 fr.

Le même en 3 volumes. 18 fr.

SPINOZA. **Inventaire des livres formant sa bibliothèque,** publié d'après un document inédit avec des notes et une introduction par A.-J. SERVAAS VAN ROOIJEN. 1 v. in-4 sur papier de Hollande.... 15 fr.

— **La Doctrine de Spinoza,** exposée à la lumière des faits scientifiques, par E. FERRIÈRE. 1 vol. in-12. 3 fr. 50

— **Spinoza,** par E. BRUNSCHVICG. In-8.............. 3 fr. 75

FIGARD (L.), docteur ès lettres. **Un Médecin philosophe au XVIe**

siècle. *La Psychologie de Jean Fernel.* 1 v. in-8. 1903. 7 fr. 50

GEULINCK (Arnoldi). **Opera philosophica** recognovit J.-P.-N. LAND, 3 volumes, sur papier de Hollande, gr. in-8. Chaque vol... 17 fr. 75

GASSENDI. **La Philosophie de Gassendi,** par P.-F. THOMAS. In-8. 1889 .... 6 fr.

LOCKE. ***Sa vie et ses œuvres,** par MARION. In-18. 3e éd... 2 fr. 50

MALEBRANCHE. * **La Philosophie de Malebranche,** par OLLÉ-LAPRUNE, de l'Institut. 2 v. in-8. 16 fr.

PASCAL. **Études sur le scepticisme de Pascal,** par DROZ. 1 vol. in-8.............. 6 fr.

VOLTAIRE. **Les Sciences au XVIIIe siècle.** Voltaire physicien, par Em. SAIGEY. 1 vol. in-8. 5 fr.

FRANCK (Ad.), de l'Institut. **La Philosophie mystique en France au XVIIIe siècle.** In-18. 2 fr. 50

DAMIRON. **Mémoires pour servir à l'histoire de la philosophie au XVIIIe siècle.** 3 vol. in-8. 15 fr.

J.-J. ROUSSEAU ***Du Contrat social,** édition comprenant avec le texte définitif les versions primitives de l'ouvrage d'après les manuscrits de Genève et de Neuchâtel, avec introduction par EDMOND DREYFUS-BRISAC. 1 fort volume grand in-8. 12 fr.

ÉRASME. **Stultitiæ laus des. Erasmi Rot. declamatio.** Publié et annoté par J.-B. KAN, avec les figures de HOLBEIN. 1 v. in-8. 6 fr. 75

PHILOSOPHIE ANGLAISE

DUGALD STEWART. ***Éléments de la philosophie de l'esprit humain.** 3 vol. in-12..... 9 fr.

BACON. **Étude sur François Bacon,** par J. BARTHÉLEMY-SAINT-HILAIRE. In-18........ 2 fr. 50

— * **Philosophie de François Bacon,** par CH. ADAM. (Couronné par l'Institut). In-8...... 7 fr. 50

BERKELEY. **Œuvres choisies.** *Essai d'une nouvelle théorie de la vision. Dialogues d'Hylas et de Philonoüs.* Trad. de l'angl. par MM. BEAULAVON (G.) et PARODI (D.). In-8. 1895. 5 fr.

PHILOSOPHIE ALLEMANDE

FEUERBACH. **Sa philosophie,** par C. LÉVY. 1 vol. in-8..... 10 fr.

KANT. **Critique de la raison pratique,** traduction nouvelle avec introduction et notes, par M. PICAVET. 2e édit. 1 vol. in-8.. 6 fr.

— **Critique de la raison pure,** trad. par MM. PACAUD et TREMESAYGUES. Préface de M. HANNEQUIN. 1 vol. in-8 (*sous presse*).

— **Éclaircissements sur la Critique de la raison pure,** trad. TISSOT. 1 vol. in-8....... 6 fr.

— **Doctrine de la vertu,** traduction BARNI. 1 vol. in-8........ 8 fr.

— ***Mélanges de logique,** traduction TISSOT. 1 v. in-8..... 6 fr.

— ***Prolégomènes à toute métaphysique future** qui se présentera comme science, traduction TISSOT. 1 vol. in-8........ 6 fr.

— * **Anthropologie,** suivie de divers fragments, traduction TISSOT. 1 vol. in-8 .... 6 fr.

— ***Essai critique sur l'Esthétique de Kant,** par V. BASCH. 1 vol. in-8. 1896........ 10 fr.

— **Sa morale,** par CRESSON. 2e éd. 1 vol. in-12 .... 2 fr. 50

— **L'Idée ou critique du Kantisme,** par C. PIAT, Dr ès lettres. 2e édit. 1 vol. in-8....... 6 fr.

KANT et FICHTE **et le problème de l'éducation,** par PAUL DUPROIX. 1 vol. in-8. 1897....... 5 fr.

SCHELLING. **Bruno,** ou du principe divin. 1 vol. in-8....... 3 fr. 50

HEGEL. ***Logique.** 2 vol. in-8. 14 fr.

— * **Philosophie de la nature.** 3 vol. in-8............ 25 fr.

— ***Philosophie de l'esprit.** 2 vol. in-8................. 18 fr.

— ***Philosophie de la religion.** 2 vol. in-8............ 20 fr.

— **La Poétique,** trad. par M. Ch. BÉNARD. Extraits de Schiller, Gœthe, Jean-Paul, etc., 2 v. in-8. 12 fr.

— **Esthétique.** 2 vol. in-8, trad. BÉNARD............... 16 fr.

— **Antécédents de l'hégélianisme dans la philosophie française,** par E. BEAUSSIRE. 1 vol. in-18.......... 2 fr. 50

— **Introduction à la philosophie de Hegel,** par VÉRA. 1 vol. in-8. 2e édit .... 6 fr. 50

— ***La logique de Hegel,** par EUG. NOEL. In-8. 1897......... 3 fr.

HERBART. * **Principales œuvres pédagogiques,** trad. A. PINLOCHE. In-8. 1894........ 7 fr. 50

La métaphysique de Herbart et

la critique de Kant, par M. MAUXION. 1 vol. in-8... 7 fr. 50

MAUXION (M.). **L'éducation par l'instruction** *et les théories pédagogiques de Herbart*. 1 vol. in-12. 1901.............. 2 fr. 50

RICHTER (Jean-Paul-Fr.). **Poétique ou Introduction à l'Esthétique**. 2 vol. in-8. 1862....... 15 fr.

SCHILLER **Sa Poétique**, par V. BASCH. 1 vol. in-8. 1902... 4 fr.

Essai sur le mysticisme spéculatif en Allemagne au XIVe siècle, par DELACROIX (H.), Maître de conf. à l'Univ. de Montpellier. 1 vol. in-8, 1900.. 5 fr.

PHILOSOPHIE ANGLAISE CONTEMPORAINE

(Voir *Bibliothèque de philosophie contemporaine*, pages 2 à 10.)

ARNOLD (Matt.). — BAIN (Alex.). — CARRAU (Lud.). — CLAY (R.). — COLLINS (H.). — CARUS. — FERRI (L.). — FLINT. — GUYAU. — GURNEY, MYERS et PODMORE. — HALÉVY (E.). — HERBERT SPENCER. — HUXLEY. — JAMES (William). — LIARD. — LANG. — LUBBOCK (Sir John). — LYON (Georges). — MARION. — MAUDSLEY. — STUART MILL (John). — RIBOT. — ROMANES. — SULLY (James).

PHILOSOPHIE ALLEMANDE CONTEMPORAINE

(Voir *Bibliothèque de philosophie contemporaine*, pages 2 à 10.)

BOUGLÉ. — GROOS. — HARTMANN (E. de). — LÉON (Xavier). — LÉVY (A.). — LÉVY-BRUHL. — MAUXION. — NORDAU (Max). — NIETZSCHE. — OLDENBERG. — PIDERIT. — PREYER. — RIBOT. — SCHMIDT (O.). — SCHOPENHAUER. — SELDEN (C.). — WUNDT. — ZELLER. — ZIEGLER.

PHILOSOPHIE ITALIENNE CONTEMPORAINE

(Voir *Bibliothèque de philosophie contemporaine*, pages 2 à 10.)

BARZELOTTI. — ESPINAS. — FERRERO. — FERRI (Enrico). — FERRI (L.). — GAROFALO. — LOMBROSO. — LOMBROSO et FERRERO. — LOMBROSO et LASCHI. — MOSSO. — PILO (Mario). — SERGI. — SIGHELE.

LES GRANDS PHILOSOPHES

Publié sous la direction de M. C. PIAT

Agrégé de philosophie, docteur ès lettres, professeur à l'École des Carmes.

Chaque étude forme un volume in-8° carré de 300 pages environ, dont le prix varie de 5 francs à 7 fr. 50.

***Kant**, par M. RUYSSEN, maître de conférences à la Faculté des lettres d'Aix. 2e édition. 1 vol. in-8. (Couronné par l'Institut.) 7 fr. 50
***Socrate**, par l'abbé C. PIAT. 1 vol. in-8. 5 fr.
***Avicenne**, par le baron CARRA DE VAUX. 1 vol. in-8. 5 fr.
***Saint Augustin**, par l'abbé JULES MARTIN. 1 vol. in-8. 5 fr.
***Malebranche**, par Henri JOLY. 1 vol. in-8. 5 fr.
***Pascal**, par A. HATZFELD. 1 vol. in-8. 5 fr.
***Saint Anselme**, par DOMET DE VORGES. 1 vol. in-8. 5 fr.
Spinoza, par P.-L. COUCHOUD, agrégé de l'Université. 1 vol. in-8. (*Couronné par l'Académie Française*). 5 fr.
Aristote, par l'abbé C. PIAT. 1 vol. in-8. 5 fr.
Gazali, par le baron CARRA DE VAUX. 1 vol. in-8. 5 fr.

MINISTRES ET HOMMES D'ÉTAT

HENRI WELSCHINGER. — ***Bismarck**. 1 vol. in-16. 1900...... 2 fr. 50
H. LÉONARDON. — ***Prim**. 1 vol. in-16. 1901.......... 2 fr. 50
M. COURCELLE. — ***Disraëli**. 1 vol. in-16. 1901.......... 2 fr. 50
M. COURANT. — **Okoubo**. 1 vol. in-16, avec un portrait. 1904.. 2 fr. 50
A. VIALLATE. — **Chamberlain**. 1 vol. in-16............ 2 fr. 50

BIBLIOTHÈQUE GÉNÉRALE des SCIENCES SOCIALES

SECRÉTAIRE DE LA RÉDACTION : DICK MAY, Secrétaire général de l'École des Hautes Études sociales.

L'Individualisation de la peine, par R. SALEILLES, professeur à la Faculté de droit de l'Université de Paris. 1 vol. in-8, cart. 6 fr.

L'Idéalisme social, par Eugène FOURNIÈRE. 1 vol. in-8, cart. 6 fr.

***Ouvriers du temps passé** (XVe et XVIe siècles), par H. HAUSER, professeur à l'Université de Dijon. 1 vol. in-8, cart. 6 fr.

***Les Transformations du pouvoir**, par G. TARDE, de l'Institut, professeur au Collège de France. 1 vol. in-8, cart. 6 fr.

Morale sociale. Leçons professées au Collège libre des Sciences sociales, par MM. G. BELOT, MARCEL BERNÈS, BRUNSCHVICG, F. BUISSON, DARLU, DAURIAC, DELBET, CH. GIDE, M. KOVALEVSKY, MALAPERT, le R. P. MAUMUS, DE ROBERTY, G. SOREL, le PASTEUR WAGNER. Préface de M. EMILE BOUTROUX, de l'Institut. 1 vol. in-8, cart. 6 fr.

Les Enquêtes, pratique et théorie, par P. DU MAROUSSEM. (Ouvrage couronné par l'Institut.) 1 vol. in-8, cart. 6 fr.

***Questions de Morale**, leçons professées à l'École de morale, par MM. BELOT, BERNÈS, F. BUISSON, A. CROISET, DARLU, DELBOS, FOURNIÈRE, MALAPERT, MOCH, PARODI, G. SOREL. 1 vol. in-8, cart. 6 fr.

Le développement du Catholicisme social depuis l'encyclique *Rerum novarum*, par Max TURMANN. 1 vol. in-8, cart. 6 fr.

***Le Socialisme sans doctrines.** *La Question ouvrière et la Question agraire en Australie et en Nouvelle-Zélande*, par Albert MÉTIN, agrégé de l'Université, professeur à l'École Coloniale. 1 vol. in-8, cart. 6 fr.

***Assistance sociale.** *Pauvres et mendiants*, par PAUL STRAUSS, sénateur. 1 vol. in-8, cart. 6 fr.

***L'Éducation morale dans l'Université.** (*Enseignement secondaire.*) Conférences et discussions, sous la présid. de M. A. CROISET, doyen de la Faculté des lett. de Paris. (*Ecole des Hautes Etudes soc.*, 1900-1901). In-8, cart. 6 fr.

***La Méthode historique appliquée aux Sciences sociales**, par Charles SEIGNOBOS, maître de conf. à l'Université de Paris. 1 vol. in-8, cart. 6 fr.

L'Hygiène sociale, par E. DUCLAUX, de l'Institut, directeur de l'institut Pasteur. 1 vol. in-8, cart. 6 fr.

Le Contrat de travail. *Le rôle des syndicats professionnels*, par P. BUREAU, prof. à la Faculté libre de droit de Paris. 1 vol. in-8, cart. 6 fr.

***Essai d'une philosophie de la solidarité.** Conférences et discussions sous la présidence de MM. Léon BOURGEOIS, député, ancien président du Conseil des ministres, et A. CROISET, de l'Institut, doyen de la Faculté des lettres de Paris. (*Ecole des Hautes Etudes sociales*, 1901-1902.) 1 vol. in-8, cart. 6 fr.

***L'exode rural et le retour aux champs**, par E. VANDERVELDE, professeur à l'Université nouvelle de Bruxelles. 1 vol. in-8, cart. 6 fr.

***L'Éducation de la démocratie.** Leçons professées à l'École des Hautes Études sociales, par MM. E. LAVISSE, A. CROISET, Ch. SEIGNOBOS, P. MALAPERT, G. LANSON, J. HADAMARD. 1 vol. in-8, cart. 6 fr.

***La Lutte pour l'existence et l'évolution des sociétés**, par J.-L. DE LANNESSAN, député, prof. agr. à la Fac. de méd. de Paris. 1 vol in-8, cart. 6 fr.

La Concurrence sociale et les devoirs sociaux, par le MÊME. 1 vol. in-8, cart. 6 fr.

L'Individualisme anarchiste, Max Stirner, par V. BASCH, professeur à l'Université de Rennes. 1 vol. in-8, cart. 6 fr.

La démocratie devant la science, par C. BOUGLÉ, prof. de philosophie sociale à l'Université de Toulouse. 1 vol. in-8, cart. 6 fr.

Les Applications sociales de la solidarité, par MM. P. BUDIN, Ch. GIDE, H. MONOD, PAULET, ROBIN, SIEGFRIED, BROUARDEL. Préface de M. Léon BOURGEOIS (*Ecole des Hautes Etudes soc.*, 1902-1903). 1 vol. in-8, cart. 6 fr.

La Paix et l'enseignement pacifiste, par MM. Fr. PASSY, Ch. RICHET, d'ESTOURNELLES DE CONSTANT, E. BOURGEOIS, A. WEISS, H. LA FONTAINE, G. LYON (*Ecole des Hautes Etudes soc.*, 1902-1903). 1 vol. in-8, cart. 6 fr.

Études sur la philosophie morale au XIXe siècle, par MM. BELOT, A. DARLU, M. BERNÈS, A. LANDRY, Ch. GIDE, E. ROBERTY, R. ALLIER, H. LICHTENBERGER, L. BRUNSCHVICG (*Ecole des Hautes Etudes soc.*, 1902-1903). 1 vol. in-8, cart. 6 fr.

Enseignement et démocratie, par MM. APPELL, J. BOITEL, A. CROISET, A. DEVINAT, Ch.-V. LANGLOIS, G. LANSON, A. MILLERAND, Ch. SEIGNOBOS (*Ecole des Hautes Etudes soc.*, 1903-1904). 1 vol. in-8, cart. 6 fr.

BIBLIOTHÈQUE D'HISTOIRE CONTEMPORAINE

Volumes in-12 brochés à 3 fr. 50. — Volumes in-8 brochés de divers prix

EUROPE

DEBIDOUR, inspecteur général de l'Instruction publique. * **Histoire diplomatique de l'Europe, de 1815 à 1878.** 2 vol. in-8. (Ouvrage couronné par l'Institut.) 18 fr.

DOELLINGER (I. de). **La papauté**, ses origines au moyen âge, son influence jusqu'en 1870. Traduit par A. GIRAUD-TEULON, 1904. 1 vol. in-8. 7 fr.

SYBEL (H. de). * **Histoire de l'Europe pendant la Révolution française**, traduit de l'allemand par Mlle DOSQUET. Ouvrage complet en 6 vol. in-8. 42 fr.

FRANCE

AULARD, professeur à la Sorbonne. * **Le Culte de la Raison et le Culte de l'Être suprême**, étude historique (1793-1794). 2e édit. 1 vol. in-12. 3 fr. 50

— * **Études et leçons sur la Révolution française.** 4 vol. in-12. Chacun. 3 fr. 50

CAHEN (L.), agrégé d'histoire, docteur ès lettres. **Condorcet et la Révolution française.** 1 vol. in-8. 10 fr.

DESPOIS (Eug.). * **Le Vandalisme révolutionnaire.** Fondations littéraires, scientifiques et artistiques de la Convention. 4e éd. 1 vol. in-12. 3 fr. 50

DEBIDOUR, inspecteur général de l'Instruction publique. * **Histoire des rapports de l'Église et de l'État en France** (1789-1870). 1 fort vol. in-8. 1898. (Couronné par l'Institut.) 12 fr.

MATHIEZ (A.), agrégé d'histoire, docteur ès lettres. **La théophilanthropie et le culte décadaire**, 1796-1801. 1 vol. in-8. 12 fr.

ISAMBERT (G.). * **La vie à Paris pendant une année de la Révolution** (1791-1792). 1 vol. in-12. 1896. 3 fr. 50

MARCELLIN PELLET, ancien député. **Variétés révolutionnaires.** 3 vol. in-12, précédés d'une préface de A. RANC. Chaque vol. séparém. 3 fr. 50

DRIAULT (E.), professeur au lycée de Versailles. **La politique orientale de Napoléon.** Sébastiani et Gardane (1806-1808). 1 vol. in-8 (Récompensé par l'Institut.) 7 fr.

SILVESTRE, professeur à l'École des sciences politiques. **De Waterloo à Sainte-Hélène** (20 Juin-16 Octobre 1815). 1 vol. in-16. 3 fr. 50

BONDOIS (P.), agrégé de l'Université. ***Napoléon et la société de son temps** (1793-1821). 1 vol. in-8. 7 fr.

CARNOT (H.), sénateur. * **La Révolution française**, résumé historique. 1 volume in-12. Nouvelle édit. 3 fr. 50

ROCHAU (M. de). **Histoire de la Restauration.** 1 vol. in-12. 3 fr. 50

WEILL (G.), docteur ès lettres, agrégé de l'Université. **Histoire du parti républicain en France, de 1814 à 1870.** 1 vol. in-8. 1900. (Récompensé par l'Institut.) 10 fr.

— Histoire du mouvement social en France (1852-1902). 1 v. in-8. 1905. 7 fr.

BLANC (Louis). * **Histoire de Dix ans** (1830-1840). 5 vol. in-8. 25 fr.

GAFFAREL (P.), professeur à l'Université d'Aix. * **Les Colonies françaises.** 1 vol. in-8. 6e édition revue et augmentée. 5 fr.

LAUGEL (A.). * **La France politique et sociale.** 1 vol. in-8. 5 fr.

SPULLER (E.), ancien ministre de l'Instruction publique. * **Figures disparues**, portraits contemp., littér. et politiq. 3 vol. in-12. Chacun. 3 fr. 50

— **Hommes et choses de la Révolution.** 1 vol. in-12. 1896. 3 fr. 50

TAXILE DELORD. * **Histoire du second Empire** (1848-1870). 6 v. in-8. 42 fr.

POULLET. **La Campagne de l'Est** (1870-1871). In-8 avec cartes. 7 fr.

VALLAUX (C.). * **Les campagnes des armées françaises** (1792-1815). 1 vol. in-12, avec 17 cartes dans le texte. 3 fr. 50

ZEVORT (E.), recteur de l'Académie de Caen. **Histoire de la troisième République :**

- Tome I. * **La présidence de M. Thiers.** 1 vol. in-8. 2e édit. 7 fr.
- Tome II. * **La présidence du Maréchal.** 1 vol. in-8. 2e édit. 7 fr.
- Tome III. **La présidence de Jules Grévy.** 1 vol. in-8. 2e édit. 7 fr.
- Tome IV. **La présidence de Sadi Carnot.** 1 vol. in-8. 7 fr.

WAHL, inspect. général honoraire de l'Instruction publique aux colonies, et A. BERNARD, professeur à la Sorbonne. * **L'Algérie.** 1 vol. in-8. 4e édit., 1903. (Ouvrage couronné par l'Institut.) 5 fr.

LANESSAN (J.-L. de). ***L'Indo-Chine française.** Étude économique, politique et administrative. 1 vol. in-8, avec 5 cartes en couleurs hors texte. 15 fr.

PIOLET (J.-B.). La France hors de France, notre émigration, sa nécessité, ses conditions. 1 vol. in-8. 1900. (Couronné par l'Institut.) 10 fr.

LAPIE (P.), chargé de cours à l'Université de Bordeaux. * **Les Civilisations tunisiennes** (Musulmans, Israélites, Européens). 1 vol. in-12. 1898. (Couronné par l'Académie française.) 3 fr. 50

WEILL (Georges), professeur au lycée Louis-le-Grand. **L'Ecole saint-simonienne**, son histoire, son influence jusqu'à nos jours. 1 vol. in-12. 1896. 3 fr. 50

— **Histoire du mouvement social en France.** 1852-1902. 1 vol. in-8. 7 fr.

LEBLOND (M.-A.). **La société française sous la troisième République.** 1905. 1 vol. 5 fr.

ANGLETERRE

LAUGEL (Aug.). * **Lord Palmerston et lord Russell.** 1 vol. in-12. 3 fr. 50

SIR CORNEWAL LEWIS. * **Histoire gouvernementale de l'Angleterre, depuis 1770 jusqu'à 1830.** Traduit de l'anglais. 1 vol. in-8. 7 fr.

REYNALD (H.), doyen de la Faculté des lettres d'Aix. * **Histoire de l'Angleterre**, depuis la reine Anne jusqu'à nos jours. 1 vol. in-12. 2e éd. 3 fr. 50

MÉTIN (Albert), Prof. à l'Ecole Coloniale. * **Le Socialisme en Angleterre.** 1 vol. in-12. 3 fr. 50

ALLEMAGNE

VÉRON (Eug.). * **Histoire de la Prusse**, depuis la mort de Frédéric II. 1 vol. in-12. 6e édit. 3 fr. 50

— * **Histoire de l'Allemagne**, depuis la bataille de Sadowa jusqu'à nos jours. 1 vol. in-12. 3e éd., mise au courant des événements par P. BONDOIS. 3 fr. 50

ANDLER (Ch.), prof. à la Sorbonne. * **Les origines du socialisme d'État en Allemagne.** 1 vol. in-8. 1897. 7 fr.

GUILLAND (A.), professeur d'histoire à l'Ecole polytechnique suisse. * **L'Allemagne nouvelle et ses historiens.** (NIEBUHR, RANKE, MOMMSEN, SYBEL, TREITSCHKE.) 1 vol. in-8. 1899. 5 fr.

*MILHAUD (G.), professeur à l'Université de Genève. **La Démocratie socialiste allemande.** 1 vol. in-8. 1903. 10 fr.

*MATTER (P.), doct. en droit, substitut au tribunal de la Seine. **La Prusse et la révolution de 1848.** 1 vol. in-12. 1903. 3 fr. 50

AUTRICHE-HONGRIE

BOURLIER (J.). * **Les Tchèques et la Bohême contemporaine.** 1 vol. in-12. 1897. 3 fr. 50

AUERBACH, professeur à l'Université de Nancy. * **Les races et les nationalités en Autriche-Hongrie.** In-8. 1898. 5 fr.

SAYOUS (Ed.), professeur à la Faculté des lettres de Besançon. **Histoire des Hongrois** et de leur littérature politique, de 1790 à 1815. 1 vol. in-12. 3 fr. 50

*RECOULY (R.), agrégé de l'Univ. **Le pays magyar.** 1903. 1 v. in-12. 3 fr. 50

ITALIE

SORIN (Élie). * **Histoire de l'Italie**, depuis 1815 jusqu'à la mort de Victor-Emmanuel. 1 vol. in-12. 1888. 3 fr. 50

GAFFAREL (P.), professeur à l'Université d'Aix. * **Bonaparte et les Républiques italiennes** (1796-1799). 1895. 1 vol. in-8. 5 fr.

BOLTON KING (M. A.). * **Histoire de l'unité italienne.** Histoire politique de l'Italie, de 1814 à 1871, traduit de l'anglais par M. MACQUART; introduction de M. Yves GUYOT. 1900. 2 vol. in-8. 15 fr.

ESPAGNE

REYNALD (H.). * **Histoire de l'Espagne**, depuis la mort de Charles III 1 vol. in-12. 3 fr. 50

ROUMANIE

DAMÉ (Fr.). * **Histoire de la Roumanie contemporaine**, depuis l'avènement des princes indigènes jusqu'à nos jours. 1 vol. in-8. 1900. 7 fr.

SUISSE

DAENDLIKER. * **Histoire du peuple suisse.** Trad. de l'allem. par Mme Jules FAVRE et précédé d'une Introduction de Jules FAVRE. 1 vol. in-8. 5 fr.

SUÈDE

SCHEFER (C.). * **Bernadotte roi** (1810-1818-1844). 1 vol. in-8. 1899. 5 fr.

GRÈCE, TURQUIE, ÉGYPTE

BÉRARD (V.), docteur ès lettres. * **La Turquie et l'Hellénisme contemporain.** (Ouvrage cour. par l'Acad. française.) 1 v. in-12. 5e éd. 3 fr. 50

RODOCANACHI (E.). * **Bonaparte et les îles Ioniennes**, (1797-1816). 1 volume in-8. 1899. 5 fr.

*MÉTIN (Albert), professeur à l'École coloniale. La Transformation de l'Egypte. 1 vol. in-12. 1903. (Cour. par la Soc. de géogr. comm.) 3 fr. 50

CHINE

CORDIER (H.), professeur à l'École des langues orientales. *Histoire des relations de la Chine avec les puissances occidentales (1860-1902), avec cartes. 3 vol. in-8, chacun séparément. 10 fr.
— L'Expédition de Chine de 1857-58. Histoire diplomatique, notes et documents. 1905. 1 vol. in-8. 7 fr.
COURANT (M.), maître de conférences à l'Université de Lyon. En Chine. *Mœurs et institutions. Hommes et faits.* 1 vol. in-16. 3 fr. 50

AMÉRIQUE

DEBERLE (Alf.). * Histoire de l'Amérique du Sud, in-12. 3e éd. 3 fr. 50

BARNI (Jules). * Histoire des idées morales et politiques en France au XVIIIe siècle. 2 vol. in-12. Chaque volume. 3 fr. 50
— * Les Moralistes français au XVIIIe siècle. 1 vol. in-12 3 fr. 50
BEAUSSIRE (Émile), de l'Institut. La Guerre étrangère et la Guerre civile. 1 vol. in-12. 3 fr. 50
LOUIS BLANC. Discours politiques (1848-1881). 1 vol. in-8. 7 fr. 50
BONET-MAURY. * Histoire de la liberté de conscience (1598-1870). In-8. 1900. 5 fr.
BOURDEAU (J.). * Le Socialisme allemand et le Nihilisme russe. 1 vol. in-12. 2e édit. 1894. 3 fr. 50
— *L'évolution du Socialisme. 1901. 1 vol. in-16. 3 fr. 50
D'EICHTHAL (Eug.). Souveraineté du peuple et gouvernement. 1 vol. in-12. 1895. 3 fr. 50
DESCHANEL (E.), sénateur, professeur au Collège de France. *Le Peuple et la Bourgeoisie. 1 vol. in-8. 2e édit. 5 fr.
DEPASSE (Hector). Transformations sociales. 1894. 1 vol. in-12. 3 fr. 50
— Du Travail et de ses conditions (Chambres et Conseils du travail). 1 vol. in-12. 1895. 3 fr. 50
DRIAULT (E.), prof. agr. au lycée de Versailles. * Les problèmes politiques et sociaux à la fin du XIXe siècle. In-8. 1900. 7 fr.
— * La question d'Orient, préface de G. MONOD, de l'Institut. 1 vol. in-8. 3e édit. 1905. (Ouvrage couronné par l'Institut.) 7 fr.
DU CASSE. Les Rois frères de Napoléon Ier. 1 vol. in-8. 10 fr.
GUÉROULT (G.). * Le Centenaire de 1789, 1 vol. in-12. 1889. 3 fr. 50
HENRARD (P.). Henri IV et la princesse de Condé. 1 vol. in-8. 6 fr.
LAVELEYE (E. de), correspondant de l'Institut. Le Socialisme contemporain. 1 vol. in-12. 11e édit. augmentée. 3 fr. 50
LICHTENBERGER (A.). * Le Socialisme utopique, *étude sur quelques précurseurs du Socialisme.* 1 vol. in-12. 1898. 3 fr. 50
— * Le Socialisme et la Révolution française. 1 vol. in-8. 5 fr.
MATTER (P.). La dissolution des assemblées parlementaires, étude de droit public et d'histoire. 1 vol. in-8. 1898. 5 fr.
NOVICOW. La Politique internationale. 1 vol. in-8. 7 fr.
PAUL LOUIS. L'ouvrier devant l'Etat. Etude de la législation ouvrière dans les deux mondes. 1904. 1 vol. in-8. 7 fr.
PHILIPPSON. La Contre-révolution religieuse au XVIe s. In-8. 10 fr.
REINACH (Joseph). Pages républicaines. 1 vol. in-12. 3 fr. 50
— *La France et l'Italie devant l'histoire. 1 vol. in-8. 5 fr.
SPULLER (E.).* Éducation de la démocratie. 1 vol. in-12. 1892. 3 fr. 50
— L'Évolution politique et sociale de l'Église. 1 vol. in-12. 1893. 3 fr. 50

PUBLICATIONS HISTORIQUES ILLUSTRÉES

*DE SAINT-LOUIS A TRIPOLI PAR LE LAC TCHAD, par le lieutenant-colonel MONTEIL. 1 beau vol. in-8 colombier, précédé d'une préface de M. DE VOGÜÉ, de l'Académie française, illustrations de RIOU. 1895. *Ouvrage couronné par l'Académie française (Prix Montyon)*, broché 20 fr., relié amat., 28 fr.
*HISTOIRE ILLUSTRÉE DU SECOND EMPIRE, par Taxile DELORD. 6 vol. in-8, avec 500 gravures. Chaque vol. broché, 8 fr.
HISTOIRE POPULAIRE DE LA FRANCE, depuis les origines jusqu'en 1815. — 4 vol. in-8, avec 1323 gravures. Chacun, 7 fr. 50

BIBLIOTHÈQUE DE LA FACULTÉ DES LETTRES DE L'UNIVERSITÉ DE PARIS

HISTOIRE et LITTÉRATURE ANCIENNES

***De l'authenticité des épigrammes de Simonide**, par H. HAUVETTE, maître de conférences à la Sorbonne, 1 vol. in-8. 5 fr.

***Les Satires d'Horace**, par M. le Prof. A. CARTAULT. 1 vol. in-8. 11 fr.

***De la flexion dans Lucrèce**, par M. le Prof. A. CARTAULT, 1 v. in-8. 4 fr.

***La main-d'œuvre industrielle dans l'ancienne Grèce**, par M. le Prof. GUIRAUD. 1 vol. in-8. 7 fr.

***Recherches sur le Discours aux Grecs de Tatien**, suivies d'une *traduction française du discours*, avec notes, par A. PUECH, maître de conférences à la Sorbonne. 1 vol. in-8. 1903. 6 fr.

Les « Métamorphoses » d'Ovide et leurs modèles grecs, par A. LAFAYE, maître de conférences à la Sorbonne. 1 vol. in-8. 1904. 8 fr. 50

MOYEN AGE

***Premiers mélanges d'histoire du Moyen âge**, par MM. le Prof. A. LUCHAIRE, DUPONT-FERRIER et POUPARDIN. 1 vol. in-8. 3 fr. 50

Deuxièmes mélanges d'histoire du Moyen âge, publiés sous la direct. de M. le Prof. A. LUCHAIRE, par MM. LUCHAIRE, HALPHEN et HUCKEL. 1 vol. in-8. 6 fr.

Troisièmes mélanges d'histoire du Moyen âge, par MM. LUCHAIRE, BEYSSIER, HALPHEN et CORDEY. 1 vol. in-8. 8 fr. 50

***Essai de restitution des plus anciens Mémoriaux de la Chambre des Comptes de Paris**, par MM. J. PETIT, GAVRILOVITCH, MAURY et TÉODORU, préface de M. CH.-V. LANGLOIS, prof. adjoint. 1 vol. in-8. 9 fr.

Constantin V, empereur des Romains (740-775). *Étude d'histoire byzantine*, par A. LOMBARD, licencié ès lettres. Préface de M. Ch. DIEHL, maître de conférences. 1 vol. in-8. 6 fr.

Étude sur quelques manuscrits de Rome et de Paris, par M. le Prof. A. LUCHAIRE, membre de l'Institut. 1 vol. in-8. 6 fr.

PHILOLOGIE et LINGUISTIQUE

***Le dialecte alaman de Colmar (Haute-Alsace) en 1870**, grammaire et lexique, par M. le Prof. VICTOR HENRY. 1 vol. in-8. 8 fr.

***Études linguistiques sur la Basse-Auvergne, phonétique historique du patois de Vinzelles (Puy-de-Dôme)**, par ALBERT DAUZAT, préface de M. le Prof. ANT. THOMAS. 1 vol. in-8. 6 fr.

***Antinomies linguistiques**, par M. le Prof. VICTOR HENRY, 1 v. in-8. 2 fr.

Mélanges d'étymologie française, par M. le Prof. A. THOMAS. In-8. 7 fr.

PHILOSOPHIE

L'imagination et les mathématiques selon Descartes, par P. BOUTROUX, licencié ès lettres. 1 vol. in-8. 2 fr.

GÉOGRAPHIE

La rivière Vincent-Pinzon. *Étude sur la cartographie de la Guyane*, par M. le Prof. VIDAL DE LA BLACHE. In-8, avec grav. et planches hors texte. 6 fr.

HISTOIRE CONTEMPORAINE

***Le treize vendémiaire an IV**, par HENRY ZIVY. 1 vol. in-8. 4 fr.

TRAVAUX DE L'UNIVERSITÉ DE LILLE

PAUL FABRE. **La polyptyque du chanoine Benoît**, in-8. 3 fr. 50

MÉDÉRIC DUFOUR. **Sur la constitution rythmique et métrique du drame grec.** 1re série, 4 fr.; 2e série, 2 fr. 50; 3e série, 2 fr. 50.

A. PINLOCHE. * **Principales œuvres de Herbart.** 7 fr. 50

A. PENJON. **Pensée et réalité**, de A. SPIR, trad. de l'allem. in-8. 10 fr.

G. LEFÈVRE. **Les variations de Guillaume de Champeaux et la question des Universaux.** Etude suivie de documents originaux. 1898. 3 fr.

A. PENJON. **L'énigme sociale.** 1902. 1 vol. in-8. 2 fr. 50

ANNALES DE L'UNIVERSITÉ DE LYON

Lettres intimes de J.-M. Alberoni adressées au comte J. Rocca, par Emile BOURGEOIS, 1 vol. in-8. 10 fr.
La républ. des Provinces-Unies, France et Pays-Bas espagnols, de 1630 à 1650, par A. WADDINGTON. 2 vol. in-8. 12 fr.
Le Vivarais, essai de géographie régionale, par BURDIN. 1 vol. in-8. 6 fr.

*RECUEIL DES INSTRUCTIONS

DONNÉES AUX AMBASSADEURS ET MINISTRES DE FRANCE

DEPUIS LES TRAITÉS DE WESTPHALIE JUSQU'A LA RÉVOLUTION FRANÇAISE

Publié sous les auspices de la Commission des archives diplomatiques au Ministère des Affaires étrangères.

Beaux vol. in-8 rais., imprimés sur pap. de Hollande, avec Introduction et notes.

I. — AUTRICHE, par M. Albert SOREL, de l'Académie française. *Épuisé.*
II. — SUÈDE, par M. A. GEFFROY, de l'Institut............... 20 fr.
III. — PORTUGAL, par le vicomte DE CAIX DE SAINT-AYMOUR.... 20 fr.
IV et V. — POLOGNE, par M. Louis FARGES. 2 vol............. 30 fr.
VI. — ROME, par M. G. HANOTAUX, de l'Académie française..... 20 fr.
VII. — BAVIÈRE, PALATINAT ET DEUX-PONTS, par M. André LEBON. 25 fr.
VIII et IX. — RUSSIE, par M. Alfred RAMBAUD, de l'Institut. 2 vol.
Le 1er vol. 20 fr. Le second vol.......................... 25 fr.
X. — NAPLES ET PARME, par M. Joseph REINACH.............. 20 fr.
XI. — ESPAGNE (1649-1750), par MM. MOREL-FATIO et LÉONARDON (t. I). 20 fr.
XII et XII *bis*. — ESPAGNE (1750-1789) (t. II et III), par les mêmes.... 40 fr.
XIII. — DANEMARK, par M. A. GEFFROY, de l'Institut.......... 14 fr.
XIV et XV. — SAVOIE-MANTOUE, par M. HORRIC de BEAUCAIRE. 2 vol. 40 fr.
XVI. — PRUSSE, par M. A. WADDINGTON. 1 vol. (Couronné par l'Institut.) 28 fr.

*INVENTAIRE ANALYTIQUE

DES ARCHIVES DU MINISTÈRE DES AFFAIRES ÉTRANGÈRES

Publié sous les auspices de la Commission des archives diplomatiques

Correspondance politique de MM. de CASTILLON et de MARILLAC, ambassadeurs de France en Angleterre (1537-1542), par M. JEAN KAULEK, avec la collaboration de MM. Louis Farges et Germain Lefèvre-Pontalis. 1 vol. in-8 raisin.............. 15 fr.
Papiers de BARTHÉLEMY, ambassadeur de France en Suisse, de 1792 à 1797 par M. Jean KAULEK. 4 vol. in-8 raisin. I. Année 1792, 15 fr. — II. Janvier-août 1793, 15 fr. — III. Septembre 1793 à mars 1794, 18 fr. — IV. Avril 1794 à février 1795. 20 fr.
Correspondance politique de ODET DE SELVE, ambassadeur de France en Angleterre (1546-1549), par M. G. LEFÈVRE-PONTALIS. 1 vol. in-8 raisin.............................. 15 fr.
Correspondance politique de GUILLAUME PELLICIER, ambassadeur de France à Venise (1540-1542), par M. Alexandre TAUSSERAT-RADEL. 1 fort vol. in-8 raisin.................. 40 fr.

Correspondance des Deys d'Alger avec la Cour de France (1759-1833), recueillie par Eug. PLANTET, attaché au Ministère des Affaires étrangères. 2 vol. in-8 raisin avec 2 planches en taille-douce hors texte. 30 fr.
Correspondance des Beys de Tunis et des Consuls de France avec la Cour (1577-1830), recueillie par Eug. PLANTET, publiée sous les auspices du Ministère des Affaires étrangères. 3 vol. in-8 raisin. TOME I (1577-1700). *Épuisé.* — TOME II (1700-1770). 20 fr. — TOME III (1770-1830). 20 fr.

Les introducteurs des Ambassadeurs (1589-1900). 1 vol. in-4, avec figures dans le texte et planches hors texte. 20 fr.

*REVUE PHILOSOPHIQUE

DE LA FRANCE ET DE L'ÉTRANGER

Dirigée par Th. RIBOT, Membre de l'Institut, Professeur honoraire au Collège de France.
(30e année, 1905.) — Paraît tous les mois.

Abonnement : Un an : Paris, **30** fr. — Départements et Etranger, **33** fr.
La livraison, **3** fr.

Les années écoulées, chacune **30** francs, et la livraison, **3** fr.

Tables des matières (1876-1887), in-8...... 3 fr. — (1888-1895), in-8...... 3 fr.

REVUE GERMANIQUE (ALLEMAGNE — ANGLETERRE ÉTATS-UNIS — PAYS SCANDINAVES)

Première année, 1905. — Paraît tous les deux mois (*Cinq numéros par an*).
Secrétaire général : M. H. LICHTENBERGER, professeur à l'Université de Nancy.
Secrétaire de la rédaction : M. AYNARD, agrégé d'anglais.

Abonnement : Paris, **14** fr. — Départements et Etranger, **16** fr.
La livraison, **4** fr.

Journal de Psychologie Normale et Pathologique

DIRIGÉ PAR LES DOCTEURS

Pierre JANET, Professeur au Collège de France, et Georges DUMAS, Chargé de cours à la Sorbonne.

(2e année, 1905.) — Paraît tous les deux mois.

Abonnement : France et Etranger, **14** fr. — La livraison, **2** fr. **60**.

Le prix d'abonnement est de 12 *fr. pour les abonnés de la Revue philosophique.*

---

*REVUE HISTORIQUE

Dirigée par G. MONOD, Membre de l'Institut, Professeur à la Sorbonne, Président de la section historique et philologique à l'École des hautes études.
(30e année, 1905.) — Paraît tous les deux mois.

Abonnement : Un an : Paris, **30** fr. — Départements et Etranger, **33** fr.
La livraison, **6** fr.

Les années écoulées, chacune **30** fr.; le fascicule, **6** fr. Les fascicules de la 1re année, **9** fr.

TABLES GÉNÉRALES DES MATIÈRES

I. 1876 à 1880. 3 fr.; pour les abonnés, 1 fr. 50 | III. 1886 à 1890. 5 fr.; pour les abonnés, 2 fr. 50
II. 1881 à 1885. 3 fr.; — 1 fr. 50 | IV. 1891 à 1895. 3 fr.; — 1 fr. 50
V. 1896 à 1900. 3 fr.; pour les abonnés, 1 fr. 50

ANNALES DES SCIENCES POLITIQUES

Revue bimestrielle publiée avec la collaboration des professeurs et des anciens élèves de l'École libre des Sciences politiques
(20e année, 1905.)

Rédacteur en chef : M. A. VIALLATE, Prof. à l'École.

Abonnement. — Un an : Paris, **18** fr.; Départements et Etranger, **19** fr.
La livraison, **3** fr. **50**.

Les trois premières années (1886-1887-1888), *chacune* **16** *francs; les livraisons, chacune* **5** *francs; la quatrième* (1889) *et les suivantes, chacune* **18** *francs; les livraisons, chacune* **3** *fr.* **50**.

Revue de l'École d'Anthropologie de Paris

Recueil mensuel publié par les professeurs. — (15e année, 1905).

Abonnement : France et Étranger, **10** fr. — Le numéro, **1** fr.

TABLE GÉNÉRALE DES MATIÈRES, 1891-1900. . . . 2 fr.

ANNALES DES SCIENCES PSYCHIQUES

Dirigées par le Dr DARIEX
(15e année, 1905.) — Paraissent tous les deux mois.

Abonnement : France et Etranger, **12** fr. — Le numéro, **2** fr. **50**.

REVUE ÉCONOMIQUE INTERNATIONALE

Mensuelle

Abonnement : Un an, France et Belgique, **50** fr.; autres pays, **56** fr.

Bulletin de la Société libre

POUR L'ÉTUDE PSYCHOLOGIQUE DE L'ENFANT

10 numéros par an. — **Abonnement** du 1er octobre : **3** fr.

BIBLIOTHÈQUE SCIENTIFIQUE
INTERNATIONALE

Publiée sous la direction de M. Émile ALGLAVE

Les titres marqués d'un astérisque * sont adoptés par le *Ministère de l'Instruction publique de France* pour les bibliothèques des lycées et des collèges.

LISTE DES OUVRAGES

103 VOLUMES IN-8, CARTONNÉS A L'ANGLAISE, OUVRAGES A 6, 9 ET 12 FR.

1. TYNDALL (J.). * **Les Glaciers et les Transformations de l'eau**, avec figures. 1 vol. in-8. 7ᵉ édition. 6 fr.
2. BAGEHOT. * **Lois scientifiques du développement des nations** dans leurs rapports avec les principes de la sélection naturelle et de l'hérédité. 1 vol. in-8. 6ᵉ édition. 6 fr.
3. MAREY. * **La Machine animale**, locomotion terrestre et aérienne, avec de nombreuses fig. 1 vol. in-8. 6ᵉ édit. augmentée. 6 fr.
4. BAIN. * **L'Esprit et le Corps**. 1 vol. in-8. 6ᵉ édition. 6 fr.
5. PETTIGREW. * **La Locomotion chez les animaux**, marche, natation et vol. 1 vol. in-8, avec figures. 2ᵉ édit. 6 fr.
6. HERBERT SPENCER. * **La Science sociale**. 1 v. in-8. 13ᵉ édit. 6 fr.
7. SCHMIDT (O.). * **La Descendance de l'homme et le Darwinisme**. 1 vol. in-8, avec fig. 6ᵉ édition. 6 fr.
8. MAUDSLEY. * **Le Crime et la Folie**. 1 vol. in-8. 7ᵉ édit. 6 fr.
9. VAN BENEDEN. * **Les Commensaux et les Parasites dans le règne animal**. 1 vol. in-8, avec figures. 4ᵉ édit. 6 fr.
10. BALFOUR STEWART. * **La Conservation de l'énergie**, suivi d'une *Étude sur la nature de la force*, par M. P. de SAINT-ROBERT, avec figures. 1 vol. in-8. 6ᵉ édition. 6 fr.
11. DRAPER. **Les Conflits de la science et de la religion**. 1 vol. in-8. 10ᵉ édition. 6 fr.
12. L. DUMONT. * **Théorie scientifique de la sensibilité. Le plaisir et la douleur**. 1 vol. in-8. 4ᵉ édition. 6 fr.
13. SCHUTZENBERGER. * **Les Fermentations**. 1 vol. in-8, avec fig. 6ᵉ édit. 6 fr.
14. WHITNEY. * **La Vie du langage**. 1 vol. in-8. 4ᵉ édit. 6 fr.
15. COOKE et BERKELEY. * **Les Champignons**. 1 vol. in-8, avec figures. 4ᵉ édition. 6 fr.
16. BERNSTEIN. * **Les Sens**. 1 vol. in-8, avec 91 fig. 5ᵉ édit. 6 fr.
17. BERTHELOT. * **La Synthèse chimique**. 1 vol. in-8. 8ᵉ édit. 6 fr.
18. NIEWENGLOWSKI (H.). * **La photographie et la photochimie**. 1 vol. in-8, avec gravures et une planche hors texte. 6 fr.
19. LUYS. * **Le Cerveau et ses fonctions**. *Épuisé.*
20. STANLEY JEVONS. * **La Monnaie et le Mécanisme de l'échange**. 1 vol. in-8. 5ᵉ édition. 6 fr.
21. FUCHS. * **Les Volcans et les Tremblements de terre**. 1 vol. in-8, avec figures et une carte en couleurs. 5ᵉ édition. 6 fr.
22. GÉNÉRAL BRIALMONT. * **Les Camps retranchés et leur rôle dans la défense des États**, avec fig. dans le texte et 2 planches hors texte. 3ᵉ édit. *Épuisé.*
23. DE QUATREFAGES. * **L'Espèce humaine**. 1 v. in-8. 13ᵉ édit. 6 fr.
24. BLASERNA et HELMHOLTZ. * **Le Son et la Musique**. 1 vol. in-8, avec figures. 5ᵉ édition. 6 fr.

25. ROSENTHAL.* **Les Nerfs et les Muscles.** 1 vol. in-8, avec 75 figures. 3ᵉ édition. *Epuisé.*

26. BRUCKE et HELMHOLTZ. * **Principes scientifiques des beaux-arts.** 1 vol. in-8, avec 39 figures. 4ᵉ édition. 6 fr.

27. WURTZ. * **La Théorie atomique.** 1 vol. in-8. 8ᵉ édition. 6 fr.

28-29. SECCHI (le père). * **Les Étoiles.** 2 vol. in-8, avec 63 figures dans le texte et 17 pl. en noir et en couleurs hors texte. 3ᵉ édit. 12 fr.

30. JOLY.* **L'Homme avant les métaux.** 1 v. in-8, avec fig. 4ᵉ éd. *Épuisé.*

31. A. BAIN.* **La Science de l'éducation.** 1 vol. in-8. 9ᵉ édit. 6 fr.

32-33. THURSTON (R.).* **Histoire de la machine à vapeur,** précédée d'une Introduction par M. HIRSCH. 2 vol. in-8, avec 140 figures dans le texte et 16 planches hors texte. 3ᵉ édition. 12 fr.

34. HARTMANN (R.). * **Les Peuples de l'Afrique.** 1 vol. in-8, avec figures. 2ᵉ édition. *Épuisé.*

35. HERBERT SPENCER. * **Les Bases de la morale évolutionniste.** 1 vol. in-8. 6ᵉ édition. 6 fr.

36. HUXLEY. * **L'Écrevisse,** introduction à l'étude de la zoologie. 1 vol. in-8, avec figures. 2ᵉ édition. 6 fr.

37. DE ROBERTY. * **La Sociologie.** 1 vol. in-8. 3ᵉ édition. 6 fr.

38. ROOD. * **Théorie scientifique des couleurs.** 1 vol. in-8, avec figures et une planche en couleurs hors texte. 2ᵉ édition. 6 fr.

39. DE SAPORTA et MARION. * **L'Évolution du règne végétal** (les Cryptogames). 1 vol. in-8, avec figures. 6 fr.

40-41. CHARLTON BASTIAN. * **Le Cerveau, organe de la pensée chez l'homme et chez les animaux.** 2 vol. in-8, avec figures. 2ᵉ éd. 12 fr.

42. JAMES SULLY. * **Les Illusions des sens et de l'esprit.** 1 vol. in-8, avec figures. 3ᵉ édit. 6 fr.

43. YOUNG. * **Le Soleil.** 1 vol. in-8, avec figures. *Épuisé.*

44. DE CANDOLLE.* **L'Origine des plantes cultivées.** 4ᵉ éd. 1 v. in-8. 6 fr.

45-46. SIR JOHN LUBBOCK. * **Fourmis, abeilles et guêpes.** 2 vol. in-8, avec 65 figures dans le texte et 13 planches hors texte, dont 5 coloriées. *Épuisé.*

47. PERRIER (Edm.). **La Philosophie zoologique avant Darwin.** 1 vol. in-8. 3ᵉ édition. 6 fr.

48. STALLO.* **La Matière et la Physique moderne.** 1 vol. in-8. 3ᵉ éd., précédé d'une Introduction par CH. FRIEDEL. 6 fr.

49. MANTEGAZZA. **La Physionomie et l'Expression des sentiments.** 1 vol. in-8. 3ᵉ édit., avec huit planches hors texte. 6 fr.

50. DE MEYER. * **Les Organes de la parole et leur emploi pour la formation des sons du langage.** 1 vol. in-8, avec 51 figures, précédé d'une Introd. par M. O. CLAVEAU. 6 fr.

51. DE LANESSAN.* **Introduction à l'Étude de la botanique** (le Sapin). 1 vol. in-8. 2ᵉ édit., avec 143 figures. 6 fr.

52-53. DE SAPORTA et MARION. * **L'Évolution du règne végétal** (les Phanérogames). 2 vol. in-8, avec 136 figures. 12 fr.

54. TROUESSART. * **Les Microbes, les Ferments et les Moisissures.** 1 vol. in-8. 2ᵉ édit., avec 107 figures. 6 fr.

55. HARTMANN (R.).* **Les Singes anthropoïdes.** *Épuisé.*

56. SCHMIDT (O.).* **Les Mammifères dans leurs rapports avec leurs ancêtres géologiques.** 1 vol. in-8, avec 51 figures. 6 fr.

57. BINET et FÉRÉ. **Le Magnétisme animal.** 1 vol. in-8. 4ᵉ édit. 6 fr.

58-59. ROMANES.* **L'Intelligence des animaux.** 2 v. in-8. 3ᵉ édit. 12 fr.

60. LAGRANGE (F.). **Physiol. des exerc. du corps.** 1 v. in-8. 7ᵉ éd. 6 fr.

61. DREYFUS.* **Évol. des mondes et des sociétés.** 1 v. in-8 3ᵉ édit. 6 fr.

62. DAUBRÉE. * **Les Régions invisibles du globe et des espaces célestes.** 1 vol. in-8, avec 85 fig. dans le texte. 2ᵉ édit. 6 fr.

63-64. SIR JOHN LUBBOCK. * **L'Homme préhistorique.** 2 vol. in-8, avec 228 figures dans le texte. 4ᵉ édit. 12 fr.

65. RICHET (Ch.). **La Chaleur animale.** 1 vol. in-8, avec figures. 6 fr.
66. FALSAN (A.). ***La Période glaciaire.** 1 vol. in-8, avec 105 figures et 2 cartes. *Épuisé.*
67. BEAUNIS (H.). **Les Sensations internes.** 1 vol. in-8. 6 fr.
68. CARTAILHAC (E.). **La France préhistorique,** d'après les sépultures et les monuments. 1 vol. in-8, avec 162 figures. 2e édit. 6 fr.
69. BERTHELOT. ***La Révol. chimique, Lavoisier.** 1 vol. in-8. 2e éd. 6 fr.
70. SIR JOHN LUBBOCK. ***Les Sens et l'instinct chez les animaux,** principalement chez les insectes. 1 vol. in-8, avec 150 figures. 6 fr.
71. STARCKE. ***La Famille primitive.** 1 vol. in-8. 6 fr.
72. ARLOING. ***Les Virus.** 1 vol. in-8, avec figures. 6 fr.
73. TOPINARD. ***L'Homme dans la Nature.** 1 vol. in-8, avec fig. 6 fr.
74. BINET (Alf.). ***Les Altérations de la personnalité.** 1 vol. in-8, avec figures. 2e édit. 6 fr.
75. DE QUATREFAGES (A.). ***Darwin et ses précurseurs français.** 1 vol. in-8. 2e édition refondue. 6 fr.
76. LEFÈVRE (A.). ***Les Races et les langues.** 1 vol. in-8. 6 fr.
77-78. DE QUATREFAGES (A.). ***Les Émules de Darwin.** 2 vol. in-8, avec préfaces de MM. E. PERRIER et HAMY. 12 fr.
79. BRUNACHE (P.). ***Le Centre de l'Afrique. Autour du Tchad.** 1 vol. in-8, avec figures. 6 fr.
80. ANGOT (A.). ***Les Aurores polaires.** 1 vol. in-8, avec figures. 6 fr.
81. JACCARD. ***Le pétrole, le bitume et l'asphalte au point de vue géologique.** 1 vol. in-8, avec figures. 6 fr.
82. MEUNIER (Stan.). ***La Géologie comparée.** 2e éd. In-8, avec fig. 6 fr.
83. LE DANTEC. ***Théorie nouvelle de la vie.** 3e éd. 1 v. in-8, avec fig. 6 fr.
84. DE LANESSAN. ***Principes de colonisation.** 1 vol. in-8. 6 fr.
85. DEMOOR, MASSART et VANDERVELDE. ***L'évolution régressive en biologie et en sociologie.** 1 vol. in-8, avec gravures. 6 fr.
86. MORTILLET (G. de). ***Formation de la Nation française.** 2e édit. 1 vol. in-8, avec 150 gravures et 18 cartes. 6 fr.
87. ROCHÉ (G.). ***La Culture des Mers** (piscifacture, pisciculture, ostréiculture). 1 vol. in-8, avec 81 gravures. 6 fr.
88. COSTANTIN (J.). ***Les Végétaux et les Milieux cosmiques** (adaptation, évolution). 1 vol. in-8, avec 171 gravures. 6 fr.
89. LE DANTEC. **L'évolution individuelle et l'hérédité.** 1 vol. in-8. 6 fr.
90. GUIGNET et GARNIER. ***La Céramique ancienne et moderne.** 1 vol., avec grav. 6 fr.
91. GELLÉ (E.-M.). ***L'audition et ses organes.** 1 v. in-8, avec gr. 6 fr.
92. MEUNIER (St.). ***La Géologie expérimentale.** 2e éd. In-8, av. gr. 6 fr.
93. COSTANTIN (J.). ***La Nature tropicale.** 1 vol. in-8, avec grav. 6 fr.
94. GROSSE (E.). ***Les débuts de l'art.** Introduction de L. MARILLIER. 1 vol. in-8, avec 32 gravures dans le texte et 3 pl. hors texte. 6 fr.
95. GRASSET (J.). **Les Maladies de l'orientation et de l'équilibre.** 1 vol. in-8, avec gravures. 6 fr.
96. DEMENY (G.). ***Les bases scientifiques de l'éducation physique.** 1 vol. in-8, avec 198 gravures. 2e édit. 6 fr.
97. MALMÉJAC (F.). ***L'eau dans l'alimentation.** 1 v. in-8, av. grav. 6 fr.
98. MEUNIER (Stan.). ***La géologie générale.** 1 v. in-8, av. grav. 6 fr.
99. DEMENY (G.). **Mécanisme et éducation des mouvements.** 2e édit. 1 vol. in-8, avec 565 gravures. 9 fr.
100. BOURDEAU (L.). **Histoire de l'habillement et de la parure.** 1 vol. in-8. 6 fr.
101. MOSSO (A.). **Les exercices physiques et le développement intellectuel.** 1 vol. in-8. 6 fr.
102. LE DANTEC (F.). **Les lois naturelles.** 1 vol. in-8, avec grav. 6 fr.
103. NORMAN LOCKYER. **L'évolution inorganique.** 1 vol. in-8, avec gravures. 6 fr.

LISTE PAR ORDRE DE MATIÈRES DES VOLUMES

COMPOSANT LA

BIBLIOTHÈQUE SCIENTIFIQUE INTERNATIONALE

(103 volumes parus)

PHYSIOLOGIE

LE DANTEC. Théorie nouvelle de la vie.
GELLÉ (E.-M.). L'audition et ses organes, *ill.*
BINET et FÉRÉ. Le Magnétisme animal, *illustré.*
BINET. Les Altérations de la personnalité, *illustré.*
BERNSTEIN. Les Sens, *illustré.*
MAREY. La Machine animale, *illustré.*
PETTIGREW. La Locomotion chez les animaux, *ill.*
JAMES SULLY. Les Illusions des sens et de l'esprit, *illustré.*
DE MEYER. Les Organes de la parole, *illustré.*
LAGRANGE. Physiologie des exercices du corps.
RICHET (Ch.). La Chaleur animale, *illustré.*
BEAUNIS. Les Sensations internes.
ARLOING. Les Virus, *illustré.*
DEMENY. Bases scientifiques de l'éducation physique, *illustré.* 9 fr.
DEMENY. Mécanisme et éducation des mouvements, *illustré.*

PHILOSOPHIE SCIENTIFIQUE

ROMANES. L'Intelligence des animaux. 2 vol. *illust.*
LUYS. Le Cerveau et ses fonctions, *illustré.*
CHARLTON BASTIAN. Le Cerveau et la Pensée chez l'homme et les animaux. 2 vol. *illustrés.*
BAIN. L'Esprit et le Corps.
MAUDSLEY. Le Crime et la Folie.
LÉON DUMONT. Théorie scientifique de la sensibilité.
PERRIER. La Philosophie zoologique avant Darwin.
STALLO. La Matière et la Physique moderne.
MANTEGAZZA. La Physionomie et l'Expression des sentiments, *illustré.*
DREYFUS. L'Évolution des mondes et des sociétés.
LUBBOCK. Les Sens et l'Instinct chez les animaux, *illustré.*
LE DANTEC. L'évolution individuelle et l'hérédité.
LE DANTEC. Les lois naturelles, *illustré.*
GRASSET. Les maladies de l'orientation et de l'équilibre, *illustré.*
NORMAN LOCKYER. L'évolution inorganique.

ANTHROPOLOGIE

MORTILLET (G. DE). Formation de la nation française, *illustré.*
DE QUATREFAGES. L'Espèce humaine.
LUBBOCK. L'Homme préhistorique. 2 vol. *illustrés.*
CARTAILHAC. La France préhistorique, *illustré.*
TOPINARD. L'Homme dans la nature, *illustré.*
LEFÈVRE. Les Races et les langues.
BRUNACHE. Le Centre de l'Afrique. Autour du Tchad, *illustré.*

ZOOLOGIE

ROCHÉ (G.). La Culture des mers, *illustré.*
SCHMIDT. Les Mammifères dans leurs rapports avec leurs ancêtres géologiques, *illustré.*
SCHMIDT. Descendance et Darwinisme, *illustré.*
HUXLEY. L'Écrevisse (Introduction à la zoologie), *illustré.*
VAN BENEDEN. Les Commensaux et les Parasites du règne animal, *illustré.*
LUBBOCK. Fourmis, Abeilles et Guêpes. 2 vol. *illustrés.*
TROUESSART. Les Microbes, les Ferments et les Moisissures, *illustré.*
HARTMANN. Les Singes anthropoïdes et leur organisation comparée à celle de l'homme, *illustré.*
DE QUATREFAGES. Darwin et ses précurseurs français.
DE QUATREFAGES. Les Emules de Darwin. 2 vol.

BOTANIQUE — GÉOLOGIE

DE SAPORTA et MARION. L'Évolution du règne végétal (les Cryptogames), *illustré.*
DE SAPORTA et MARION. L'Evolution du règne végétal (les Phanérogames). 2 vol. *illustrés.*
COOKE et BERKELEY. Les Champignons, *illustré.*
DE CANDOLLE. Origine des plantes cultivées.
DE LANESSAN. Le Sapin (Introduction à la botanique), *illustré.*
FUCHS. Volcans et Tremblements de terre, *illustré.*
DAUBRÉE. Les Régions invisibles du globe et des espaces célestes, *illustré.*
JACCARD. Le Pétrole, l'Asphalte et le Bitume, *ill.*
MEUNIER (ST.). La Géologie comparée, *illustré.*
MEUNIER (ST.). La Géologie expérimentale, *ill.*
MEUNIER (ST.). La Géologie générale, *illustré.*
COSTANTIN (J.). Les Végétaux et les milieux cosmiques, *illustré.*
COSTANTIN (J.). La Nature tropicale, *illustré.*

CHIMIE

WURTZ. La Théorie atomique.
BERTHELOT. La Synthèse chimique.
BERTHELOT. La Révolution chimique : Lavoisier.
SCHUTZENBERGER. Les Fermentations, *illustré.*
MALMÉJAC. L'Eau dans l'alimentation, *illustré.*

ASTRONOMIE — MÉCANIQUE

SECCHI (le Père). Les Étoiles. 2 vol. *illustrés.*
YOUNG. Le Soleil, *illustré.*
ANGOT. Les Aurores polaires, *illustré.*
THURSTON. Histoire de la machine à vapeur. 2 v. *ill.*

PHYSIQUE

BALFOUR STEWART. La Conservation de l'énergie, *illustré.*
TYNDALL. Les Glaciers et les Transformations de l'eau, *illustré.*

THÉORIE DES BEAUX-ARTS

GROSSE. Les débuts de l'art, *illustré.*
GUIGNET et GARNIER. La Céramique ancienne et moderne, *illustré.*
BRUCKE et HELMHOLTZ. Principes scientifiques des beaux-arts, *illustré.*
ROOD. Théorie scientifique des couleurs, *illustré.*
P. BLASERNA et HELMHOLTZ. Le Son et la Musique, *illustré.*

SCIENCES SOCIALES

HERBERT SPENCER. Introduction à la science sociale.
HERBERT SPENCER. Les Bases de la morale évolutionniste.
A. BAIN. La Science de l'éducation.
DE LANESSAN. Principes de colonisation.
DEMOOR, MASSART et VANDERVELDE. L'Evolution régressive en biologie et en sociologie, *illustré.*
BAGEHOT. Lois scientifiques du développement des nations.
DE ROBERTY. La Sociologie.
DRAPER. Les Conflits de la science et de la religion.
STANLEY JEVONS. La Monnaie et le Mécanisme de l'échange.
WHITNEY. La Vie du langage.
STARCKE. La Famille primitive, ses origines, son développement.
BOURDEAU. Hist. de l'habillement et de la parure.
MOSSO (A.). Les exercices physiques et le développement intellectuel.

-ous les volumes 6 fr., sauf DÉMENY. *Mécanisme*, à 9 fr.

RÉCENTES PUBLICATIONS

HISTORIQUES, PHILOSOPHIQUES ET SCIENTIFIQUES
qui ne se trouvent pas dans les collections précédentes.

ALAUX. **Esquisse d'une philosophie de l'être.** In-8. 1 fr.
— **Les Problèmes religieux au XIXe siècle.** 1 vol. in-8. 7 fr. 50
— **Philosophie morale et politique.** In-8. 1893. 7 fr. 50
— **Théorie de l'âme humaine.** 1 vol. in-8. 1895. 10 fr. (Voy. p. 2.)
— **Dieu et le Monde.** *Essai de phil. première.* 1901. 1 vol. in-12. 2 fr. 50
ALTMEYER. **Les Précurs. de la réforme aux Pays-Bas** 2 v. in-8. 12 fr.
AMIABLE (Louis). **Une loge maçonnique d'avant 1789.** 1 v. in-8. 6 fr.
Annales de sociologie et mouvement sociologique (Première année, 1900-1901), publ. par la Soc. belge de Sociologie. 1 vol. in-8. 1903. 12 fr.
ANSIAUX (M.). **Heures de travail et salaires.** In-8. 1896. 5 fr.
ARNAUNÉ (A.), directeur de la Monnaie. **La monnaie, le crédit et le change,** 2e édition, revue et augmentée. 1 vol. in-8. 1902. 8 fr.
ARRÉAT. **Une Éducation intellectuelle.** 1 vol. in-18. 2 fr. 50
— **Journal d'un philosophe.** 1 vol. in-18. 3 fr. 50 (Voy. p. 2 et 5.)
Autour du monde, par les BOURSIERS DE VOYAGE DE L'UNIVERSITÉ DE PARIS. (*Fondation Albert Kahn*). 1 vol. gr. in-8. 1904. 10 fr.
AZAM. **Hypnotisme et double conscience.** 1 vol. in-8. 9 fr.
BAISSAC (J.). **Les Origines de la religion.** 2 vol. in-8. 12 fr.
BALFOUR STEWART et TAIT. **L'Univers invisible.** 1 vol. in-8. 7 fr.
BARTHÉLEMY-SAINT-HILAIRE. (Voy. pages 6 et 11, ARISTOTE.)
— ***Victor Cousin,** sa vie, sa correspondance. 3 vol. in-8. 1895. 30 fr.
BERNATH (de). **Cléopâtre.** *Sa vie, son règne.* 1 vol in-8. 1903. 8 fr.
BERTAULD (P.-A.). **Positivisme et philos. scientif.** In-12. 1899. 3 fr. 50
BERTON (H.), docteur en droit. **L'évolution constitutionnelle du second empire.** Doctrines, textes, histoire. 1 fort vol. in-8. 1900. 12 fr.
BLONDEAU (C.). **L'absolu et sa loi constitutive.** 1 vol. in-8. 1897. 6 fr.
*BLUM (E.), agrégé de philosophie. **La Déclaration des Droits de l'homme.** Texte et commentaire. Préface de M. G. COMPAYRÉ, recteur de l'Académie de Lyon. Récomp. par l'Institut. 2e édit. 1 vol. in-8. 1902. 3 fr. 75
BOILLEY (P.). **La Législation internationale du travail.** In-12. 3 fr.
— **Les trois socialismes** : anarchisme, collectivisme, réformisme. 3 fr. 50
— **De la production industrielle.** In-12. 1899. 2 fr. 50
BOURDEAU (Louis). **Théorie des sciences.** 2 vol. in-8. 20 fr.
— **La Conquête du monde animal.** In-8. 5 fr.
— **La Conquête du monde végétal.** In-8. 1893. 5 fr.
— **L'Histoire et les historiens.** 1 vol. in-8. 7 fr. 50
— ***Histoire de l'alimentation.** 1894. 1 vol. in-8. 5 fr. (V. p. 6.)
BOUTROUX (Em.). ***De l'idée de loi naturelle dans la science et la philosophie.** 1 vol. in-8. 1895. 2 fr. 50. (V. p. 2 et 6.)
BRANDON-SALVADOR (Mme). **A travers les moissons.** *Ancien Test. Talmud. Apocryphes. Poètes et moralistes juifs du moyen âge* In-16. 1903. 4 fr.
BRASSEUR. **La question sociale.** 1 vol. in-8. 1900. 7 fr. 50
BROOKS ADAMS. **Loi de la civilisat. et de la décad.** In-8. 1899. 7 fr. 50
BROUSSEAU (K.). **L'éducation des nègres aux États-Unis.** 1904. 1 vol. in-8. 7 fr. 50
BUCHER (Karl). **Études d'histoire et d'économie polit.** In-8. 1901. 6 fr.
BUNGE (N.-Ch.). **Littérature poli-économique.** 1 vol. in-8. 1898. 7 fr. 50
BUNGE (C. O.). **Psychologie individuelle et sociale.** In-16. 1904. 3 fr.
CANTON (G.). **Napoléon antimilitariste.** 1902. 1 vol. in-12. 3 fr. 50
CARDON (G.). ***Les Fondateurs de l'Université de Douai.** In-8. 10 fr.
CELS (A.). **Science de l'homme et anthropologie.** 1904. 1 vol. in-8. 7 fr. 50
CLAMAGERAN. **La Réaction économique et la démocratie.** In-18. 1 fr. 25
— **La lutte contre le mal.** 1 vol. in-18. 1897. 3 fr. 50
— **Études politiques, économiques et administratives.** Préface de M. BERTHELOT. 1 vol. in-8. 1904. 10 fr.

COMBARIEU (J.). ***Les rapports de la musique et de la poésie** considérés au point de vue de l'expression. 1 vol. in-8. 1893. 7 fr. 50
CONGRÈS :
Éducation sociale (Congrès de l'), Paris 1900. 1 vol. in-8. 1901. 10 fr.
Psychologie (IVe Congrès international), Paris 1900. 1 vol. in-8. 1901. 20 fr.
Sciences sociales (**Premier Congrès de l'enseignement des**). Paris 1900. 1 vol. in-8. 1901. 7 fr. 50
COSTE (Ad.). **Hygiène sociale contre le paupérisme.** In-8. 6 fr.
— **Nouvel exposé d'économie politique et de physiologie sociale.** In-18. 3 fr. 50 (Voy. p. 2, 6 et 30.)
COUTURAT (Louis). ***De l'infini mathématique.** In-8. 1896. 12 fr.
DANY (G.), docteur en droit. ***Les idées politiques en Pologne à la fin du XVIIIe siècle.** *La Constit. du 3 mai 1793*, in-8, 1901. 6 fr.
DAREL (Th.). **La Folie.** *Ses causes. Sa thérapeutique.* 1901, in-12. 4 fr.
— **Le peuple-roi.** *Essai de sociologie universaliste.* In-8. 1904. 3 fr. 50
DAURIAC. **Croyance et réalité.** 1 vol. in-18. 1889. 3 fr. 50
— **Le Réalisme de Reid.** In-8. 1 fr. (V. p. 2 et 6.)
DAUZAT (A.), docteur en droit. **Du Rôle des Chambres en matière de traités internationaux.** 1 vol. grand in-8. 1899. 5 fr. (V. p. 18.)
DEFOURNY (M.). **La sociologie positiviste.** *Auguste Comte.* In-8. 1902. 6 fr.
DERAISMES (Mlle Maria). **Œuvres complètes.** 4 vol. Chacun. 3 fr. 50
DESCHAMPS. **Principes de morale sociale.** 1 vol. in-8. 1903. 3 fr. 50.
DESPAUX. **Genèse de la matière et de l'énergie.** In-8. 1900. 4 fr.
DOLLOT (R.), docteur en droit. **Les origines de la neutralité de la Belgique** (1609-1830). 1 vol. in-8. 1902. 10 fr.
DOUHÉRET. ***Idéologie**, discours sur la philos. prem. In-18. 1900. 1 fr. 25
DROZ (Numa). **Etudes et portraits politiques.** 1 vol. in-8. 1895. 7 fr. 50
— **Essais économiques.** 1 vol. in-8. 1896. 7 fr. 50
— **La démocratie fédérative et le socialisme d'État.** In-12. 1 fr.
DUBUC (P.). ***Essai sur la méthode en métaphysique.** 1 vol. in-8. 5 fr.
DUGAS (L.). ***L'amitié antique.** 1 vol. in-8. 1895. 7 fr. 50 (V. p. 2.)
DUNAN. ***Sur les formes à priori de la sensibilité.** 1 vol. in-8. 5 fr.
— **Zénon d'Élée et le mouvement.** In-8. 1 fr. 50 (V. p. 2.)
DUNANT (E.). **Les relations diplomatiques de la France et de la République helvétique** (1798-1803). 1 vol. in-8. 1902. 20 fr.
DU POTET. **Traité complet de magnétisme.** 5e éd. 1 vol. in-8. 8 fr.
— **Manuel de l'étudiant magnétiseur.** 6e éd., gr. in-18, avec fig. 3 fr. 50
— **Le magnétisme opposé à la médecine.** 1 vol. in-8. 6 fr.
DUPUY (Paul). **Les fondements de la morale.** In-8. 1900. 5 fr.
— **Méthodes et concepts.** 1 vol. in-8. 1903. 5 fr.
***Entre Camarades.** Ouvr. publié par la Soc. des anciens élèves de la Faculté des lettres de l'Univ. de Paris. *Histoire, littératures ancienne, française, étrangère, philologie, philosophie, journalisme.* 1901, in-8. 10 fr.
ESPINAS (A.). ***Les Origines de la technologie.** 1 vol. in-8. 1897. 5 fr.
FEDERICI. **Les Lois du progrès.** 2 vol. in-8. Chacun. 6 fr.
FERRÈRE (F.). **La situation religieuse de l'Afrique romaine** depuis la fin du IVe siècle jusqu'à l'invasion des Vandales. 1 v. in-8. 1898. 7 fr. 50
FERRIÈRE (Em.). **Les Apôtres**, essai d'histoire religieuse. 1 vol. in-12. 4 fr. 50
— **L'Ame est la fonction du cerveau.** 2 volumes in-18. 7 fr.
— **Le Paganisme des Hébreux.** 1 vol. in-18. 3 fr. 50
— **La Matière et l'Énergie.** 1 vol. in-18. 4 fr. 50
— **L'Ame et la Vie.** 1 vol. in-18. 4 fr. 50
— **Les Mythes de la Bible.** 1 vol. in-18. 1893. 3 fr. 50
— **La Cause première d'après les données expérim.** In-18. 1896. 3 fr. 50
— **Étymologie de 400 prénoms.** In-18. 1898. 1 fr. 50 (V. p. 11 et 30).
FLEURY (M. de). **Introd. à la méd. de l'Esprit.** in-8. 6e éd. 7 fr. 50 (V. p. 3).
FLOURNOY. **Des phénomènes de synopsie.** In-8. 1893. 6 fr.
— **Des Indes à la planète Mars.** 1 vol. in-8, avec grav. 3e éd. 1900. 8 fr.
— **Nouv. observ. sur un cas de somnambulisme.** In-8. 1902. 5 fr.
Fondation universitaire de Belleville (La). Ch. GIDE. *Travail intellect.*

et tr. manuel. — J. BARDOUX. *Prem. efforts et prem. année.* In-16. 1 fr. 50

GELEY (V.). **Les preuves du transformisme et les enseignements de la doctrine évolutionniste.** 1 vol. in-8. 1901. 6 fr.

GOBLET D'ALVIELLA. **L'idée de Dieu,** d'après l'anthr. et l'histoire. In-8. 6 fr.

— **La représentation proportionnelle en Belgique,** 1900. 4 fr. 50

GOURD. **Le Phénomène.** 1 vol. in-8. 7 fr. 50

GREEF (Guillaume de). **Introduction à la Sociologie.** 2 vol. in-8. 10 fr.

— **L'évol. des croyances et des doctr. polit.** In-12. 1895. 4 fr. (V. p. 3 et 7.)

GRIMAUX (Ed.). ***Lavoisier** (1748-1794), d'après sa correspondance et divers documents inédits. 1 vol. gr. in-8, avec gravures. 3e éd. 1898. 15 fr.

GRIVEAU (M.). **Les Éléments du beau.** In-18. 4 fr. 50

— **La Sphère de beauté,** 1901. 1 vol. in-8. 10 fr.

GUYAU. **Vers d'un philosophe.** In-18. 3e édit. 3 fr. 50 (Voy. p. 3, 7 et 11.)

GYEL (Dr E.). **L'être subconscient.** 1 vol. in-8. 1899. 4 fr.

HALLEUX (J.). **Les principes du positivisme contemporain,** exposé et critique. (Ouvrage récompensé par l'Institut). 1 vol. in-12. 1895. 3 fr. 50

— **L'Évolutionnisme en morale** (*H. Spencer*). In-12. 1901. 3 fr. 50

HARRACA (J.-M.). **Contribution à l'étude de l'Hérédité et des principes de la formation des races.** 1 vol. in-18. 1898. 2 fr.

HENNEGUY (Félix). **Le Sphinx.** Poèmes dramatiques. 1 v. in-18. 1899. 3 fr. 50

— **Les Aïeux.** Poèmes dramatiques. 1 vol. in-18. 1901. 3 fr. 50

HIRTH (G.). **La Vue plastique, fonction de l'écorce cérébrale.** In-8. Trad. de l'allem. par L. ARRÉAT, avec grav. et 34 pl. 8 fr. (Voy. p. 8.)

— **Pourquoi sommes-nous distraits?** 1 vol. in-8. 1895. 2 fr.

HOCQUART (E.). **L'Art de juger le caractère des hommes sur leur écriture,** préface de J. CRÉPIEUX-JAMIN. Br. in-8. 1898. 1 fr.

HORVATH, KARDOS et ENDRODI. ***Histoire de la littérature hongroise,** adapté du hongrois par J. KONT. Gr. in-8, avec gr. 1900. Br. 10 fr. Rel. 15 fr.

ICARD. **Paradoxes ou vérités.** 1 vol. in-12. 1895. 3 fr. 50

JANSSENS. **Le néo-criticisme de Ch. Renouvier.** In-16. 1904. 3 fr. 50

JOURDY (Général). **L'instruction de l'armée française,** de 1815 à 1902. 1 vol. in-16. 1903. 3 fr. 50

JOYAU. **De l'invention dans les arts et dans les sciences.** 1 v. in-8. 5 fr.

— **Essai sur la liberté morale.** 1 vol. in-18. 3 fr. 50

KARPPE (S.), docteur ès lettres. **Les origines et la nature du Zohar,** précédé d'une *Étude sur l'histoire de la Kabbale.* 1901. In-8. 7 fr. 50

KAUFMANN. **La cause finale et son importance.** In-12. 2 fr. 50

KINGSFORD (A.) et MAITLAND (E.). **La Voie parfaite ou le Christ ésotérique,** précédé d'une préface d'Édouard SCHURÉ. 1 vol. in-8. 1892. 6 fr.

KOSTYLEFF. **L'Esquisse d'une évolution dans l'histoire de la philosophie.** 1 vol. in-16. 1903. 2 fr. 50

KUFFERATH (Maurice). **Musiciens et philosophes.** (Tolstoï, Schopenhauer, Nietzsche, Richard Wagner). 1 vol. in-12. 1899. 3 fr. 50

LAFONTAINE. **L'art de magnétiser.** 7e édit. 1 vol. in-8. 5 fr.

— **Mémoires d'un magnétiseur.** 2 vol. gr. in-18. 7 fr.

LANESSAN (de). **Le Programme maritime de 1900-1906.** In-12. 2e éd. 1903. 3 fr. 50

LAVELEYE (Em. de). **De l'avenir des peuples catholiques.** In-8. 25 c.

— **Essais et Études,** Première série (1861-1875). — Deuxième série (1875-1882). — Troisième série (1892-1894). Chaque vol. in-8. 7 fr. 50

LEMAIRE (P.). **Le cartésianisme chez les Bénédictins.** In-8. 6 fr. 50

LEMAITRE (J.), professeur au Collège de Genève. **Audition colorée et phénomènes connexes observés chez des écoliers.** In-12. 1900. 4 fr.

LETAINTURIER (J.). **Le socialisme devant le bon sens.** In-18. 1 fr. 50

LEVI (Eliphas). **Dogme et rituel de la haute magie.** 3e édit. 2 vol. in-8, avec 24 figures. 18 fr.

— **Histoire de la magie.** Nouvelle édit. 1 vol. in-8, avec 90 fig. 12 fr.

— **La clef des grands mystères.** 1 vol. in-8, avec 22 pl. 12 fr.

— **La science des esprits.** 1 vol. 7 fr.

LÉVY (Albert). ***Psychologie du caractère.** In-8. 1896. 5 fr.

LÉVY-SCHNEIDER (L.), docteur ès lettres. **Le conventionnel Jeanbon Saint-André** (1749-1813). 1901. 2 vol. in-8. 15 fr.
LICHTENBERGER (A.). **Le socialisme au XVIIIe siècle.** In-8. 1895. 7 fr. 50
MABILLEAU (L.). ***Histoire de la philos. atomistique.** In-8. 1895. 12 fr.
MAINDRON (Ernest). ***L'Académie des sciences** (Histoire de l'Académie; fondation de l'Institut national; Bonaparte, membre de l'Institut). In-8 cavalier, 53 grav., portraits, plans. 8 pl. hors texte et 2 autographes. 12 fr.
MALCOLM MAC COLL. **Le Sultan et les grandes puissances.** In-8. 5 fr.
MANACÉINE (Marie de). **L'anarchie passive et Tolstoï.** In-18. 2 fr.
MANDOUL (J.) **Un homme d'État italien: Joseph de Maistre.** In-8. 8 fr.
MARIÉTAN (J.). **Problème de la classification des sciences, d'Aristote à saint Thomas.** 1 vol. in-8. 1901. 3 fr.
MATAGRIN. **L'esthétique de Lotze.** 1 vol. in-12. 1900. 2 fr.
MATTEUZZI. **Les facteurs de l'évolution des peuples.** In-8. 1900. 6 fr.
MERCIER (Mgr). **Les origines de la psych. contemp.** In-12. 1898. 5 fr.
— **La Définition philosophique de la vie.** Broch. in-8. 1899. 1 fr. 50
MILHAUD (G.) ***Le positiv. et le progrès de l'esprit.** In-12. 1902. 2 fr. 50
MISMER (Ch.). **Principes sociologiques.** 1 vol. in-8. 2e éd. 1897. 5 fr.
MONNIER (Marcel). ***Le drame chinois.** 1 vol. in-16. 1900. 2 fr. 50
MORIAUD (P.). **La liberté et la conduite humaine** In-12. 1897. 3 fr. 50
NEPLUYEFF (N. de). **La confrérie ouvrière et ses écoles,** in-12. 2 fr.
NODET (V.). **Les agnoscies, la cécité psychique.** In-8. 1899. 4 fr.
NOVICOW (J.). **La Question d'Alsace-Lorraine.** In-8. 1 fr. (V. p. 4, 9 et 17.)
— **La Fédération de l'Europe.** 1 vol. in-18. 2e édit. 1901. 3 fr. 50
— **L'affranchissement de la femme.** 1 vol. in-16. 1903. 3 fr.
PARIS (Comte de). **Les Associations ouvrières en Angleterre** (Trades-unions). 1 vol. in-18. 7e édit. 1 fr. — Édition sur papier fort. 2 fr. 50
PAUL-BONCOUR (J.). **Le fédéralisme économique,** préf. de M. WALDECK-ROUSSEAU. 1 vol. in-8. 2e édition. 1901. 6 fr.
PAULHAN (Fr.). **Le Nouveau mysticisme.** 1 vol. in-18. 1891. 2 fr. 50
PELLETAN (Eugène). ***La Naissance d'une ville** (Royan). In-18. 2 fr.
— ***Jarousseau, le pasteur du désert.** 1 vol. in-18. 2 fr.
— ***Un Roi philosophe,** *Frédéric le Grand.* In-18. 3 fr. 50
— **Droits de l'homme.** 1 vol. in-12. 3 fr. 50
— **Profession de foi du XIXe siècle.** In-12. 3 fr. 50 (V. p. 30.)
PEREZ (Bernard). **Mes deux chats.** In-12, 2e édition. 1 fr. 50
— **Jacotot et sa Méthode d'émancipation intellect.** In-18. 3 fr.
— **Dictionnaire abrégé de philosophie.** 1893. in-12. 1 fr. 50 (V. p. 9.)
PHILBERT (Louis). **Le Rire.** In-8. (Cour. par l'Académie française.) 7 fr. 50
PHILIPPE (J.) **Lucrèce dans la théologie chrétienne.** In-8. 2 fr. 50
PIAT (C.). **L'Intellect actif.** 1 vol. in-8. 4 fr. (V. p. 9, 13.)
— **L'Idée ou critique du Kantisme.** 2e édition 1901. 1 vol. in-8. 6 fr.
PICARD (Ch.). **Sémites et Aryens** (1893). In-18. 1 fr. 50
PICARD (E.). **Le Droit pur.** 1 v. in-8. 1899. 7 fr. 50
PICAVET (F.). **La Mettrie et la crit. allem.** 1889. In-8. 1 fr. (V. p. 9, 11.)
PICTET (Raoul). **Étude critique du matérialisme et du spiritualisme par la physique expérimentale.** 1 vol. gr. in-8. 1896. 10 fr.
PINLOCHE (A.), professeur hon^re^ de l'Univ. de Lille. ***Pestalozzi et l'éducation populaire moderne.** In-12. 1902. (*Cour. par l'Institut.*) 2 fr. 50
POEY. **Littré et Auguste Comte.** 1 vol. in-18. 3 fr. 50
PORT. **La Légende de Cathelineau.** In-8. 5 fr.
***Pour et contre l'enseignement philosophique,** par MM. VANDEREM (Fernand), RIBOT (Th.), BOUTROUX (E.), MARION (H.), JANET (P.), FOUILLÉE (A.); MONOD (G.), LYON (Georges), MARILLIER (L.), CLAMADIEU (abbé), BOURDEAU (J.), LACAZE (G.), TAINE (H.). 1894. In-18. 2 fr.
PRAT (Louis). **Le mystère de Platon (Aglaophamos).** 1 v. in-8. 1900. 4 fr.
— **L'Art et la beauté (Kalliklès).** 1 vol. in-8. 1903. 5 fr.
PRÉAUBERT. **La vie, mode de mouvement.** In-8. 1897. 5 fr.
PRINS (Ad.). **L'organisation de la liberté.** 1 vol. in-8. 1895. 4 fr.
Protection légale des travailleurs (La). 1 vol. in-12. 1904. 3 fr. 50

RATAZZI (Mme). **Emilio Castelar.** In-8, avec illustr., portr. 1899. 3 fr. 50
RAYMOND (P.). **L'arrondissement d'Uzès avant l'Histoire.** In-8. 6 fr.
REGNAUD (P.). **L'origine des idées éclairée par la science du langage.** 1904. In-12. 1 fr. 50
RENOUVIER, de l'Inst. **Uchronie.** *Utopie dans l'Histoire.* 2e éd. 1901. In-8. 7 50
RIBOT (Paul). **Spiritualisme et Matérialisme.** 2e éd. 1 vol. in-8. 6 fr.
ROBERTY (J.-E.) **Auguste Bouvier,** pasteur et théologien protestant. 1826-1893. 1 fort vol. in-12. 1901. 3 fr. 50
ROISEL. **Chronologie des temps préhistoriques.** In-12. 1900. 1 fr.
ROTT (Ed.). **La représentation diplomatique de la France auprès des cantons suisses confédérés.** T. I (1498-1559). 1 vol. gr. in-8. 1900, 12 fr. — T. II (1559-1610). 1 vol. gr. in-8. 1902. 15 fr.
RUTE (Marie-Letizia de). **Lettres d'une voyageuse.** In-8. 1896. 3 fr.
SAGE (V.). **Le Sommeil naturel et l'hypnose.** 1904. 1 vol. in-18. 3 fr. 50
SANDERVAL (O. de). **De l'Absolu.** La loi de vie. 1 vol. in-8. 2e éd. 5 fr.
— **Kahel. Le Soudan français.** In-8, avec gravures et cartes. 8 fr.
SAUSSURE (L. de). **Psychol. de la colonisation franç.** In-12. 3 fr. 50
SAYOUS (E.), ***Histoire générale des Hongrois.** 2e éd. revisée. 1 vol. grand in-8, avec grav. et pl. hors texte. 1900. Br. 15 fr. Relié. 20 fr.
SCHINZ (W.). **Problème de la tragéd. en Allemagne.** In-8. 1903. 1 fr. 25
SECRÉTAN (Ch.). **Études sociales.** 1889. 1 vol. in-18. 3 fr. 50
— **Les Droits de l'humanité.** 1 vol. in-18. 1891. 3 fr. 50
— **La Croyance et la civilisation.** 1 vol. in-18. 2e édit. 1891. 3 fr. 50
— **Mon Utopie.** 1 vol. in-18. 3 fr. 50
— **Le Principe de la morale.** 1 vol. in-8. 2e éd. 7 fr. 50
— **Essais de philosophie et de littérature.** 1 vol. in-12. 1896. 3 fr. 50
SECRÉTAN (H.). **La Société et la morale.** 1 vol. in-12. 1897. 3 fr. 50
SKARZYNSKI (L.). ***Le progrès social à la fin du XIXe siècle.** Préface de M. Léon Bourgeois. 1901. 1 vol. in-12. 4 fr. 50
SOREL (Albert), de l'Acad. franç. **Traité de Paris de 1815.** In-8. 4 fr. 50
SPIR (A.). **Esquisses de philosophie critique.** 1 vol. in-18. 2 fr. 50
— **Nouvelles esquisses de philosophie critique.** In-8. 1899. 3 fr. 50
STOCQUART (Emile). **Le contrat de travail.** In-12. 1895. 3 fr.
TEMMERMAN, directeur d'École normale. **Notions de psychologie** appliquées à la pédagogie et à la didactique. In-8, avec fig. 1903. 3 fr.
TISSOT. **Principes de morale.** 1 vol. in-8. 6 fr. (Voy. p. 11.)
VAN BIERVLIET (J.-J.). **Psychologie humaine.** 1 vol. in-8. 8 fr.
— **La Mémoire.** Br. in-8. 1893. 2 fr.
— **Etudes de psychologie** 1 vol. in-8. 1901. 4 fr.
— **Causeries psychologiques.** 1 vol. in-8. 1902. 3 fr.
— **Esquisse d'une éducation de la mémoire.** 1904. In-16. 2 fr.
VIALLATE (A.). **Chamberlain.** In-12, préface de E. Boutmy. 2 fr. 50
VIALLET (C.-Paul). **Je pense, donc je suis.** In-12. 1896. 2 fr. 50
VIGOUREUX (Ch.). **L'Avenir de l'Europe** au double point de vue de la politique de sentiment et de la politique d'intérêt. 1892. 1 vol. in-18. 3 fr. 50
VITALIS. **Correspondant politique de Dominique de Gabre.** 1904. 1 vol. in-8. 12 fr. 50
WEIL (Denis). **Droit d'association et Droit de réunion.** In-12. 3 fr. 50
— **Élections législatives,** législation et mœurs. 1 vol. in-18. 1895. 3 fr. 50
WULF (M. de). **Histoire de la philosophie scolastique dans les Pays-Bas et la principauté de Liège jusqu'à la Révol. franç.** In-8. 5 fr.
— **Introduction à la philosophie néo-scolastique.** 1904. 1 v. in-8. 5 fr.
— **Sur l'esthétique de saint Thomas d'Aquin.** In-8. 1 fr. 50
ZAPLETAL. **Le récit de la création dans la Genèse.** 1904. 1 vol. in-8. 3 fr. 50
ZIESING (Th.). **Érasme ou Salignac.** Étude sur la lettre de François Rabelais. 1 vol. gr. in-8. 4 fr.
ZOLLA (D.). **Les questions agricoles d'hier et d'aujourd'hui.** 1894, 1895. 2 vol. in-12. Chacun. 3 fr. 50

TABLE ALPHABÉTIQUE DES AUTEURS

TABLE DES AUTEURS ÉTUDIÉS

L.-Imprimeries réunies, rue Saint-Benoît, 7, Paris. — 15879.

BIBLIOTHÈQUE DE PHILOSOPHIE CONTEMPORAINE

Volumes in-8, brochés, à 3 fr. 75, 5 fr., 7 fr. 50 et 10 fr.

EXTRAIT DU CATALOGUE

STUART MILL. — Mes mémoires, 3ᵉ éd. 5 fr.
— Système de logique. 2 vol. 20 fr.
— Essais sur la religion, 2ᵉ éd. 5 fr.
HERBERT SPENCER. Prem. principes. 10ᵉ éd. 10 fr.
— Principes de psychologie. 2 vol. 20 fr.
— Principes de biologie. 5ᵉ édit. 2 vol. 20 fr.
— Principes de sociologie. 4 vol. 36 fr. 25
— Essais sur le progrès, 5ᵉ éd. 7 fr. 50
— Essais de politique. 4ᵉ éd. 7 fr. 50
— Essais scientifiques. 3ᵉ éd. 7 fr. 50
— De l'éducation. 10ᵉ éd. 5 fr.
PAUL JANET. — Causes finales. 4ᵉ édit. 10 fr.
— Œuvres phil. de Leibniz. 2ᵉ éd. 2 vol. 20 fr.
TH. RIBOT. — Hérédité psychologique. 7 fr. 50
— La psychologie anglaise contemp. 7 fr. 50
— La psychologie allemande contemp. fr. 50
— Psychologie des sentiments. 5ᵉ éd. 7 fr. 50
— L'Evolution des idées génér. 2ᵉ éd. 5 fr.
— L'imagination créatrice. 2ᵉ éd. 5 fr.
— La logique des sentiments. 3 fr. 75
A. FOUILLÉE. — Liberté et déterminisme. 7 fr. 50
— Systèmes de morale contemporains. 7 fr. 50
— Morale, art et religion d'ap. Guyau. 3 fr. 75
— L'avenir de la métaphysique. 2ᵉ éd. 5 fr.
— L'évolut. des idées-forces. 2ᵉ éd. 7 fr. 50
— Psychologie des idées-forces. 2 vol. 15 fr.
— Tempérament et Caractère. 2ᵉ éd. 7 fr. 50
— Le mouvement positiviste. 2ᵉ éd. 7 fr. 50
— Le mouvement idéaliste. 2ᵉ éd. 7 fr. 50
— Psychologie du peuple français. 7 fr. 50
— La France au point de vue moral. 7 fr. 50
— Esquisse psych. des peuples europ. 10 fr.
— Nietzsche et l'immoralisme. 5 fr.
BAIN. — Logique déd. et ind. 2 vol. 20 fr.
— Les sens et l'intelligence. 3ᵉ édit. 10 fr.
— Les émotions et la volonté. 10 fr.
— L'esprit et le corps. 4ᵉ édit. 6 fr.
— La science de l'éducation. 6ᵉ édit. 6 fr.
LIARD. — Descartes. 2ᵉ édit. 5 fr.
— Science positive et métaph. 5ᵉ éd. 7 fr. 50
GUYAU. — Morale anglaise contemp. 5ᵉ éd. 7 fr. 50
— Probl. de l'esthétique cont. 3ᵉ éd. 7 fr. 50
— Morale sans obligation ni sanction. 5 fr.
— L'art au point de vue sociol. 2ᵉ éd. 5 fr.
— Hérédité et éducation. 3ᵉ édit. 5 fr.
— L'irréligion de l'avenir. 5ᵉ édit. 7 fr. 50
H. MARION. — Solidarité morale. 6ᵉ éd. 5 fr.
SCHOPENHAUER. — Sagesse dans la vie. 5 fr.
— Principe de la raison suffisante. 5 fr.
— Le monde comme volonté, etc. 3 vol. 22 fr. 50
JAMES SULLY. — Le pessimisme. 2ᵉ édit. 7 fr. 50
— Etudes sur l'enfance. 10 fr.
— Essai sur le rire. 7 fr. 50
WUNDT. — Psychologie physiol. 2 vol. 20 fr.
GAROFALO. — La criminologie. 5ᵉ édit. 7 fr. 50
— La superstition socialiste. 5 fr.
P. SOURIAU. — L'esthét. du mouvement. 5 fr.
— La beauté rationnelle. 10 fr.
F. PAULHAN. — L'activité mentale. 10 fr.
— Esprits logiques et esprits faux. 7 fr. 50
JAURÈS. — Réalité du monde sensible. 7 fr. 50
PIERRE JANET. — L'autom. psych. 4ᵉ édit. 7 fr. 50
H. BERGSON. — Matière et mémoire. 3ᵉ éd. 5 fr.
— Données immed. de la conscience. 3 fr. 75
PILLON. — L'année philosophique. Années 1890 à 1902, chacune. 5 fr.
GURNEY, MYERS et PODMORE. — Hallucinations télépathiques. 4ᵉ édit. 7 fr. 50
L. PROAL. — Le crime et la peine. 3ᵉ éd. 10 fr.
— La criminalité politique. 5 fr.
— Le crime et le suicide passionnels. 10 fr.
COLLINS. — Résumé de la phil. de Spencer. 10 fr.
NOVICOW. — [...]
humaines [...]
— Les gasp[...]
DURKHEIM. [...]
— Le suici[...]
L'année [...]
1898-99. [...]
Année 19[...]
J. PAYOT. — [...]
— De la c[...]
NORDAU (M[...]
— Les men[...]
— Vus du [...]
LÉVY-BRUHL. — Philos. d'Aug. Comte. 7 fr. 50
— La morale et la science des mœurs. 5 fr.
CRESSON. — La morale de la raison théor. 5 fr.
G. TARDE. — La logique sociale. 3ᵉ éd. 7 fr. 50
— Les lois de l'imitation. 4ᵉ éd. 7 fr. 50
— L'opposition universelle. 7 fr. 50
— L'opinion et la foule. 2ᵉ édit. 5 fr.
— Psychologie économique. 2 vol. 15 50
G. DE GREEF. — Transform. social. 2ᵉ éd. 7 fr. 50
— La Sociologie économique. 3 fr. 75
SÉAILLES. — Essai sur le génie dans l'art. 3ᵉ éd. 5 fr.
— La philosophie de Renouvier. 7 fr. 50
V. BROCHARD. — De l'erreur. 2ᵉ éd. 5 fr.
AUG. COMTE. — Sociol., rés. p. *Rigolage*. 7 fr. 50
E. BOUTROUX. — Etudes d'histoire de la philosophie. 2ᵉ éd. 7 fr. 50
P. MALAPERT. — Les élém. du caractère. 5 fr.
A. BERTRAND. — L'enseignement intégral. 5 fr.
— Les études dans la démocratie. 5 fr.
H. LICHTENBERGER. — Richard Wagner. 10 fr.
— Henri Heine penseur. 3 fr. 75
THOMAS. — L'éduc. des sentiments. 3ᵉ éd. 5 fr.
— Pierre Leroux. 5 fr.
G. LE BON. — Psychol. du social. 4ᵉ éd. 7 fr. 50
RAUH. — De la méthode dans la psychologie des sentiments. 5 fr.
— L'expérience morale. 3 fr. 75
DUPRAT. — L'instabilité mentale. 5 fr.
HANNEQUIN. — L'hypothèse des atomes. 7 fr. 50
LALANDE. — Dissolution et évolution. 7 fr. 50
DE LA GRASSERIE. — Psych. des religions. 5 fr.
BOUGLÉ. — Les idées égalitaires. 3 fr. 75
DUMAS. — La tristesse et la joie. 7 fr. 50
— Deux Messies. 5 fr.
G. RENARD. — La méthode scientifique de l'histoire littéraire. 10 fr.
STEIN. — La question sociale. 10 fr.
BARZELLOTTI. — La philosophie de Taine. 7 fr. 50
RENOUVIER. — Dilemmes de la métaphys. 5 fr.
— Hist. et solut. des probl. métaphys. 7 fr. 50
— Le personnalisme. 10 fr.
BOURDEAU. — Le problème de la mort. 3ᵉ éd. 5 fr.
— Le problème de la vie. 7 fr. 50
SIGHELE. — La foule criminelle. 2ᵉ éd. 5 fr.
SOLLIER. — Le problème de la mémoire. 3 fr. 75
— Psychologie de l'idiot. 2ᵉ éd. 5 fr.
— Mécanisme des émotions. 5 fr.
HARTENBERG. — Les timides et la timidité. 5 fr.
LE DANTEC. — L'unité dans l'être vivant. 7 fr. 50
— Les limites du connaissable. 3 fr. 75
OSSIP-LOURIÉ. — Philos. russe cont. 2ᵉ éd. 5 fr.
— Psychol. des romanciers russes. 7 fr. 50
BRAY. — Du beau. 5 fr.
PAULHAN. — Les caractères. 2ᵉ éd. 5 fr.
LAPIE. — Logique de la volonté. 7 fr. 50
GROOS. — Les jeux des animaux. 7 fr. 50
XAVIER LÉON. — Philosophie de Fichte. 10 fr.
OLDENBERG. — La religion du Véda. 10 fr.
— Le Bouddha. 2ᵉ éd. 7 fr. 50
WEBER. — Vers le positivisme absolu par l'idéalisme. 7 fr. 50
TARDIEU. — L'ennui. 5 fr.
RIBERY. — Essai de classification naturelle des caractères. 3 fr. 75
GLEY. — Psychologie physiol. et pathol. 5 fr.
SABATIER. — Philosophie de l'effort. 7 fr. 50
MAXWELL. — Phénomènes psych. 2ᵉ éd. 5 fr.
SAINT-PAUL. — Le langage intérieur et les paraphasies. 5 fr.
LUBAC. — Esquisse d'un système de psychologie rationnelle. 3 fr. 75
HALÉVY. — Radical. philos. 3 vol. 22 fr. 50
V. EGGER. — La parole intérieure. 2ᵉ édit. 5 fr.
PALANTE. — Combat pour l'individu. 3 fr. 75
[...]cialistes. 7 fr. 50
[...]al. 5 fr.
[...] 10 fr.
[...] dans le détermi-[...] 7 fr. 50
[...]z l'homme. 10 fr.
[...]jugement. 5 fr.
[...]humaine. 7 fr. 50
[...]génétique. 3 fr. 75
[...]nnelle. 5 fr.
[...]foi catholique. 5 fr.
[...]raie religion selon [...] 7 fr. 50
[...]stes. 7 fr. 50

351-05. — Coulommiers. Imp. PAUL BRODARD. — 3-05.

www.ingramcontent.com/pod-product-compliance
Lightning Source LLC
Chambersburg PA
CBHW070604230426
43670CB00010B/1405
* 9 7 8 2 0 1 2 8 2 1 4 1 5 *